GIM심상음악치료

심층심리치료

GIM 심상음악치료

대표저자 **김소진**

GIM치료사들의 임상사례연구

김명신, 김성희, 남궁지숙, 박정은
손훈희, 양윤정, 이도연, 이수진, 정은주

하나醫學社

목차

그룹 GIM

청소년

성인

일러두기

세션의 중요 진행부분을 본문 중간중간에 정리하여 기술하였으며, 본문과의 구분을 위해 배경에 음영을 적용하여 강조하였다.

· 본 치료사의 질문은 고딕체(볼드)로 표기하였다.

· 세션 진행의 중략은 '......'로 표기하였다.

· 내담자의 말은 일반 문장으로 표기하였다.

서문

GIM심상음악치료에 대해 미국에 본부를 두고 있는 AMIAssociation for Music & Imagery (1990)는 음악이 중심이 되는 변형적 치료transformative therapy 방법으로 특별히 프로그램화 된 고전음악을 사용하여 인간의 역동적인 내적 경험과 신체, 심리, 영적인 전체성을 돕는 치료 방법으로 정의하고 있다. 1970년대 초 Helen Bonny에 의해 창시된 GIM은 정신역동, 인본주의, 초월심리학 이론에 근거한 심층적인 치료방법이다.

국내의 GIM의 역사는 20년 이상의 시간 동안 변화와 발전을 거듭하며 성장하고 있지만 관련 전문서적의 출판이나 사례연구에 대한 서적은 더 요구되는 상황이며 다양한 대상에 대한 GIM사례연구는 치료사뿐만 아니라 훈련생들, 관련 전문가들에게도 실질적인 도움이 될 수 있다. 이러한 상황을 고려하여 본 저자는 지난 시간 동안의 GIM임상사례들을 재정리하거나 새로 집필하여 도움을 주고자 했으며 이 작업에 있어 임상사례연구 집필에 함께 참여해 주신 GIM치료사fellow들의 노고가 컸음을 밝힌다. 한국의 GIM임상사례연구는 한국인의 정신건강 실태와 학교, 사회의 상황을 반영하고 있으며, 앞으로의 심리치료 지원의 필요성을 더 잘 보여주고 있다. 한국에서 사용되는 GIM의 공식 명칭은 GIM심상음악치료The Bonny method of guided imagery & music

(이하: GIM)이며, 2004년 한국심상음악치료협회[KAMI] 창단 당시 정회원인 fellow들의 의결로 결정되었다.

이 책의 내용은 1부, 2부로 구성되어 있으며 1부(GIM심상음악치료)에서는 GIM의 이해를 돕기 위한 기본 설명과 이론적 내용들이 소개되며 2부(임상사례연구)에서는 한국 GIM치료사들에 의해 시행된 다양한 대상의 사례연구가 소개된다. 사례연구는 청소년(사례 1, 사례 2, 사례 15, 사례 16)과 성인을 대상으로 시설기관, 병원, 학교, 치유센터, 연구소, 쉼터shelter 등에서 개인 GIM과 그룹 GIM(사례 15~17) 형식으로 실시되었다. 특히 트라우마 치유에 대한 두 개의 사례연구(사례 2, 사례 7)는 그 적용에 있어 다른 양상을 보여주며 트라우마에 대한 심도 있는 이해와 접근이 이루어진 사례들이다. 사례 7의 경우는 오랜 시간 동안 신체적 통증으로 고통을 받아온 내담자가 GIM을 통해 심인성 기억상실 상태의 트라우마 사건을 재경험하게 됨으로써 자신의 심리적, 신체적 통증의 원인을 알아내고 그 기억을 재구성하여 신체통증 감소와 심리적 변화를 체험한 내용이 포함된다. 특히 꿈과 GIM(사례 6)을 적용한 사례연구는 꿈의 심상과 GIM의 심상이 연결되어 통찰을 취득하는 사례의 소개이며 소마 중심의 GIM과 표현예술치료(사례 8)의 사례연구는 접근이 다른 심리치료의 접목으로 역동적인 치유를 이끌어낸 특징적인 연구이다. 그 외에도 치료 과정에 있어 인간 내면의 심상을 중요하게 다루는 GIM 심리치료 방법을 통해 심도 있는 심리문제를 다루고 통찰로 이끈 다양한 사례연구들을 만날 수 있다.

또한 이 책에는 그룹 GIM(청소년, 성인)의 사례가 소개되고 있는데 이것은 공통 목적을 가진 내담자들의 심리적 정서적 지지와 삶의 향상을 위해 학교와 기관에서 제공되는 치유 프로그램의 일환으로 시행되었으며 한국 사회의 심리 및 정신건강에 대한 관심과 지원을 알 수 있다. 청소년 그룹의 GIM사례연구는 사춘기 시기를 보내고 있는 학생들의 정서 상태와 관심, 학업의 어려움, 친구관계, 미래의 꿈 등에 대해 그들의 보고를 자세히 기술함으로써 학생들의 심리문제에 대한 이해와 GIM심상음악치료를 통한 변화 과정을 쉽게 접하도록 하였다.

GIM은 일상적 의식 상태에서 이루어지는 전통적 상담 및 심리치료와는 달리 음악을 매개로 확장된 의식 상태An expanded state of consciousness에서 경험이 이루어지므로 깊은 무의식적 단계까지 이끌어준다. 이 과정은 내담자가 인식하지 못하거나 깨닫지 못한 근원적인 심리적 문제까지 통찰하게 하고 '나 자신'에 대한 더 깊은 이해를 갖도록 도움을 준다. GIM은 인간정신psyche 경험에 있어 다차원적 접근이 가능한 의식의 확장상태 즉 '음악-심상' 과정을 통해 치료적 경험을 극대화하게 하고 내담자들은 이 과정을 통해 각자의 고유한 삶의 여정에서 겪게 되는 더 원초적이면서도 증폭된 과정과 만나게 된다. 이것은 Jung(1956)이 언급한 '밤바다의 여정night sea journey'과도 같다. 이처럼 GIM심상음악치료 방법은 음악과 함께 인생의 갈등과 깊은 어두움, 실존적 문제들을 가지고 여행을 떠나도록 격려하고 초대invitation한다. 그러나 이 고난의 여정들은 결국 해결과 통찰로 향하는 변화transformation의 과정으로 이끌어지며 이것은 마치 심리적 연금술alchemy과도 같다. 마지막 절차인 '포스터 세션'은 내담자가 일상의 의식 상태로 복귀된 후 자신의 경험을 토의, 의식화하여 자신만의 독특한 심상 경험에 대한 상징적 이해와 통찰을 갖게 되고 근본적인 이슈들을 해결해 나갈 수 있게 한다. 아래의 Berry의 글은 이러한 GIM의 여정을 잘 설명해주고 있다.

> To Know the Dark
> To go into the dark with a light is to know light
> To know the dark, go into the dark, Go without sight
> And find that the dark too, blooms and sings
> And is traveled by dark feet and dark wings.
>
> \- Wendell Berry (1998, p. 68)

명칭에 대하여

Helen Bonny가 창안한 심층심리치료 기법인 GIM은 자발적으로 심상을 떠올리게 하는 다양한 방식에 대하여 Bonny가 자신의 이름을 사용하는 방법으로 명칭을 정리하였다. 즉 1970년대 초 미국의 메릴랜드 정신연구센터Maryland Psychiatric Research Center와 의식과 음악연구소Institute for Consciousness and Music에서 그녀는 인본주의적이며 심층적 음악을 사용하는 특별한 방법을 창안해서 GIMguided imagery and music 또는 바니

메소트 GIM이라고 명명했다(Bonny & Pahnke, 1972/2002: Bonny, 1995/2002). GIM은 The Bonny method of GIM 또는 BMGIM이 되었는데, 현재는 Bonny가 직접 개발한 개인 형식과 그룹 형식을 포함하여 Bonny의 영향을 받아 시행되는 방식에 포괄적인 Bonny Method를 사용한다(Bruscia, 2018). Bruscia는 확장된 의식 상태에서 음악-심상화music-imaging의 형식을 따를 때, GIM이라고 말하고 Bonny가 개발한 특정한 개인 형식과 그룹 형식뿐만 아니라 여기서 변형된 모든 형식을 포함했다. 그러나 음악치료에 속하는 비슷한 많은 기법은 GIM에 속하지 않으며 GIM의 경계선은 분명히 존재한다고 정의한다. 또한 Bonny Method는 개인 형식과 그룹 형식이 모두 다 포함되고 모든 방식을 지칭하지만 Bruscia는 두 형식 간의 차이로 인해 개인 형식에는 BMGIM을, 그룹 형식에는 그룹 GIM 또는 음악과 심상music and imagery이라 명하였다(Bruscia, 2018). 이 책에서는 Bonny Method의 개인 형식은 개인 GIM으로 그룹 형식은 그룹 GIM으로 용어를 정리하여 사례연구를 기술하였다.

사례를 읽는 유익한 방법

Bruscia(2018)는 사례를 읽는 방식에 대하여 과학적, 개인적, 임상적 관심이 필요하며 어떤 특정한 관점이나 시각에서 사례를 읽고 탐구하며 그 결과가 발생되는 것에 대한 의문을 갖는 것이 중요하다고 하였다. 이것은 사례를 접하는 사람의 상황과 배경 그리고 이해, 필요에 따라 다른 접근을 할 것이지만 GIM훈련생들이나 치료사들에게 중요한 관심은 임상적 탐구가 될 것이다. 이들은 GIM의 효과에 집중할 것이며 대상과 접근방법, 음악프로그램 적용에 대해서도 질문할 것이다. 저자의 관점에서는 책을 읽는 훈련생 및 치료사들은 연구 대상에 대한 충분한 이해를 갖고 정확한 임상적 진단(의료진의 진단, 심리측정도구 및 관찰과 세션을 통한 진단 등), 접근방법, 이론적 적용, 감정이입, 적합한 음악프로그램, 그리고 저항의 문제, 치료사와의 관계, 전이와 역전이 등의 여부를 파악하고 질문하며 탐구하길 바라는 바이다.

대표저자 **김소진**

참고문헌

Association for Music and Imagery: AMI. (1990). Definition of the Bonny Method of Guided Imagery and Music. Approved at the Annual Conference of AMI, Blue Mountain Lake, NY.

Bonny, H. L. (1995/2002). Guided imagery and music: The discovery of the method. In L. Su mmer (Ed.). Music and Consciousness: The Evolution of Guided Imagery and Music (pp. 43-52). Gilsum. NH: Barcelona Publishers.

Bonny, H. L., & Pahnke, W. (1972/2002). The use of music in psychedelic (LSD) psychothera py In L. Summer (Ed.). Music and Consciousness: The Evolution of Guided Imagery and Music (pp. 20-41). Gilsum. NH: Barcelona Publishers.

Bruscia, K. (2002b). Developments in music programming for the Bonny method. In K. Brus cia & D. Grocke (Eds.) Guided imagery and music: The Bonny method and beyond (pp. 307-316). Gilsum, NH: Barcelona Publishers.

Bruscia, K. E. (2012). GIM심상음악치료 사례연구. 김경혜, 정은주 공역(2018). 서울: 하나의학사.

Bruscia, K., & Grocke, D.(Eds). (2002). The Bonny Method and Beyond. Gilsum NH: Barcelo na Publishers.

Jung, C. G. (1956). Symbols of transformation. (R. F. C. Hull, Trans.). In H. Read et al. (Series Eds.). The collected works of C.G. Jung(Vol. 5, para. 308). Princeton, N.J: Princeton Univ ersity Press.

Wendell Berry. (1998). "The Bringer of Water" in Farming: A Hand Book(1970).

Guided Imagery and Music

1부

GIM심상음악치료

1
임상적 GIM

GIM심상음악치료guided imagery & music(이하 GIM)의 태동은 Oberlin Conservatory에서 바이올린을 전공한 Helen Bonny가 1948년 9월 21일 교회 여전도회의 모임에서 생상의 'Swan'을 연주하면서 시작된다. 이때 그녀는 자신의 연주를 통해 바이올린 선율의 음색과 질감texture 그리고 다이나믹dynamic의 변화를 느끼면서 의식의 확장 상태를 경험을 하게 되는데 그녀의 경험은 음악과 자신의 경계를 넘어서는 절정의 경험으로 이어지는 것이었다. 음악을 보조적인 치료수단으로 간주하던 그 시절 Bonny는 자신의 그 절정의 경험에 대해서 더 알아보기 위해 캔자스Kansas 대학에 진학하여 E. T. Gaston과의 만남을 갖게 된다. Bonny의 음악치료 철학은 "음악치료는 보조적인 수단이 아닌 주요 치료수단이 되어야 한다"라고 주장하며 "음악을 강화제로만 사용하는 것은 미적인 아름다움과 그로 인한 치료적인 효과를 무시하는 것이다"라고 주장하였다.

Bonny(1978)는 GIM심상음악치료의 경험에 대해 심리학적, 신체적, 사회적, 종교적, 원형적인 모든 양상이 초개인적인 심리학과 조화를 이루어 "인간에 대한 전체적인 이해가 나타나도록 해주는 '독특한' 접근법"이라고 하였다.

1970년대 Bonny의 '임상적 GIM'은 고전음악 프로그램을 사용하여 깨어 있는 상태에서 꿈을 꾸는 것waking dream과 같은 '전환된 의식 상태altered state of consciousness'를 경험하게 하고 이때 이끌어지는 심상경험은 대화방식을 통해 인간의 내면세계를 탐색하도록 하였다. 이와 같이 GIM은 음악을 중심적music-oriented으로 사용하여 인간 정신에 접근하는 심층음악심리치료 방법이며 신체적, 정신적, 영적 통합을 제공하는 변형적transformative 치료 방법이다(AMI, 1990). 이러한 GIM방법은 의식의 근본적인 패턴을 찾기 위해 지각과 인식을 깨우는 확장된 정신 상태로 우리를 이끌며 GIM의 경험에서 중요하게 사용되는 음악은 이미지의 연속성, 구조 그리고 방향을 제시하여 심상을 촉발시키는 중요한 역할을 한다(Bonny, 1972). 음악적 요소들은 음악과 심상의 교차상태를 이끌어 내담자 자신만의 특별한 개인사의 경험과 반응에 커다란 영향을 미치며 이때 내담자는 자기 정신psyche과 개인적으로 중요한 사건에 집중하게 되어 다양한 이미지 형상을 발현하게 된다. 임상적 GIM에서의 경험된 내담자들의 다양한 심상들은 그 상징적 의미를 통해 통찰하고 인간의 내적 세계를 광범위하게 다루게 한다. 그러므로 GIM은 이러한 방법으로 내담자를 돕는 정신역동음악심리치료이며 내담자가 자신의 다양한 내적탐색과 작업을 통해 궁극적으로 자기실현에 이르도록 돕는다.

임상적 GIM치료는 수십 년 전 미국에서 시작하여 그동안 관련 이론들에 대한 연구와 발전을 거듭하면서 그 효과를 입증하고 다양한 임상영역에서 많은 대상을 위한 심리치료psychotherapy로서의 기능을 다 하고 있다. 임상적 GIM의 범주는 우울증, 불안장애 및 공황장애, 트라우마trauma, 분노조절, 신체화 장애. 가정폭력, 학대, 중독, 대인관계문제, 스트레스, 나아가서는 청소년의 정서문제와 비행청소년문제 등의 영역에까지 적용되고 있다. Summer(2018)는 우울증 성인을 대상으로 지원적인 음악, 즉 간단하고 반복적인 음악과 긍정적인 인덕션induction을 사용하여 내담자에게 연민의 감정을 지원하고 재교육적 음악과 심상의 적용으로 부정적인 삶의 패턴에서 긍정적인 감정과 반응을 이끌어낸 임상사례연구를 보고하고 있으며 Ann Newel(2018)과 Papanikolaou(2023) 등의 연구에서는 암 투병 중인 내담자가 GIM을 통해 두려움과 우울감 감소, 삶과 영성의 조화, 피로감 감소, 희망적 느낌, 기분 저하의 완화 등의 효과를 경험한 것을 입증하였다. 또한 GIM은 스트레스 감소에 큰 도움을 줄 수 있으며 신체적 이완과 코르티솔 감소, 기분 장애의 완화[Beck, Hansen, & Gold(2015)] 등과 같이 심리적, 신체적, 정신적 지지를 통해 삶의 질을 향상시키는 데 유용하다. Mark Nielsen & Torben Moe(2018)의 약물중독과 GIM의 사례는 내담자가 약물을 끊고 새로운 믿음과 회복된 에너지를 찾고 변화된 삶을 맞이하게 되는 연구이며 나아가서 에이즈 감염자에 대한 GIM의 적용(Bruscia, 2018)은 내담자가 자신의 삶을 받아들이고 깊은 상처를 치유하며 자신의 삶을 소생시킨 효과적인 임상적 GIM사례연구이다. 이와 같이 병원 시설뿐만 아니라 기관, 치유센터, 학교 등의 다양한 영역에서 임상적clinical GIM은 실시되고 있고 그 효과는 더 입증되고 있다.

2
음악의 역할과 기능

GIM에서 음악은 인간 무의식의 마음과 순간순간의 경험에 영향을 주어 직접적으로 회상하게 하는 힘이 있으며 실제 존재하는 소리이다. 그것은 단순히 음악이라는 단어를 넘어 물질의 마음과 영혼으로 들어간다(Stokes, 1992). 음악은 내적인 힘의 발견을 위해 우리에게 접근을 허락하고, 창의력을 위한 잠재력을 발견해내며, 어떤 삶을 살아갈 수 있는지 그 방법을 찾게 한다. 즉 GIM에서 음악의 기능은 에너지, 힘force이며 세션 과정에서 치료사와 함께 청각적 '파트너'의 역할을 하는 공동치료사music as co-therapist이다. 음악은 인간 경험에 독특한 생각과 느낌을 담아내는 대상이며 일차적인 치료사가 되기도 한다. 파동, 진동으로서의 음악은 다양한 단계의 강도various degrees of intensity에서 내담자의 마음과 신체, 정신에 영향을 주어 그때 경험되는 심상과의 상호작용을 촉진한다. 곧 음악은 우리의 삶 그 자체, 인생을 반영하는 거울의 기능을 한다. 또한 음악은 내담자가 자신의 이슈issue의 돌파구를 찾게 하는 중요한 역할을 수행하며 스트레스를 처리하도록 돕는다.

Bonny(1978)는 "음악은 신에게서 영감을 받은 것이고 신에게서 받은 영감으로 연주한다"라고 말한 바 있다. 천재 작곡가들은 음악을 모든 세계의 근원지로 보면서 실존적 문제에 대해 많은 고민을 하였다. 그들은 하늘로부터 받은 영감과 재능으로 작곡을 한다고 느꼈으며 영감을 받아 작곡된 이 음악들은 작곡가와 감상자 사이를 연결시켜준다. 본질적으로 우리에게 내재된 신의 영감은 음악을 통해 신성함과 연결되고 우리는 그것을 이용하게 되어 몸, 마음, 정신이 하나로 통합되어 치유가 일어나게 된다.

고전음악의 사용

고전음악classical music은 시간과 공간을 초월해 수백 년을 전해 내려오면서 인간 경험의 독특한 생각, 정신, 감정, 느낌을 담아내는 대상이 되었다. 넓은 시대의 광범위한 다양성을 포함한 고전음악은 그 음악적 구조에 있어 우리의 다양한 정신세계만큼이나 복잡성과 긴장과 해결, 역설을 표현하고 있으며 음악 자체는 해답을 찾기 쉽지 않은 수수께끼와도 같다. 세대를 넘어 계속 전해지는 고전 최고의 명작들classical masterworks은 우리 인생의 보편적인 주제를 포함하고 있으며 인생과 삶 속의 환희를 비롯해 어두움, 고뇌, 어려움 등을 다루고 있다. 이러한 천재 작곡가들은 자신들이 받은 영감을 음악 형식을 통해 표현하였으며 GIM에서는 그 음악적 유산을 특별한 목적에 따라 범주화하여 치료에 적용하고 있다. 내담자의 치료목적intention에 맞게 사용되는 음악프로그램은 내담자의 이슈issue와 연련된 경험을 이끌고 심상을 촉발하여 내적 세계로의 접근을 돕는다.

음악프로그램의 설계

GIM에서의 음악프로그램music program은 음악 순서의 결정을 신중하게 조사하고 주의깊게 선택하여 사용한다. Bruscia & Grocke(2002)는 GIM trainer들이 인텐션intention의 범주에 따른 92개의 음악프로그램을 개발하여 사용하고 있다고 보고하고 있다. 음악프로그램에서는 음악의 순서 배치가 중요한데 보편적으로 처음 시작의 음악introductory pieces은 내담자를 끌어들이며 심상을 펼칠 수 있도록 초대하고 격려하는 음악이 선정된다. 두 번째 음악은 보통 심각하고 무거운 주제의 기능을 갖는 음악working pieces으로 갈등과 긴장의 고조를 깊게 경험하고 스스로 내적 작업을 해 나아가도록 하며 이어지는 세 번째 음악은 두 번째 곡의 연장선상에 있지만 내담자의 심각한 갈등과 무거운 주제에서 보다 해결로 나아갈 수 있게 한다. 네 번째 마지막 곡returning pieces은 긍정적인 종결grounding을 예측하는 음악으로 음악적 구조가 안정되고 단순하여 경험을 전환된 의식 상태에서 일상의 의식 상태로 귀환하도록 돕는다. 이때 내담자는 지속적으로 자신의 경험 속에 머물러 있을 수 있기 때문에 현실로 되돌아오게 하는 마지막 음악의 선정은 중요하다.

GIM음악의 기본 개념들

다음은 GIM음악에 대한 근본적인 설명 및 기본 개념foundational concepts이다.

The Soundtrack 음악이 내담자 자신의 삶의 경험에 대한 배경 역할을 하는 것으로써 내담자는 음악을 통해 자신의 인생 경험과 관련된 이야기를 떠올리게 된다. 자신이 누구인가? 자신 내면의 이야기를 불러일으키며 그 이야기에 생기를 불어넣어 준다.

The Soundscape 음악은 소리, 진동의 배경이 될 수 있는데 우리의 신체와 정신은 이 소리의 환경sonic environment으로부터 우리에게 필요한 것을 흡수한다. 음악을 듣는 동안 내담자는 진동과 소리 효과로 이루어진 음악적 전경과 만나게 되며 이 음악 전경은 청취자의 신체와 정신, 영혼에 영향을 미친다. 이러한 청각적 물리적 상황은 내담자들이 필요한 것들을 찾아 나가고 시행할 수 있도록 돕는다.

The Projection Screen 음악을 감상하는 동안 내담자는 휴면 중인 기억과 흐름을 활성화하여 자신만의 스토리story, 감정, 현재의 이슈issue, 과거 경험 등을 음악에 투사한다.

The Catalyst 음악은 내담자가 자신의 심상을 펼칠 수 있도록 분위기를 조성하고 배경을 마련해 주며 힘을 주고 경험의 촉진을 돕는다.

The Connector 음악은 신체와 정신의 여러 감각에 관여하는 정보 처리 과정에 작용하여 내담자의 몸과 마음, 심리적, 생리적 그리고 의식conscious과 무의식unconscious, 잠재의식subconscious과 초의식super conscious을 연결한다.

The Container 음악은 감상자에게 음악적 바운더리boundary를 만들어주며 큰 용기(그릇)의 역할을 해준다. 즉 음악은 내담자가 심상 속에서 방황하지 않도록 안전한 경계를 제공한다. 예를 들어, Vaughan Williams의 Symphony No. 5 in D major의 경우는 내담자를 광범위하고 초월적인 넓은 영역으로 초대하여 그 경험을 돕고 큰 경계를 가진 container를 제공할 수 있다. 이때 큰 영역에서의 경험을 가진 내담자가 세션의 종결을 위해 현실로 돌아오기 위해서는 좀 더 작고 안전한 container를 갖는 음악이 연결되어 제공되어야 한다. 반면에 Pachelbel의 Canon in D major의 경우, 이 음악은 음악의 동기motive가 지속적으로 변주variations되는 형식으로 화성이 반복되어 예측 가능하여 안전하게 느낄 수 있고 너무 넓거나 크지 않은 아주 구조화된 container를 제공하여 내담자가 안정된 상태에서 심상경험을 잘 종결하도록 도울 수 있다.

The Carrier 음악은 정신의 여러 층layers of the psyche에 접근할 수 있도록 하여 내담자가 자신의 문제를 여러 각도에서 볼 수 있도록 이끌어주며 이는 개인적인 주제뿐만 아니라 사회, 문화 나아가서는 집합적인 주제를 이끌어내는 데 도움을 준다(Stokes, S. J & Carol B. 1997).

3
GIM의 치료적 과정

기본적으로 개인 GIM과 그룹 GIM의 치료적 절차는 같은 진행방식을 취하며 구조화된 형식은 pre-session(도입대화: 치료목표설정) → 이완과 induction(전환된 의식 상태 유도) → music-imagery Guiding(음악 여정: 음악과 심상의 연합) → post-session(통합과정)이다. 개인 GIM 세션은 Bonny에 의해 디자인된 시간의 길이대로 1~2시간 이상 지속되며 음악 사용의 대부분은 30분 이상이 소요되고 미리 디자인된 프로그램을 사용하는 것으로 규정된다(Bruscia, 2018).

Bonny의 개인 GIM 형식

Bonny(2002)가 개발한 개인 GIM 형식은 다음과 같이 정의한다. 이것은 개인 식이며 심리치료, 자기계발, 영성훈련 등에서 의식을 탐색하도록 하며 자발적으로 심상을 떠올리는 것이다. 이 방법은 반드시 확장된 의식 상태expanded state of consciousness에서 진행되어야 하며 음악은 GIM 전문프로그램으로 디자인된 클래식 음악프로그램을 사용한다. 진행 중, 음악-심상 가이딩 과정은 치료사와 내담자가 교류하는 가운데 진행되며 치료사는 비지시적, 비분석적, 내담자 중심적으로 음악에 근거한 중재를 사용한다. 진행은 구조화된 세션 형식(pre-session → induction → music-imagery Guiding → post-session) 내에서 이루어지며 이러한 특성이 이 메소드를 규정해 준다.

1. 프리세션: 인텐션 설정

내담자와 함께 GIM세션에 대한 예비 대화를 실시하며, 치료사는 내담자의 현재 에너지와 감정 상태를 확인하고 내담자가 자신의 이슈issue와 관련된 치료 목표intention를 설정할 기회를 제공한다. 또한 이 시간은 보통 대화로 이루어지며 이전 세션에서 일어났던 경험, 통찰, 꿈, 만다라 및 다양한 질문들을 공유하는 시간이다(Ventre, 1994).

2. 이완과 인덕션: 전환된 의식 상태로의 유도

이 시간은 전환된 의식 상태 유도induction 단계로 음악 감상을 통한 심상경험 전에 내담자의 의식, 무의식적 경험을 잘 돕기 위해 의식 상태가 전환되도록 이끄는 과정이다. 목적은 신체의 이완이며 그 어떤 짧거나 작은 심상 여정journey에 대한 경험을 이끌지는 않는다. 인덕션을 통해 내담자는 신체적 이완과 함께 점차적으로 자신의 심리적 경계를 부드럽게 하여 음악과 치료사의 치료적 중재에 더 잘 협력하게 된다. 인덕션의 방법은 내담자의 인텐션intention과 조건 및 상황에 따라 다양하게 적용된다.

3. 음악-심상 과정

음악 여정music journey의 과정으로 음악을 통해 심상경험이 촉진되는 과정이다. '전환된 의식 상태altered state of consciousness로 설명되는 이 단계는 사건에 대한 심층적 활동이 일어나는 시기로 일반적으로 충분히 긴장이 풀린 상태의 내담자는 음악에 반응하여 이끌어지는 자신의 인상, 심상, 감정을 언어로 표현하도록 고무된다(Bonny, 1978). 음악-심상 과정은 GIM에서의 가장 핵심적인 과정(Bush, 1995; Grocke, 1999)으로, 이때 음악은 심상경험을 촉진하도록 기능한다. 내담자는 음악 여정을 시작하면 추상적이고 경험적인 무드mood로 들어가면서 무의식과 의식의 구별이 없어지고, 근원적인 경험이 강화된다(Bush, Stokes, & Borling, 2002).

4. 포스트 세션/만다라

세션 후의 통합 과정integration으로 음악과 심상경험이 끝난 후 치료목표와 연관된 통찰을 획득하는 과정이다. 내담자는 일상적인 의식 상태로의 회복 후 경험 과정과 이미지, 자신의 심상에 대한 상징적 의미와 심리적 연관 등에 대해 치료사와 토의해 나가면서 이슈issue와 관련하여 통찰(아하!)을 얻게 된다. 이때 내담자가 자신의 경험에 대한 만다라mandala를 그리는 과정이 포함되는데, 만다라는 시각적인 형태로의 개인적 과정을 보여준다. 즉 만다라는 개인적인 무의식 과정의 시각적인 형태로 Jung은 만다라에 대해 "내면의 자기로부터의 암호화된 메시지"라 하였다(Carol. 2009). 만다라에서 보여주는 그림은 우리의 잠재의식 수준의 패턴을 반영하고 논리적인 마음을 우회하여 정보를 드러내는데 내담자가 만다라를 단 하나만 그릴지라도 그것은 그 사람의 전체적인 정신을 나타낸다(Stokes, S. J & Carol B. 1997).

4
GIM의 이론적, 철학적 배경

심상과 상징 그리고 원형

음악을 통하여 이끌어지는 GIM의 심상경험은 개인의식 확장에서 집단 무의식적 경험으로 이어지며 나아가서는 초월적 경험의 영역까지 다다르게 한다. GIM은 S. Freud(정신분석), C. G. Jung(분석심리학), H. C. Leuner[정동심상유도치료(GAI)], S. Grof(Holotropic Breathwork) 이론과 C. R. Rogers(인본주의 심리학), A. H. Maslow(욕구 위계 이론), R. Assagioli(정신통합이론) 그리고 K. Wilber(자아 초월 심리학) 등의 이론들과 연관된다.

그중에서도 Jung 분석심리학의 이론적 접근은 그 의미가 크며 핵심적인 것은 내담자들이 GIM의 '음악-심상' 과정을 통해 경험하는 심상imagery과 상징symbol 그리고 원형archetype에 있다(Stokes, S. J & Carol B, 2011). Bush(1995)는 GIM에서 신체, 정신, 영혼 간의 다리를 놓아주는 심상은 상상의 언어로서 내적 자아와 긴밀한 관계를 형성한다고 하였으며 Arieti(1967)에 의하면 심상은 우리가 상상하는 그 무엇이며 내면세계의 심상은 실제를 대신한다고 하였다. 또한 심상은 심리적 문제를 해결하기 위한 역동적인 도구이기도 하다(Sarbin, 1972).

GIM에서 음악을 통해 경험되는 심상imagery은 과거와 현재 그리고 미래를 총망라한 것으로서 개인사와 나아가서는 집단 무의식적 경험이 마음으로 나타난 것이며 이것은 다양한 상징적symbol 의미를 갖게 된다. 첫 번째 GIM 경험에서는 보편적으로 탐색을 위한 풍경이나 자연경관 등의 심상이 주로 나타나지만 트라우마Trauma 같은 어려운 상황에 직면하고 있는 내담자들에겐 자신의 문제와 연결된 전조적 의미로서의 상징적 심상을 자주 나타내곤 한다(김소진, 2017). GIM의 과정에서의 심상의 경험은 추상적인 사물 혹은 관념, 사상을 구체적인 사물로 나타내는 것으로써 토의과정을 걸치면서 심상에 대한 자신만의 또는 보편적인 상징의 의미를 이해하게 되고 그 의미가 자신의 삶과 이슈issue의 목적에 적합하게 이해됨으로써 내담자가 통찰에 이르게 한다(이난복, 2011). Campbell(1968)은 상징이 개인의 가치 경험과 통찰, 감성, 사고, 비전에서 나오며, 사회조직의 형태에 대한 반영인 동시에 의식과 무의식이 투사되어 나타나는 거울이라 하였다. Jung(1964)은 무의식에 동화된 경험은 꿈에서 그 모습을 드러내는 데 그것은 우리가 합리적으로 사고할 수 있는 모습으로 나타나는 것이 아니고, 상징적인 이미지를 통하여 나타난다고 하였다. GIM의 과정에서 이미지는 깊은 심상경험을 통해 인간 모두에게 적용되는 보편적인 정신적 구조 즉 원형archetype을 경험할 수 있게 하는데 이러한 원형은 문화, 지리적 조건, 시대, 인종에 관계없이 언제나 어디서나 수없이 되풀이되어 온 선험적일 틀type의 발현이다(이부영, 2001).

임상적 GIM에서의 자율성

임상적clinical GIM에서는 Jung 이론과 관련된 의식의 초월적 모델을 취한다. 여기에서의 심상의 경험은 심리학적이며 초월적인 은유적 상징과 관련되어있다. 종종 GIM의 과정은 변화할 수 있는 힘을 장려하는 전체적 과정이며 내담자는 GIM방식을 통하여 내면의 치료자healer와 연결된다. 이것은 치유를 위한 우리의 타고난 본질적 능력을 자극하는 것이며 답은 마음 안에 있는 것이다. GIM에서는 내담자들이 힘든 감정과 만나는 과정을 격려하고 그 과정을 통과하고 그것에 대한 해방을 돕고 이끌어준다. 이러한 과정은 무의식적 경험을 의식화하는 과정으로 이어지며 잠재의식의 사고와 느낌들은 갑자기 엄청난 힘을 가지고 드러나게 된다. 이것은 곧 직관이 자극되는 것이라 할 수 있으며 결국 GIM의 경험을 통해 내담자는 자신에 대한 신뢰의 과정을 배우게 된다. 이러한 치유과정을 위해서는 내담자의 자율성을 중요하게 여기는데 이러한 자율성은 GIM의 치료적인 과정을 통한 마음의 움직임을 가속화하기 때문이다 (Stokes, S. J & Carol B. 1997).

GIM을 통한 성장

GIM심상음악치료는 결과적으로 변화와 성장의 체험을 얻게 되는 것인데, 이것은 우리 자신에 대해 다른 관점에서 문제를 만나고 목적한 것에 대한 새로운 변화를 발견하도록 하는 것이다. 실제로 이 경험은 성장하게 되는 과정이라 할 수 있으며, 내담자는 GIM치료 과정을 통해 자신이 하나의 통합된 존재라는 것을 알게 된다. 즉 인간존재의 구조는 변하지 않으나 GIM에서는 자신과의 관계와 관점을 바꿀 수 있고 그것은 바로 자신을 창조의 경험으로 나아가게 한다. 결국 GIM의 치료 방식은 다른 누군가가 나를 치유하는 것이 아니라 내담자 스스로가 자신을 치유하는 것이며 자신이 치유되고 변화될 수 있는 진동을 창조하는 것이다. 처음 내담자들은 치료사로부터 그들 자신이 원하는 무언가를 얻기 위해 치료사를 찾아오지만, GIM치료사는 내담자 자신이 스스로를 치유할 수 있는 최선의 기회를 제공하고 치료적 서비스와 음악을 통한 치유적인 진동을 제공한다. 이때 내담자는 치료사가 제시하는 치료적 상황과 중재에 자신의 변화를 위한 노력을 할 것이며 이를 통해 더 높은 수준의 자아를 경험하고 통찰, 성장하여 자신의 변화된 삶으로 나아가게 된다. 결국 이것은 '진정한 나 자신'이 되기 위한 것이다.

5
그룹 GIM의 적용

그룹 GIM의 구조와 진행

Bonny가 언급한 그룹 GIM의 구조화된 세션 형식 또한 개인 GIM절차와 동일한 방법이 순차적으로 적용된다, 그러나 그룹 GIM은 여러 명의 내담자들을 대상으로 함으로써 구조적으로 좀 더 안전한 환경이 마련되어야 한다. 내담자들은 편하게 앉거나 자연스럽게 누워있는 상태에서 음악을 감상할 수 있다. 이때 내담자들에게는 주로 간결하고 명확한 인덕션이 제시된다. 그룹 GIM은 개인 GIM과 같은 기본적인 구조를 따르며 진행되지만 병원이나 기관 또는 학교에서 이미 설정된 세션의 횟수, 시간, 제공방침과 목적에 따라 치료사의 창조적인 계획이 필요하다. 특히 전체 세션 제공 시간은 기간과 학교의 지침이 적용되지만 음악의 사용 길이는 15분 이상을 넘지 않게 제공하며 목적에 따라 장르에 상관없이 한 곡 이상의 음악을 사용하게 된다. 그룹 GIM은 그룹 환경이지만 각 개인이 자신의 문제에 접근할 수 있으며 기관이나 학교에서의 목적과 목표가 적용될 수 있다.

Bonny의 그룹 GIM 형식

Bonny(2002)는 자신의 저서에서 그룹 GIM형식에 대해 자세히 언급하였는데 그것은 다음과 같다. 그룹 GIM은 클라이언트 중심방법으로 그룹 환경이지만 각 개인의 문제에 접근하여 교육, 훈련, 영성훈련, 자기계발 등의 의식탐색을 목적으로 진행한다. 이는 구조화된 세션 형식(pre-session → induction → music-imagery → post-session) 내에서 이루어지며 음악-심상 과정에서의 각 그룹원은 치료사와의 대화나 지시 없이 자발적으로 심상을 떠올리는데 이것은 확장된 의식 상태에서 진행되어야 한다. 음악의 사용은 장르에 상관없이 한 곡 이상을 사용할 수 있다.

6
GIM 적용영역과 치료 대상

적용영역

GIM의 임상적 심리치료clinical psychotherapy의 영역은 약물남용 및 중독, 트라우마trauma 이슈와 불안장애, 공황장애, 우울증, 섭식장애, 분노조절, 신체화장애에 따른 이슈 등이 적용될 수 있으며 가정폭력, 학대, 대인관계문제, 삶의 다양한 이슈, 청소년의 정체성과 정서문제, 학업, 비행청소년문제 등에 임상적 적용을 시행할 수 있다. 또한 자기이해, 내면작업 및 내적치유, 직관과 통찰력insight/intuition 증진 등의 개인 성장personal growth을 위하여 실시하거나 예술가, 작가 등의 창조적인 영감 증진을 위해서도 적용된다. 일반적으로는 스트레스 관리, 문제해결 능력향상, 호스피스, 임산부와 산모, 연주불안 이완 등을 위해 진행되며 나아가서는 영적 발달, 영적 작업soul work, 초월적transpersonal 경험, 문화-집단의 치유cultural-healing the collective를 위하여 진행된다.

치료 대상

GIM은 다양한 영역의 대상자들에게 치료가 적용될 수 있으나, 기본적으로 은유적 심상의 상징적 의미를 이해하여 그 경험을 자신의 삶에 통합시킬 수 있어야 한다. 신체적 건강이 나쁘거나 신체적 에너지가 현저하게 떨어진 사람은 부적절하다(Grocke, 1999). 내담자는 자신의 경험을 치료사에게 언어로 알릴 수 있어야 하며, 에고ego가 약하거나 신경학적 손상neurological injury이 있는 경우는 효과가 적으며 조현병schizophrenia 클라이언트에게는 GIM을 실시할 수 없다(Summer, 1988). 또한 심각한 병리학적 우울증pathological depression 클라이언트의 경우는 치료가 쉽지 않고 GIM을 실시하지 않는다.

청소년에게 GIM을 실시하는 경우, 학생은 치료 방식을 이해하고 적응할 수 있어야 하며 자신의 심상경험에 대한 상징적 의미를 찾을 수 있어야 한다. 또한 자신 혼자 해결할 수 없는 복합적인 삶의 어려움과 이중, 삼중의 깊은 심리적 이슈를 동반한 내담자의 경우는 숙련된 GIM치료사의 전문적, 체계적 접근이 필요하고 치료가 신중하게 적용되어야 한다. 그들은 과도한 감정에 압도될 수 있으며 통찰에 이르기까지 긴 시간이 필요하다. 치료사는 초기상담을 통해 내담자를 잘 진단하고 GIM치료가 적용될 수 있는 범위를 파악하며 다양한 돌발 상황에도 대처할 수 있어야 한다.

참고문헌

김소진(2017). 17세 소녀의 유년 시절 트라우마에 대한 GIM심상음악치료. GIM한국심상음악치료협회 제14차 정기학술대회, 46-65.

이난복(2011). 심상음악치료(Guided Imagery and Music: GIM). 전국음악치료사 협회 1-12.

이부영(2001). 아니마와 아니무스, 서울: 한길사.

Arieti, S. (1967). The intrapsychic self. NEW York: Basic Books.

Association for Music and Imagery: AMI. (1990). Definition of the Bonny Method of Guided Imagery and Music. Approved at the Annual Conference of AMI, Blue Mountain Lake, NY.

Beck B. D., Hansen Å. M., & Gold C. (2015). Coping with Work-Related Stress through Guid ed Imagery and Music (GIM): Randomized Controlled Trial. J Music Therpy, 52(3):323-52.

Bonny, H. L. (1978). Facilitating guided imagery and music sessions, GIM Monograph # 1. Ba ltimore, Maryland.

Bonny, H. L. (2002). The Bonny Foundation: Intro. Retrieved from http://legacy. earlham.ed u/~clarkta/bonnysite/intro.html.

Bruscia, K. (2002b). Developments in music programming for the Bonny method. In K. Brus cia & D. Grocke (Eds.) Guided imagery and music: The Bonny method and beyond (pp. 307-316). Gilsum, NH: Barcelona Publishers.

Bruscia, K. E. (2012). GIM심상음악치료 사례연구. 김경혜, 정은주 공역(2018). Ann Newel. (197-210), Bruscia, K. E. (114-139), Mark Nielsen & Torben Moe. (211-217), L. Summer. (268-281). 서울: 하나의학사.

Bush, C. (1995). Healing imagery and music. Portland, OR: Rudra Press.

Campbell, J. (1968). The masks of god. Vol, IV: Creative mythlogy. 신의 가면 IV: 창작신화. 정영목 역(2002). 서울: 까치.

Carol A. Bush. (2009). Circles of the Self, Training material.

Goldberg, F. (1992). Images of emotion: The rolel of emotion in Guided Imagery and Music. Journal of the Association for Music Imagery, 1, 5-17.

Grocke, D. E. (1999). A phenomenological study of pivotal moments in guided imagery and music(GIM) therapy. Doctoral dissertation, University of Melbourne: Melbourne, Austral ia.

Jung, C. G. (1964). 인간과 무의식의 상징. 이부영 역(2000). 서울: 집문당.

Papanikolaou, V., Smith, K., Johnson, M., & Lee, S. (2023). Pilot randomized controlled trial evaluating the efficacy of guided imagery and music (GIM) for patients with breast canc er: Hope enhancement, fatigue reduction, and mood alleviation. Psycho-Oncology, 32(2), 123-137.

Sarbin, T. R. (1972). Imagining as muted role-taking: A historical analysis. In P. Sheehan(Ed.). The function and nature of imagery. New York: Academic Press.

Stokes, & Carol B, Borling. (2002). GIM Level Ⅲ Training materials Atlantis institute.

Stokes, S. J. (1992). Letting the sound depths arise. Journal for Music and Imagery, 1, 69-76.

Stokes, S. J., & Borling, J. (2000). GIM Level II Training materials (January). Mid-Atlantic Insti tute. Seoul, Korea.

Stokes, S. J., & Carol B. (1997). The Art of Guiding. Mid-Atlantic Institute.

Stokes, S. J., & Carol B. (2011). GIM Level I Training materials Atlantis institute.

Summer, L. (1988). Guided imagery and music in the institutional setting. MMB Music: St. Lo uis, MO.

Susan Hadley. (2008). 정신역동 음악치료: 사례연구. 김성희 외 공역(2008). 서울: 학지사.

Guided Imagery and Music

2부

임상사례연구

개인 GIM

그룹 GIM

개인 GIM | 청소년 | 정서

1

정서적 방치에서 GIM음악이 이끌어낸 정서치유

김소진

개요

본 사례연구는 개인 GIMguided imagery and music(이하 GIM) 시행에 관한 것으로 ○○ 지역의 고등학교 관계자로부터 의뢰되어 9회기(2022년 4월 30일~9월 3일) 치료 과정이 진행된 17세 여학생(H)의 세션 경험에 관한 것이다. 치료 대상 학생은 가족 내에서 발생된 트라우마trauma 사건의 간접 피해자로서 그 가족의 근본적인 신뢰가 파괴된 역동과 분위기 속에서 정서적 위기감(본 사례에서는 '정서적 방치'라 명명)을 갖고 있었으며 가족 집단의 가치와 질서를 잃는 데서 찾아오는 혼란함, 관계형성과 감정처리의 어려움. 우울, 불안, 수치심 등의 부정적 감정으로 인해 힘든 시기를 보내고 있었다. H의 GIM심상음악치료의 첫 단계는 가족의 역동에서 발생된 그림자 작업shadow work을 준비하는 것이었다. Johnson(1993)은 우리는 우리 자신의 억압되고 사랑받지 못한 부분들의 재생을 위해 스스로가 책임을 져야 할 필요가 있다고 하였다. H는 music-imagery(음악-심상) 가이딩 과정에서 시체들이 썩어있는 깊은 늪에서 탈출을 시도하고, 이미 단절된 부부(H의 부모)가 다시 만나는 경험을 이루며 어두운 자신의 그림자와 마주하고 빛으로 나아가는 심상경험들을 창조한다. 이것은 곧 음악의 Co-therapist 기능을 통해 스스로의 정신의 변화 · 변형transformation 과정을 이루어나가는 것이며 이에 대해 Jung(1968)은 개인성 변형의 연관성으로써 정신적 연금술alchemy을 언급하였으며 이것은 곧 한 사람의 정신적 변화의 단계를 나타내는 의미가 있다고 했다. 이와 같이 H는 내면과의 더 정직하고 직접적인 대화를 통해 자신과의 관계를 회복하고 부정적인 감정을 완화하여 정서적 방치 상태에서 정서의 회복으로 나아갈 수 있었다.

도입

1. 정서적 방치

누구에게도 쉽게 이야기할 수 없는 어려운 문제를 가진 성장과정과 가정사의 이슈issue가 가족관계 내에서 심리적 고립으로 연결되며 나아가서는 사회적 관계와 역할에도 어려움을 발생시킬 수 있는데 그것은 곧 정서적 방치emotional neglect라는 개념으로 설명할 수 있다. 이것은 단순한 신체적인 방치를 이야기하는 것이 아니며 이러한 정서적 방치는 눈에 드러나지 않기 때문에 때때로 극단적으로 미묘하고 드물게는 물리적 또는 가시적 단서들을 가지고 있다고 할 수 있다. 『미리엄 웹스터 사전Merriam-Webster Dictionary』에 의하면 '방치'의 정의는 '적은 주의나 존중 또는 무시하는, 특히 돌보지 않고 응대하지 않고 내버려두는 것', 즉 방치는 주로 물리적 욕구가 채워지지 않은 상태인 노인이나 아동과 같이 의존적인 사람에게 사용된다(Jonice Webb & Christine Musello, 2018). 그러나 눈에 드러나지 않는다고 하더라도 정서적 방치는 실재하며 정서적 방치를 당한 사람들은 고통을 겪을 수 있고 고생을 하게 된다. 사람들은 성장과정에서 부모로부터 많은 영향을 받는데 그 영향력은(아주 완벽한 사람은 없듯이) 완벽하지 않다. 이것은 어떤 부모라도 완벽하진 않기 때문이다. 애정 있는 또는 신의를 지닌 부모라 할지라도 자녀들이 성장 과정에서 그리고 그 가족의 역동 안에서 발생한 사건과 다양한 일들로 인해 부모로부터 외면당한 기억을 갖거나 방치된 기억에 노출되게 된다. 정서적으로 방치된 사람들은 정서적 지능emotional intelligence이 낮다는 것을 상담교사를 포함한 학교 선생님들 또는 기관 상사의 평가를 통해 발견할 수 있다. 정서적 지능은 자신의 감정을 아는 것, 감정을 관리하는 것, 자기 자신을 동기화하는 타인의 감정을 인식하는 것 그리고 관계를 다루는 것 등으로 정의할 수 있다(Daniel Goleman, 1995). 이러한 정서적 방치의 경험은 비현실적인 자기를 만들어낼 수 있고 자신도 알 수 없는 죄책감과 수치심을 갖게 되거나 고립을 자처하는 상황을 만들 수 있는데 이것으로부터의 회복과 건강한 자기수용은 중요하다.

2. 정서의 치유제로서의 음악과 심상

GIM은 음악이 그 중심이 되는 치료 방법music-centered therapy이다. GIM치료 과정에서 음악은 가장 필수적인 치료인자로써 클라이언트의 신체와 정신 그리고 마음mind에 직접적인 개입을 하며 클라이언트에게 다양한 자극을 생성하도록 돕는다. 즉 음악은 그 감상자로 하여금 정서적으로 또는 신체적으로 많은 영향을 끼치는데 그중에서도 음악의 진동은 내담자와 신체적으로 접촉하여 이미지를 생성시키고 동시에 감정반응을 활성화시킨다. 음악music과 심상imagery은 감정의 운반자들로서 신체와 정신의 복합적인 상호작용을 통해 감정에 대해서 느끼고 자신과 대화하게 하는 감정의 내적인 전달자가 된다. 그러나 내적인 인간의 정서, 즉 감정은 다양한 형태로 나타나며 복잡성과 모호성을 가지며 분명하지 않은 특성을 보인다. 음악 또한 우리의 이러한 감정에 전형적 형태의 자극제로 작용하지만 정해져 있는 획일화된 메시지를 전달한다고 할 수는 없다. GIM세션에서의 경험은 음악과 함께 그 과정 자체에 집중하는 것이며 이 은유적 과정은 생각함이 없이 음악이 이끌어주는 대로 경험하게 되는 것이다. 또한 GIM치료 과정에서 치료사의 언어적 중재와 음악의 역할은 내담자 개개인에게 자신만의 다중의 복합적인 정서의 투사projection를 불러일으킬 수 있고 이것은 그들로 하여금 자신의 정서와 감정의 환기를 경험하게 하여 내적인 투사 스크린screen의 작용을 창조해 낼 수 있다(Stokes, S. J & Carol B, 1997). 이때 중요한 것은 음악을 통해 산출된 이미지와 신체 반응은 음악의 투사적 영역 내에서 점차적으로 동조하고 일치하게 되어 효율적으로 진행된다는 것이다. 이런 전개 과정들은 내담자의 내적 자기inner self로부터 복잡한 이슈issue들에 대해 창조적인 해결 능력과 통찰을 이끌어내고 우뇌에서 활성화된 문제 해결 능력은 정신psyche변화의 체험과 난제인 정서와 다양한 감정들을 표출하고 통과하도록 만들어 준다. 또한 GIM치료 과정에서는 음악과 이미지 생성을 통해 내담자의 정신과 신체의 일치현상psychophysical phenomena of synchronization이 일어날 수 있는데 신체적 증상에 초점을 맞추는 중재 또한 내담자의 심리적 기저에 깔려 있는 문제해결에 큰 도움을 줄 수 있다(Carol, 1995).

3. 전일성을 이끌어주는 매개체로서의 음악과 정신

GIM치료에 있어 음악은 우리의 가장 깊은 정신의 통합과 불변의 법칙에 의한 감각적인 표현을 하게 하는데 이때 이런 느낌sense에서 음악은 정신psyche과 연결된다. 다른 표현으로 정신, 즉 음악은 의식의 범위를 넘어 다른 영역의 거리로 우리를 인도하는 것이며 우리에게 영혼의 깊이가 있음을 일깨워주고 자유로움과 자연스러움이 있다는 것을 인정하게 한다. 이때 경험 속에서 혼란이 있더라도 다시 길을 발견하게 하며 그렇게 되도록 만들어 준다. 이러한 이유로 GIM에서 음악을 적용하는 것은 눈물로 음악을 반영한 내담자들이 자신의 영혼을 발견하게 하는 가장 중요하고 근본적인 형태 중 하나일 것이다. 또한 음악과 함께 GIM의 경험에서 찾아오는 NOSnon-ordinary state 상태의 경험 즉 전환된 의식 상태altered state of consciousness에서의 경험은 내담자를 음악과 함께 은유적 미로 속으로 안내하며 그때 확장되고 펼쳐진 그들의 놀라운 정신psyche은 자신만의 길을 찾아가는 창조적 능력을 발휘하도록 한다. 결국, 혼돈 속에서의 경험일지라도 음악 여정을 통해 의미와 순서를 발견하게 되고 그들의 삶이 반영된 조각난 형태라 할지라도 다시 재결합하게 만들고 중심을 향해 나아가게 한다. 때론 그러한 조각난 이미지들이 분명치 않더라도 그 과정을 신뢰하는 것은 중요한 것이며 결국 정신psyche은 항상 자기 내면에서 보다 큰 차원의 전일성을 향해 나아가도록 작용한다. Carl Jung은 우리 인간들에게 정신의 전일성이 이미 프로그램화되었음을 명시하였는데 이는 전체가 되어가는 과정인 '개성화individuation'로 일컬어진다(이부영, 1998). GIM은 전일성과 통합을 위해 각 인간의 정신에 이미 준비되어 있는 힘을 믿는 것이며 특히 세션에서 사용되는 음악들은 우리가 이미 가지고 있는 전일성을 이끌어 주는 매개체로 적용된다. 그러므로 GIM에서는 음악의 사용이 중요한 핵심이며 음악을 통한 치유의 과정은 더 깊게 적용된다. 즉 음악은 힘이 있는 존재하는 소리로써 단어를 넘어 물질의 마음과 영혼으로 빠르게 들어간다(Stokes, 1992). 본 세션에서 사용된 음악들, 특히 고전음악classical music들은 각 시대의 정신이 반영된 거장들의 명곡들로 음악 전체의 형식과 구조, 토낼리티tonality, 다양한 악기들의 음향sound, 음악적 패턴patten, 작곡자의 철학 그리고 천재 연주자들의 퍼포먼스performance를 통해 시간적 예술을 창조하고 있다. 이는 이미 우리들의 이야기이고 그 음악적 본질 속에 우리의 전일성을 포함하고 있으며 우리의 정신을 반영해 주고 있다.

대상 정보

H가 연구실을 처음 방문했을 때, 특별한 행동이나 독특한 표정 또는 어떤 증상 등이 관찰되지는 않았다. 하지만 직접적인 피해가 있던 가족들과 함께 방문하였고 가족들은 가족 내의 문제로 인해 무언가 다소 위축되고 불편해하며 어려워하는 모습을 보였다. 본 사례의 내담자인 H는 큰 신체 조건을 가지고 있었고 가족 구성원의 막내로서 활발함 또한 잃지 않고 있었으나 상담 시 가족 상황의 진의를 치료사에게 밝힐 때는 감정이 격양되거나 “기가 막힌다!” 등의 표현을 하며 눈물을 보이기도 했다. H는 자신이 직접적인 피해자는 아니지만 가족 구성원 안에서 발생된 얘기를 본 치료사에게 (자신의 치료를 위하여) 언급해주었는데 그것은 수년 전, 몇 년에 걸쳐 ○○○에게 가해진 부父의 부적절한 행동과 그 사건에 따라 발생된 그의 극단적 선택에 대한 내용이었다. 이런 일로 인해 가족들은 서로 애쓰며 일상을 보내고 있었고 H 자신은 잘 알 수 없는 일이지만 몇 년이라는 긴 시간 동안 정서적 방치 상태에서 사춘기를 보내야만 했다. 그녀는 전반적으로 학교생활에 있어 결석이나 이탈행동 없이 꾸준하게 학업을 이어나가는 모범적 모습을 보여주었으나 자신의 감정을 관리하는 것에 어려움을 겪고 있었다. 또한 친구가 없고 혼자서 고립된 학교생활을 하며 관계를 다루는 것에 미숙하여 그룹 동아리에서조차 방치된 상태였다. “아무도 나를 좋아하지 않는다! 우울

한 기분은 늘 나를 따라다니고 극단적 선택에 대한 감정이 하루에 몇 번씩이나 반복된다. ○○○로 인해 모든 일에 신경이 쓰이고 이 일로 인해 예민하고 가벼운 자해를 시도하기도 했다." 이와 같이 그녀는 부정적인 감정과 심리적 위축, 자신이 알 수 없는 묘한 죄책감 및 수치심 그리고 고립감에 시달리며 힘겹게 학교생활을 이어가고 있었다.

반복되는 만남을 통해 관찰된 H의 또 다른 행동은 상호관계에 있어 자연스럽지 못하고 자기 자신을 동기화하도록 돕는 치료사의 감정을 인식하지 못하며 자신만의 행동과 선택을 고집하는 강박적인 사고와 행동 패턴을 보인다는 것이었다. 시간을 철저하게 지키며 자기중심적으로 행동하고 자신의 생각대로 상황이 전개되지 않으면 우는 행동과 연결되었으며 체중조절을 위하여 일말의 여지도 없이 가혹할 정도로 자신을 대하였다.

치료 방법

H의 정서적 방치의 경험에서 정서치료를 위해 제공된 개인 GIMguided imagery and music(이하 GIM)은 총 9회기 세션으로 진행되었다. 그중에서 초기상담을 포함한 3번의 내담자 중심의 언어적 상담verbal counseling이 이루어졌고 GIM은 6회기로 진행되었다. H와의 첫 만남은 라포rapport 형성이 우선시 되었으며 그녀의 호기심과 치료의 적응을 위해 GIM의 치료 방법과 과정에 대한 간단한 설명이 제공되었다. 또한 HTP 검사와 'Circles of the self(Carol, 2009) 심리검사'가 병행되어 그녀의 심리적 이해를 돕는 과정으로 적용되었다. H가 세션 과정에서 자신의 감정을 말로 표현하는 것은 너무나 중요한 상황으로 세션마다 '감정 형용사' 카드를 사용하여 자신의 감정 상태를 더 잘 인식하고 알도록 하였다. 그 중 특히 HTP 검사 과정에서 집house을 그리는 중, H는 자신의 집을 일컬어 "'폐가'이고 '귀신의 집'이다. 우리 집은 아무도 살지 않는 듯한 휑한 느낌이다!"라고 했다. 이를 통해 그녀의 심리와 가족관계에 대해 이해할 수 있었다. 또한 H를 위해 고려한 좀 더 기본적 접근 한 가지는 GIM치료의 이완과 인덕션induction 과정이다. H의 정서 상태를 고려하여 지지적이며 단계적 이완 유도가 적용되었

는데 이때에 H의 NOSnon ordinary state의 몰입 정도는 빠르고 깊었다. H는 청소년임에도 불구하고 전환된 의식 상태altered state of consciousness의 깊은 경험에 잘 도달할 수 있었다. 세션에서 사용된 음악은 GIM음악프로그램인 고전음악classical music과 현대음악contemporary music이 목적에 따라 사용되었으며 또한 H의 정서치유를 위해 선정된 본 치료사의 창조적 음악프로그램creative music program이 적용되었다. 특히 H는 그림을 그리는 데 재능이 있고 좋아했으며 자신의 심상경험을 표현하고 정리하는 만다라mandala 작업에 많은 시간을 소요했는데 그 과정들은 그녀의 정서치유를 위한 중요한 과정으로 협력되었다.

치료 과정

1. 첫 번째 만남(진단 및 언어적 상담)

가족의 역사history 및 가족상담, HTP 검사, Circles of the self 심리검사.

2. 두 번째 만남(GIM세션): 바보, 고집, 애정

심상과의 첫 만남을 위하여…

H는 두 번째 만남에서 자신은 늘 남에게 예의가 있는 행동을 하려 한다고 했다. ○○○로 인해 많이 불안하고 신경을 안 쓰고 싶은데 신경을 쓰지 않는다면 ○○○에게 안 좋은 상황이 발생할까 봐 걱정을 한다고 했다. 자신은 무기력하고 걱정스럽고 집으로부터 도망도 가고 싶고 수년이 지난 사건임에도 불구하고 부의 사망 이후 6개월까지는 멍한 상태였고 현실인지 꿈인지 구분이 어려웠으며 멍한 상태에서 일상을 보냈다고 했다, 그녀는 심상과 만나기 위해 GIM방법과 세션 과정에서 일어나는 정신과 신체의 변화에 대한 설명을 듣고 이해의 과정을 가졌다.

Sun singer program의 사용과 Music-Imagery Guiding

심상과의 첫 만남을 위하여 1회기에서 사용된 음악은 H의 진단을 위한 방법으로 Three doors experience 방법이 적용되었다. 음악은 현대음악contemporary으로써 보편적인 육중주sextet로 이루어진 Sun singer program이다. 음악은 트럼펫의 명료하고 밝은 음향이 음악적 전경sound scape을 제공하여 내담자를 심상경험에 초대하고 몰입하도록 돕는다. 또한 심상경험을 지속하도록 촉매로서의 역할을 한다. Stokes(1992)는 음악이 무의식의 마음과 순간순간의 경험에 직접적으로 어떻게 말하는지를 회상하게 한다고 했다. 또한 음악은 뚜렷하고 살아있는 힘이 있는 존재하는 소리이다. 그것은 단어를 넘어서 물질의 마음과 영혼으로 들어간다. GIM세션에서는 음악의 선호도가 세션 과정에 영향을 미치지 않는다고 하더라도 그녀는 음악을 잘 수용하고 음악을 좋아했으며 무의식적 흐름을 따라 자신의 마음과 영혼을 초대하는 듯했다. 그 초대는 첫날인 만큼 아주 서서히 움직이며 조심스러웠다.

첫 번째 문에서 사용한 음악 첫 음악은 자신만의 심상의 세계로 천천히 걸어 들어가듯이 Andante 빠르기로 부드럽게 내담자를 초대한다. 초대하는 템포tempo의 음악 진행은 H를 심상경험으로 부드럽게 초대하여 마음을 열도록 격려하며 이슈issue와 만나도록 그리고 연결하도록 이끌어준다(Sun singer #Cuts 1 and 2). H는 음악이 시작되기 전, 나의 중재에 따라 첫 번째 문에 단어를 적는다. 그 단어는 '바보'이다. 문을 열고 들어가면서 음악과 함께 진행되는 Music-Imagery Guiding은 다음과 같다.

> … 은하수가 펼쳐져 있어요…… 나무에서 나뭇잎이 떨어져요……

느낌을 묻는 치료사의 질문에 H는 "마음이 찡한 느낌"이라고 답하였다. 이어지는 심상경험은 아주 넓은 공간을 지난 후 은방울꽃을 보고 있다.

> … 은방울꽃을 보고 있지만, 마음은 행한 느낌……

두 번째 문에서 사용한 음악 이 음악은 감정을 더 잘 전달해 주는 풍부한 곡으로써 내담자의 정신psyche에 깊게 숨겨진 문제와 관련하여 내담자가 좀 더 내면으로 들어가도록 도울 수 있다(Sun singer #Cut 4).

H는 두 번째 문 앞에 서 있다.

> … 위가 동그란 모양의 문이며, 작은 분홍색의 문이에요……

소파 느낌의 재질을 가진 문에 H가 기입한 단어는 '고집'이다.

진행 과정의 심상에서 끝이 안 보이는 가로수 길과 날아다니면서 새소리를 내고 있는 참새 3~4마리가 있다. 자신은 마음대로 하고 싶고 자유롭게 마음대로 지내고 싶다.

세 번째 문에서 사용한 음악 마지막 음악은 통합을 이루고 지지해주는 밝은 분위기mood로 진행되며 긍정적이며 확고한 느낌을 줄 수 있는 곡이다. 음악 시작 부분의 선율melody은 큰 도약을 가지고 시작되며 전반적으로 어떻게 이슈issue를 해결하는지를 볼 수 있게 한다(Sun singer #Cut 3). 이때 음악은 연구실의 치료 공간을 채워나가며 그녀에게 좀 더 풍부한 경험을 제시한다. 음악이 친구이자 동반자, 협력자의 역할로서 H를 이끌고 가는 것이다.

H는 세 번째 문에 '애정'이라는 단어를 적는다. 문을 열고 자신의 심상 속으로 들어가자 들꽃이 만발해 있다.

> … 해도 쨍하게 빛을 내고 있고 흰나비가 날아다니고 있어요… 흰나비 한 마리… 꽃 위에 눕고 싶고, 누워서 구름을 보고 있고 재미있는 모양의 다양한 뭉게구름을 봐요… 구름이 흘러가면서 평온하고 벅차오르는 기분……

H는 세션 후에 자신의 경험을 치료사와 토의discussion하는 시간을 가졌다. 첫 번째 문에서 경험한 '바보스러움에 대해서' H는 스스로 학교와 집에서 자신이 바보짓을 많이 한다고 했다. 그것이 싫지만 반복하는 행동이다. 그녀의 이야기에는 수치심이 있다.

두 번째 문과 관련된 '고집에 대해서'는 자기주장이 너무 강해서 친구들 사이에서 갈등을 많이 야기하고 뒤로 물러나지 않으며 맞부딪힌다고 했다. 그러나 이미 답은 정해져 있다. 강하게 말만 하면 된다. 친구들에게 신경을 더 쓰고 싶지 않다고 했다.

세 번째 문의 경험 '애정에 대해서'는 모든 것에 대해 애정을 가지고 바라보고 싶다고 했다. 애정을 가지고 바라보면 모든 것이 예뻐 보이지 않을까? 그러나 친구들과 잘못 지낸다. 그것에 대해 친구를 탓하고 싶다. 자신 안에는 두려움이 있다. 예측이 안 되는 상황이 찾아오고 갑작스럽게 발생하는 집안의 사고가 두려움을 준다.

세션 이후에 좀 더 이야기를 나누자 H는 무기력하고 우울하며 모두 다 소용이 없다는 느낌이 있다고 했다. "걱정스럽다. 도망가고 싶다. 외딴섬에 있는 느낌이 든다. 집에 남아 있는 가족들을 신경 써야 한다. 그러니 차라리 학교에서 공부하는 것이 좋다. 그래야 잡생각이 없다"라고 하였다. H가 그린 만다라mandala는 '유리구슬의 비밀 정원'이다. 그녀는 "유리구슬의 안, 이곳이 편하다"라고 하였다. 보호받는 느낌이 있어서이다. 이번 세션의 심상들을 통해 치료사는 내담자를 위한 일부 진단적 이해를 얻을 수 있다. H는 음악에 반응이 빠르고 깊게 무의식적 경험을 할 수 있으며 자신의

[그림 1] 만다라: 유리구슬 속에 있는 편안한 비밀 정원

이슈issue를 전달해 주고 있는 것이다. 아래의 유리구슬로 변신한 그녀의 만다라에는 그녀만의 내면 여정에 대한 관련 심상이 들어있다.

3. 세 번째 만남(GIM세션): 아빠의 납골당, 구름나무, 천사들

이번 만남에서도 H는 무기력한 감정을 호소하였다. 더 소용없다는 생각은 그녀를 계속 따라다녔고 우울함도 동반되어 죽고 싶은 생각 또한 자신을 괴롭혔다. 학교의 친구들도 농담으로 죽고 싶다는 말을 자주 한다. 이 감정은 일상화된 것 같은 느낌이라고 했다. "반복되는 부정적인 생각은 좋지 않다!"는 치료사의 말에 학교 분위기와 친구들 분위기가 다 그렇다고 말하였다.

고전음악프로그램 Explorations program의 사용과 Music-Imagery Guiding

H의 세 번째 만남(GIM세션: 2회기)의 경험을 위해 사용한 음악은 Bonny의 Explorations program이다. 고전음악classical music은 시간과 공간을 초월해 수 세기 동안 전해오면서 그 특성으로 인해 인간의 내적 경험에 독특한 심상경험이나 느낌을 담아내는 매개체로 작용한다. 또한 우리들의 인생 여정과 삶 속의 고뇌와 어려움 등의 보편적인 주제를 반영해 주는 데 효과적이며 GIM여정을 돕는 광범위한 지도와도 같다. 음악의 구조는 복잡하고 변화가 많고 다양하지만 그 형식 안에 논리적 속성을 가지고 있어 긴장, 이완 그리고 역설을 표현하도록 돕는다. 다른 배경과 속성을 가진 이 4개의 음악들이 H가 두 번째로 경험하는 GIM세션에서 H의 정신psyche에 어떤 작용을 했으며 어떤 심상을 이끌고 갔을까? 이 음악프로그램이 추구하는 진단적 목적을 적용할 때 각각의 곡을 통해 나타난 H의 심상들과 반응이 심리적 진단 목적을 잘 드러냈는지 살펴볼 수 있다.

세션 과정

첫 번째 음악 'Pines of Rome, by Respighi'이다. 무슨 경험을 하는지 묻는 치료사의 첫 질문에 H는 아빠의 납골당의 심상을 본다.

> … 납골당이 보여요. 납골당에는 흰색 꽃이 있고 흰색의 나비가 있어… 거기 앉아 있다가 구름을 봐요. 구름은 폭신한 흰색의 구름인데 느낌은 울고 싶어요……

H는 음악을 따라 자신의 경험을 더 설명하면서 서서히 내면에 몰입한다.

> … 푸른색의 하늘이 너무 맑아서 마음이 복잡하고… 마음은 꾸덕꾸덕하고 질척거려요…… 길을 잃고 헤매고 있어요……

나는 그 과정을 더 느껴보라고 한다. 이 음악에 H는 상실감과 연관된 정서의 방치된 느낌 속에 자신의 외로운 심리를 투사하고 있다.

두 번째 음악 'The Sirene', by Debussy(Part 3 of Debussy's Noctunes) 음악이 진행되었다. 이 음악의 여성 목소리(여성의 합창)가 그녀의 심리에 투사된다. 음악의 과정에서 H는 여자의 목소리가 자신을 앞으로 자꾸자꾸 밀고 간다고 했다.

> … 앞으로… 앞으로 가라고 해요……

경험을 더 묻자,

> … 한 그루의 큰 구름나무가 있어요… 잎사귀가 구름이고 나무 색깔이 금색…… 구름나무는 아빠예요…… **어떤 느낌이 드나요?** … 아빠에 대한 그리움……

더 느껴보라고 하자 H는 그 나무에서 쉬고 있다… 그러나 음악이 더 진행 후 그녀는 쉬면 안 될 것 같다고 했다. 결국 그녀는 쉴 수 없었다. 그녀의 마음에는 여전히 아빠가 있다. 그러나 아빠는 그녀와 상관없는 부적절한 행동을 가정에서 저지르곤 스스로 멀리 떠나버렸다.

세 번째 음악 'Salvation is Created', by Chesnokov(1877~1944), Russian choral이다. 아카펠라의 합창으로 진행되는 베이스bass의 무거운 느낌의 화성과 합창 사운드sound의 교회 음악은 H의 내면을 혼란스러움으로 투사하며 더 깊은 경험 속으로 이끌어 갔다.

> … 주변에 자꾸 무엇이 돌아다녀서 너무 혼란스러워요…… 눈을 감고 있어요. 너무 두려워요… **두려움에 대해서 더 얘기해 봐요**… ○○○이 죽을까 봐… 무언가가 나한테 접근할 것 같아요… 무서워요… 노래를 듣고 싶지 않아요. 귀를 막고 있어요. 무서워도 소리가 나는 대로 걸어가고 싶어요……

나는 그렇게 하라고 음악을 따라가라고 중재했다. 음악과 함께 투사된 그녀의 깊은 심리적 두려움은 피해자 ○○○이 죽을 수도 있다는 가능성에 대한 것이었다. H의 경험은 네 번째 음악과 자연스럽게 연결된다.

네 번째 음악 마지막 음악으로 이변 없이 'Canon in D Major', by Pachelbel로 이어진다. 이 음악은 보통 내담자의 경험을 통합으로 이끌고 무의식적 경험에서 다시 안정된 상태로 돌아올 수 있도록 돕는다. H는 계속해서 음악을 따라 걸어가고 있다. 치료사는 H의 깊은 경험을 위하여 언어중재를 줄이고 '생산적인 침묵'으로 중재한다. 나는 제법 긴 시간을 기다렸다. 그것은 그녀 스스로가 자신의 경험을 통합하기 위해 음악과 함께 깊은 경험 속에 있기 때문이다. 이때 Canon 변주variations가 진행되는 동안 H는 '천사'의 이미지를 보았다.

> … 소리가 나는 곳으로 걸어가요…… 천사들이 연주하는 곳이에요… 느낌이 따스해서 슬퍼요… 마음은 힘들어요… 너무 따스해서…… 마음이 슬퍼도… 안심이 돼요…

[그림 2] 만다라: 음악을 연주하며 나를 위로를 주는 천사들

H는 자신의 마음이 무기력하고 우울하고 복잡하지만 자신의 마음과 만나기 위해 심상의 첫 문을 열고 들어갔다. 아빠의 납골당을 보았지만 그녀는 아빠를 때리고 싶다고 했다. H는 자신의 존재감과 감정과 정서는 뒤로 한 채 ○○○에 대한 걱정과 염려의 생각으로 노심초사하고 압박감에 시달렸다. 자신의 감정이라는 것은 아무런 감정없이 하는 것이 곧 평온이라고 생각했다. 그래서 자신에게 두려움이 있었던 것 같다고 했다. 그러나 마지막 음악에서 경험한 천사들의 이미지는 그녀 자신에게 큰 위로가 되었다. 평소에 그녀는 주변에 대한 기대가 없으나 무기력감에 대해 토론을 하면서 지내고 싶다고 했다.

4. 네 번째 만남(GIM세션): 어두운 존재, 물고기들, 바람에 몸을 말림

H에게 감정을 잘 살피도록 하면서 네 번째의 만남이 진행되었다. 그녀는 답답하고 우울하며 무기력하다. 그중에서도 마음이 무겁고 무기력함이 가장 크게 느껴진다고 했다. 이런 감정들과 관련하여 신체를 비롯해 자신의 전체적인 에너지 수준도 20~30% 정도로 낮은 상태이고 또한 체중이 과하게 나가서 체계적 다이어트를 하고

있는데 그런 상황 또한 자신을 더욱 힘들게 만든다고 했다. 일상에서도 위축행동을 하고 고개를 숙이고 있었다. 공부에 대해서도 마음은 조급한데 정말로 무엇을 할지 모르겠고 자신이 정말 잘하는 것에 관심을 받고 싶다. 그러나 칭찬보다 오히려 무관심이 많다. 일상이 심심하고 선생님들과 주변에서 잘한다고 말을 걸어주었으면 좋겠다. H는 "나는 앞으로 나아가지 못하고 선택하는 것에 대한 두려움이 있어요"라고 말했다. 그녀는 무엇 때문에 그러한 감정을 느끼는지, 또한 마음의 조급함은 어디에서 기인하는 것인지 알고 싶다고 했다.

Loss Program의 사용과 Music-Imagery Guiding

H에게는 그녀의 인텐션intention, 감정feeling, 에너지의 상태level와 정신psyche을 고려한 음악들이 새로운 조합으로 적용되었다. 음악들은 Loss Program에서 선택되거나 제외되어 사용되었다. 마지막에는 현대음악contemporary 한 곡이 사용되었다. 이 음악들은 H의 감정을 끌어올려 주고, 수락하고, 감정을 움직이게 하는 가능성을 준다. 또한 상실감, 슬픔, 무거움을 느끼게 하지만 내담자를 의미가 있는 긍정적 경험으로 부드럽게 이끌고 희망을 찾게 한다. 사용한 첫 곡은 Albinoni의 'Adagio'이다. 음악과 함께 내면으로 서서히 몰입하는 H는 엄청난 집중력을 보였다. 말소리는 들리지 않을 정도로 작아졌으며 호흡은 밑으로 고요하게 가라앉았다. 그녀는 자신의 치료를 위하여 기꺼이 자신을 내면으로 초대하고 심상경험을 위한 준비를 시작한 것이다. 치료는 능동적으로 받아들이는 것이고 자신의 변화를 위하여 스스로 자신의 엄청난 내면의 경험을 자처하는 것은 결국 내담자 자신인 것이다. 두 번째로 사용한 음악은 J.S Bach의 'Come Sweet Death'이다. 이 음악은 슬픔, 상실감을 가진 내담자가 자신의 감정을 충분히 느끼고 해소하는 기회를 제공할 수 있다. 즉 음악과 함께 슬픈 감정의 동시성을 이루고 감정을 표출할 수 있다. 이어지는 음악은 세 번째 곡으로 안식과 편안함과 통합을 이끌어주는 Bach의 Air on G가 사용되었고 마지막 곡은 GIM여정의 그라운딩grounding을 위하여 'Secret Garden의 Serenade for spring'이 적용되었다. 아래에 음악과 함께 진행된 H의 심상경험이 필요에 따라 '중략'되어 서술되어있다.

세션 과정

첫 번째 음악 g 단조minor, Albinoni의 'Adagio'가 시작되면서 오르간 소리의 템포tempo가 시작을 알리고 현의 연주가 이어지면서 H는 어두운 길을 계속 걸어가고 있다. 음악이 오직 그녀만의 무의식적 경험으로 그녀를 자꾸 초대하는 것이다. 어딘가에 도달했을 때, 그녀는 무서운 석상을 만난다. 아무도 없는데 석상이 움직인다.

> … 무서운 석상 때문에 움직이지 못하고 가만히 서 있어야 될 것 같아요…… 그 눈은 나를 쳐다보는 것 같아요……

H는 내면으로 들어가는 자신의 경험에서 무서운 감정과 마주한다.

> **그 감정을 더 느끼고 함께 할 수 있겠어요?** … 검은색의 형체를 가진 존재가 나를 데려가고 있어요… 무서운데… 괜찮을 것 같아요……

이때 오르간의 페달 포인트pedal point가 음악의 베이스bass를 받치고 있고 바이올린violin 독주가 이어진다.

> … 산꼭대기 절벽에 서 있어요… 나를 데리고 온 사람(검은색의 형체를 가진 존재)이랑…… 말은 못 하겠어요… 주변에 풍경은 아무것도 없고 어두워요… 어두운 곳에 둘이 같이 있어요… 혼자서 못해서… 벗어나고 싶어서 그 존재를 따라갔어요……

두 번째 음악 J.S Bach의 'Come Sweet Death'가 이어진다.

> **하고 싶은 것이 있나요?** … 쉬고 싶어요… 누구라도 상관없어요. 쉬고 싶어요… 그래서 따라갔어요… **그래요. 쉬어 보세요… 당신이 원하는 것을 해보세요** … 앉고 싶어요. 그 사람이 못 앉게 해요… 말하면 떨어질 것 같아요…… 앉았어요…… 울고 싶어요… 그 사람은 갔어요… 앉아서 울고 있어요… 화가 나고 밉고 힘들어요…… 지쳤어요… **음악이 당신을 받쳐주고 있어요. 함께 해보세요. 그렇게 허락해 보세요**……

세 번째 음악 J.S. Bach의 'Air on G'가 흘러나오는 동안 H는 물속에 있다. 현의 부드럽고 안정된 연주가 지속된다.

> … 물속에 있어요… 그냥 흘러가는 대로 두고 싶어요…… **그렇게 하세요!**

나는 그녀에게 충분한 시간을 주고 중재하였다. 음악이 그녀를 이끌고 음악이 중재를 할 것이기 때문이다.

> … 폭포가 있는 물속이에요… **음악이 당신에게 무엇을 이야기해 주나요?** 주변을 보라고 해요…… 물고기들이 있어요… 물고기랑 놀고 싶어요…… 물속에서 나왔어요……

네 번째 음악 마지막 음악은 'Secret Garden Serenade for spring'이다.

> … 물 위에 돌들이 많아요…… 몸이 젖었고… **음악이 이끌어 주는 것에 대해서 이야기해 볼래요?** … 말려야지… 바람이 불어서 몸을 말리고 있어요… 아쉬워요… **무엇이 아쉽나요?** … 더 있고 싶어서… 몸이 다 말랐어요……

[그림 3] 만다라: 검은 존재, 물속에서 함께한 물고기들

H는 음악이 끝난 후 토의 시간에 자신이 경험한 '어두운 존재'는 자신을 무릎에 안아 주는 존재라고 하였는데 세상을 떠난 아빠라고는 이야기하진 않았다. "그 존재에게 아무 말도 하지 못하는 나 자신이 화가 나고 슬픈 마음이다. 떠난 사람도 밉고 모든 것이 밉다." 심상에서 나타난 물고기들은 자신의 친구들이며 그들과 놀고 싶다고 했다. H는 세션 후 마음이 후련하고 무얼 선택하든지 살길이 있다는 것! 그냥 흘러가는 대로 두고 싶고 평온하게 생각하자는 것! 그냥 내가 내 마음을 만든 것! 뿐이라고 했다.

5. 다섯 번째 만남(언어적 상담): 수용의 시간

쉬고 싶은 마음, 가면을 쓰고 있는 나, 무기력한 감정

H는 다섯 번째 연구실을 방문하였고 자신의 긴 마음에 대한 이야기를 꺼내 놓았다. 긴 시간 많은 이야기가 이어졌고 나는 치료사로서 '무조건적 수용 방법'을 적용하며 H의 입장에 공감하며 상담에 임했다. H는 자신의 생각이 뒤죽박죽인 상태라며 마음의 혼란스러움을 호소했다. … "졸음이 몰려오고 어지러운 증상이 있다, 너무나 쉬고 싶다. 몸의 에너지도 떨어졌고 힘이 든다. 일상생활과 학교 수업 시간에 많이 지쳐있고 강아지에게까지 함부로 대한다. 엄마에게 늘 잔소리를 듣고 있다. 나는 그냥 쉬고 싶을 뿐인데 지지 받지 못하고 가면을 쓰고 있다." H는 치료사에게 투정을 부리는 행동을 하며 무기력한 감정을 호소했다. "학교에서 친구들과 마음이 잘 맞지 않고 친구들과의 관계가 힘들며 친구들은 극단적 선택에 대한 이야기를 아주 쉽게 한다. 그들은 쉬는 시간이 되면 교실에서 큰 소리를 지른다." H는 자유분방한 친구들이 답답하게 느껴지고, "친구들에게 ○○○ 하면 안 될 것 같은데?"라고 하면 친구들의 반박이 심하다. 내가 자신의 생각에 울타리를 치고 있는 것인가? 이럴 때는 나 자신도 학대하고 싶어진다. 모든 일을 잘해야 한다는 생각을 하는데 결정과 선택이 어렵고 자신감이 떨어지고 생각은 많아지고 짜증이 난다. 나의 생각에 나 자신이 울타리를 친 것 같다. 나는 트라우마trauma가 생겼을지도 모르겠다. …… H는 긴 시간 자신의 이야기를 호소하였다. 나는 H의 이야기를 공감하고 수용하면서 다음 시간을 기약하였다.

6. 여섯 번째 만남(GIM세션): 늪 속의 썩은 시체들, 늪에 빠진 발, 꽃의 꿀에 몸을 씻어냄

H는 여섯 번째(GIM세션 4회기) 연구실을 방문하여 우울감과 울적함, 공허한 감정을 호소하였고 귀찮음이 있고 상반된 감정이 있다고 했다. 친구들과의 관계에서는 의견을 내지 못하고 체념을 하거나 불안한 마음이 들며 말이 잘 안 통할 때 '다 내 잘못이야!'라는 생각을 한다고 말했다. "주변인들은 나를 바보로 생각하는 것 같다. 내 의견을 받아달라고 고집을 부리면 더 갈등이 생기고 인간관계의 어려움이 생긴다. 집에서도 엄마는 ○○○을 신경 쓴다. 나의 의견은 중요하지 않다." 상담 후에 H는 인텐션intention을 정하였는데 엄마를 사랑하면서도 미워하고 그러면서도 미워하지 못하는 자신의 마음의 상태, 아빠에 대해서는 엄청 나쁘지만 무작정 미워하기는 어렵고 증오감을 갖고 있는 마음에 대해 "부모에 대한 자신의 양가적 감정에 대해서 다루고 싶다"라고 했다.

Paradox Program의 사용과 Music-Imagery Guiding

사용된 음악은 Sierra Stokes의 'Paradox Program'이다. 이 프로그램은 진보적 프로그램advanced program으로서 내담자의 마음의 어둠을 탐험하거나 그 안에 대립되는 힘들을 조화시키는 특정한 일을 다루고 있다. Sierra는 융Jung의 관점에서 paradox의 본질에 대해 토론하고 있으며 그것은 GIM의 실행과도 관련이 있다고 언급하고 있다. 이 프로그램 내의 다양한 음악적 요소들은 특히 몸 안에서의 연결에 있어 직접성을 제공하는 근본의 소리들과 강한 리듬들을 포함하고 있다. 이 리듬은 내담자가 미지의 세계로, 심지어 승리로 계속해서 이동하도록 격려를 제공한다. 그것은 여행자traveler의 신체와의 연결을 고정하기 위해 강한 리듬으로 진행되는 음악 반주 위에 남성 혹은 여성의 목소리를 사용하는 특징이 있다. 이 프로그램의 정신역동의 영향력과 음악적 요소들은 각각의 음악을 선곡할 수 있게 해준다. 또한 이 음악프로그램은 음악과 Bonny method GIM과 연금술alchemy, 그림자shadow 그리고 Jung의 이론을 결합시킨다. 우리는 종종 서로 대립되는 안과 밖의 이중성의 세계(빛과 어둠, 남자와 여자, 성장과 감소, 고통과 기쁨)에 살고 있으며 인생은 처음 한 방향과 또 다른 방향의 반대 방향으로 우리를 끌어당기는 전쟁터가 될 수 있다. 그러나 우리의 정신은 paradox의 진실을 이해하지 못할지라도 오직 마음만이 그것을 할 수 있다. paradox는 가장 신비롭고 아주 흥미로운 존재의 상태 중 하나로 설명된다(Sierra, 2014).

이 프로그램 내 음악들은 남성, 여성 그리고 합창으로 이루어져 있으며 이것은 어느 것이든 포함할 수 있고, 내적인 면 그리고 외적인 면의 관계 분석과 연결을 위한 지속적인 기회를 제공할 수 있다. 몇몇 선택된 음악들은 여행자traveler가 두려움과 같은 어려운 감정을 다루고 있는 동안 신체와 연결을 유지하도록 격려하는 강하고 리드미컬한 박자를 포함하고 있다. 즉 내담자가 격렬함을 견뎌낼 수 있도록 이끌고 자기 자신의 그림자 작업shadow work을 볼 수 있는 준비가 되도록 이끌어 준다. 후반부의 음악의 리듬은 여행자traveler가 미지의 세계로 심지어 승리로 계속해서 이동하도록 격려를 제공한다. 또한 이 프로그램을 사용할 때는 여행자가 어려운 감정들과 함께 머물도록, 그리고 좀 더 심화된 경험을 할 수 있도록 돕는 노련한 가이드가 요구된다. 또한 Sierra는 다음과 같이 언급하였다. "Paradox Program의 음악 선택에서 나는 남성과 여성의 음성이 누군가의 단절된 부분과 투사에 직면하게 하는 중요한 요소가 될 수 있다는 것을 느꼈다(Sierra, 2014). 전반적으로, Paradox의 음악은 신체와 정신의 사이에서 발생할지도 모르는 정반대의 긴장과 함께 완전히 존재하기 위해 '시련의 장' 역할을 한다.

첫 번째 음악 01_Anna's Theme의 음악이 시작되면서 여성의 목소리가 전체적 분위기를 다운down시키고 H는 더 내면으로 몰입하는 모습을 보였다. 그녀는 질척한 곳에 있다. 그곳은 가시나무로 둘러싸여 있다. 공허함이 맴돌고 있고 그곳은 많은 파리가 날아다닌다. 기분은 불쾌하다….

두 번째 음악 02_Main Title of Red Violin… Corigliano(2003)는 The Red Violin의 테마에서, Chaconne(7도 올라가는 화음의 반복적인 패턴으로 만들어진 음악)의 바로크 양식의 기교를 사용했다고 했다. 그 음악의 반복 패턴은 긴장으로 우리를 유인한다. 나는 그 화음의 반복적인 패턴의 음악을 들으며 질문을 한다.

늪에서 무슨 일이 일어나고 있나요? 무언가가 빠져있어요. **자세히 들여다볼 수 있을까요?** …… 빠져있는 시체…… **시체에 대해 더 말해 줄 수 있나요? 남자 혹은 여자** … 종류가 많아요… 남자 같기도 하고 여자 같기도 하고, 많이 썩었어요…… 내가 빠질 것 같아요… 시체를 데리고 나와야 될 것 같아요…… (중략)

세 번째 음악 03_Dirge

… **음악의 남자 목소리는 당신에게 무엇을 이야기하는 것 같아요?** 빨리 빠지라고…… 아… 나오려고 해요… 한 발이 늪 속에 빠져있어요… **그 상황을 더 느껴보세요** …… **늪 속의 시체들은 어떤 상황인가요?** 더 깊이 빠졌어요…… (중략)

네 번째 음악 04_Throes

… **지금 당신의 마음은 어때요?** … 슬퍼요…… **당신의 모습을 이야기해 주실 수 있나요?** 오열하고 있고 찡그리고 있어요. 발을 베었어요…… **더 느껴보세요…… 당신의 모습은 어떤가요?** 더러워요…… 맨발이고 상처가 있고 진흙이 많이 묻어있어요…… 오열하고 지치고… 앉아 있어요……

'여기에서 나는 내담자가 내면의 닻anchor을 내리도록 시간을 주고 생산적인 침묵으로 중재했다.'……

다섯 번째 음악 06_Hope

… **지금은 어떤가요?** 빛이 나는 곳으로 가고 있어요… **어딘가에 도착했나요?** … 꽃 위에 앉아 있어요. 씻고 싶은데… 더러워져서… 여기는 너무 깨끗해서 안 될 것 같아요… **꽃은 무어라 하는 것 같아요?** … 있어도 된대요… **꽃에 대해서 이야기해 보세요…** 분홍기가 있는 색깔이에요… **당신과 꽃, 음악이 함께 하도록 허락해 주세요…**

여섯 번째 음악 07_Now We are Free

> …… 나비랑 벌과 놀고 있어요… **당신의 몸은 어떤가요? 살펴보세요** … 몸에는 꿀이 묻어있어요…… 그래서… 좋은 냄새가 나요…! 벌들은 갔고 나비가 곁에 있어요… **어떤 나비인지 설명할 수 있나요?** … 흰색 나비…… **함께하는 시간을 허락해보세요**… (종결)

H는 세션 후 '늪에 빠진 여러 명의 시체들' 심상경험에서 해골을 보았고 시체는 썩었고 뼈도 보인다고 했다. 그것이 누구인지는 모르겠지만 늪에 한 번 빠지면 헤어나지 못하는 감정, 상황이라고 이야기를 하였다. 자신도 늪에 빠져야 할 것 같았지만 너무 더러워서 빠지기가 싫었고 더러워지기가 싫었다. 음악을 들으면서 모르는 남자가 너도 빠져라! 빠져라! 명령을 하였다. 기분이 별로였다. 남자는 "너도 빠져야지! 너만 깨끗한 척하니"라고 했다고 한다. 자신은 아니라고 말하고 싶었는데 그 남자의 말이 맞는 것 같아서 힘들어서 울었다. 그 후 자신이 '꽃 속의 꿀'에 빠져있어서 몸의 더러운 것이 다 씻겨나갔다. 꽃은 자신의 안식처이고 꽃잎은 닫혔다 펴졌다 했다. 그러므로 H는 숨을 쉴 수 있었다. 세션 후 개운한 느낌이 들었고 자신은 깨끗해진 것 같다. 에

[그림 4] 만다라: 시체들이 있는 늪에 발이 빠짐 → '꽃 속의 꿀'에서 몸의 더러운 것이 씻겨나감

너지도 상승하였다. 남자가 빠지라고 하는 심상과 나비들이 함께한 장면은 자신에게 중요한 심상경험이다. 아빠는 나쁜 짓을 하고 하늘나라로 떠난 것이 마음 아프고 비록 나쁜 사람이지만 아빠가 없어 애틋하다. 원래 사람의 마음에는 맞거나 틀린 것이 없기 때문에 받아들이고 엄마와 잘 얘기를 해보고 싶다고 했다.

7. 일곱 번째 만남(GIM세션): 낙하, 부부의 만남

H는 다소 지치고 침울한 모습을 보였다. 그동안 친구들과 학교에서 싸워서 힘들었으며 ○○○이 자꾸 자신에게 짜증을 내는데 H는 그 모습이 싫증이 난다고 했다. 엄마와 ○○○, 둘이 결합하여 자신을 소외시키는 것도 싫다. 그럴 때는 질투도 나지만 집에서는 가족들 눈치를 보고 있고 도망치고 싶은 마음이 든다. 그래서 더욱 혼란스럽다고 말했다. 특히 ○○○은 자신의 나쁜 점을 알고 있는데 고치질 않는다. ○○○은 고집스럽고 노력보다는 지속적으로 자신의 행동에 대해 합리화를 한다. H는 이런 상황에 감정이 상하고 왕따가 된 것 같고 자기가 하는 말과 행동에 확신감이 없다고 했다. 이번 세션의 인텐션intention은 자기 자신에 대한 확신이 없는 H가 자신이 주변 사람들에게 의존하는 혼란스러움을 알아보는 것이라고 했다. 에너지도 낮고 우울한 감정 상태이다.

창조적 음악프로그램의 사용과 Music-Imagery Guiding

일곱 번째(GIM: 5회기) 세션에서의 음악은 H를 위하여 치료사가 직접 선정한 음악들을 세션에 적용하였다. 아래의 음악들은 모두 주조성이 단조minor로 이루어진 특징을 갖는다. 음악 4곡의 전체 총 길이는 20분을 넘지 않는다. 선정된 음악들은 다음과 같다.

01_Hans-Erik Philip Evening Song from The Fishermen' Suite(3'01)
02_George Frideric Handel, Minuet in G minor(4'13)
03_Jacques Offenbach Les Larmes de jacqueline(7'54)
04_Friedrich Brugmuller: Nocturnes-Andantino(3'54)

첫 번째 음악 01_Hans-Erik Philip Evening from The Fishermen' Suite는 모음곡 중 '저녁의 노래'로 알려져 있다. 이 음악은 동양적인 슬픔 속에 인내와 절제가 교차하는 음악적 컨테이너container가 가슴을 뭉클하게 만드는 음악이다. 반복되는 아름다운 현의 멜로디가 자꾸 마음의 이야기를 꺼내서 시작해 보라며 초대하고 격려한다. 이 아름답고도 슬픈 비올라의 선율은 내담자에게 절망감보다는 자신의 내적 경험을 담담하게 맞이하면서 그 경험 속으로 걸어 들어가게 한다. 음악 끝부분의 마지막 음은 높은 을 유지하며 종지를 확실하게 제시하지 않고 크레센도cresc.가 길게 이어지면서 불안전 정격종지를 갖는데, 이 진행은 다음 곡을 만나고 마음의 여정이 이어질 수 있는 여지를 준다.

음악이 시작되면서 H는 텅 빈 지하철 안에 혼자 있다. 어디로 가는지 알 수 없고 무서운 느낌이 든다. 자세히 더 설명해 보라는 치료사의 질문에 검은 성체가 서 있다고 했다.

> …… 어른 모습이에요. 무서워요… 저보고 나가라고 해요… 이곳은 안 된다고… **당신은 어때요?** … 지하철 밖으로 떨어졌어요… 절망적인 느낌… 가고 싶은 곳을 갈 수가 없어서…

두 번째 음악 02_George Frideric Handel, Minuet in G minor(4'13)는 피아노곡으로 g 단조minor의 조성이 유지되면서 주제 선율melody의 시작이 조금은 침울한 감성과 외로운 느낌을 연결해 주고 있다. 음악은 어딘가를 탐험하고 떠나기보다 감정을 느끼고 그 감정을 받아들이게 한다. 감정을 해소하고 앞으로 나가기 전에 이에 더 머물러 있는 내담자만의 내면의 장소를 발견하게 하는 것이다. 끝부분에 주제 선율이 반복되면서 감정을 재확인하게 한다.

두 번째 음악이 이어지면서 H는 가고 싶은 곳을 갈 수가 없어 슬프다고 했다.

> … 아직은 오지 말라고 해요… 슬퍼요… 갈 수가 없어서… **당신은 어디를 가고 싶은 건가요?** …… 천국에요… **자세히 이야기해 봐요** … 그곳은 행복할 것 같아요… (중략)

세 번째 음악 03_Jacques Offenbach Les Larmes de jacqueline(7'54), 세 번째로 이어지는 이 곡은 많이 알려진 곡으로 첼로cello 선율이 내담자의 정신psyche의 이야기를 끊임없이 이어지도록 이끌어준다. 역시 단조minor의 선율이 진행된다. 이 음악은 내담자의 슬픈 정서와 우울한 기분을 공감해 준다. 또는 자신의 감정을 잘 모르는 내담자의 정서를 지지해 줄 수 있다. 본 사례에서는 정서 방치 상태에 있는 H의 정서의 치유를 위해 이 음악을 선정했다. H의 감정을 극도로 끌어올려 주고 풀어주는 감정의 동시성을 제공한다.

세 번째 음악의 진행과 함께 H는 먹구름 안에 있다.

… 먹구름 안에 있어요… **시간을 갖고 머물러 보세요**…… 먹구름 아래로 가라앉고 있어요. 밑에 물이 있어서… 슬프고 가녀려요……

네 번째 음악 04_Friedrich Brugmuller: Nocturnes-Andantino는 마지막 곡으로 해결을 제시하는 간단한 선율이 편안하게 내담자의 내면에 적용된다. 음악은 조금 빠르기andantino로 진행된다. 기타 반주와 첼로의 선율과 리듬이 음악적인 움직임을 주며 춤곡을 연상케 한다. 음악의 조성은 단조minor와 장조major를 오가면서 진행된다. 이 음악은 내담자에게 완전한 해결을 주기보다는 진행 과정에서 감정을 공유해 주고 슬픔과 기쁨이 있음을 일깨워준 후 마지막에는 장조로 마무리된다.

마지막 네 번째 곡이 진행되면서 H는 땅에 떨어지고 있다.

… 땅에 떨어졌어요… 나무에 걸렸어요… 옷이 나무에 걸렸어요… **당신은 어떻게 하고 싶나요?** … 가만히 있고 싶어요……

H는 그 상태로 가만히 있고 싶다고 했다.

음악과 함께 해보세요 …… 부부가 보여요… 엄마, 아빠가 같이 있어요… 슬프면서도 기뻐요… 엄마가 울다가 웃다가 아빠를 때리다가 걷고 있어요…… 나는 나뭇가지에 앉아 있어요……

[그림 5] 만다라: 낙하, 함께 있는 아빠와 엄마

H가 타고 있는 지하철의 기차는 구름 위를 달리는 기차이다. 가끔 '죽음이 떠올라서 죽는다면 어떨까?'라는 생각을 한다고 했다. 아빠는 지옥에 있을 것 같다고 했다. 엄마는 위태롭기도 하고 지켜주고 싶고 옆에 있어 주고 싶다. 엄마는 자주 "나 때문에 그래!" 하면서 자책을 한다고 했다. 요번 세션은 너무나 몰입을 깊게 해서 끝부분에서 90% 몰입이 되었다고 보고하였고 세션 후 두통과 어지럼증을 호소했다. 나는 H가 시간을 갖고 쉴 수 있게 하였다. H는 자기 확신감을 스스로 길러내려면 무엇을 잘하는지 찾거나 자신을 인정해야 된다고 했다. 남에게 의존하는 것은 결국 사랑하는 것이 아니며 남이 나와 같이 있는 것을 확인하려 하지 않고 스스로 혼자 사랑해야 한다고 했다.

8. 여덟 번째 만남(GIM세션): 자신을 돕는 그림자(자기 자신)의 존재와 천사의 날개를 달고 날다!

H는 전 세션에서 아빠와 엄마가 만나는 심상경험을 한 후 이번 세션에서는 아빠와

관련된 꿈 이야기를 했다. 몇 달 전 꿈에 아빠가 살아있었다. 꿈 초반에는 OOO와 같이 차를 타고 가면서 자신이 운전을 했다. 교회 주차장에 도착했는데, 거기에 그가 있었다. 아빠를 만난 것이다. H는 "아빠가 살아있었어?… 아빠가 죽은 줄 알았어. 죽은 것처럼 했네?"라고 했다. 그러나 "아빠는 나쁜 사람이고 저질이야!"라고 하자, 아빠가 도망을 치며 건물들 사이로 걸어갔다. 그를 잡으려 했으나 잡지 못하고 잠에서 깨어났다. 이 꿈을 꾼 후 며칠 후에 다시 꿈을 꾸었고 H는 다시 꿈 이야기를 이어나갔다. 이번에는 아빠가 돌아가시고 나서 H가 방에서 누구를 만나서 죽이고 다른 방으로 탈옥을 하는 꿈을 꿨다. H는 세션 전, 지금의 느낌feeling으로 꿈을 상상하면, 불쾌감과 불안한 감정이 들고 큰 먹구름이 있는 숲속에서 진흙탕을 밟고 서 있는데 반대편 숲속의 아름다운 장면을 보고 있는 것처럼 두 가지 감정이 공존하고 있다고 했다. 집에서는 엄마와 OOO에게 서운하고 학교에서는 친구들이 무섭고 자신을 배신하고 떠날 것 같은 생각이 든다고 했다. 막연하게 불안함은 남아있지만 반에서 적극적으로 나서서 행동을 하려고 한다. 상담 후 관련 인텐션intention은 밤에 찾아오는 우울함과 불안함에 대해 나의 마음을 성찰해 보고 싶다고 했다.

Solace Program의 사용과 Music-Imagery Guiding

H에게 사용한 음악은 'Solace Program'이다. 현대음악contemporary music으로 대부분의 주조성이 단조minor로 구성되어있다. 또한 음악의 빠르기가 아디지오adagio로 내담자의 감성을 지지하고 천천히 내면의 심상경험을 유도한다. 깊게 안정감과 편안함을 가지고 여행을 할 수 있도록 돕는다.

H는 인덕션induction에서부터 음악 여정에 이르기까지 깊은 몰입 상태를 나타낸다. 음악이 시작되면서 H는 한밤중에 큰 창문이 있는 커다란 방에서 달빛을 받고 있다. 어두운 방에 달빛이 비치고 있지만 어두워서 심상이 잘 보이지 않는다. H는 달무리 때문이라고 했다. 눈에 띄는 것을 좀 더 설명해 보라는 치료사의 중재에 H는 고급스러운 가구가 보이고 방 공간이 너무 크게 느껴진다고 했다.

… 공간이 너무 커서 쓸쓸하고 삭막해요… 혼자 있기엔 너무 큰 대저택… 뒤에서 그

림자가 나타났는데…… 내 그림자예요. 쓸쓸하고 슬퍼요… 커다란 공간… 달빛 앞에 혼자 앉아 있어요……

H는 오랜 시간을 음악과 자신의 느낌과 감정 속에 머물렀다. 생산적인 침묵이 이루어지도록 중재가 이루어졌고 H는 음악과 함께 아주 깊게 내면의 닻을 내리고 몰입을 하는 경험 속에 있었다.

… 구름에 달이 가려졌어요. 더 어두워요… **좀 더 느껴보세요** …… 촛불을 켜고… 방문 쪽으로 왔어요… **그래요… 하고 싶은 것이 있나요?** … 방에서 나가고 싶어요…… 그림자가 나가지 말라고 해요… 나가면 위험하다고… **당신은 어떻게 하고 싶나요?** … 알겠다고 했어요… 다시 방으로 와요… (중략)

그냥 무릎을 꿇고 기도해요… 내가 행복하게 해달라고 나갈 수 있게 해달라고… 여기는 쓸쓸하다고… (중략)

… 아…… 어떤 천사가 날아서 날아가래요…… **그래요… 음악을 따라갈 수 있겠어요?** … 네… 그런데… 무서워요…… 천사는 날개를 펴고 오라 해요…… **음… 그래요… 날개를 펼 수 있군요!** …… 천사는 "너의 날개는 날 수 있는 날개다!"라고 해요…… 아…… 날아서 달 앞에 있어요…… 엎드려 누워서 날고 있어요…… **달빛과 함께 그렇게 날아보세요** …… 네… (종결)

H는 세션 후에 편안하고 나른하며 강아지를 안고 침대에 누워있는 느낌이 든다고 했다. 무서운 느낌의 큰 저택에서 나오려 했으나 밖에 무서운 것이 있으니 나올 수 없었고 그 무서운 것을 없애 달라고 기도를 드렸다. 음악의 지지를 받으며 기도하는 순간 H에게 천사가 나타나 변화transformation를 경험한다. 천사는 H가 날 수 있도록 격려한다. 그러나 결국 이 모든 변화의 경험은 음악이 돕는 것이다. 결국 음악의 힘이 작용한 것이다. H는 심상에서 밖에 나가지 말라고 자신을 돕는 그림자의 존재와 자신을 날 수 있게 한 천사의 등장이 마음에 남는다고 했다. 삭막한 대저택과 밖에 무서운 것이 있는 것은 친구들과의 관계를 맺는 것에 대한 자신의 두려움인데 앞으로 친구들을

[그림 6] 만다라: 나를 돕는 그림자와 천사, 날개를 달고 날다

더 잘 사귈 수 있는 희망이 생겼다고 했다. 대저택 안의 우울과 불안한 상황에 있더라도 '나에게 천사를 만날 수 있다는 기적'이 일어나고 있다고 했다. 여기에서 H가 경험한 심상 속의 기적은 인간 누구나 경험할 수 있는 존재의 진정한 본성이다. 즉 GIM에서 일어나는 내면의 기적현상 경험은 정신의 변화transformation의 단계로 심상의 과정 속에서 자연스럽게 발현하는 순서이기도 하다. H는 불안한 감정 또한 대단한 것이 아니며 불안에 대해 너무 절대적으로 생각했던 것이 자신의 부정적 생각이며 우울과 불안의 감정들은 꼭 이겨낼 수 있고 이것을 이겨낸다면 꼭 좋을 일이 생길 것이라 했다. 앞으로 상황이 더 괜찮아질 것이며 그것에 대한 긍정적인 마음이 든다고 했다. 여기에서 긍정적인 의미의 부여는 자신의 규정, 즉 정의들을 바꿈으로써 자신의 긍정적 효과를 얻는 것이다. 이와 같이 바로 이 경험들이 오랜 시간 정서적 방치 상황에 있던 H에게 정서적 치유가 일어난 중요한 계기라 할 수 있다.

9. 아홉 번째 만남(언어적 상담과 에필로그)

아홉 번째 만남은 시간상의 문제로 짧은 상담을 진행하였으며 H는 대화에서 오는 통찰과 자신의 느낌을 만다라mandala로 남겼고 세션을 종료하게 되었다. 지난 시간의 여덟 번째 만남에서 H는 자신의 긍정적인 심상경험과 긍정적인 마음의 규정에 대해 이야기를 하였고 H와 나는 그것을 '긍정적인 경험'이라 정의하였다. 그러나 H는 자신이 해야 할 일과 공부에 대해 강박적인 상태를 호소하였고 긍정적인 마음이 유지되길 원했다. 나는 그녀에게 계속 습관처럼 부정적인 생각을 하고 자신에게 부정적 규정을 준다면 오직 부정적인 효과를 얻을 뿐이라고 말하였다. 즉 몸부림, 짜증, 우울한 기분, 불화, 어려운 장애물 같은 것만 받게 될 수 있다는 것을 설명하였다. 그렇다면 H는 자신의 마음에 새로운 긍정적 정의와 규정을 만들고 부정적인 정의와 규정을 바꾸어야만 한다. 즉 마음 바꾸기에 대해 이야기를 나누고 조언을 주었다. 그러나 우리는 더 큰 어려움을 경험할수록 빛을 향해 더 멀리 갈 수 있다는 것도 알아야 한다. H와의 만남은 길게 이어지는 세션으로 연결되지는 않았지만 H에게는 아홉 번째의 만남도 변화를 경험할 수 있는 중요한 기회가 되었다. H는 대화 후에 아래의 별을 향해 피어 있는 '백유화'라는 꽃의 만다라를 그렸다. 이 만다라는 중심이 나타나는 통합적인 만다라이기도 하다.

[그림 7] 만다라: 별을 향해 피어나는 백유화

결론

GIM세션과 상담으로 진행된 H와 만남은 아홉 번으로 종료되었다. H의 이슈issue는 자신만의 문제만이라고 할 수 없는 가족의 역동과 깊은 관계가 있다. H는 현재 지금의 가족 구성원 내에서도 자신의 감정을 관리하지 못하고 정서적으로 묘한 불편한 상황을 겪고 있는데, 학교의 상담 선생님과 GIM세션, 그리고 상담을 통해 자신의 정서를 알아나가며 해소의 탈출구를 찾았다. 특히 H에게 있어 GIM의 경험이 주는 영향력은 음악의 'co-therapist'의 독특한 역할 안에서 작용한다. 음악은 리듬, 템포, 멜로디, 조성, 톤과 음색이라는 자신만의 특별한 용어를 가지고 있고 게다가 음악적 언어는 은유적인 암시를 전달한다(Bonny, 1978). H는 자신의 정서 회복의 경험을 음악을 통해 이루어내고 있는데 여섯 번째(GIM세션: 5회기) 만남에서 그녀의 큰 변화transformation는 늪 속의 썩은 시체들을 뒤로하고 늪에 빠진 발을 탈출하여 꽃의 꿀에 몸을 깨끗하게 씻는 장면으로 이어진다. 또한 일곱 번째(GIM세션: 6회기) 만남에서 자신을 나락으로 떨어지게 했던 경험이 오히려 재생의 경험으로 이어지고 다시 아빠와 엄마가 만나게 되는 통합적인 심상경험으로 이어진다. 이것은 어찌할 수 없었던 가족의 상실에서 제대로 된 결합을 찾는 정서적 치유에 관한 것이다. 여덟 번째(GIM세션: 7회기) 세션은 고립된 자아가 다시 천사의 도움으로 날개를 달고 빛을 향해 날아오는 경험을 보여주고 있다.

특히 여덟 번째(GIM세션: 7회기) 만남에서 H는 자신의 꿈 이야기를 하는데 그녀의 복합적인 정서에는 아빠라는 존재가 큰 자리를 차지하고 있다는 것을 꿈을 통해 알 수 있다. 즉 큰 슬픔과 수치심, 상실, 트라우마trauma, 약해짐, 질병 등이 우리를 억압하거나 나아갈 길을 멈추게 만들 때, 우리는 통제할 수 없는 상황에 처하여 때때로 잊을 수 없거나 무시할 수 없는 강력한 꿈이 찾아오기도 하는 것이다. H 꿈에서의 아빠의 만남과 같이 H 자신만의 인생 여정의 소명call은 여러 형태로 다가올 수 있고, 종종 견디기 힘든 삶의 모순으로 다가오기도 한다. 아빠로 인한 가족의 엄청난 부정적 역동 안에서의 간접 피해자였던 H는 자기 자신을 동기화하는 가족의 감정을 인식할 수 없었으며 좋은 관계를 이루는 것은 쉽지 않은 일이 되었고 결국 긴 시간 동안 H에게는 정서적 방치라는 불안정한 환경이 자리 잡게 되었다. 그러나 어떤 문제들 또는 자존심을 회복할 수 없는 삶의 상황을 마주하게 되었을 때 우리는 자신의 개성 형성의 작업을 위한 전체wholeness로의 여정을 정확히 시작할 수 있는데, 그것은 진정한 치료의 필요성이며 그림자와 맞설 의식을 위해 그 어느 것보다도 정신적인 방법의 첫 번째 조건이 된다(Jung, 1963).

또한 아홉 번째(상담) 만남에서는 GIM세션이 시행되지 않았지만 그녀와의 대화는 의미가 있다. H는 자신의 마음과 감정은 아직도 유동적이라고 했으며 긍정적인 마음이 유지되길 원했다. 나는 그녀에게 자기 자신의 마음에 새로운 긍정적 정의와 규정 만들게 하고 부정적인 정의와 규정을 바꾸어 나가자는 대화를 이끌었다. 긍정적인 생각과 마음에 대한 정의와 규정을 새롭게 설정하는 것은 H뿐만 아니라 우리 모두에게 적용되는 것이다. 그러나 이미 언급된 바와 같이 우리는 삶 속에서 더 큰 그림자를 만나고 더한 어려움을 만날수록 빛을 향해 더 멀리 나아 갈 수 있다는 것도 알아야 한다.

용어 설명

그라운딩(grounding): 다리와 발이 지면과 연결되어 단단히 지지하고 있는 감각느낌(felt sense)이다(Ogden & Fisher, 2021).

그림자 작업(shadow work): 그림자는 칼 융(Karl Jung)의 분석심리학에 의하면 의식에 가장 가까이에 있는 무의식의 내용으로 무의식의 의식화 과정에서 가장 먼저 만나는 심리적 내용이다. 이는 본능적이고 비합리적이며 투사적 경향이 있어 개인을 고립시키고 손상시킬 수 있음. 이러한 심리적 내용들을 의식화하는 과정.

개성화(individuation): 칼 융(Karl Jung)이 자기 속에서 전체화가 어떻게 이루어지는지를 설명하기 위해 사용한 개념으로, 개인이 자아와 무의식적인 부분 사이의 균형을 찾고, 내적 변화와 성장을 통해 자신의 최대 잠재력을 실현하는 과정으로 하나의 전일성을 지닌 본래의 자기가 되는 것.

동기화: 자극을 주어 생활체로 하여금 행동을 하게 만드는 일.

동시성(simultaneity): 어떤 두 사건이 같은 시간에 일어나는 것을 이르는 말. 고전적으로는 절대적 시간.

라포 형성(rapport building): 상담자와 내담자가 친근감 및 신뢰감 형성을 기초로 서로 긍정적인 관계를 형성하는 것.

전일성: 완전한 성질, 또는 하나의 전체로서 통일을 이루고 있는 성질.

정서적 방치(emotional Neglect): 적은 주의나 존중 또는 무시하는, 특히 돌보지 않고 응대하지 않고 내버려두는 것, 주로 물리적 욕구가 채워지지 않은 상태인 노인이나 아동과 같이 의존적인 사람에게 사용되는 것(Jonice Webb & Christine Musello, 2018).

연금술(alchemy): 고대 이집트에서 시작되어 아라비아를 거쳐 중세 유럽에 전해진 원시적 화학 기술.

투사(projection): 내면의 충동이나 생각을 외부 세계로 옮겨 놓는 정신과정.

Circles of the self 심리검사: Carol. A. Bush의 만다라를 이용한 심리진단도구.

HTP검사(house-tree-person test): 집, 나무, 사람을 각각 그리게 하여 내담자의 성격, 행동양식 및 대인관계를 파악할 수 있는 벅(Buck, 1948)이 고안한 투사적 그림검사도구.

NOS(non-ordinary state): 일상적이지 않은 전환된 의식상태.

참고문헌

성혜옥(2018). 꿈의 대화, 정서중심 대화(가짜 대화에서 진짜 대화로). 서울: 학지사.

이부영(1998). 분석심리학. 서울: 일조각.

Bonny, H. L. (1978). The role of taped music programs in the GIM Process: GIM monograph #2. Baltimore, MD: ICM Books.

Carol A. Bush. (1995). Healing Imagery & Music. Rudra Press.

Carol A. Bush. (2009). Circles of the Self: Training material.

Corigliano, J. (2003). Composer note. New Yotk, NY: G. Schirmer. Retrieved from http://www.musicsalesclassical.com/composer/work/290/26972.

Goleman, Daniel. (1995). Emotional Intelligence. New York: Bantam, 2005.

H, Read et al. (Series Eds.), The collected works of C.G. jung (Vol. 14, para. 514&706). Princ eton University Press.

Johnson, R. (1993). Owning your own shadow: Understanding the dark side df the psyche. New York, NY: Harper Collins.

Jonice Webb & Christine Musello. (2018). 정서적 방치와 공허감의 치유. 서울: 학지사.

Jung, C. G. (1956). Symbols of transformation. (R. F. C. Hull, Trans.). In H. Read et al. (Series Eds.), The collected works of C.G. Jung (Vol. 5, para. 308). Princeton, N,J: Princeton Univ ersity Press.

Jung, C. G. (1968). Psychology and alchemy. (R. F. C. Hull, Trans.).In H. Read et al. (Series Eds.). The collected works of C. G. Jung (Vol. 12, para. 36, 332, 333, & 334). Princeton,

N.J: Princeton University Press.

Jung, C.G. (1963). Mysterium coniunetionis. (R.F.C. Hull,Trans.). In H. Read et al. (Series Eds.), The collected works of C. G. Jung (Vol. 14, para. 514 & 706). Princeton, NJ: Princet on University Press.

Shane J. Lopez. (2009). 정서적 경험 활용하기. 권석만, 임선영, 김기환 역(2011). 서울: 학지사.

Sierra Stokes-Stearns. (2014). The Music of Paradox: Harmonizing Shadow and Light:Journal of the AMI Volume 14, 75-104.

Stokes, S. J. (1992). Letting the sound depths arise, Journal for Music and Imagery, 1, 69-76.

Stokes, S. J., & Carol B. (1997). The Art of Guiding. Mid-Atlantic Institute.

개인 GIM | 청소년 | 트라우마

2

트라우마 치유를 위한 GIM
: 좀비가 사라지고 가슴에 별들이 쏟아져요

김소진

개요

본 사례는 7세 때 엄마의 죽음을 목격한 17세 사춘기 소녀 B와의 개인 심리치료를 정리(10회기)한 것으로, 1년 동안 총 31회기(2016년 7월 31일부터 2017년 7월 22일까지)가 진행되었으나 트라우마에 대한 가장 적극적인 변화transformation가 경험된 1회기(2016년 7월 31일)에서 10회기(2016년 11월 12일)까지의 GIM심상음악치료guided imagery and music(이하 GIM) 세션에 관한 것이다. 그녀에 대한 GIM의 적용은 언어적, 신체적 중재physical intervention를 통한 정신역동적인 방법으로 B가 자신의 문제와 대면할 수 있는 신체감각 반응을 이끌어냈고 그녀가 나타낸 파괴적이며 고립되고 황폐한 심상들은 변화의 심상경험들로 이끌어졌다. B는 GIM세션 과정을 통해 자신의 왜곡된 자아상과 직면할 수 있었고 자신을 지속적으로 따라다니며 불안과 공포로에 시달리게 했던 '좀비zombie'와 '죽은 여자'의 환상illusion이 과거 7세 때 경험한 친모의 죽음과 관련이 있음을 인식하고 통합 과정으로 나아간다. "지속적으로 따라다니는 죽음과 좀비들로 인해 계속 쫓겨 다닐 것인가? 아니면 대면하여 앞으로 나아갈 것인가?" 그녀는 세션 중 고군분투하며 외친다! "나는 살 거다!", "저는 나아가야 해요!" 심상은 하늘로 향해 열리고 끝없이 펼쳐진 은하수가 있는 밤하늘을 보게 한다. 그리고 그녀는 이렇게 말한다. "좀비는 사라졌고 가슴에 별들이 쏟아져요!"

대상 정보

B가 센터를 처음 방문했을 때는 17세의 여학생으로서 얌전하고 소극적인 모습을 하고 있었다. 신체적 증상은 전반적으로 에너지가 없어 보이고 어깨는 처져 있었다. 웃는 얼굴을 할 때에도 하얀 얼굴에 기운이 없어 보였다. 자리에 앉아서 대화를 할 때에는 다른 곳에 시선을 던지고 사물을 응시하는 눈빛 또는 전혀 초점이 없는 빛 잃은 눈빛을 보이곤 했다. 하지만 나의 질문에는 자신의 이야기를 충실하게 이어나가는 모습을 보였고, B와의 첫 만남은 이렇게 이어져갔다. 우리는 지속적인 상담과 함께 궁극적인 변화를 위해 많은 이야기를 나누었고 나는 그녀가 똑똑하고 모범적인 학생이지만 심리적 증상으로 우울과 불안, 학업에 대한 흥미 감소, 수치심과 함께 죽음에 대한 충동이 있다는 것을 알게 되었다. B의 자살 충동은 오래된 것으로, 초등학교 시절에도 긴 끈을 가지고 놀다가 그 끈을 목에 걸고 몇 번이나 죽는 행동을 했다고 보고했다. 지금은 그런 행동은 하지 않지만, 자주 반복적으로 삶을 끝내고 싶은 심리가 있다고 했다. 나는 그녀를 치료하기 전에 절대로 자살 행동을 하거나 그것과 비슷한 행동 자체도 하면 안 된다고 말하며 그녀로부터 단단한 각오를 받아냈다,

B는 7세 때 친모의 죽음을 목격하였다. 친부모가 심하게 싸우던 어느 날, 엄마는 7세의 어린 딸에게 함께 죽자고 했다. 당시 그녀는 엄마에게 자신은 무섭고 죽고 싶지 않다고 말했다고 한다. B는 어렴풋이 그때의 기억을 가지고 있었다. 그녀는 7세 때 목격한 친엄마의 죽음과 관련된 '외상 후 스트레스 장애post-traumatic stress disorder[PTSD]'를 겪고 있었다.

현재는 B에게 진정으로 신경을 써주고 잘해주는 친부와 좋은 새엄마가 있지만, 그녀는 자신의 꿈과 상상 속에서 그리고 마음속에서 집요하게 나타나고 따라다니는 좀비들과 마주하고 있고, 자신의 집에 "죽은 사람이 지속적으로 함께하고 있는 것 같

다"라고 했다. 또한 학교의 친구들과 잘 어울리지 못하고 그들이 자신을 흉보거나 자신의 이야기를 하며 욕을 하는 소리가 들린다고 했다. 일부분의 '환청'과 '피해망상'으로 인해 일상이 편하지 않은 B는 불안하고 무섭고 우울하고 혼자 있기 싫고 왜곡된 성 자극에 집착하게 되었으며 영원히 자신만을 돌봐주는 자신만의 사람이 있길 바라고 있었다.

치료 방법

B의 치료에 사용된 방법은 Helen Bonny(1978)에 의해 창안된 개인 GIM이다. GIM에서 음악경험을 통해 개인에게서 산출된 심상은 과거에 관한 정보, 그것과 연관된 정서를 파악하게 하고 현재 내담자가 가진 정신건강의 장애물을 이해하는 데 사용되며 정신건강의 변화를 꾀하기 위해 체계적으로 적용된다. 상상하는 과정을 체계적으로 사용하는 것은 감정적인 반응이나 근본적인 행동을 이끌어내는 데 도움을 줄 수 있고 사람은 감정을 탐색할 수 있을 뿐만 아니라 상상력을 동원해 더 많은 적응 행동을 만들어 낼 수 있다(Bonny, 1978b). 나는 B에게 GIM세션을 제공하기 전 가족과의 긴 상담을 통해 그녀의 상태와 상황을 자세히 파악했고 그녀의 치료를 위해 상담과 GIM을 실시하였다. 또한 나는 B의 엄마와 같은 세대의 여성으로서 친모의 죽음과 관련하여 트라우마에 시달리는 B와 나 사이에 '전이transference'와 '역전이countertransference'가 일어나지 않길 바라고 또 우리 사이의 역동적 흐름을 자연스럽게 인식하면서 그녀가 원하는 방식대로 내면세계를 열고 탐색하도록 지지적인 GIM을 진행하였다. 세션 전, B에게 GIM이 어떻게 진행되는지 설명해주었고 음악을 듣기 전 편안함과 이완 상태를 도울 것이며 심리치료를 위해 특별하게 디자인된 음악프로그램을 사용할 것이라는 것도 알려주었다. 세션이 끝난 후에는 자신의 경험에 대해 서로 이야기를 나누고 토의할 것이며 GIM의 경험에 대한 만다라mandala도 그리게 될 것임을 알려주었다. 또한 나는 B에게 GIM의 초기 세션 동안 어쩌면 더 큰 두려움과 만날 것이고 또 그것을 처리하기 위해 더 고군분투할 것이며 일상으로 돌아가 신체와 정신이 약간은 더 힘들어질 수도 있다고 이야기해 주었다. B는 기꺼이 자신의 치료를 위해

GIM을 수용하고 그 여정을 함께했다. B의 증상 중의 하나인 일부 '환청' 경험에 대해서는 신경정신과에 진단을 의뢰하게 하여 약물 사용을 병행했다.

B의 치료 목적에 따라 선택된 GIM음악프로그램들은 Bonny music program 및 Atlantic Institute Instructor들에 의해 개발, 보고된 것을 사용하였다. B의 강한 공포감과 과도한 불안감을 증폭시키거나 극단적으로 자기 파괴적 상황이 전개될 수 있는 면을 고려하여 지지적인 음악이 아주 신중하게 선택되었으며 B의 치료를 위하여 나의 지각과 직감을 사용하여 상황에 적합하게 판단하여 적용해 나갔다.

치료 과정

1. 심상과 만나기 위하여

음악을 듣기 전 B는 자신의 심리적 두려움을 이야기했다. 불안이 너무 싫지만, 불안은 늘 자신과 함께 하고 있다고 했다. 나는 첫날부터 B에게 지나친 두려움과 맞닿게 하는 것이 옳지 않다고 판단했으며 첫 세션은 B의 심상경험이 음악과 더불어 어떻게 진행되는지, 더불어 B가 어떤 반응을 나타내는지, 어떤 기억과 감각, 감정을 나타내는지 지켜봐야만 했다.

나는 음악을 제공하기 전에 B의 불안감을 고려하여 편안한 환경을 마련하고 나의 권유와 그녀의 허락에 따라 B를 침상에 편안하게 눕게 하고 부드러운 쿠션을 제공하여 B가 원하는 배와 가슴 부분에 쿠션을 올리도록 했다. 내가 만든 창의적 이완법a creative relaxation induction에 따라 B는 쿠션의 무게에서 느껴지는 안정감과 포근한 느낌을 깊은 호흡과 함께 신체의 각 부분에 순차적으로 가져갔다. 이것은 자율훈련법self-training law에 특별한 감각을 더하도록 고안하였다. B는 나의 인덕션induction에 따라 안전감과 따스한 감각을 신체에 받아들이고 이완을 허락하면서 점점 자신의 내면에 몰입하였다. 나는 B의 전환된 의식 상태altered state of consciousness를 도왔고, 이렇게 그녀는 GIM에 입문하게 되었다.

2. 심상경험 속으로

B의 첫 세션에서 사용된 음악은 진단적으로 사용되는 음악프로그램으로써 첫 세션에서 흔하게 사용하는 음악프로그램을 사용하였다. 각 4곡으로 이루어진 이 프로그램은 총 30분 정도 소요되며 각각의 음악마다 시대를 달리하는 음악적 화성harmony, 음색tonality, 구조texture, 형식form, 분위기mood를 가짐으로써 우리 의식의 여러 단계의 층을 건드리고 심상들의 확장된 경험을 할 수 있는 가능성을 제공한다. Bonny(1978)의 말을 따르면 GIM에서 음악은 인적 항변을 능가하는 사람의 현실성과 아름다움에 도달하게 한다. 즉 음악은 내면의 힘의 발견을 위해 접근을 허가하고, 창의력을 위한 잠재력을 발견해내고, 내면 안도감의 중심으로부터 어떤 삶을 살아갈 수 있는지에 대한 방법을 보여준다. B는 첫 번째 음악프로그램의 어느 음악 부분에서 어떤 주의가 가는 경험을 할 것이며 어떤 의미 있는 반응과 상징적 심상symbolic image들을 꺼내어 놓을 것인가?

첫 세션은 중요한 세션 중 하나이다. 많은 클라이언트는 긴 GIM세션의 과정을 거치면서 여러 단계의 경험을 하지만 첫 번째 단계에서는 탐색을 위하여 보통 어디로 가는 경험을 하거나 자연경관을 그냥 보게 된다. 또는 음악이 기분 좋은 장소로 이끌게 된다. 그러나 우리 내면에 좋지 않게 느껴지는 것도 많기에 좋은 이미지만 경험하는 것은 아니다. 이미 어려운 상황에 직면해 있는 내담자들은 첫 세션에서 자신의 문제와 만나는 전조적 심상과 의미 있는 분위기를 꺼내곤 한다. B가 그러하였다. 마치 스스로 자신의 구원을 위해 기다리고 준비된 것처럼, 음악을 아주 빠르게 흡수하고 있었으며 B는 이미 앞으로 전개될 자신의 문제와 자신이 가지고 있는 불안과 두려운 이야기들을 꺼내놓고 있었다. 그녀는 트라우마로 인한 심리적 증상에 시달리고 있는 것이다.

심리진단적인 심상들: 이상한 집, 무서운 숲, 좀비, 죽은 여자

첫 GIM세션의 첫 번째 심상들은 치료사가 잘 알 수 없는 B의 심리적 상태를 파악할 수 있게 하고 진단할 수 있는 계기를 마련해 준다. ‘이상한 집’, ‘어둡고 무서운 숲’,

'좀비'가 나올 것 같은 상황, '죽은 여자'로의 심상 전개들은 트라우마를 겪고 있는 B의 심리적 상태를 상징적으로 잘 나타내고 있는 것들이다. 첫 번째로 적용된 음악 Respighi의 'Pines of Rome'의 음악적 요소들은 B의 심상을 다음과 같이 이끌어낸다.

내가 계속 길을 걷고 있어요. 기찻길을 따라가고 있어요. **그렇게 따라가 보세요** … 옆은 숲이고… 이상한 집이 보여요! **계속 설명해 봐요** …… 붉은 원통의 굴뚝이 여기저기, 안은 아무것도 안 보여요. **느낌이 어때요?** …… 들어가기 싫어요. 안이 어두운 것 같아요. 이상한 것이 있을 것 같아요. 창문이 뿌예요. 먼지가 많아요. 가까이 가기 싫고, 숲은 예뻐요. 햇살은 좋은데, 숲과 그 집이 안 어울려요. 묘하게… 엄청 숲속… 들어가긴 싫은데… 어디로 가야 할지 모르겠어요… **음악이 이끄는 데로 가보세요** …

['The Sirenes' by Debussy(Part 3 of Debussy's Noctunes)] 갑자기, 숲이 무섭게 보여요. 어둡고 너무 무서워요! 까맣고 안개 끼고 어둡고 숲은 축축하고 나무밖에 없어요… **그 느낌을 더 느껴볼 수 있나요?** … '좀비'가 나올 것 같아요! 무언가 숲속에서 소리가 들려요… **좀 더 지켜봐요** … 길도 없고, 나무 가운데…… **당신이 할 수 있는 것이 있나요?** … 길이 없고, 나무를 타고 올라가요. 하늘에 떠 있어요. 벗어나서 좋아요. 파란색 비가 올 것 같아요… 자고 싶은 기분이에요. 그러기에는 불안해요… 구름 밑에 마을이 있어요, 아무도 없어요.

['Salvation is Created' by Chesnokov, Russian choral] 건물이 낮고 평화롭고 햇빛이 비치는데…… 아무도 없는데, '좀비'가 나올 것 같아! 사람들이 왜 없지……? 건물 안에 남자 어른이 죽었어요! 나왔는데, 사방이 다 집이고 다 집이라서 날아서 나왔는데, 아무것도 없고……

[Canon in D Major' by Pachelbel] 엄청나게 큰 호수를 보고 있어요… 이걸 어떻게 건너지? 숲은 가기 싫은데, 숲이 무서워요……! **음악과 함께 해보세요** …… 물이 닿는 것이 싫어서 날아가고 있어요…… 집에 누군가가 죽어 있어요… 피가 묻어있고 여자! 성인 여자가 죽어 있어……! (종결)

B는 세션을 마무리하고 해결, 통합의 가능성을 제시하는 음악인 Pachelbel의 'Canon in D Major'에서조차도 '죽은 여자'의 경험을 하고 있었다. 음악이 끝난 후 나는

자리에서 일어나 앉아있는 17세 소녀, 그녀를 안아주어도 좋다는 허락을 받은 후에 그녀를 뒤에서 지지하며 긴 시간 안고 있어야 했다. B는 무서운 경험과 만났고 두려움에 떨고 있었다. B를 다시 일상적 의식 상태로 완전히 돌아오게 하는 데는 적지 않은 시간이 걸렸다. 불안해하는 B를 잘 관찰하고 다독이며 심상경험에 대해 조심스럽게 이야기를 나누었다. "경험한 장면들과 지금의 기분을 이야기할 수 있겠니?" 그녀는 말했다.

"좀비가 계속 나타나려고 해요."
"우리 집에 여자가 계속 들어오려고 해요. 들어오지 못하게 소리를 쳤어요!"
"왜! 우리 집에는 매일 죽은 여자가 있지?"

B의 끔찍한 트라우마의 경험은 '좀비'와 '죽은 여자'의 은유적 환상metaphorical illusion을 만들어 놓았다. 그러나 그녀는 GIM 첫 경험에서 나타난 '죽은 여자'와 '자신의 친모'와의 죽음을 연결하지 않았다. 아마도 친모와의 기억을 덮고 싶은 것 같았다. 첫 세션에서 '좀비'와 '죽은 여자'의 심상을 꺼내 놓고 무서워하고 불안해하는 자신을 나에게 나타냄으로써 자신을 치료해 달라고 호소하는 것만 같았다. 나도 '좀비'와 '죽은 여자'의 심상경험에 대해서 더 자세히 이야기해달라고 하지 않았다. 이것은 차후에 이야기를 나눌 수 있는 중요한 변화transformation 과정이 필요했기 때문이다. '좀비'와 '죽은 여자'는 다시 B를 찾아올 것이다. 나는 B가 집으로 돌아가서 더 힘들어질 수 있을 것이나 다음 세션을 기대하고 기다리면 편안해질 수 있을 것이라 조언하였다. 그녀가 그린 첫 만다라는 주변에 깔린 붉은 색과 함께 검은색으로 칠해진, 머리를 길게 늘어뜨린 여자의 두상이었다. 제목은 '죽은 여자'였다.

두 번째 세션과 그 이후에도 B는 GIM을 실시하기 전, 상담에서 아무 생각이 없고 우울하다는 말을 자주 하였다. 늘 비참한 기분이고 사람들을 만날 때 두려워지고 친구들로부터 무시당하는 느낌이 든다고 했다. 앞으로 대학도 가야 하고 사회생활도 해야 하는데, 학교를 계속 다니고 싶지 않고 의지가 안 생기고 무기력하며 항상 죽고 싶은 생각이 든다고 했다. B의 모습은 여전히 어깨가 처지고 허리는 구부정했으며 눈빛은 흐렸고 꿈속에서 좀비가 나오고 어디에선가 좀비가 나타날까 봐 무섭다고 했다.

나는 B에게 "네게 좀비는 무엇이니?"라고 물었다. B는 잘 모르겠다고 대답했다. 나는 B를 만나면서 그녀의 처참한 심상과 오랫동안 마주해야만 했다.

아래의 내용들은 두 번째 세션부터 열 번째 세션까지의 B의 심리적 상태를 알려주는 중요한 심상들과 그것을 대면하는 과정, 그리고 변화의 과정이 이루어진 주목할 만한 내용들을 서술한 것이다.

파괴적 심상(죽은 나무, 산성비, 터진 지구, 좀비)에서 → 바다, 돌고래의 심상으로

두 번째 세션에서 B는 배반(훗날 그녀는 친모가 자신을 배반하였다고 표현한 적이 있다)당하고 버려진 느낌, 상실감, 심리적 불안감 등을 파괴적 심상을 통해 표현하고 있었다. B의 세션에서 나타나는 이 파괴적 심상은 나무가 떨어져 나가고, 나무가 타죽고 강물이 흐르는데, 산성비가 내려 강물이 오염되고 모든 것은 다 시들어 메말라 있고 벼락을 맞고 다시 산성비가 내리는 것으로 이어진다. 좀비의 존재와 파괴적 심상은 네 번째 세션에서도 이어서 나타나는데, 좀비가 B를 잡아먹으려는 늑대들을 물리치지만, 그녀 자신을 계속 따라다니고 다른 길로 못 나가게 하고 밖에서 자신을 지키고 있다고 했다. 그 후 우주로 날아갔는데, 지구가 터져 버렸고 지구가 망한 심상으로 연결된다. 그녀는 절규했다.

> … 절망하고 화가 나고, 내가 어떻게 하라고(내담자의 말 직접 인용)… 지구를 망치냐! 달은 빙글빙글 돌면서 다녀요… 화가 나요… 서러워요. 왜 나만 남고 지구는 망했는지…

나는 고민하였다. 언제 B에게 의식의 변화적 심상이 찾아올 것인가? 두 번째 세션의 끝부분 통합 과정에서 음악은 B에게 별들을 보게 했고 바다로 데리고 갔다. 거기에는 햇살도 있고 책과 음식과 배를 운전해 주는 사람이 있었다. 중요한 것은 그녀 자신을 도와주는 '돌고래'가 있었다는 것이다. B에게 '돌고래'가 무엇인지 묻자, 자신을 돕는 친구라고 하였다. 바로 이것이 상징적 심상의 하나이다. GIM의 경험을 할 때, 우리의 정신psyche은 자신이 우선시하는 것을 먼저 내어놓고 그것을 경험하게 한다. B는 결국 책과 음식과 친구를 좋아하는 고등학생인 것이다. 그것이 필요한 것이다.

왜곡된 자아상, 고립감에서 → 따스한 큰곰, 천사, 순수한 어린아이, 갓난아기를 돌보는 경험으로

B의 의식의 변화가 요구되는 주요한 또 다른 주요 심상들은 '왜곡된 자아상'과 '고립된 상황'을 나타내는 심상들이다.

왜곡된 자아상 세 번째 세션에서 B는 낮아진 자존감과 수치감으로 인해 왜곡된 자아상의 모습을 보여주고 있다. 거울이 있는 방에 그녀가 있다. 자신이 완전히 늙어 있다. 머리카락이 하나도 없고 점점 작아지고 눈은 충혈되어 튀어나와 있다. 핏줄이 푸릇푸릇하게 다 비치고 있었다. 심지어는 완전히 늙은 남자 같다. 그것은 '외계인' 같고 자신은 '문어' 같고 '문어'가 되었다고 했다. 징그러워서 먹물로 거울을 칠해버리고 다시 거울을 닦아보지만 늙은 아저씨 모습이다. 나는 물었다. "무엇이 당신을 늙어지게 만들었나요?" B는 대답했다. "저 때문에", "자기 자신 때문에 스스로 비참하

[그림 8] 만다라: '정말 늙은 이상한 아저씨'와 '꼭두각시'처럼 묶여있는 나 자신: 이 두 인물 모두는 B 자기 자신이다

게 만들었고 항상, 억압되어 있어요!"라고 말했다.

> 풀어야 해요! 나 스스로 풀고 드러내야 해요… 리본을 풀어서 '저 자신'이 되었군요!

자신 스스로 풀어내고 드러내야 한다고 했다. 리본을 풀어 긴 머리에 하얀 옷을 입고 있는 자신의 모습이 드러났지만 눈이 안 보이고 얼굴이 없고 징그럽다고 했다.

> … 왜 얼굴이 없지…? 거울이 너무 더러워서 닦아요. 닦아도 몸으로 계속 닦아도 저의 모습은… 그냥 청소년, 소녀인데… 근데… 얼굴이 뒤틀려있어요… 얼굴을 폈어요. 웃어 보려고 해요… (중략)

세션 후에 그려진 B의 만다라는 '정말 늙은 이상한 아저씨'의 심상을 그렸는데, 그는 꼭두각시처럼 묶여있는 자기 자신을 보고 웃고 있었다. 이 두 인물이 모두 B 자신인 것이다. 그녀는 이 그림을 그리면서 매우 불쾌했다고 했다.

고립감 네 번째 세션에서 B의 심리적 고립감은 쫓기고 조급하고 어두운 숲이 있고 햇빛이 안 보이고 추워서 벗어나고 싶은 심상으로 표현된다. 또한 어두운 길을 걷고 있는데, 양옆에서 손이 튀어나와서 화장실에 가서 숨고, 변기 안으로 들어가고, 좁은 곳에서 기어가고, 시멘트로 만들어진 사방의 벽에 갇히는 경험으로 이어진다. 그곳에는 자신뿐만 아니라 같은 벽에 걸려서 갇혀 있는 다른 사람들이 엄청 많은데 모두가 창백하게 안에 갇혀 있다. 밖에 커다란 사람들이 체크를 하고 있어서 반항하는 사람이 있으면 채찍으로 굴복시킨다고 했다. 느낌은 무섭다고 했다. 이와 같은 고립된 심상은 다섯 번째 세션에서도 이어졌다.

> … 저녁인데… 구름이 잔뜩 끼어 있어요… [Prelude in b minor by Bach] … 바람이 휘몰아치는 사막, 바람이 불고, 자리를 못 잡고, 야생 동물이 으르렁거리는 소리가 들려요… 사자 한 마리가 있어요! 저를 위협하는 건지 주위를 빙글빙글 돌아요… 무슨 일이 일어나는지 더 지켜봐요… 사자가 사촌 동생과 저를 데려가요. 데려가는데 피를 토하면서 쓰러져요…

> … [Adagio in C by Bach] … 공사장에 와있어요. 사람들이 일만 하고 있고 저도 일해요. 석탄… 석탄… 숨을 쉬기가 어려워요. 힘들고 빨리 집에 가고 싶어요… 사람들이 하나씩 쓰러져요. 너무 피곤해서… 내가 돌이 되고 있나 봐요…… (중략)

나는 B를 지속적으로 지켜보고 중재하면서 위의 심상들을 대면하는 그녀가 안타깝게 느껴졌다. 몸서리치도록 깊은 트라우마trauma의 경험은 배출이 필요한 심상을 쏟아내고 있는 것이다. 나는 이 과정을 '필요한 과정'이라고 명명했다. 그리고 결국 자신을 지키고 자신을 살리는 힘은 B 자신 안에 있는 것이 아닌가? 나는 그녀가 변형적 경험을 하길 지켜보고 바랐다. 그녀가 고립된 심상과 대면하는 사이 음악은 끝을 향해 가고 있었다. 음악의 힘은 얼마나 대단한 것인가? 음악은 B의 심상을 점차적으로 아래의 '변화과정'으로 이끌고 통합시켜주는 역할을 하고 있다. 이어지는 음악과 함께 B는 아래와 같은 경험을 진술했다.

큰 곰, 천사, 순수한 어린아이, 갓난아기를 돌보는 경험으로 '큰 곰의 심상'은 B에게 세 번째, 네 번째 GIM세션 경험에서 반복적으로 나타나는 심상이다.

> **세 번째 세션**
> … ['Air on G' by Bach] … 바다… 눈 부신 햇살… 편안하게 누워있는데, 큰 곰이 달려와요. 곰을 안았어요. 보들보들, 푹신, 푹신, **새끼 곰 3마리**를 데리고 왔어요… 혼자 엄청 눈이 부신 공간에 있어요. 사방이 하얘요…… 천사가 웃고 있어요. 같이 걸어가고 있어요, 막 춤춰요… **그 움직임에 음악을 가져가 보세요** …… 제가 먼지가 되고 있어요. 하얀 공간의 한 부분이에요. 천사는 계속 웃고 있어요… 눈이 내려요… 나는 어린애예요. 순수하고 하얀 눈을 보고 좋아하고 있어요…… (종결)

B에게 '큰 곰'에 대해 물었다. 좋은 포근한 친구 같다고 했다. 큰 곰은 다음 세션(네 번째 세션)에 이어서 나타났다. 힘들 때 곰의 심상은 B에게 안정감을 주는 존재로 등장한다.

네 번째 세션

… 마트 안에 있어요. 물건이 많아요. 저는 막 그냥 골라 담아요… 누가 올까 봐 더 담아요… 무서운 좀비가 올 것 같아요. 무서워요… 착한 좀비인데 왜 무섭지…? **큰 곰 인형**이 있어요. 너무 커서 못 들어요. 기대서 자고 싶다…! (종결)

B는 자신의 꿈과 상상, 심상에서 자신을 쫓아다니던 '좀비'를 '착한 좀비'라고 표현하고 있다. 좀비(첫 번째부터 아홉 번째 세션까지 등장한다)에 대한 변형이 시작되었기 때문이다. 또한 세 번째에 이어 네 번째 세션에서도 큰 곰 인형이 나오는데 이 심상의 상징에 대해 나는 순간(이것은 나의 투사이다), B가 품고 있는 모성에 대한 그리움과 관련된 느낌이 들었다.

다섯 번째 세션

… 저는 약간 몸이 없는데… [Ave Verum by Mozart] … 영혼 같아요… 그런 상태로 돌아다녀요… 노숙자와 눈이 마주쳤어요… **노숙자라고요? 노숙자가 어떤가요?** … 노숙자가 아이에게 밥을 줘요… 노숙자는 웃으며 죽었어요. 아이가 저에게 있어요. 저는 천사에게 아이를 주었어요. 아이를 안고 올라가고… 천사가 다시 저에게 주었어요. 제가 키워야겠다… **당신이 키워야 하는군요!, 당신이 아이에게 해주고 싶은 것이 있나요?** … 우유를 먹이고 잠을 재우고 씻기고 놀아줘요… 잘 자고 있어요… 사람들이 춤을 아름답게 춰요… 구경을 해요… 이제 사람들과 춤을 춰요… 멋있고 예술적으로… (종결)

여기서 B가 말하는 돌봐야 하는 갓난아기는 자신인 것이다. 결국 그녀는 자기 자신을 먹이고 재우고 씻기고 놀아주면서 키우고 있는 것이다. B의 의식에 점차적인 변화가 시작된 것이다.

3. 변화 · 변형(transformation)의 시작

GIM에 있어 음악의 초월적인 힘은 내담자들에게 의식의 변화transformation를 일으키는 강력한 도구이다. 내담자가 자신의 정체성을 확립하기 위해 마음 깊은 내면의 소리로부터 변화를 경험할 때 비로소 의식의 변형이 시작되는데, 이는 음악의 힘에서 기인한 것이다(AMI, 2003).

싸울 수 있는 힘

여섯 번째 만남부터 B에게는 싸울 힘이 생기기 시작했다. 그러나 B는 센터를 방문했을 때, 우울한 기분이었다. 음악이 진행되면서 그녀는 어두운 곳에서, 뼈밖에 없는 이상한 영혼들이 귓속말로 떠든다고 했다. 뼈들은 녹슬고 비가 올 것 같다고 했다. "어디로 가야 될까?" 하는데, 사람들이 그녀를 비웃고 그녀를 툭툭 치고, 계속 건드린다. 이때 나는 B가 싸울 수 있도록 쿠션을 사용하여 신체중재를 하면서 그들에게 행동을 표현하고 얘기해 보라고 했다. 그녀는 싸우며 소리쳤다!

… [Concerto de Aranjuez-Adagio by Rodrigo] … 어둡고, 이상한 영혼들이 방에 있어요. 이 영혼들이 쑥덕거리고 일제히, 보고, 돌면서 놀리는 것 같아요… 두렵고, 나한테 왜 그럴까…? 비웃고 툭툭 치고, 계속 건드려요… 싫어요…!

(싸워볼 수 있는지 연두에게 묻고, 쿠션으로 연두를 툭툭 건드렸다) …

(신체중재)… 하지 마요! 하지 마요…! (쿠션을 이용해 서로 밀치며, 싸우게 했다)… 그러지 마요…! 욕하지 마…! 나를 뭘 알아…? 나는 그런 사람이 아니야…! 나는 잘하고 싶어…! 서툴러서 그래…! (연두는 대면하고 싸우고 있다)… 그런 식으로 나에게 하지 마…! 독수리가 저를 둥지로 데려가고 있어요. 그리고 먹을 것을 갖다주어요… (중략)

['Czech Suite Romance' by Dvorak] 괜찮아! 잘했어…! 저녁별이 보여요. 아름답다! 보름달이 예뻐 보여요…! 하늘의 공기가 너무 상쾌하고 좋아요… 아름다워요… 바다 위를 날고 있어요… 나를 쓰다듬어줘요… 너는 참 나에게 고마워…! 한번 웃고 날아가요… 나이가 들어 편안한 흔들의자에 앉아 이런 일… 저런 일…

당신은 지금 몇 살인지 알 수 있나요? 80세예요. 옛날엔 힘들었지만 참 좋았다. 햇빛을 받고 있고, 밖에 나무 정원에 아이들이 있어요. 잔디에서 놀고……

당신 자신에게 하고 싶은 말이 있나요? … 모든 것이 다 소중하다! 독수리를 믿고 주변 사람들에게 잘하자! (종결)

[그림 9] 만다라: 미래, 80세의 자신을 만남: "옛날엔 힘들었지만 참 좋았다!"

세션 후에는 내담자가 음악적 감정에 의해 촉발된 자신의 심상에 대해 상징적인 의미를 찾도록 돕게 되는데, 경험한 심상에 대한 통찰을 돕기 위해 B와 나는 그녀의 경험에 대해 함께 의미를 찾고 의논, 통합하는 시간을 가졌다. 세션 시 B는 강한 정신역동적 경험을 했다. 그녀는 소리를 지르고 무찌르고 싸우는 행동을 할 수 있어서 좋았고 내가 신체중재를 실시하자 더 크게 말하고 표현할 수 있어서 해방되는 카타르시스를 느꼈다고 말했다. 신체중재는 전환된 의식 상태에서 클라이언트의 심리적인 것이 신체를 통해 표현되도록 더 감각을 강화하고 신체를 통한 정신역동적인 경험을 하도록 도와준다. 이것은 부정적 상황에 효과적이다. 신체중재 전에는 내담자에게 "중재를 해도 될까요?"라고 묻고 암시를 주어야 한다(Carol B., Stokes, S. J., Jim B, 1999). 나는 신체중재 전에 B에게 싸울 준비가 되었는지 물었고, 그녀는 좋다고 했다.

트라우마trauma가 있는 내담자들은 종종 외적인 모습이나 행동에서도 자신이 없는 태도와 자세를 취하거나 신체적 증상으로 통증을 동반하기도 한다. 나는 B가 집에 돌아가기 전에, 그녀에게 똑바로 서 보라고 했다. 그리고 눈을 크게 떠보라고 했다. 어깨와 허리를 펴고 힘들어도 씩씩하고 당당하게 걸어가라고 했다. 그녀는 그렇게 치료실에서 걸어 나갔다.

좀비가 사라지고 가슴에 별이 쏟아져요

일곱 번째 세션에서 B는 무의식적 경험 안에 있는 모든 것을 쏟아놓듯이 빠르게 온갖 혼란스러운 심상들을 휘몰아치듯이 내어놓는다. Bach의 'Passacaglia and Fugue in c minor' 음악의 역동적 역할이 그녀의 심상을 휘몰아가게 했다.

> ['Passacaglia and Fugue in c minor' by Bach] … 아주 큰 교회예요… 무릎을 꿇고 기도해요… 영혼이 빠져나가 하늘로 올라가고 먹구름이 끼고 엄청난 비가 와요… 숲은 축축하고 추워요… 생쥐가 나무를 씹어요… 저리 가! 저리 가…! 달밤에 달이 보이는데, 번쩍번쩍… 소름 끼쳐요… 하늘이 안 보이고 바다가 까맣고 바다에서 으르렁거리는 소리가 들려요… 우박을 맞아요, 우박이 녹아요… 내가 위로 올라가요…

> ['Come Sweet Death' by Bach] … 까만 옷을 입은 사람이 있어요… **자세히 이야기 해 보세요** … 한 사람이에요. '미소'를 짓고 까만 곳으로 가요. 말도 안 하고… 웃기만 해요… 검은 사람이 땅으로 내려왔는데, '좀비'… '좀비'가 죽었어요… **좀비가 죽었군요? 느낌이 어때요? 쓸쓸해요**… (중략)

B에게 좀비에 대해 물으니, 좀비는 여전히 무서운 존재, 두려운 존재라고 했다. 그러나 이 세션에서 그녀는 좀비가 죽는 경험을 하는데, 그녀는 좀비가 죽어서 쓸쓸하다고 표현한다. '좀비는 B에게 무엇인가?' 이 좀비의 존재는 여덟 번째 세션에서도 지속적으로 나타난다. 그러나 도시를 가득 채우던 좀비는 사라지고 B는 밤하늘의 별이 가슴으로 쏟아져 내리는 경험을 한다.

GIM 세션을 수많이 해오면서 대부분의 내담자들이 GIM의 여섯 번째 혹은 일곱 번째, 여덟 번째 세션에서 자신의 문제에 대한 획기적인 변화를 경험하기 시작한다는 것을 관찰했고 나는 그 시기를 알고 있었다. 또한 B는 자신의 길이 멀다고 느껴질지라도 천천히 변화를 위한 마음의 문을 열고 있었다.

> **여덟 번째 세션**
> [Strauss, except from 'A Hero's Life'] … 해가 떠오르는 것이 예뻐요… 물 밖으로

나왔어요, 공기는 시원하고 상쾌하고 바람이 불어요…… **그것을 느껴봐요** … 두려운 것이 있어… 땅에 있는 존재가 다 '좀비'예요… 사람들이 다 '좀비'예요… 다 같이 물어뜯어요… 육지랑 바다밖에 없는데 둥둥 떠 있어요…

[Brahms sym #3, 'Poco allegretto'] … 갑자기, 배와 심장이 아파요! 가슴이 너무 아파요…… **가슴에 음악을 가져가 보세요** … 지금은 괜찮아요… 심장이 없는 것 같아요… 제가 밥을 먹어요. 끝도 없이 먹어요…… **원하는 대로 해보세요**

[Brahms Piano Concerto #2, 'Andante'] … 한 마리, 돌고래… 같이 놀아요… 예쁘게 생겼네… 기특, 기특… 돌고래가 기특해요. 재미있네요… 예쁜 도시로 데려가요… 육지는 좀비 천국…! 가 버려… 가 버려… '좀비'가 없어지니… 아무것도 없네요… 꽃밭에 누워있는 기분이에요… 좀비는 사라졌고 '하늘에 별들이 가슴으로 쏟아져요'…… **그 장면을 가슴으로 가져가 보세요** …… 반딧불도… (종결)

B는 이 세션을 마치고 자신의 만다라에 밤하늘에서 빛나는 오색찬란한 무지개 같은 별똥별들을 그렸다. 그리고 자신의 만다라 옆에 이렇게 적었다. '제목은 별, 별은 꿈이다. 그리고 희망이다. 나는 이 장면을 보았고 별들을 받아들이고 할 수 있다는 느낌이 들고 자신감이 생겼다! 또한 내 마음 안에는 청소하는 사람이 있다. 잡념의 생각

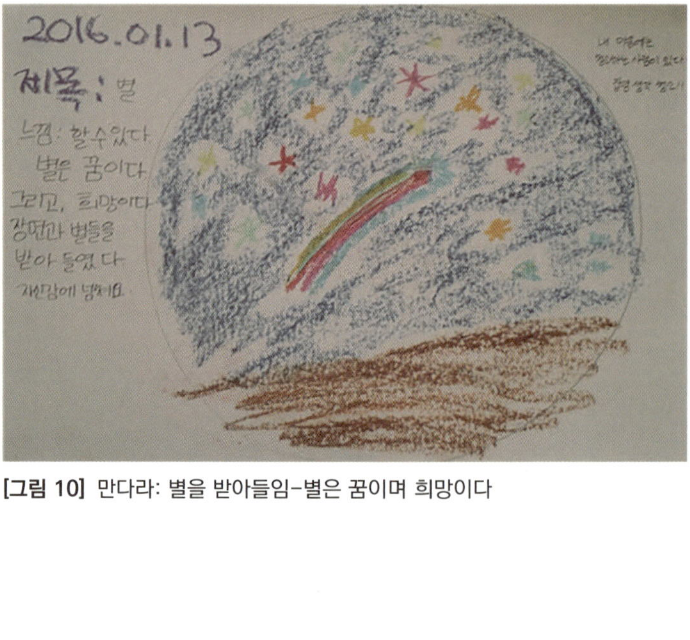

[그림 10] 만다라: 별을 받아들임-별은 꿈이며 희망이다

을 청소한다.' 나는 B를 안아주었고 우리는 서로 바라보고 웃었다.

좀비는 생명이 아니고, 죽은 것들… 그리고 신(神)과의 만남

아홉 번째 세션에서 B의 무서움과 두려움은 지속되는 듯했다. 숲속이고 새벽이고 안개가 있고 '두렵고 무섭다'. 고깔 모양의 끝이 휘어진 '이상한 집'이 있는데, '마술사의 집'이다. 그 집은 색깔이 알록달록하다. 마술사의 고깔모자는 반짝반짝 빛나고 있다. 그곳에 개가 있는데, 개가 으르렁거린다. 그러나 마술사의 집은 무섭다. 개가 묶어져 있다. 개가 아파 보이고 비실비실하고 상처가 있어서 친근하고 불쌍하다. 다시 '산성비'가 내린다.

['Fountains of Rome-Villa Medici' by Respighi] …… 앞, 뒤가 끝없는 바다… 산성비가 내려요… 기계가 돌아가요, 있는 것은 기계뿐이에요…… (중략)

[Chopin Piano Concerto #1-2nd Mvt-Romance] … 비가 그치고… 밤하늘이고 별들이 떠 있어요. 수없이 많은데… 나무가 숲속에 있어 그쪽을 봐요. 좀비만 있어… 다 죽은 것들(치료사의 반영: **그래요! 다 죽은 것들이에요**)…! 생명이 아니고……

반복적으로 나타나면서 B를 공포와 불안에 떨게 했던 '좀비'의 존재는 이제 B에게는 '죽은 것들이다! 생명이 없는 것들이다!' 더 이상 좀비는 그녀에게 나타나 활동하는 존재가 아닌 것이다. 결국 심상경험은 무섭고 어둡지만 어두운 곳으로 자꾸 가면 중요한 것을 발견하고 높은 영적인 이미지를 갖게 된다. 영적인 체험을 하기 전에는 힘든 단계를 거친 후에 마침내 그 단계로 나아가는 것이다. B의 심상은 음악을 타고 서서히 바뀐다.

[Rachmaninoff Symphony #2-3rd Mvt-Adagio] …… 저는 솟구쳐 올라갔어요. 올라갔는데… 빛이 있고 구름이 있고… 따뜻하게 느껴지는데, 역시 아무도 없어요…… **함께하고 싶은 것이 있나요?** … 하느님의 목소리가 들릴 것만 같아요…… **어떤 소리가 들리는지 말해 봐요?** …… "보호해 줄 테니… 여기 있어라!"(치료사의 반영: **보호**

해 줄 테니… 여기 있어라!)… 따뜻하고, 한없이 작은 존재임을 느껴요… 제가 두려웠던 감정이 없어지고 점점 안정되는 것 같아요… (나는 여기서 눈물이 날 뻔했다!) … 그래도… 계속 기도하고… 저를 지켜주세요…! 그냥, 고개를 끄덕이시는 것 같아요……

더 뭐라고 하시는 말씀이 있나요? … 내가 있는 곳에 하느님이 계신다…! 빛으로 빨려 들어가고 있어요… 하느님께로 갔는데… 발밖에 안 보여요… 그분의 발밖에 안 보여요… 그냥 빛만 있어요… 거기에 사람들이 많은데… 서로 손을 잡고 빙글빙글 돌고 있어요……(종결)

B의 경험에서 나타나듯이 GIM에서의 이러한 경험들은 '경험하는 자아와 더 높은 자아의 경합과 통합'을 통해, 내담자의 의식을 더 높은 의식 수준으로 끌어올리는 수단으로 작용한다. 결국 GIM은 초의식 영역의 경험들을 통해 내면의 갈등을 치료하는 데 유용하다(Bonny, 1978b). B는 Rachmaninoff의 'Symphony'가 진행되는 동안 초의식 영역의 경험을 하고 있었다. 하느님(초월자)을 만나서, 신과 대화를 나누고 자신을 초월자 그분께 의탁한 것이다. B 자신의 내면에서 치유의 힘은 이렇게 흘러나오고 있었다. 엄청난 변형 경험을 통해 치유의 경험을 갖는 순간이다. 이 세션의 만다라에서 B는 노란색을 사용하여 엄청나게 큰 '신의 발'을 만다라mandala의 삼, 사분면 위에 그렸다. '신의 발'에서 노란색 빛이 뿜어져 나오고 있다. 그 '큰 신의 발'은 흰색과 하

[그림 11] 만다라: '신의 발'

늘색의 구름 위에 그려졌고 B 자신은 그 '발' 아래 있다. 만다라 제목은 '신의 발'이고 안도감과 안정을 느꼈다고 썼다.

엄마와의 만남/좀비인 줄 알았던 착한 노루

열 번째 세션에 와서 B는 나에게 일상적인 이야기와 학술동아리 모임과 부스 설치, 동아리 후배에 대한 학교 이야기를 늘어놓았다. 자신이 지금 하고 싶은 '버킷리스트 bucket list'들도 늘어놓았다. 종종 B는 또 불안해질 수 있고 우울할 수 있겠지만, 나는 그녀에게 변화가 찾아왔음을 실감했다.

열 번째 세션에서도 B는 낮은 에너지를 호소했고 불안하고 우울한 기분이 든다고 했다. 그녀는 자신의 일상에 변화를 느끼지만, 아직도 힘이 없다. 나는 B에게 먼저 일부러 죽은 엄마에 대한 이야기를 꺼낼 수 없었다. 그래서 기다렸다. 드디어, 열 번째 세션에서 B는 내가 그렇게 기다려온 '죽은 여자'가 아닌 '돌아가신 친엄마'에 대한 이야기를 꺼내기 시작했다. 그녀는 7세 때 사건을 기억하고 있었고 '죽은 여자'는 이미 첫 번째 세션에서 경험되었다. B가 세션 중에 엄마를 만나는 방법은 과거의 7세 때 목격한 '죽은 엄마'의 심상을 '재경험'하는 형태가 아니라 아래와 같이 돌아가셨으나 '하늘에 계시는 엄마'를 만나는 경험을 하는 것이다. 음악이 시작되면서 B는 바다에서 돌고래를 만났지만, 날씨가 안 좋고 비가 오고 번개가 치는 경험 안에 있다. 그런데 검푸른 바다에 햇빛이 들어온다. 그 후 그녀는 자신의 경험을 말했다.

['Mein Jesu' by Bach] … 뭘까…? 왜 이럴까…? 엄마가, 그냥 엄마가… 천사 같은 옷을 입고 웃고 있어요…! 엄마한테 빛이 나요……! 잘 지내고 계세요…… **엄마와 이야기할 수 있나요?** …… 왜 저를 버리고 가셨어요……? (나는 또 눈시울이 뜨거워짐을 느꼈다) …… **더 얘기해 봐요** …

"버린 것이 아니란다…! 먼저 가서 기다리고 있을게… 천천히 와…!" 엄마는 가셨어요…! **지금 어떤가요?** … 우울하고 불안하고 힘이 들어요… 그런데… 이 말을 할 순 없어요… 엄마는 죄책감이 있으실 거야……! **엄마에 대해서 더 얘기할 수 있겠어요?** …… 모르겠어요… 그런 상황… 감정적인 행동… 어떻게 한순간에 죽지…? 나를 버리고 죽고… 무책임하게… 아빠에게 큰 상처를 주었어요… 엄마도 알고 있어요… 엄마는 울면서 갔어요……

B는 이렇게 GIM의 경험 중에 하늘나라에 있는 엄마를 만났다. 그녀가 엄마를 만나는 경험을 할 때, 엄마는 지상과 천상의 중간쯤에 있는 것 같다고 했다. 놀랍게도 음악의 힘이 이렇게 의식의 높은 단계 및 여러 단계를 경험하게 이끈 것이다. 아래의 심상경험이 이어진다.

['Easter Cantata Chorale' by Bach] … 비가 세게 내려요… 깜깜해지고… 먹구름이 있어요… 혼자 있어요… 점점 가라앉아요…… 고래한테 먹히고… 고래 뱃속인데, 썩었어요… 악취가 나고 사람들이 다 썩어있어요…… 녹아내려요… 사람들이 녹아내려서 무서워요…… 그 사람들이 먹으려고 따라와요… 도망쳐요… 오지 마……! 난 살 거야…! 저리 가…! **그래요! 그렇게 말해요!**(치료사의 반영: **저리 가!**) …… 고래 뱃속에서 나왔어요. 제 몸에서 악취가 나는 것 같아요… 나는 저 사람들과 달라! 나는 살 거다!(치료사의 반영: **나는 살 거다**) …

['Hope from Prayer Cycle', Jonathan Elias] … 초원으로 나왔어요. 풀이 많고… 별이 많고… 뛰어다녀요… 나는 이겨낼 거야! 포기하지 않아…! 저는 계속 나아가야 해요…… **그래요! 할 수 있어요** …… 울면서 가요… 빛이 있어요. 빛이 온몸으로 쏟아져요… **그래요… 빛을 받아 봐요** … 따뜻하고 안도감이 들어요… 나는 빛을 놓지 않을 거야…! 무서워요… 덜덜 떨고 있지만, 주저앉아있지만 웅크리고 있다가 일어나요……

['Now We Are Free' from the Soundtrack, The Gladiator] …… 바다…! 집어삼킬 듯한, 검푸른 바다… 돌고래가 춤춰요… (치료사의 반영: **돌고래에게 음악을 선물해 줘요**) …… 잘했다고 박수를 쳐줘요… 구름이 없어지고 햇볕이 온통 내리쬐고, 푸르고 맑아요… 편안하고 자유롭고 해방된 느낌… 「하울의 움직이는 성」(애니메이션)의 사람들과 소피처럼 춤춰요…… (종결)

B는 이번 세션에서 하늘에 있는 엄마를 만나는 엄청난 경험을 했고 세션 후 일상적 의식으로 돌아오는 데는 적지 않은 시간이 걸렸다. 토의 시간에 돌아가신 엄마에

[그림 12] 만다라: 좀비인 줄 알았던 착한 노루

대해(B의 눈이 젖어 있었지만) 담담하게 이야기를 했다. "하늘에 잘 계세요!" 나는 그 장면에 대해 더 토의하지 않았다. 이번 세션에서 자신에게 가장 의미 있는 경험은 '초원에서 달리기'와 '빛 받기'라고 했다. 불안과 우울함에 대해 포기하지 말고 "계속 달려야 한다!"라고 했다. 종종 죽고 싶다는 생각이 들 때면, "이런 기억들 때문이 아닌가?" 생각해 본다고 했다. B는 세션이 끝난 뒤 좀비를 통합하는 만다라를 그렸다. 만다라의 제목은 '좀비인 줄 알았던 착한 노루'였다.

음악의 사용과 역할

B를 위해 사용한 음악프로그램들은 본 치료사에 의해 2곡 혹은 3개의 곡이 기능적으로 삽입되거나 재구성되었다. B는 음악의 다양한 요소와 음악적 변화와 사용에 아주 민감한 반응을 보여 왔기 때문에 아주 조심스러우면서도 신중하게 음악을 선택 및 적용해야 했다. 음악 안에서의 음악적 요소들이 전하는 메시지와 B의 반응은 너무나 예민하게 관련되어 있어 음악과 민감하게 관련을 짓거나 그 이상의 예민한 정서적 반응을 나타내곤 했다. 이것은 단순한 카타르시스적인 경험의 추구를 넘어 그 이상의 것, 즉 자신의 정신적 손상, 트라우마trauma와 관련되어 있음을 알게 하였다. 이는 음악을

사용하는 데 있어 B가 우리가 통상적으로 선택된 음악을 듣고 이해하고 추론하고 예상하는 음악적 반응을 뛰어넘는 너무나 왜곡된 파괴적인 심상과 관련짓거나 극도로 불안한 정서적 반응을 나타냈기 때문이다. 그러나 나는 음악이 B의 경험에 지지적인 역할을 했더라도 음악으로 그녀의 이러한 경험을 회피하도록 만들지 않았다. 음악이 다시 B에게 새로운 변화의 선물을 주고 새로운 차원의 기억정보와 정서반응을 제공해 주며 그녀에게 통찰을 얻게 하는 더 높은 수준의 의식으로 이끌어갔기 때문이다.

결론

나는 B의 세션 기록을 보고 정리하면서 그녀에게 다시 큰 감명을 받았다. 그리고 음악의 힘과 역할에 다시 감동을 받았고 또한 신께 감사를 드렸다. 그리고 나와 B의 만남이 마치 예정되어 있었다는 느낌이 들었다. 나는 B를 치료하면서 더 자주 명상하고 기도를 해왔다. B의 트라우마로 인해 나타나는 심리적, 신체적 증상과 그 기억에 자리한 몫들을 온전히 공유하고 함께 감내해야 했기 때문이다. B의 세션들은 '역동' 그 자체였다. 내담자가 온전히 자신의 변화와 치료를 위해 어마어마한 역동적인 GIM경험 속으로 들어갈 때에는 치료사와 내담자 간에 큰 신뢰가 바탕이 되어주어야만 한다. 이것은 내담자가 치료사에 대해 긍정적인 전이transference를 갖는 것이고 나는 그녀의 긍정적 전이에 따른 긍정적 역전이countertransference를 취한 것이다. 또한 B는 대학 입시를 앞둔 고등학생이었지만 이미 준비된 내담자였다. 그녀처럼 GIM 치료를 받기 위해 미리 심리적으로 준비된 내담자들은 더 큰 GIM의 역동적 체험 속으로 자신을 기꺼이 초대한다. 그 후 B는 음악에 자신을 맡기고 음악이 협동치료사로서 자신을 이끌어 변화시키길 자처했다. 이와 같이 음악으로 인해 B 자신은 음악과 혼연일치를 이루며 자신의 정서적인 변화와 함께 심상의 더 큰 변화를 경험하게 되는 것이다.

B에게 '좀비'는 '죽은 여자'와 같이 공포감을 주는 존재였다. 그녀는 엄마의 죽음을 목격하고 그 장면을 통해 기억과 자신의 감각, 상상과 환상 속에서 '좀비'를 만들어 내고 그 공포에 시달려 왔다. '죽은 여자'가 항상 집에 있었고, 그 환상과 상상은 '좀비'를 만들어 내고 공포를 주는 존재로 살아 나타나고 따라다녔던 것이다. 그녀에

게 공포와 두려움을 주었던 '좀비'의 존재는 이제 더 이상 두려움의 존재가 아니다. 이제 그녀는 그것들을 '죽은 것들, 생명이 없는 존재'로 인식하고 있다. 좀비가 사라진 자리에는 B의 희망의 상징인 '밤하늘의 별들'이 빛을 내며 함께 하고 있다. 또한 항상 집에 있는 '죽은 여자'는 애도해야 할 '엄마의 죽음'이 아니라 '죽은 여자'의 환상illusion인 것이다.

나는 B가 유년 시절 '엄마의 죽음'을 목격하고 트라우마에 시달렸지만 통합해가는 과정이 또 다른 나의 연구 「트라우마에 대한 GIM의 적용 사례」(김소진, 2011)와는 다른 양상을 띠고 있다는 것을 알았다. 본 사례연구에서 살펴본 B양 엄마의 죽음 사건은 B에게 '심인성 기억상실'을 남기지 않았다. B는 지금까지 엄마의 죽음을 인식하고 있었고 그것은 과거 기억 속에 있는 '죽은 여자'의 환상으로 남았다. B는 이를 열 번째의 GIM세션 경험에서 '죽은 여자'의 환상이 '하늘나라에 있는 엄마'로 바뀌는 변형적transformation 경험을 함으로써 기억 속에 두려움으로 남아있던 '죽은 여자'를 통합한 것이다.

에필로그: 역설에 대하여

현재 B는 31회기의 GIM여정journey을 마치고, 공부에 열중하고 있다. '환청'도 사라졌고 안정을 찾아가고 있다고 했다. 나는 일시적 종결을 권했다. 그러나 아직도 그녀의 갈 길은 멀 수 있다. 종종 불안이 찾아오고 우울해질 수도 있으며, 또 죽은 엄마의 기억이 다시 찾아올 수 있다. 그러나 이제는 엄마의 죽음과 사건을 바라보는 시각과 방식이 달라져 있기를 바란다. 또한 나는 B가 성장해 가면서 인생의 역설paradox을 이해하고 알아가기를 바란다. 우리는 종종 서로 대립되는 안과 밖의 이중성의 세계(빛과 어둠, 남자와 여자, 성장과 감소, 고통과 기쁨)에 살고 있고 인생은 처음 한 방향과 또 다른 반대 방향으로 우리를 끌어당기는 전쟁터가 될 수도 있다는 것(Sierra Stokes-Stearns, 2014)을 말이다. B는 불안, 어둠, 두려움을 만나고 고군분투하는 자신과의 싸움 후, 통합과정에서 '하늘의 밝은 빛'을 자주 만났다. 이것이 바로 역설의 힘이다. 우리는 어둠 후에 놀랄만한 엄청난 빛이 찾아오고 있음을 알아야 한다. 역설은 우리의 가장 가치 있는 정신적인 잠재력이며 오직 역설의 이해만이 삶의 충만함을 이해하는 곳으로 가장 가까이 데려갈 수 있다(Sierra Stokes-Stearns, 2014).

용어 설명

외상 후 스트레스 장애(post-traumatic stress disorder, PTSD): 사람이 충격적인 사건을 경험한 후 발생할 수 있는 정신 신체 증상들로 이루어진 증후군.

만다라(mandala): 산스크리트에서 유래한 단어, 그림의 대부분이 한 원 안에 그려진 그림.

전이(transference): 치료사와 내담자의 관계에 있어 내담자는 자신과 연관된 중요한 사람(주로 부모)에 대한 긍정적인 감정을 치료사에게 투사하면 긍정적 전이라 하고, 부정적 감정을 투사하면 부정적 전이라 일컬음.

역전이(countertransference): 내담자의 전이에 대한 치료사의 반응으로 치료사의 의식적, 무의식적 반응에 관한 것이며, 긍정적 역전이는 치료사의 이러한 개인적 반응이 내담자의 치료에 유익하게 사용될 때 일어나고 부정적 역전이는 치료사가 내담자에 대한 개인적 반응을 인식하지 못할 때 일어남.

은유적 환상(metaphorical illusion): 은유적 의미를 갖는 형태적 심상으로 심상을 경험하는 사람의 삶과 관련되어 나타나는 환상.

자율 훈련법(self-training law): 슐츠(Schultz)가 고안한 자기 컨트롤법, 정신을 집중시킴으로써 심신의 긴장을 풀어주는 것을 목적으로 하며 집중적 자기이완법이라고도 알려져 있음.

심인성 기억상실증(psychogenic amnesia): 심리적 외상으로 인해 기억을 상실하는 것.

초자아(superego): 자아가 원시적 욕구를 억제하고 도덕이나 양심에 따라 행동할 수 있게 하는 정신.

참고문헌

김소진(2011). '트라우마(trauma)'에 대한 심상음악치료(GIM)의 적용 사례: 30년 전의 트라우마에 대한 재경험 중심으로. 한국심상음악치료협회, 워크숍, 8차 10-22.

김소진(2017). 17세 소녀의 유년 시절 트라우마에 대한 GIM심상음악치료. GIM한국심상음악치료협회 제14차 정기학술대회, 46-65.

Association for Music and Imagery: AMI. (1990). Definition of the Bonny Method of Guided Imagery and Music. Approved at the Annual Conference of AMI, Blue Mountain Lake, NY.

Borling, J. (1992). Perspectives on froth with a victim of abuse: a Guided Imagery na Music(GIM) case study. Journal of association for Music and Imagery, 1, 85-98.

Carol Rogers. (2007). 사람 중심 상담. 서울: 학지사.

Horowitz, M. J. (1973). Phase-oriented treatment of stress response syndromes. American of Psychotherapy. 27, 506-515.

Horowitz, M. J. (1976). Stress response syndromes: New York: Jason Aronson.

Janoff-Bulman, R. (1989). Assumptive worlds and the stress of traumatic events: Applications of the schema construct. social cognition, 7, 113-136.

Levier, K. (1986). Healing the trauma of incest through GIM: A Jungian perspective. Unpublished Master thesis, New York University.

Rappaport, E. A. (1968). Beyond traumatic neurosis: A psychoanalytic study of late reaction to the concentration camp trauma. International Journal of Psychoanalysis. 49. 719-730.

Sierra Stokes-Stearns. (2014). The Music of Paradox: Harmonizing Shadow and Light: Journal of the AMI Volume 14, 75-104.

Stokes, S. J., Carol B., & Jim B. (1999, 2000). Level Ⅰ,Ⅱ GIM Training. Mid-Atlantic Institute.

Van der Kolk, B. A., & Ducey, C. P. (1984). Clinical implications of the Rorshach in post-traumatic stress. In B. A. van der Kolk (Ed.), Posttraumatic stress disorder: Psychological and biological sequelae. Washington, D.C.: American Psychiatric Press.

Ventre, M. E. (1994). Healing the wounds of childhood abuse: A guided imagery and music case study. Music Therapy Perspectives, 12, 98-103.

개인 GIM	성인	장애아 양육 스트레스

3
장애아동 부모의 심리문제와 GIM : 잃어버린 나를 찾아 떠나는 치유와 회복의 여정

김명신

개요

1. 심연에서 울려오는 하모니

어떤 인생의 여정은 말로 표현할 수 없는 깊이의 치유를 우리에게 선사해준다. 17년간 서울특별시 어린이병원의 음악치료사로서, 나는 음악이 인간의 영혼을 어루만지는 놀라운 힘을 목격하였다. 특히, 장애아동을 둔 부모님들과 함께하는 여정은, 말로 다 표현할 수 없는 특별한 경험이었고 함께 하는 모든 과정이 나에게 큰 울림을 주었다.

본 사례에서는 '잃어버린 나를 찾아 떠나는 치유와 회복의 여행'이라는 제목 아래, GIM심상음악치료guided imagery and music(이하 GIM)가 장애아동의 부모님들에게 어떠한 의미를 가졌는지, 그리고 그들의 삶에 어떻게 깊은 변화를 가져왔는지에 대한 이야기를 채워나가려 한다. 이는 단지 GIM심상음악치료에 관한 기술적 설명을 넘어선 것이다. 여기에 담긴 이야기들은, 장애아동을 둔 부모님들이 겪는 심오한 심리적 고뇌와 그들이 자신의 내면 깊은 곳의 숨겨진 힘을 발견해 나가는 과정을 드러낸다.

GIM심상음악치료 경험을 통해, 그들은 소음 가득한 세상 속에서 자신만의 조용한 내면의 공간을 찾아갔고 그곳에서 그들의 잊힌 자아의 조각들을 하나씩 되찾게 되었으며, 분실된 영혼의 멜로디를 다시 조율하는 것이 부모님들의 공통적인 작업이라는 것을 발견하게 되었다. 이 여정은 단순한 치료 과정이 아니라 개인의 회복과 속한 가족에게 특별한 변화를 선물하고 있다는 것을 알 수 있었다. 이 과정에는 각 참여자들이 자신의 내면과 마주하며, 때로는 가장 두려워하는 감정들과도 직면하는 깊은 순간이 있었다. 하지만 그 끝에는, 자신과의 화해와 가족과의 더 깊은 연결고리를 찾고 그동안 아이를 양육하며 겪었던 고뇌와 헌신에 대한 값진 보상이 기다리고 있음을 깨닫게 되었다.

본 사례를 통해, 나는 음악이 단순히 귀로 듣는 소리가 아니라, 영혼을 울리는 언어이고 마음을 열어주는 중요한 열쇠의 역할을 한다는 것을 알아차리게 되었다. 또한 음악을 통해 장애아동의 부모가 겪는 깊은 심리적 상처를 이해하고, 그들이 어떻게 자신의 내면적 힘을 발견하고 삶의 의미를 재구성해 나갔는지를 공유하고자 한다.

이는 우리 모두에게, 특히 장애를 둔 아이를 키우는 부모님들에게, 내면의 힘이 얼마나 강력한지를 상기시켜 줄 것이다. 그리고 그 힘을 발견하는 여정이 바로 음악을 통해 가능하다는 것을 보여줄 것이다. 이 과정이 여러분의 마음에 울림을 주고, 어려움을 겪고 있는 모든 이들에게 희망의 빛이 되기를 바란다.

도입

1. 내면의 여정을 향한 초대

인간의 마음은 때로는 미로와 같아, 그 속에서 우리는 종종 길을 잃고 만다. 하지만, 음악이라는 가이드가 있으면, 우리는 그 길을 다시 찾을 수 있다. 이러한 여정의 동반자로서, GIM심상음악치료는 우리의 손을 잡고, 잃어버린 자신을 찾아가는 여행을 안내한다. 그 중심에 있는 '음악'은 때로 말로 표현할 수 없는 깊은 감정과 미묘한 정서의 세계를 풍부하게 담아낼 수 있도록 도와준다. 그것은 우리 내면의 가장 숨겨진 공간에 닿을 수 있는 열쇠이며, GIM심상음악치료는 이러한 '음악'의 힘을 통해 우리 자신과의 대화를 가능하게 한다는 것을 보여준다.

2. 음악과 심상의 교차로에서

1970년대 초, Helen Bonny의 의해 탄생한 GIM심상음악치료는, 클래식 음악을 통해 우리의 깊은 내면과 소통할 수 있는 방법을 제공하였다. 이 방법론은 음악과 심상이라는 두 축을 중심으로, 참여자가 자신의 감정, 그리고 영혼의 메시지를 탐색하도록 돕는다. GIM심상음악치료 세션은 마치 내면세계로의 탐험과 같다. 참여자는 음악을 들으며 떠오르는 이미지와 감정을 통해 자신의 심리적, 영적 문제를 깊이 있게 이해하고 해결하도록 돕는다.

3. 장애아동 부모의 무거운 마음

장애아동을 양육하는 일은 부모에게 큰 기쁨과 축복을 안겨주기도 하지만, 동시에 매우 도전적인 경험일 수 있다. 이러한 도전은 단순히 신체적이고 재정적인 부담을 넘어서 부모의 심리적 안녕과 정신건강에 깊은 영향을 미친다. 실제로, 장애아동의 부모는 종종 다른 부모들에 비해 더 높은 심리적 스트레스를 경험하며, 이는 스트레스, 우울, 불안, 소진감, 고립감, 자기비난, 그리고 죄책감 등의 형태로 나타난다(Ricci et al., 2017).

특히, 자폐스펙트럼장애[ASD]를 가진 자녀를 둔 부모는 다른 발달장애나 정상 발달 아동의 부모보다 더 많은 스트레스를 받게 되고, 이로 인해 우울증 발생의 위험도 높아진다(Olsson & Hwang, 2002). Rejani & Ting(2015)의 연구에 따르면, 이러한 스트레스는 특히 자폐 아동의 어머니들에게서 더 두드러지며, 사회적 지지가 부모의 불안과 우울증을 감소시키는 데 중요한 역할을 한다고 보고된다.

이와 더불어, Johnson & Rodriguez(2021)는 장애아동의 행동 문제가 부모의 소진감을 증가시키며, 이들의 소진감은 비장애 아동을 양육하는 부모보다 더 높다고 보고했다. Alli(2018)는 장애아동을 둔 부모가 자녀의 특별한 요구로 인해 사회적 지원망에서 고립될 수 있으며, 이로 인해 가족이 겪는 어려움은 더욱 심화될 수 있다고 설명한다.

Romas & Shama(1995)의 연구는 장애아동의 부모들이 자녀의 장애를 자신의 탓으로 여기며, 자기비난, 죄책감, 자기모멸감을 경험한다고 지적한다. 이로 인해 불안, 우울증, 분노의 폭발적 표현 등 다양한 정서적 문제를 겪게 된다. Woodman 등(2015)의 연구 역시, 부모의 스트레스가 자녀의 발달장애 및 행동 문제와 양방향적인 관계를 가지며, 이러한 상호작용이 아동의 초기 단계에서 청소년기에 이르기까지 지속적으로 나타난다고 보고한다.

이와 같은 다양한 연구 결과는 장애아동을 둔 부모가 겪는 끊임없는 심리적 문제가 가정 내 다른 관계에도 영향을 미치고 전체 가족의 삶의 질을 저하킬 수 있는 복잡한 상황임을 보여준다. 이러한 상황을 고려할 때, GIM심상음악치료와 같은 심리치료 방법이 장애아동의 부모들에게 매우 효과적일 수 있다. 이는 그들이 겪는 정서적 부담을 경감시키고, 사회 · 심리적 어려움에 보다 효과적으로 대처할 수 있게 도와줄 수 있기 때문이다.

4. GIM의 효과: 음악이 주는 치유의 힘

GIM심상음악치료는 수십 년 동안 다양한 대상과 상황에서 그 효과가 연구되어왔다. 이러한 연구들은 GIM이 개인의 정서적, 심리적, 그리고 영적 웰빙을 증진시키는 데 유용하다는 것을 보여준다. 특히, 우울증, 불안장애, 스트레스 관련 문제를 겪는 성인들을 대상으로 한 연구에서 GIM이 감정 조절, 자아 인식의 증진, 그리고 심리적 안정성을 향상시키는 데 긍정적인 영향을 미친다는 결과가 다수 보고되었다.

McKinney 등(1997)의 연구는 성인 대상으로 진행된 GIM세션의 효과를 조사한 것으로 우울, 피로, 그리고 총체적인 기분 변동에 유의한 감소가 나타났으며, 이와 함께 코르티솔 수준의 유의한 감소도 확인되었다. GIM세션이 참여자들의 감정과 심리적 웰빙의 증진에 도움을 준 것으로 나타났으며 감정에 더 깊이 접근하고, 문제에 대한 통찰력을 얻으며, 영적 성장을 경험하고, 새로운 자아 부분을 발견하는 등의 변화를 보고했다. GIM을 활용한 스트레스 연구(Beck, Hansen, & Gold, 2015)에서는 직장인들을 대상으로 한 실험에서 대조군 대비 웰빙 수준이 향상되고 기분 장애가 줄어들었으며, 신체적 불편함과 코르티솔 농도에도 긍정적인 변화가 나타났다. 이는 GIM이 스트레스 관리에 효과적일 수 있음을 시사한다. 최근의 한 연구(Papanikolaou et al., 2023)는 부인과 암을 겪고 있는 환자들을 대상으로 GIM의 효과를 측정하였고, 이들에게서 희망의 증가, 피로의 감소, 기분 저하의 완화와 같은 긍정적인 결과가 나타났다. 이는 GIM이 심리적으로나 신체적으로 도전을 겪고 있는 사람들의 삶의 질을 개선하는 데 유용할 수 있음을 보여준다. 또한, Lee, Han & Park(2016)의 연구에서는 GIM이 부정적 감정과 기억의 처리를 촉진하는 데 도움을 주는 신경학적 메커니즘을 확인하였다. 이는 감정 조절과 대처 기술의 발달에 특히 유익할 수 있음을 나타낸다.

이러한 연구 결과들은 GIM이 정신건강문제를 가진 이들에게 실질적인 도움을 줄 수 있는 효과적인 치료법임을 증명한다. 각자가 겪는 내적 고통을 이해하고, 그로부터 회복을 도모할 수 있는 희망의 끈을 제공하는 것, 바로 이것이 GIM심상음악치료가 우리에게 주는 가장 큰 선물이다.

5. GIM의 적용: 장애아동 부모를 위한 치유의 여정

장애아동의 부모에게 GIM심상음악치료를 적용하는 것은 많은 이유에서 효과적이다. 이들은 종종 언어로 표현할 수 없는 고도의 스트레스와 정서적 소진을 경험하며, 때로는 자녀의 장애로 인한 깊은 슬픔이나 무력감을 느낄 수 있다. 이러한 상황에서 GIM심상음악치료는 부모님들이 자신의 내면과 재연결하는 부드럽고 섬세한 방법을 제공한다. 이 치료법은 자신과의 솔직한 대화를 시작하고, 자신의 잊힌 면모를 발견하며, 삶의 의미를 새롭게 구성하는 기회를 제공할 수 있다.

정서적 해소 및 스트레스 감소

GIM심상음악치료는 참여자가 음악을 통해 자신의 내면세계와 깊이 연결되도록 돕는다. 이 과정에서 음악은 강력한 정서적 반응을 촉발할 수 있으며, 이를 통해 참여자는 억눌렸던 감정을 표현하고 해소할 기회를 가질 수 있다. 장애아동의 부모는 자신의 스트레스, 슬픔, 불안을 효과적으로 표현하고 처리할 수 있게 된다.

자기 이해와 성찰 증진

GIM세션 동안 부모는 음악과 함께하는 심상 여행을 통해 자신의 내면세계를 탐색할 수 있다. 이 과정은 자신의 필요, 감정, 생각 및 가치에 대한 깊은 이해와 성찰을 촉진한다. 이러한 자기 이해는 부모가 자신의 감정을 더 잘 관리하고, 개인적인 성장을 경험하는 데 도움을 줄 수 있다.

치유적 대인관계 형성

GIM심상음악치료는 치료사와 참여자 간의 신뢰감을 기반으로 치료적 상담을 진행한다. 장애아동 부모는 GIM 치료 과정에서 치료사와 깊은 유대감과 치유적 관계를 형성할 수 있으며, 이는 자신들이 겪고 있는 어려움을 공유하고 지지를 받는 중요한 경험이 된다. 이러한 대인관계는 외로움과 고립감을 줄이는 데 도움을 주며, 부모가 자신의 역할에 대해 더 긍정적인 시각을 갖도록 돕는다.

영적 성장과 내면의 평화

많은 부모가 자녀의 장애를 받아들이고 이와 관련된 삶의 의미를 탐색하는 과정에서 영적인 질문을 던지게 된다. GIM심상음악치료는 개인의 내면세계와 연결되고 자신만의 영적인 경험과 평화를 탐색하는 데 도움을 준다. 이 과정에서 부모는 자녀의 장애와 관련된 삶의 깊은 의미와 목적을 발견할 수 있다.

강화된 부모 역할 수행

GIM심상음악치료를 통해 얻은 자기 이해, 정서적 해소, 성찰 등은 부모가 자녀를 더 잘 이해하고 지원하는 데 도움을 준다. 스스로의 감정과 스트레스를 관리하는 능력이 향상됨으로써, 부모는 자녀와의 관계를 강화하고, 더 효과적인 부모 역할을 수행할 수 있다.

장애아동의 부모에게 GIM심상음악치료를 적용하는 것은 이들이 자신의 감정을 관리하고, 내면의 평화를 찾으며, 자녀와의 관계를 강화하는 등 여러 면에서 긍정적인 변화를 경험하도록 돕는 역할을 할 수 있다. GIM은 이들이 겪고 있는 도전과 스트레스를 이해하고, 건강한 방식으로 대처할 수 있는 효과적인 방법을 제공한다.

발단

매일 아침, 어린이병원의 문이 열리면, 내 눈앞에 펼쳐지는 것은 아이들의 웃음과 더불어 그 뒤에 숨겨진 부모님들의 깊은 그늘이다. 이곳에서 17년을 보내면서, 나는 장애아동을 둔 부모님들이 겪는 내면의 싸움이 얼마나 큰 사각지대에 놓여 있는지 실감하게 되었다. 이들은 말 없는 감정의 바다에서 허우적대며 자신들의 역할을 감당하고 있지만, 그 과정에서 스스로를 잃어버리기도 했다.

아동을 치료하는 대부분의 기관과 마찬가지로 우리 병원에서도 주로 아동 중심의 치료가 이루어지고 있다. 최근 국가 차원의 복지정책이 가족을 아우르려는 시도를 하고 있지만, 여전히 많은 치료가 가족 전체보다는 아이 중심의 시급한 치료에 집중되어 있다. 이러한 환경에서는 '올바른 방법', '발달 관련 교육', '문제행동 중재' 등 아이들의 성장에 필요한 교육에 그치게 되는 경우가 많다. 결과적으로 부모님들은 자신들의 감정을 억눌러야 하며 정서적인 지지나 보살핌을 받지 못하는 경우가 대부분이다. 그러나 진정한 양육은 사랑과 공감, 이해, 그리고 부모의 내적 건강에서 비롯된다는 것을 우리는 모두 알고 있다.

이러한 측면을 지켜보며, 나는 GIM심상음악치료를 정신건강의학과 치료 프로그램 안에 도입하게 되었고 이 치료법을 통해 부모님들이 마음의 문을 조심스럽게 열고 자신의 감정과 대면하게 되는 모습을 보았다. 음악은 그들의 마음에 부드럽게 스며들어, 오랫동안 억눌려 있던 감정들이 표면으로 올라올 수 있는 안전한 공간을 만들어 준다.

사례에 대하여

소개할 사례는 한 어머니가 자신을 잃고 깊은 우울의 그늘에서 헤매던 이야기이다. GIM심상음악치료를 통해 그녀는 조금씩 잊고 있었던 자신의 존재를 되찾기 시작했다. 이 여정은 단순한 회복을 넘어, 자신을 사랑하고 수용하는 법, 그리고 스스로의 정체성을 찾는 과정이 되었다. 부모로서의 희생과 감정을 억누르는 고통 속에서도, 자신을 찾아가는 여정이 얼마나 소중한지를 강조한다.

이 이야기를 통해 우리는 장애아동을 둔 부모님들이 겪는 고통에 대해 더 깊이 공감할 수 있다. 그들의 감정은 단순한 희생의 결과가 아니라, 자신과의 오랜 싸움에서 비롯된 것임을 이해해야 한다. 이들에게 필요한 것은 따뜻한 말 한마디와 이해, 그리고 마음을 어루만질 수 있는 지지라는 걸 느낀다. 이를 통해, 우리는 그들이 다시 희망을 품고, 자신과 자녀를 위한 삶을 건강하게 이어갈 수 있도록 도와야 하며, 이것이 바로 우리가 나아가야 할 길이다. 이 사례를 통해 그 중요성을 다시 한번 되새기게 된다.

대상 정보

수민은 30대 중반의 여성으로 결혼 10년 차 장애아동을 둔 어머니이다. 국내 유명 대학에서 미술을 전공한 그녀는 결혼 전에는 창의적이고 감각적인 성향으로 살았다. 그랬기에 자신의 삶을 캔버스에 담듯, 자유롭고 여유로운 일상을 그리워하는 모습이 자주 드러났다. 하지만 결혼과 동시에 자신의 그림은 점차 희미해지기 시작했다.

남편은 바쁜 변호사로서 집을 비우는 시간이 많았고, 먼지 한 톨 안 보일 정도로 정리 정돈이 잘 되어 있어야 하는 강박증이 있었는데 아이 양육과 집안일은 수민의 몫이었다. 더욱이 시부모와의 미묘한 갈등이 반복되었고 수민은 시댁의 역기능적인 가족 형태로 인해 스트레스가 많았다. 그로 인한 결혼 초기의 유산은 수민에게 큰 상처로 남았다,

첫째 아이가 태어나고 발달장애 진단을 받으면서, 수민의 삶은 완전히 달라졌다. 원래 그녀의 미술적 세계는 색채가 풍부하고 선이 자유로웠으나, 이제는 매 순간이 예측 불가능한 도전과 마주하는 투쟁의 연속이 되면서 위축되고 경직된 생활이 반복된 것으로 보인다. 미술을 통해 표현되던 그녀의 자유로운 정신은 점차 고립되어 갔으며, 아이를 돌보는 일상 속에서 자신의 정체성마저 흔들리기 시작했다. 육아와 살림에 전념하면서 그녀는 10년 동안 단 한 순간도 혼자만의 시간을 가지지 못했다고 한다. 첫 상담 시 그녀의 얼굴은 생기를 잃고 무미건조해졌으며, 우울한 기색과 함께 매우 지쳐있는 모습이었다. 수민은 첫 상담부터 눈물을 흘리며 자신이 느끼는 우울함과 지친 상태를 털어놓았다.

자신이 사랑하던 미술에서조차 위안을 찾기 어려워진 수민은, 최근 더욱 심해진 분노 조절의 문제로 아이에게 이유 없이 윽박을 지르거나 심하게 화를 내는 모습을 보였는데, 그 수위가 자신도 이해가 되지 않을 정도에 이르게 되었다. 그로 인해 그녀는 GIM치료를 의뢰하게 되었다. 치료 과정에서 그녀는 마치 쫓기는 듯한 일상에서 벗어나 자신만의 시간을 가질 수 있는 공간을 확보해 나가기도 했으나 그러한 시간이 주어졌을 때에도 쉬면 안 될 것 같은 죄책감이 동반되었다. 그녀는 “나를 잃어가고 있는 것 같다”, “내가 누구인지 모르겠다”, “빈털터리가 되었고 내 인생은 다 털렸다”라고 호소하며, 끊임없는 희생과 그로 인한 우울한 환경에 대해 이야기했다.

이러한 수민의 이야기는 단순히 한 개인의 고충을 넘어서서, 많은 부모가 경험할 수 있는 보편적인 아픔을 담고 있는 것으로 보여 깊은 공감과 안타까움을 자아낸다.

1. 의료적 초기면담 및 치료 절차

수민의 치료는 우리 기관에서 제공하는 표준 의료 절차에 따라 이루어졌다.

· **진료:** 수민은 처음으로 정신건강의학과에서 주치의와 상담을 받았다. 이 상담에서는 그녀의 일반적인 건강 상태와 정신건강의 기본적인 문제가 평가되었다.
· **심리검사:** Beck 우울 검사[BDI], Beck 불안 검사[BAI], 양육 스트레스 지수[PSI-SF] 등의 심리검사가 시행되어 수민의 우울, 불안 및 양육 스트레스 수준을 구체적으로 평가했다.
· **치료의뢰:** 검사 결과를 바탕으로 수민은 GIM치료 계획이 마련되었다.
· **치료진행:** 수민은 6개월 동안 총 12회의 GIM세션을 진행하며, 주치의의 상담과 필요에 따라 약물 치료도 병행하였다.

2. 심리학적 진단

· **우울:** Beck 우울 검사[BDI]를 통해 심한 우울이 확인됨. 수민은 지속적으로 낮은 기분, 흥미 상실, 무력감 등의 증상을 보고.
· **불안:** Beck 불안 검사[BAI] 결과, 수민은 중증도의 불안 증상을 경험하고 있었으며, 이는 일상생활의 스트레스 관리 능력에 영향을 미치고 있었음.
· **양육 스트레스:** 양육 스트레스 지수[PSI-SF]를 통해 매우 심각한 수준의 양육 스트레스가 확인됨. 이는 장애아를 양육하며 느끼는 부담감과 관련이 깊었고 가족 안의 지지체계가 무너져 있어 정서적 외로움을 경험하고 있었음.

3. 치료 과정 및 중점

· 초기 면담 과정에서 수민은 자신의 감정을 알아차리기 어려워하고, 종종 무감각한 정서가 나타나는 것이 주요 문제로 지적되었다. 이에 따라 감정을 있는 그대로 표현하도록 적극적으로 지지하였다.
· GIM치료 중에는 수민이 외부의 염려와 걱정에서 벗어나 오롯이 자기 자신에게 집중할 수 있도록 유도하였다. 이 시간은 그녀에게 자신의 내면을 탐색하고 재발견하

는 소중한 시간이 될 수 있었다.

· 이러한 접근은 수민이 자신의 감정과 대면하고, 점차적으로 심리적 안정을 되찾는 데 중요한 역할을 했다. 이 과정을 통해 수민은 점차 자신의 감정을 조절하고, 양육의 부담에서 오는 스트레스를 관리하는 데 필요한 것들을 습득하게 되었다.

치료 과정

1회기 | 동굴의 무한한 어두움에서 해변의 안식까지

"힘든데 왜 이렇게 힘든지 모르겠다.
이걸 빠져나와야 하는데 어떻게 해야 할지."

달리기를 멈출 수 없는 삶

수민은 어두운 동굴 속에서 무한히 달리고 있다. 숨이 가쁘고 거칠고 무거워만 진다. 동굴은 어둡고 출구는 보이지 않는다, 마치 감옥 같다. "어떻게 해야 하지?", "죽을 것 같이 숨이 막혀." 그녀는 이 과정이 삶에서 끝나지 않을 것만 같은 고난 같다고 했다. 칼과 병사가 등장하여 치열한 싸움을 준비한다. 장면이 전환되며 수민은 자신이 바닷속으로 거꾸로 빠져드는 경험을 한다. 이 순간 그녀는 꽉 쥐고 있었던 손에 힘을 풀었다. "내려놓아야겠어요. 피곤하고 힘들어요." 그녀는 절망과 피로를 극적으로 나타냈지만 자신의 힘듦을 그대로 인정하는 모습이었다. 힘을 풀고 바닷속으로 거꾸로 들어간다. 눈물을 흘린다. 갑자기 허우적거린다. 구조를 기다리는 그녀의 모습은 외부의 도움과 지지를 받아들일 준비가 되어 있음을 보여주었다. 마지막으로 수민은 햇빛이 가득한 화단에서 평화롭게 식물에 물을 주는 자신을 발견했다. 이 장면은 그녀의 회복 가능성을 보여주었고, 새로운 시작과 자기 성찰이 일어남을 알려준 장면이다.

첫 회기는 수민이 자신의 심리적 갈등을 극복하고 내면의 균형을 찾아가는 여정의 출발점이다. 장애아동 부모로서 겪는 끊임없는 책임감과 부담감, 감정 억제, 끊임없이 다른 사람의 기대에 부응하려 애쓰는 모습으로 나타났다. 또한 내적 갈등과 절망에서 벗어나고자 하는 극단적인 욕구를 드러내며, 자신의 한계와 감정을 인정하는 모습도 관찰되었다. 이 여정은 감정과 스트레스에 대해 더 깊이 이해하고, 점차 받아들이는 과정을 거치는 데 중요한 역할을 했다. 또한 심리적 고통을 식별하며, 감정을 건강하게 표현하는 방법을 배웠다고 했다.

2회기 | 폭풍의 그림자 속에서 찾은 내면의 이야기

"내 아이에게 화가 나고, 남의 시선이 신경 쓰인다."

그림자와의 조우

폭풍이 몰아치고 먹구름이 가득한 어느 날, 수민은 우연히 흔들리는 낡은 집을 발견하였다. 집 앞에는 찡그린 얼굴을 한 할머니가 서 있었다. 이 할머니는 수민에게 무언의 시선을 던졌는데, 이를 통해 그녀의 내면에 자리 잡은 비판적 목소리와 만나게 되었다. 그 목소리는 수민이 그토록 숨기려 했던 불안감과 자기의심을 드러낸다고 말했다. 할머니의 눈빛을 피해 길을 재촉한 수민은 비바람이 몰아치는 거리를 걸었다. 손에 든 우산이 갑자기 뒤집히며 그녀를 더욱 혼란스럽게 만들었고 이 순간, 우산에 대해서는 수민의 삶에서 느끼는 통제 불능의 혼란과 비슷한 감정이 느껴진다고 했다. 힘겹게 길을 걷던 수민은 결국 번화가에 도착했다. 거기서 그녀는 여유롭고 행복하게 웃고 있는 사람들을 목격했다. 이 장면을 보면서 그녀는 밀려오는 외로움과 고독을 느낀다. "나만 고통스럽고 세상은 다 행복한 것 같아요." 이들의 행복한 모습은 수민의 내면에 깊은 부러움과 소외감을 느끼게 했다. 옆길에는 자전거를 탄 피에로 분장을 한 사람이 쏜살같이 지나간다. 자신의 마음을 들킬 것 같아 행복한 것처럼 가짜 웃음을 짓고 있다. 걷다 보니 어느새 폭풍을 지나게 되었고, 수민은 갑자기 눈에 띄는 빨간 우산을 발견하고 그것을 들었다. 우산을 펼치는 순간, 그녀는 모든 무게가 사라지는 것을 느꼈고, 마치 마법처럼 하늘로 날아 올라갔다. 이 순간 그녀는 오랫동안 갈망했던 자유와 탈출의 감정이 들었다고 한다. 하늘을 나는 동안 내면의 어두움과 상처에서 벗어나 새로운 에너지를 경험하였다.

수민의 경험은 융이 말하는 '그림자shadow'와의 만남을 포함하고 있다. 이번 회기에서 수민은 그림자와 마주하며 내면의 비판적 목소리와 갈등하는 모습을 보였다. '낡은 집'과 '먹구름'은 장애아동 부모가 느끼는 내면의 불안정과 어둠, 끊임없는 우려, 자녀의 미래에 대한 불확실성과 지속적인 돌봄의 부담으로 나타났으며, 내면적으로 불안정하고 우울한 상태를 보여준다.

'할머니와 찡그린 얼굴'은 사회적, 가족적 기대에 부응하지 못한다는 내면의 비판적 목소리에 직면한 것으로 이러한 비판은 때때로 외부에서 느끼는 압력이 내면화되어 나타난 것으로도 이해할 수 있다. '비바람'과 '뒤집힌 우산'은 삶의 통제 불능 상태를 나타내며 장애아동 부모가 겪는 삶의 혼란을 반영한다. '부러움을 느끼는 상황'은 갈망하는 삶과의 대비로, 자신의 삶과 일반적인 가족들과 어떻게 다른지를 자주 인식하는 모습으로 나타난다. 이는 그녀가 일상에서 느끼는 방황과 소외감, 그리고 원하는 삶과의 괴리를 드러낸 것으로 보인다. '피에로' 상징은 겉으로는 행복해 보이지만 내면에 외로움이나 슬픔을 감추고 있는 페르소나persona의 상징으로 파악된다. 그러나 빨간 우산을 바라보는 순간은 수민이 자신의 삶을 긍정적으로 변화시킬 수 있는 내면의 힘을 발견하는 전환점이 되었고 이는 그녀가 자유를 향한 강한 욕구를 인식하고, 자신의 상황을 극복할 수 있다는 믿음을 강화하는 중요한 순간이었다.

3회기 | 회복의 파도 속에서(자각과 각성의 시작)

"감정조절이 안되고 폭발할 것 같아요."

잃어버린 자유를 찾아서

카메라는 어두운 미로의 입구를 비추며, 수민은 조심스레 발을 들여놓는다. 미로는 복잡하고 구불구불하여 혼란스러워 어디로 가야 할지 모르겠는데 무서운 마음까지 든다. 미로 속에 갇혀 길을 잃고 방황하고 있다. 평소 자신의 감정을 제어할 수 없는 순간들, 특히 아이들이 화를 유발할 때 느껴지는 감정과도 비슷하다. 아이들을 혼내고 있는 장면이 보인다. 자신이 좋은 엄마가 아님을 느낀다. 에너지가 얼마나 부족한지도 깨닫게 된다. 너무나 지친다. 숨이 막힌다. 눈물만 난다. 순간, 화면이 번쩍이며 하와이의 화려하고 평화로운 해변으로 전환되었다. 따스한 태양 아래, 수민은 모래사장을 걷고 있다. 평온해 보이는데 감격하여 눈물이 난다. 파도 소리와 해변의 모래는 그녀의 감각을 자극하며, 이곳에서 그녀는 잠시나마 현실의 무게에서 벗어날 수 있음을 느낀다. 모래가 발가락 사이로 스며들면서 그녀는 깊고 큰 숨을 쉬고, 마음이 가벼워지는 것을 경험하였다.

이 해변의 장면은 영화의 아름다운 풍경처럼, 수민에게 내면의 평화를 찾고 자신의 감정을 이해할 수 있는 기회를 제공한 것으로 보인다. 특히 해변에서 혼자 시간을 보내며 자유롭게 물속으로 다이빙하고, 사람들과 함께 웃고 노는 모습은 그녀가 오랜 시간 동안 방치했던 스트레스와 긴장에서 벗어나 잠시 동안 자유를 만끽하는 순간이다. 하와이의 이미지는 그녀에게 잃어버렸던 자유와 내면의 평화를 잠시나마 되찾게 해주었고, 이는 그녀가 자신의 정서적 소진과 스트레스의 근원을 이해할 수 있게 도왔다. 그녀는 이제 왜 쉽게 화를 내는지, 왜 자신을 힘들게 하는지에 대한 답을 찾기 시작했다. 자신만의 시간을 갖지 못하고 지속적으로 자녀 양육에만 집중해온 결과, 심리적으로 많이 지친 상태라는 것을 인식한 시간이었다.

장애아동 부모는 끊임없는 책임감과 사회적 압력, 자녀에 대한 걱정으로 인해 자신의 감정과 필요를 소홀히 하게 된다. 수민의 여정은 이러한 부모들에게 자신도 중요하며, 자기 자신을 돌보는 것이 궁극적으로 자녀를 더 잘 돌볼 수 있게 만든다는 중요한 메시지를 전달하였다.

4회기 | 침묵 속의 외침(남편과의 관계 탐색, 가정 내의 소통 부재)

"외롭고 공허하다."

거리 속의 깊은 고독

영화 속 flashback처럼 수민은 남편과 마주한 장면 속으로 돌아갔다. 거실의 침묵을 가로지르며 TV 앞에서 남편과 사이에 흐르는 보이지 않는 간극을 느낀다. 남편은 화면에 집중하고, 수민은 그 옆에 말없이 앉아 있다. 평화롭게 보이는 이 순간 속에서 수민의 내면은 소용돌이치고 있다. 손에 들고 있던 유리잔을 놓쳐 떨어뜨리자 금이 갔다. 깜짝 놀라며 슬픔이 밀려오고 외로움이 짙어졌다. 그녀는 마음 깊은 곳에서 끊임없이 자신에게 물었다. '내가 좋은 엄마, 좋은 아내일까?', '나는 왜 이러고 살아야 할까?' … 불행감이 밀려온다. 주방으로 걸어가는 동안 우울한 감정에 잠긴 채, 남편과의 대화 없이 조리하는 모습은 그녀가 일상에서 자주 찾는 회피의 동선을 나타냈다. 남편의 예민하고 강박적인 성향과 시댁과의 미묘한 갈등이 그녀의 심리적 고립을 가속화하고 있었다. 저녁 식사 준비하는 동안에도, 그녀의 마음 한편은 늘 혼란스럽고, 무겁다.

이번 여행에서 수민의 경험은 장애아동을 양육하는 부모로서 겪는 감정적 고립과 소통의 결여를 드러낸다. 만약 남편에게라도 위로받을 수 있는 환경이었다면 에너지의 고갈이 덜 했을지도 모른다. 그러나 수민은 자신을 일으켜 세워줄 정서적 지지체계가 무너져 있는 상황으로 보인다. 특히 남편과의 오랜 침묵은 그녀가 일상에서 느끼는 감정적 단절과 소통 부재를 상징한다. 이는 수민이 얼마나 외롭고 지쳐있는지를 보여주는 강력한 심상이다. 내면에서는 끊임없이 자신을 비난하는 목소리가 들려오며, 이는 수민이 자신의 역할에 대해 끊임없이 의심하고 있음을 보여준다. 그러나 수민은 이러한 감정의 부재를 극복하고 남편과의 관계에서도 긍정적인 변화를 이끌어 내라는 내면의 통찰을 인식하게 되었다. 이는 더 행복하고 건강한 양육 환경을 조성하는 데 중요하다고 볼 수 있다.

5회기 | 잠시 멈춰 내면을 들여다보다(가족과의 관계 재정립)

숨길 수 없는 나의 상처

이탈리아의 무거운 짐

이번 회기에서 수민은 아이들과 이탈리아로 여행을 떠난다. 그녀는 고풍스러운 로마의 돌길을 따라 자신만의 길을 걷는다. 가방은 무겁고, 남편의 부재는 그녀의 마음을 더욱 무겁게 한다. 남편의 공백은 고독한 그림자처럼 그녀를 따라다닌다. 유명 박물관에 구경을 하러 들어갔다. 눈에 띄는 짙은 보라색 문을 열었더니 해골이 가득했다. 오래된 해골이라 냄새가 나는 것 같아서 뛰쳐나왔다. 마음이 거북하고 불편해졌다. 밖을 보니 아이들은 행복하게 뛰어다니지만, 수민의 마음은 복잡한 감정으로 가득 차 있었고 모든 게 서럽게만 느껴진다. 해변에서 아이들과 함께 놀면서도, 그녀는 남편과의 관계에서 느끼는 서운함과 상처를 떠올리게 된다. 해변의 파도 소리는 잠시나마 그녀의 마음을 달래지만, 심리적 고립감은 여전히 그녀를 괴롭히고 있다. 여행 후 집으로 돌아와서 남편을 마주하게 되었고 그와 이야기를 하고 싶어졌다.

지난 회기에 이어 이번 회기에서도 남편과 관련된 이슈가 등장하였다, 수민은 가족과 함께하는 이탈리아 여행을 통해 자신의 내면을 탐색하고, 남편과의 갈등을 상징적으로 다루고 있다. 울퉁불퉁한 돌길과 무거운 짐은 그녀가 느끼는 삶의 부담과 가족 내 역할의 무게를 상징한다고 볼 수 있다. 이는 그녀의 내면의 그림자를 드러내며 자신의 삶에서의 역할에 대한 불만이 표출되기도 하였다. 남편의 부재는 그녀의 내면에서 불안정과 갈등의 원인으로 작용하며, 가족 안에서 느끼는 감정의 혼란과 역동을 반영한다. 해골의 상징은 무의식 속에 잠재되어있는, 억압되거나 부정된 감정을 나타내며 자각되지 않은 내면 깊숙이 숨겨진 이슈, 즉 그림자임을 수민이 깨닫는 순간으로 기능한다. 융은 개인의 아니마(남성 내면의 여성성) 또는 아니무스(여성 내면의 남성성)와의 충돌이 불안정하고 분열된 내면 상태를 반영한다고 보았다. 부부 관계의 문제를 내면과 진정으로 대면하고 그 감정을 통합하려는 시도는 삶의 변화에 분명 의미 있는 과정이다. post 세션에서 그동안 방치해왔던 남편과의 대화를 시도해보겠다는 의지를 밝혔고, 이는 내적 에너지가 점차 생성되고 있음을 느끼게 했다. 심리적 위기를 극복하고, 가족과의 건강한 관계를 유지하기 위해서는 자신의 감정을 이해하고 적절히 표현하는 것이 중요하다고 본다. 이는 특히 장애아 부모에게 있어 자신과 가족 모두의 건강한 정서적 환경을 조성하는 데 결정적인 역할을 할 수 있다.

6회기 | 시련을 뛰어넘는 치유와 초월의 경험

슬픔과 위로

십자가를 통한 치유의 여정

심장을 파고드는 겨울의 추위가 숲을 잠식했다. 나무마다 서리가 내려앉고, 모든 것이 앙상한 가지처럼 굳어졌다. 숲속의 작은 공간에서, 한 여인이 흰색 옷을 입고, 무릎을 꿇고 통곡하고 있다. 수민은 그 모습을 바라보며 함께 눈물을 흘렸다. 머리가 헝클어진 그 여인의 얼굴은 슬픔으로 일그러져 있다. 그녀의 앞에는 십자가가 세워진 무덤이 보이며, 그곳에는 가까운 사람을 잃은 듯한 공허함과 절망이 깃들어 있다. 여인은 끝없이 눈물을 흘리며 울부짖는다. 그녀의 슬픔은 숲 전체에 메아리친다. 시간이 흐르면서, 여인은 점점 지쳐 십자가 옆에 쓰러져 드디어 잠이 든다. 그 순간, 십자가가 하늘로 서서히 올라가기 시작한다. 여인은 십자가 위에서 평화로운 안식을 찾으며, 따뜻한 빛이 그녀를 감싸 안는다. 누군가의 손길이 그녀를 부드럽게 어루만지며, 치유의 기운이 그녀를 휘감는다. 주변에는 새들의 노래가 가득하고, 자연의 소리가 그녀를 치유하는 듯하다.

수민의 이번 세션은 삶의 상실감과 슬픔을 경험하는 한 장애아동 어머니의 내면세계를 반영하였다. 이 과정은 매우 치유적이며 십자가는 종종 희생과 부활의 상징으로 여겨진다. 이 이야기에서 십자가는 그녀가 경험한 손실을 극복하고 새로운 시작을 맞이하는 상징적인 은유로 다가온다. 여인의 통곡은 내적인 고통과 희생을 나타내며, 그동안의 힘듦을 그 십자가에 잠시 내려놓고 안식을 취하는 과정이 되었다. 십자가가 하늘로 올라가면서 여인이 경험하는 치유와 평안은 내적인 성장과 초월적 변화의 여정을 상징한다. 이는 융이 말하는 개성화 과정, 즉 본인의 본능적이고 숨겨진 자아를 발견하고 통합하는 과정을 암시한다. 수민이 느끼는 따뜻함과 빛, 그리고 치유적인 경험은 내적 성장의 중요한 다리의 역할을 하였다.

7회기 | 잃어버린 꿈을 찾아서(자아의 회복과 새로운 자아의 탄생)

"행복하고 싶어. 그럴 수 있을까?"

책장 사이의 잃어버린 꿈을 찾아서

도서관의 무거운 문을 밀고 들어서는 순간, 수민의 마음은 시간을 거슬러 어린 시절의 그 넓고 조용한 도서관으로 들어간다. 모든 것이 신기하고 책 한 권 한 권이 마법처럼 느껴지는 순간이다. 지금 여기 이 순간, 그녀의 마음은 설렘으로 가득 차오른다. 조심스레 책 사이를 지나며, 수민은 한때 잃어버렸다고 생각했던 갈망을 다시 발견한다. 손가락이 스치는 모든 페이지에서, 그녀는 오랜 시간 동안 잊고 있었던 꿈의 조각들을 하나둘 주워 모은다. 선택한 전공서적은 동시에 깊은 만족감을 선사한다. 그녀는 잠시 현실의 소란을 잊고 자신만의 세계에 빠져든다. 페이지를 넘기는 소리는 그녀의 마음을 가라앉히고, 글자들은 그녀의 내면 깊숙한 곳에 울림을 전했다. 책장 사이에서, 수민은 잃어버린 꿈을 찾는 여정에 자신도 모르게 미소를 지으며 자신과의 대화를 시작한다. 옆에 꿈의 지도가 보인다. 지도는 매우 선명하고 아름답게 디자인되어 있다. 내가 가야 할 방향을 알려주는 지도인 것 같아. 그리고 가족을 떠올리며 아이들과 남편에게 "힘을 내"라는 지지의 편지를 쓰고 있다. "그래…. 이것이 나였던가?"

이번 여정의 시점부터 수민은 변화의 바람이 불기 시작했다. 수민은 자신의 잃어버린 열정을 다시 발견하게 된다. 미술 전문가로서의 그녀의 경력은 오랫동안 잊고 있었던 꿈이었지만, 이제 그녀는 그 꿈을 다시 꾸기 시작했다. 이 새로운 목표는 그녀에게 심오한 자존감과 삶의 목적을 부여하였다. 다시 그 관련 분야에서 전문적인 역할을 추구하기로 결정했다. 놀라운 것은 이 시점부터 그녀는 남편과 아이들과의 관계에서도 더 긍정적이고 지지적인 역할을 시작하게 되었다는 것이다. 가족과의 관계가 더욱 깊어졌으며, 고립되거나 소외된 느낌에서 점차 벗어나기 시작하였다. 수민은 자신만의 내면의 공간에서 평화를 찾게 되었고, 내면의 힘과 에너지를 끌어올려 자신뿐만 아니라 가족 모두를 위한 치유의 길을 열게 되었다.

이번 여정은 장애아동을 양육하는 부모에게 매우 의미 있는 반성과 깨달음을 제공한다. 수민은 10년 동안 일상의 소란과 양육의 책임 속에서 자신의 진정한 열정과 꿈을 잊고 살아왔다. 이번 세션은 잃어버린 자신의 정체성과 꿈을 재발견하는 과정을 상징하며 자기표현의 필요성, 자기 돌봄의 중요성을 다시금 일깨우게 하는 과정이었다. 부모도 한 인격체로서 자신의 욕구를 인식하고 충족시키는 것이 얼마나 중요한지를 보여준 여정이었다. 자신의 정체성을 재확인하고 자기 자신을 돌보는 것은 가족 모두의 행복을 찾는 과정에서 결정적인 단계인 것이다.

8회기 | 자유를 품은 예술가의 귀환(삶의 재조명)

'변질된 나' 말고 '있는 그대로의 나'

유럽에서의 깨어난 예술가의 영혼

수민은 영국의 아름다운 호수를 배경으로 한 여유로운 하루를 보내고 있다. 그녀는 친구와 투명한 컵에 맥주를 담아 마시며, 햇볕이 적당한 공원에서 편안하게 휴식을 취하고 있는 모습이다. 주변은 휴식을 즐기는 사람들과 조깅하는 이들로 가득하다. 수민은 경직된 생활에서 벗어나 이국적인 풍경 속에서 진정한 자유를 느끼고 있다. 마을 곳곳의 색다른 모습과 전통 축제에서 춤을 추는 사람들의 모습에 매료된 그녀는 여러 장의 사진을 남긴다. 축제의 활기찬 분위기를 벗어나 조용한 장소로 이동한 수민은 커다란 돌 위에 앉아 산골짜기를 바라본다. 이 순간, 그녀는 깊은 평화와 만족감을 느낀다. 그 후, 수민은 마을을 지나가는 할아버지에게서 지역의 좋은 장소에 대한 이야기를 듣고, 옛날 성을 방문하게 된다. 성 안은 어둡지만 신비로웠고, 성 옥상에서는 멀리 보이는 산과 거대한 미술관의 유화 작품들을 감상할 수 있었다. '왕과 신하들'을 주제로 한 큰 유화 작품은 그녀의 시선을 사로잡았다. 수민은 이 모든 경험 안에서 잃어버렸던 예술가로서의 자아와 자유를 다시 찾아가는 여정을 경험한다.

자신의 잃어버린 정체성과 창조적 자아를 재발견하는 과정을 통해 개인 내면에 존재하는 다양한 정체성의 층을 중시하여야 한다. 수민의 경우, 일상의 중압감과 부모로서의 역할이 그녀 자신의 꿈과 열정을 억압해왔다. 유럽의 풍경, 큰 미술관, 그리고 고성에서의 경험은 예술적 자아와 자유로운 정신을 다시 발견하게 하는 강력한 상징이다. 이를 통해 원래 가지고 있던 창조적 재능과 예술적 감각을 다시 인식하게 된다. 자유로운 분위기와 맥주 한 잔의 여유는 수민으로 하여금 일상의 강박과 부담에서 벗어나 자신만의 리듬과 속도로 삶을 경험하게 한다. 융은 개인이 자신의 내면의 목소리를 듣고, 그것에 따라 자신의 길을 찾아가는 것을 자아실현의 중요한 과정으로 간주했다. 수민이 이러한 자유를 통해 자신의 내면에 귀 기울이며, 자신의 진정한 감정과 욕구를 이해하는 과정은 융의 개념과 잘 부합한다. 큰 유화 작품을 바라보며 느끼는 감동과 영감은, 그녀가 자신의 창조적 재능을 활용하여 삶의 질을 향상시키고, 더 충족되고 의미 있는 삶을 이끌 수 있는 가능성을 상징한다. 장애아동의 부모로서 수민이 겪는 일상의 도전과 스트레스 속에서도, 자신의 내면을 탐구하고 자유롭고 창조적인 자신을 재발견하는 과정은 그녀가 자신의 정체성과 자아를 회복하고 강화하는 데 중요한 역할을 한다는 것을 알 수 있다. 이러한 자기 발견의 여정은 더 큰 내적 평화와 만족을 가져다주며, 그녀가 가족과의 관계에서도 더 긍정적이고 의미 있는 변화를 이끌어낼 수 있도록 돕는다.

9회기 | 새로운 시작, 변화의 바람

"뭔가 시작하고 싶어."

전환점, 삶을 조율하다

새벽의 빛이 보인다. 평범한 하루가 시작되었고 분주한 사무실 속에서 그녀가 새로운 일자리에 첫발을 내딛는 모습이 나타나고 있다. 도서관의 조용한 공간에서, 수민은 생기 있는 표정으로 두꺼운 전공서적과 마주하며 지적인 세계로 빠져든다. 페이지를 넘기는 손길은 미래를 설계하는 듯 단단하고, 눈빛은 결연하다. 이후 집으로 돌아와서는 가족과 함께하는 시간이 연결되었다. 가구를 새로 배치하고, 집안 곳곳을 청소하며 공간에 변화를 주고 있다. 이는 만족스럽고 모든 게 질서를 찾아가는 것 같다. 가족들과 함께 저녁을 준비하며, 따뜻한 대화를 하고 맛있게 식사를 하는 장면이다. 그 시간이 새삼 소중하게 느껴진다. 밤이 되었고 수민은 가족들에게 애정 어린 편지를 쓴다. 그녀의 사랑과 지지가 오롯이 전달된 편지를 아이들의 방에 몰래 두고 그들이 그 편지를 발견했을 때의 미소를 상상하며 행복해한다.

이 모든 경험은 수민에게 삶에서 균형을 찾고, 각자의 역할을 어떻게 조화롭게 수행할 것인지에 대한 깊은 통찰을 제공한다. 그녀는 자신만의 방식으로 일, 가족, 그리고 자기 발전을 하나의 조화로운 리듬으로 묶어내며 새로운 삶의 의미를 발견한다. 그것은 그녀의 삶에서의 균형을 잡는 중심축으로 작용하기 시작하며 자신의 identity, 학습자, 모성을 통합하는 과정을 상징한다. 이는 융이 강조하는 자아의 완성, 즉 개성화individuation로 가는 길과도 흡사하다. 일과 공부, 이 두 활동은 수민이 자신의 전문성을 구축하고 지적 역량을 확장하는 수단이 되며, 자아실현realization of the self의 중요한 수단이 된다. 또한 가족을 돌보는 행위는 융이 말하는 모성적 원형archetype을 활성화한다. 이는 보호와 양육의 본능적인 면을 강조하며, 수민이 가족 구성원으로서 자신의 역할을 충실히 수행하며 얻는 정서적 만족감과 자부심을 나타낸다. 가구 교체와 청소는 수민이 자신의 생활환경을 새롭게 정비하고자 하는 의지를 상징하며, 외부 환경의 변화가 내면의 변화와 긴밀하게 연결되어 있음을 시사한다. 이렇게 각 상황은 수민이 자신의 삶을 새로운 시각으로 바라보고, 각각의 역할에서 균형을 이루며 전체적인 조화를 이루어 나가는 과정으로 가고 있음을 보여준다. 그녀는 이 여정을 통해 자신의 삶을 주도적으로 디자인하고, 자아를 완성해 가는 길을 걷고 있는 것이다.

10회기 | 꽃길 위에서 찾은 나의 목소리

"내가 진정으로 원하는 것."

자아의 회복과 성장

봄바람이 장미꽃 향기를 실어 나르며, 꽃이 만발한 숲속 길을 따라 그녀의 마음도 한껏 부풀어 오른다. 이른 아침의 신선한 공기가 그녀의 뺨을 간지럽히면서, 삶의 작은 기쁨들에 마음이 설렌다. 큰 나무 아래 오래된 벤치에 앉아, 수민은 우연히 마주친 수염이 덥수룩한 주인아저씨와 이야기를 나눈다. 그의 눈빛에서는 세월의 지혜가 묻어나고, 그의 목소리는 고요하면서도 강한 울림을 지니고 있다. "진정으로 원하는 것이 무엇인지 생각해 봤니?" 아저씨의 질문에 수민은 잠시 망설이다가 속마음을 털어놓는다. 갑작스럽게 하늘이 어두워지고, 비가 쏟아져 발걸음을 재촉해 집으로 향한다. 집 안, 낡은 난로 옆에서 그녀는 빵 한 조각과 수프 한 그릇을 앞에 두고, 주인아저씨와 또다시 깊은 대화에 빠진다. 창밖으로 비가 내리는 소리와 함께, 아저씨는 미래에 대한 이야기로 수민의 마음을 울린다. "네 꿈을 따르거라. 너의 길을 걸어가야 해." 밤새 비가 내린 후, 햇살이 다시 땅을 비춘다. 수민은 새벽 공기를 마시며 꽃길을 걷는다. 길가에 활짝 핀 꽃들은 비를 맞고 더욱 선명하고 생기 있게 빛난다. 그녀는 산길을 따라 걸으며 마을을 내려다보고, 높은 곳에서 바라보는 풍경은 그 어느 때보다 맑고 투명하다. 산책 도중 어린 양 한 마리를 만나게 되었다. 양은 순수하고 맑은 눈으로 수민을 바라보았는데, 그 순간 그녀는 자신이 오랜 시간 동안 얼마나 많이 희생했는지를 깨닫는다. 수민은 양을 쓰다듬으며, "이제 내 목소리에 귀 기울일 시간"이라고 속삭인다. 이 여정은 그녀에게 자신의 길을 주체적으로 걷는 용기와 힘을 주고,

자신의 진정한 목소리를 찾아갈 준비가 되었음을 확신하게 한다.

이 세션은 장애아동 부모가 자주 겪게 되는 희생과 양육에 대한 부담에서 벗어나, 자신의 욕구와 욕망을 재발견하고, 자아를 회복하는 중요한 과정이라고 볼 수 있다. 이는 자신의 욕구를 뒤로한 채 삶을 희생하는 것에서 벗어나, 개인적인 만족과 성취를 추구하는 것으로 전환하는 심리적 여정을 나타낸다. 개인의 무의식과 대면하고, 내면의 참된 자아와 재연결하는 과정이 반영되었다. 수염 있는 주인아저씨는 지혜와 깊은 통찰을 상징하는 '현자' 원형archetype을 나타낼 수 있는데 이 인물은 수민에게 귀중한 조언을 제공하고, 내면의 진실을 탐색하도록 돕는 안내자 역할을 하였다. 현자는 직관과 지혜를 통해 진실을 보는 법을 가르치며, 이는 수민이 자신의 삶에서 보다 의미 있는 방향을 찾도록 이끌었다. 융은 자아실현을 개인의 발전 과정에서 이루어야 할 중요한 목표로 보았으며, 자신의 진정한 자아를 발견하고 이를 통합하는 것을 개인의 성장과 치유에 있어 핵심적인 요소로 강조했다. 진정으로 원하는 삶을 살아가기 위해 자신의 내면의 소리에 귀 기울이는 것, 그것이 수민이 꽃길 위에서 찾은 가장 강력한 메시지이다. 이 여정은 수민이 자신의 진정한 자아를 발견하고 회복하는 과정으로, 자신의 목소리를 내고 자신의 삶을 주도적으로 살아가는 데 필요한 심리적 insight와 힘을 제공하였다.

여정의 후반 단계에서 수민은 내면에서 발견한 자신의 잠재력과 열정을 통합하고 이를 활용하기 시작했다. 미술 전문가로서의 그녀의 경력을 재개하는 결정을 함과 동시에 그녀는 미술이라는 도구로 다른 이들을 돕는 wounded healer의 역할을 하고 싶다며 인생에 새로운 목적을 부여하기도 하였다. 이 단계는 자기 발견의 여정에서 마지막 퍼즐 조각을 끼워 맞추는 것과 같았다. 수민은 자신의 감정과 능력을 통합하여 새로운 삶의 의미를 찾았고, 그녀의 삶은 새로운 에너지와 희망으로 가득 찼다.

11회기 | 내면의 다양한 얼굴과의 만남(다양한 자아의 재발견)

"내 안의 발휘하지 못한 재능을 찾고 싶어."

바다에서의 회복

파란 하늘 아래, 수민은 모래가 부드럽게 발바닥을 간질이는 백사장을 거닌다. 따스한 태양 아래, 7살쯤 되어 보이는 예쁜 여자아이의 웃음소리가 들리고 함께 즐거운 시간을 보낸다. 파도 소리가 들려오며, 그녀의 마음은 자유로움과 평화로 가득 차오른다. 그 아이는 매우 순수하고 자유로워 보이며 행복에 차 있는 내면의 아이였다.

겨울산의 극복

갑작스럽게 추운 겨울로 넘어갔다. 눈 덮인 산을 오르고 있는 소녀가 보인다. 소녀는 눈물을 참으며 인내하는 얼굴이다. 힘들지만 뛰어넘으려고 열심히 산을 오르고 있다. 어둠이 내려앉은 산속의 오두막으로 들어서자, 따뜻한 담요를 건네는 할머니의 따뜻한 손길이 느껴진다. 이곳에서 소녀는 할머니의 위로가 자신의 여린 마음을 감싸준다는 것을 알고 눈물을 흘렸다. "많이 힘들지?"라며 토닥토닥 안아주었다.

잃어버렸던 나의 남성성을 깨움

미국 서부의 황량한 사막으로 장면이 바뀌었다. 큰 성이 보였는데 그 안에 들어가 보니 한 남자가 자고 있었다. 한참을 잠에서 못 깨어난 것 같다. 몸을 일으켜 세웠다. 갑자기 근육질의 남자로 변하였다. 함께 춤을 추며 행복해했다. 잘생긴 강인한 남성으로 보인다. 그 남자는 나에게 짐을 내려놓고 휴식을 취하라며 나를 편안하게 받아주었다.

창조적 발견

호숫가의 평화로운 순간으로 이어진다. 하얀 물새가 나무에 내려앉고, 벤치에 앉아 음악을 들으며 뜨개질을 한다. 옆에서 작은 고양이가 그녀를 지켜본다. 이 순간은 그녀에게 창조성과 평화를 가져왔다. 옆으로는 큰 미술관과 극장이 보였다. 그녀는 웅장한 무용 공연을 관람하며 그 무대에 내가 있음을 발견하며 감탄한다.

전투의 준비

군인들이 전투를 준비하는 모습이 펼쳐진다. 군인들 사이에 수민도 있으며 힘과 용기를 느낀다. 그녀는 전사처럼 강인하고 결단력 있는 자신을 만나며, 자신의 새로운 가능성을 발견하였다.

수민의 여정은 그녀의 다양한 내면의 원형과 만나는 과정을 보여준다. 해변에서의 자유로운 아이, 추운 겨울산에서의 여린 소녀, 서부시대의 근육질 남자, 예술적 감각과 창조성, 용감한 전사의 상징은 각각 그녀의 내면에 존재하는 원형적 특성들(순수, 인내, 강인함, 창조성, 용기)을 드러낸다. 이는 수민이 자신의 다양한 내면의 모습을 탐색하고 수용하면서 전체적인 자아 통합을 이루어가는 과정이 되었다. 각 원형의 발견은 수민이 자신의 잠재력을 인식하고, 이를 통해 자신의 삶을 보다 풍요롭고 의미 있게 만드는 데 기여하였다. 이 여정은 또한 수민이 자신의 삶을 주도적으로 살아갈 수 있는 동기와 에너지를 찾는 데 중요한 역할을 한다. 이는 그녀에게 자신의 삶을 적극적으로 디자인하고 자기 자신과 가족을 위한 보다 나은 미래를 만들어가는 데 큰 도움이 되었고 각기 다른 장면들을 통해 수민은 자신의 다양한 면모와 재능을 탐색하고 발견하였다. 이 과정은 새로운 자신감과 자아발견의 여정을 선사했다,

12회기 | 자아발견의 세리머니(자신만의 보물을 발견하는 여정)

내면의 여신과 대관식, 나에게 보내는 상급

리더십의 탄생

평화로운 해변의 살랑이는 바람과 함께, 수민은 아이들과 함께 모래사장에서 뛰노는 모습이다. 태양은 그녀의 얼굴을 따사롭게 비추고, 주변은 웃음소리로 가득 찬다. 그녀의 손에 반짝이는 봉이 나타나고, 그녀는 순식간에 눈부신 옷을 입은 여신으로 변신한다. 여신의 모습으로, 그녀는 아이들에게 별빛 같은 마법을 뿌려주며, 그들의 얼굴에 기쁨의 빛을 가져다준다. 이 순간, 그녀는 자신이 가진 내면의 분위기를 바꿀 수 있는 능력을 깨닫는데, 이것은 그녀가 겪는 일상의 스트레스를 긍정적으로 변환할 수 있는 힘을 상징한다. 다음 장면은 성대한 대관식의 모습으로 전개된다. 한 연세 지긋한 노인이 나와서 정중하게 그녀에게 왕관을 씌워주며, "참 잘했다. 네가 겪은 모든 시련을 견뎌내고 여기까지 왔구나. 앞으로도 주변 사람들을 잘 이끌어주길 바란다" 라고 말한다. 수민은 자신의 리더십 능력을 인정받으며, 그녀의 삶에서 그 능력을 적극적으로 활용할 준비가 됨을 인식한다. 이 순간은 수민이 자신의 리더십과 책임감을 완전히 수용하는 심리적 전환점을 나타낸다.

마지막 회기에서 수민은 아름답고 따뜻한 여신으로 변신하며, 그녀 자신과 그녀의 자녀들에게 긍정적인 변화를 가져다주는 마법을 부른다. 이 순간은 그녀가 장애아동의 어머니로서 경험하는 일상의 도전과 스트레스에 맞서 내면의 힘을 발휘할 수 있음을 상징적으로 보여준다. 대관식은 수민의 리더십, wounded healer로서의 능력이 인정받는 순간으로, 그녀가 그동안 겪은 모든 시련을 극복한 결과임을 나타낸다. 왕관의 상징은 수민이 다양한 내면의 얼굴들과 만나고, 그녀의 진정한 자아를 발견하며 회복과 치유의 여정을 완성하는 과정을 나타낸다. 그녀의 GIM여정은 자신과 자녀를 위한 보다 건강하고 긍정적인 삶을 이끌어 가는 데 도움을 주었다.

논의

이 사례는 장애아동 부모로서의 고유한 도전과 스트레스를 경험하는 수민의 심리적 여정을 통해 자신의 잃어버린 정체성을 찾고, 내면의 치유와 개인적 성장을 이루는 과정을 아름답게 그려낸다. GIM 세션을 통한 수민의 여정은 다음과 같은 주요 통찰과 변화의 순간들로 구성되었다.

- **내면의 균형 탐색:** 수민은 처음에 자신의 심리적 갈등과 내적 투쟁을 직면하며, 이를 극복하고자 하는 깊은 욕구를 탐색한다. 각 세션은 그녀가 자신의 감정을 이해하고 받아들이는 과정을 통해 내면의 균형을 찾아가는 여정을 보여준다.
- **정체성과 자아의 재발견:** 여행과 상징적인 이미지들을 통해 수민은 잃어버렸던 자신의 열정과 창조성을 다시 발견한다. 이는 그녀가 자신의 장애아 자녀를 키우는 동안 무시했던 자신의 욕구와 재능을 인식하고 새롭게 평가하는 데 중요한 역할을 한다.
- **심리적 자유와 자기 통합:** 각 회기에서 수민은 자신의 내면에 숨겨진 여러 원형적 특성들과 만나고 이를 통합하는 과정을 경험한다. 이는 그녀가 자신의 삶을 주도적으로 살아가는 데 필요한 자유와 힘을 제공한다.
- **치유와 리더십의 발현:** 대관식과 여신으로의 변신은 수민이 그동안 겪은 시련과 스트레스를 극복하고, 자신의 리더십 능력을 인정받는 중요한 심리적 전환점을 마련한다. 이는 그녀가 자신과 가족을 위한 긍정적인 변화를 만들어 갈 수 있는 힘을 상징한다.

시사점

이 여정은 다른 장애아동 부모들에게 내면적 여정을 통해 자아를 재발견하고, 삶에서 의미 있는 변화를 이끌어낼 수 있다는 희망을 제공한다. 특히, 수민의 이야기는 다음과 같은 중요한 시사점을 제시한다.

- **자기 돌봄의 중요성:** 자신의 욕구와 감정을 소중히 여기고, 돌보는 것은 장애아 부모가 겪는 일상의 스트레스와 부담을 경감시키는 데 중요하다.
- **내면의 힘과 자유 발견:** 자신의 내면에 숨겨진 힘과 자유를 발견하는 것은 개인적인 만족과 성취를 추구하며 삶의 질을 향상시키는 데 결정적인 역할을 한다.
- **가족과의 관계 재정립:** 자기 재발견의 과정은 가족과의 관계를 보다 건강하고 의미 있게 만드는 데 도움을 줄 수 있다.

결론

'잃어버린 나를 찾아 떠나는 치유와 회복의 여정'은 장애아 부모가 자신의 삶을 주도적으로 디자인하며, 자아실현과 개인적 성장을 추구할 수 있는 힘을 제공하였다. 수민의 여정은 모든 장애아 부모에게 깊은 공감과 영감을 주며, 그들이 자신의 삶과 가족의 삶을 보다 풍요롭고 의미 있게 만들어갈 수 있음을 보여주는 감동적인 사례이다. 이 이야기를 통해 우리는 내면의 힘을 발견하고, 진정한 치유와 회복의 길로 나아갈 수 있음을 깨닫게 된다.

용어 설명

그림자 작업(shadow work): 그림자는 칼 융(Karl Jung)의 분석심리학에 의하면 의식에 가장 가까이에 있는 무의식의 내용으로 무의식의 의식화 과정에서 가장 먼저 만나는 심리적 내용이다. 이는 본능적이고 비합리적이며 투사적 경향이 있어 개인을 고립시키고 손상시킬 수 있음. 이러한 심리적 내용들을 의식화 하는 과정.

페르소나(persona): 개인이 외부 세계와 상호 작용할 때 채택하는 사회적인 역할이나 가면을 나타낸다. 이는 사회적 기대와 상호작용에서 개인이 특정한 방식으로 나타내는 특성이나 행동 패턴을 의미한다.

개성화(individuation): 칼 융(Karl Jung)의 개성화는 그의 심리학 이론에서 중요한 개념 중 하나인데, 이는 개인이 자아와 무의식적인 부분 사이의 균형을 찾고, 내적 변화와 성장을 통해 자신의 최대 잠재력을 실현하는 과정을 나타낸다.

아니마(anima)와 아니무스(animus): 아니마(anima)는 남성 개인의 무의식적인 여성성을 나타내는 개념이며, 여성의 경우에는 남성의 무의식적인 남성성을 나타내는 개념인 아니무스(animus)를 적용할 수 있다. 아니마는 감성적이고 직관력 있는 측면을 포함하며, 종종 남성의 꿈, 상상, 예술 작품 등에서 나타나기도 한다. 아니무스는 결정력이나 논리적 사고와 관련이 있을 수 있으며, 종종 사회적으로 수용된 여성성 이외의 여성의 특성을 나타낸다.

원형(archetype): 칼 융(Karl Jung)의 이론에 등장하는 이 개념은 모든 문화에서 공통적으로 나타나는 기본적인 상징이나 이미지로, 인간의 무의식적인 공통성을 나타낸다. 이는 문화적 배경과 상관없이 모든 인간이 공유하는 원시적이고 보편적인 경험을 표현하는 데 사용된다.

자아실현(realization of the self): 개인이 자아와 무의식적인 부분 사이의 균형을 찾고, 내적 변화와 성장을 통해 자신의 최대 잠재력을 실현하는 과정을 의미한다. 자아실현은 개인이 자신의 진정한 본질을 발견하고, 이를 실제로 표현하고 실현하는 과정으로 마무리되며, 이는 개인이 자기 자신에 대한 이해와 수용을 통해 내면과 외면의 일관성을 찾고, 창의성과 창조성을 개발하는 것을 의미한다.

플래시백(flashback): 보통 외부 자극이나 내적 생각, 상상력 등으로 인해 발생할 수 있는데, 일상적인 상황에서 현재 시점에서는 없던 과거의 사건이나 경험이 갑자기 떠오르는 현상을 말한다. 이는 대개 감정, 시각적인 이미지, 냄새, 소리 등을 통해 자극을 받아 발생한다.

참고문헌

Alli, M. (2018). Family Dynamics of the Disabled Children-An Analysis. Indian journal of app lied research, vol. 7.

Beck B. D., Hansen Å. M., & Gold C. (2015). Coping with Work-Related Stress through Guid ed Imagery and Music (GIM): Randomized Controlled Trial. J Music Therpy, 52(3):323-52.

Johnson, A., & Rodriguez, B. (2021). The relationship between parenting a child with disabil ities and parental burnout: A comparative study with parents of typically developing chil dren. Journal of Child Psychology and Psychiatry, 63(2), 145-158.

Lee SE, Han Y, Park H. (2016). Neural Activations of Guided Imagery and Music in Negative Emotional Processing: A Functional MRI Study. J Music Ther. 53(3):257-78.

McKinney, C. H., Antoni, M. H., Kumar, M., Tims, F. C., McCabe, P. M., & Schneiderman, N. (1997). Effects of guided imagery and music (GIM) therapy on mood and cortisol in healt hy adults. Health Psychology, 16(4), 390-400.

Olsson, M. B., & Hwang, C. P. (2002). Depression in mothers and fathers of children with int ellectual disability. Journal of Intellectual Disability Research, 45(6), 535-543.

Papanikolaou, V., Smith, K., Johnson, M., & Lee, S. (2023). Pilot randomized controlled trial evaluating the efficacy of guided imagery and music (GIM) for patients with breast canc er: Hope enhancement, fatigue reduction, and mood alleviation. Psycho-Oncology, 32(2), 123-137.

Rejani, T., & Ting, M. (2015). Depression and Anxiety among Parents with Autistic Childr en. Journal of psychosocial research, 10, 385.

Ricci, F., Levi, C., Nardecchia, E., Antonella, A., Andrea, P., & Salvatore, G. (2017). Psycholo gical Aspects in Parents of Children with Disability and Behavior Problems. European Ps ychiatry, 41, 792-792.

Romas, J. A., & Shama, M. (1995). Practical stress management. Boston: Allyn & Bacon.

Woodman, A. C., Mawdsley, H. P., & Hauser-Cram, P. (2015). Parenting stress and child beh avior problems within families of children with developmental disabilities: Transactional relations across 15 years. Research in Developmental Disabilities, 36, 264-276.

개인 GIM	성인	불안, 공황장애

4

불안과 공황장애 극복을 위한 GIM
: 수치심을 넘어 희망으로

김성희

도입

본 사례는 공황장애와 일반화된 불안장애(범불안장애)로 인해 신체적, 심리적 고통과 함께 일상생활 적응에 어려움을 보이는 성인 내담자의 사례이다. GIM치료를 통해 불안과 심리적 갈등의 근원적 영역에 접근하여 탐색함으로써 내담자가 내면적 자아를 재확립하고 새로운 삶에 대한 시각을 갖게 되는 치료 과정을 다룬다. 2011년 6월 8일부터 9월 10일까지 4개월간 진행된 심리치료 10회기 과정 중 GIM심상음악치료guided imagery and music(이하 GIM) 세션으로 진행된 후반 6회기의 내용을 정리한 것이다. 내담자는 음악에 따른 심상경험을 통해 오랜 시간 지속되어 온 여러 신체 증상과 부정적 정서의 근원을 탐색한다. 어린 시절 부모의 불화에 따른 두려움, 어머님의 강압적 양육방식으로 인해 손상된 자존감 그리고 그로 인해 가지게 된 수치심에 다가간다. 내담자는 학창시절 경험했던 사건과 감정의 재경험을 통해 자신의 내면아이Inner Child와 조우하고, 이 어린 자아를 위로하고 수용한다. 비로소 성인 자아는 현재 자신의 그림자를 이해하고 어린 자아와의 관계를 재정립함으로써 현실의 어려움을 극복할 수 있는 용기를 얻게 된다.

기본 개념

1. 불안장애의 범주

불안장애anxiety disorder는 불안이라는 주관적인 경험이 명백하게 존재할 때 진단 내려진다. DSM-5diagnostic and statistical manual of mental disorders는 불안장애 범주에 극도의 공포, 불안 및 관련된 행동 장애 특징을 지닌 질환을 포함하고 있으며 일반화된 불안장애(범불안장애), 특정공포증, 공황장애, 광장공포증, 사회불안장애(사회공포증), 분리불안장애, 선택적 함구증 등으로 분류한다. 불안의 정도가 과도하거나 발달상의 적정한 시기를 넘어서 지속된다는 점에서 발달과정 중에 경험하는 정상적인 공포나 불안과 다르며, 많은 불안장애는 어린 시절부터 발생하는데 치료하지 않는 경우 지속적으로 유지될 가능성이 많다. 한 종류의 불안장애를 가진 사람들이 또 다른 유형의 불안장애 진단 기준에도 부합되는 동반이환Comorbidity은 불안장애의 공통적 기제의 작용에서 기인하는데 공황장애와 일반화된 불안장애 간의 동반이환도 마찬가지이다.

2. 불안의 증상과 원인

공황장애panic disorder 환자는 호흡 곤란이나 심장의 두근거림, 가슴 통증, 숨 막힘, 어지러움, 식은땀, 떨림과 강한 두려움, 그리고 운명적인 일이 벌어질 것 같은 절박한 느낌을 경험하게 되는데 이러한 증상은 갑작스럽게 나타난다.

공황장애의 원인에 대해서는 주로 생물학적인 연구를 통해 공황장애의 상황과 신체적 변화에 대한 과정을 설명하는데, 결과적으로 이는 자극에 대한 심리적 반응에 기인한다는 것이다. 환자들은 사소한 신체적인 감각일지라도 곧 크나큰 재난이 엄습할 것이라는 신호로 확대해석하며 발작으로 일어날 수 있다는 의미로 받아들인다. 공황장애를 경험하는 환자에게는 두려움에 대한 두려움 또는 통제력 상실에 대한 두려움이 작용하는 것이다.

일반화된 불안장애 환자들은 사소한 일에도 끊임없이 불안해한다. 그로 인한 괴로움은 상당히 확산적이어서 다양한 상황 속에서 오랫동안 괴로워한다. 신체 증상, 즉 심장 두근거림, 얼굴 붉어짐, 땀이 나며 손이 차갑고 입이 마르는 증상, 안면의 경련, 설사와 빈뇨 등의 자율신경계 과잉 활동에 의한 증상을 경험한다. 또 참을성이 없고 화를 잘 내며 불면증, 주의집중의 어려움을 호소한다. 작은 일에 쉽게 실망하며 비판에 대해 극도로 민감하고 우유부단하며 때로는 가벼운 우울을 경험한다.

일반화된 불안장애의 원인은 관점에 따라 여러 가지로 설명된다. 생물학적인 측면에서 설명하면 두려움에 대한 정신적인 반응에서 뇌 속에 있는 신경원들이 촉발되어 불안을 경험하게 한다는 것이다. 정신분석적 관점에서의 불안은 자아ego와 이드id의 무의식적 갈등에 의한 것으로 불안의 진짜 원인은 충동적 이드로 인해 과거에 처벌받은 적이 있었던 충동이 계속해서 표현되려 하는 것이기 때문에 불안의 근본적인 원인이 지속적으로 존재한다는 것이다. 한편 인지-행동적 관점에서는 불안장애 원인을 위협적인 사건에 대해 자신의 통제력을 벗어난 것으로 지각하기 때문이라고 설명한다. 그러므로 스트레스를 주는 원인을 통제할 수 없다는 느낌과 함께 일상적 상황에서 일어날지 모르는 재난 가능성에 과도하게 염려한다. 또, 신체적인 해를 입을 가능성이나 비판, 당혹감 또는 거절과 같은 사회적인 불운을 시사하는 자극에 쉽게 주의를 기울인다. 애매한 자극을 위협적인 것으로 해석하거나 부정적인 사건의 발생 가능성을 과대 추정하고 커다란 재난이 자신에게 더 자주 일어난다고 생각한다.

3. 애착과 성인기 불안, 공황장애

여러 연구에서 아동 초기에 학대받았거나 무시당한 아동들은 그러한 경험이 없는 아동들보다 불안정한 애착을 더 빈번하게 나타낸다는 것이 보고되고 있다. 애착 패턴과 정신병리가 일대일로 연결되어 있을 가능성은 낮으나 적어도 스트레스에 대한 취약성에 영향을 미치고 어떤 경우는 주변 관계에 대한 지각과 자신에 대한 조망 능력을 저하시킬 수 있다.

특히 주 양육자인 어머니와의 불안 애착 또는 양가적 애착이 형성되는 경우 애착에 대한 좌절된 소망과 자율성과 탐색을 경험하지 못한 자신의 무능력 때문에 어머니에게 적대감을 가질 수 있다. 자신의 어머니에게 느꼈던 분노와 실망을 다른 사람에게 투사하거나 적절한 감정을 표출하지 못함으로써 그 화살이 자신을 향하게 된다. 자녀에게 맞추어 주는 것에 어려움이 있는 어머니의 경우 아동은 어머니가 존재하기는 하나 보살핌 받는 양육의 결핍을 경험하게 되고 무력감과 우울감을 경험할 수 있다. 예컨대 볼비Bowlby가 말한 '애정 없는 통제'는 아동기에 안정된 부모기반이 부족하게 되어 아동의 탐색 행동을 억제하며 그 결과 자아존중감의 요소인 '좋은 내적 대상'과 '능력의 숙달감'을 감소시킨다. 따라서 어른으로 성장해서도 가까이에 다른 사람이 있어야만 안정될 수 있는 특징을 지니게 되므로 끊임없이 타인을 통해 정서적 안정을 위한 '안전기지'를 확보하려 한다.

또한 외상적 상황, 즉 주변인의 갑작스러운 죽음이나 상실에 대해 충분하게 애도작업을 하지 못한 상태는 우울, 불안과 공황발작으로 특징되는 정서적 위기를 초래할 가능성이 있다. 예기치 않았던 갑작스러운 상실은 충격과 불신감을 형성하거나 아직 다양한 감정이 자리 잡지 못한 경우 정서적 반응을 충분히 할 수 없으므로 무감각함, 관계성의 미흡, 기분의 부재 등으로 이어질 수 있다.

4. 아동기의 학대

아동기 정서적 학대는 정신적인 상처를 가하는 것과 같다. 아이들에게 소리치고 고함치거나 '바보', '멍청이', '미친 것', '개자식' 등의 욕을 하는 부모가 있다면 그 말 한마디 한마디가 아이에게 끔찍한 상처를 가하는 것이다. 정서적 학대는 엄격함, 완벽주의, 통제의 형태로 나타나기도 한다. 완벽주의는 아이에게 매우 해로운 수치심을 준다. 아이는 커서 자기가 무엇을 하든 유능하지 못하다는 생각을 하게 한다. 수치심에 근거한 모든 가정은 규칙을 조종하기 위해 완벽주의, 통제, 비난을 사용한다. 어린 시절 부모로부터 정서적 학대를 받게 되면 성인이 되어서도 쓸모없고 결점투성이인 자신을 발견하게 할 뿐이다.

아동기 신체적 학대 역시 정신적이며 영적인 상처를 남긴다. 자신의 보호자로부터 육체적인 학대를 받게 되면 개별적 존재, 즉 존엄한 존재로서의 자신을 믿을 수 없다. 신체적 처벌은 아이와 부모와의 관계를 끊어버리게 된다. 부모나 교사로부터 매를 맞거나 협박을 받을 때 목을 찌르거나 비트는 것과 같은 신체적 학대를 경험하게 되면 아이는 고문할 수 있는 자신만의 무기를 만들어야 한다고 믿게 된다. 또 자기가 중요한 존재라는 것을 믿을 수 있는 것은 왜곡된 인식 속에서나 가능한 것이라고 생각하기 때문에 현실에 대한 부적응적 결과를 가져오게 될 가능성이 있다.

5. 불안, 공황 증상에 대한 치료적 접근과 GIM

불안장애는 환자의 불안이라는 주관적 경험을 토대로 진단되므로 특정 대상에 대한 공포증을 제외한 공황장애 또는 일반화된 불안장애는 치료에도 직접적 중재가 매우 어렵다. 뇌와 신경계가 관련된 불안 유발 및 증상의 메커니즘과 관련 물질에 대한 정보는 불안에 대한 이해를 돕고 진정 작용과 돌발적 유발을 감소시키는 기능을 한다. 하지만 불안의 시작이 특정 메커니즘이나 관련 물질에 기인하지 않기 때문에 약물일지라도 직접적이고도 근본적으로 증상을 지속 해결하거나 감소시켜줄 수는 없다.

불안과 공포라는 메커니즘의 초기에 관여되는 심리적 과정은 불안정 애착, 정서적 해리, 내면의 상처와 억압된 갈등에서 비롯되는 경우가 많다. GIM의 치료는 음악에 의해 유도된 심상을 통해 내담자를 내면 갈등의 깊은 기저에 다가갈 수 있도록 안전하게 이끈다. 또 음악과 치료사는 지지적 환경을 제공함으로써 불안과 두려움에 직면하고 상처받은 내면아이와 조우하도록 도와주어 내담자 스스로 억압된 갈등 해결을 과정적으로 체험하는 작업이다. 따라서 치료 후 내담자가 일상에서 경험되는 불안과 공포를 단지 상황에 대한 반응일 뿐이라고 분석하거나 상황을 재평가할 수 있도록 도와줄 수 있다.

아동기 성장 과정 중 가정이나 학교에서 받은 정서적, 신체적 학대로 상처받은 내면아이가 가지게 되는 수치심을 해결하기 위한 '성인 아이'의 이슈는 '나에게 무슨 일이 일어났는가'에 대한 탐색을 통해 치유될 수 있다. 놀랍게도 불안 증상의 감소와 불안장애의 극복은 외적 요소에 대한 의존이 아니라 오로지 자신의 내적 변화와 대처 노력을 통해서만 이뤄질 수 있음을 깨닫게 될 것이다.

6. GIM심상음악치료

본 사례에서 사용한 GIM심상음악치료guided imagery and music는 개인 내담자를 대상으로 음악-심상 가이딩 과정이 치료사와 내담자가 교류하는 가운데 진행되었으며 확장된 의식 상태expanded state of consciousness에서 내담자 스스로 자발적인 심상을 떠올려 의식을 탐색하는 방식인 Bonny method GIM을 사용하였다. 비지시적이고 비분석적이며 음악에 근거한 중재로 인본주의적 관점의 내담자 중심의 특성을 가진다. 각 한 회기 치료 세션 과정은 개인 GIM중재 방법에 따라 '프리세션 → 이완과 인덕션 → 음악-심상 가이딩 → 포스트 세션' 순서의 구조화된 세션 형식으로 진행되었다.

대상 정보

37세 남성 M은 회사생활에 대한 스트레스로 인해 다니던 직장을 그만둔 후 현재까지 3년 정도 별다른 직업을 갖지 않고 있는 상태로 생활하고 있다. 최근 새롭게 직장을 구하고 있지만 조직 생활과 근무 중에 만나게 되는 사람들과의 관계와 관련한 것을 떠올릴 때마다 두려움과 걱정이 커지고 신체적 심리적 증상을 경험한다고 하였다. 성인이 된 후 불안과 관련한 어려움으로 종종 병원 진료를 받았는데 3개월 전부터는 정기적인 병원 진료와 함께 중단했던 항불안제 약물을 다시 처방받아 꾸준히 복용하고 있다고 보고하였다. 심리적 안정과 현실 적응 훈련을 위해 공공기관의 상담센터에서 주 1회의 상담을 받고 있다고 했다. 건강을 위해 매일 등산도 하고 사회적 관계 향상을 위해 노인 대상 기관에서 주 2회 봉사활동을 하는데 종종 보람을 느끼고 자신감을 경험한다고 하였다. 또, 적극적으로 명상 훈련을 하거나 이따금 종교 모임에도 나가는 등 여러 가지 노력을 하고 있다고 하였다.

그러나 이러한 노력에도 불구하고 M은 최근 가슴 답답함과 어지러움, 부정맥 증상과 과호흡 증상이 더욱 심해지고 있음을 경험하고 있다. 문득 화가 올라오는 것을 느끼기도 하고 잠을 깊게 잠을 자는 것이 어려워 40분~1시간 간격으로 잠에서 깨기도 하며 야간 빈뇨 현상도 심하다고 하였다. 공포와 불안이 엄습하는 것 같다고 느끼며 공황발작 경험을 한 번 한 후에는 그런 일이 반복될까 두려움에 휩싸이는 등 신체적, 심리적 어려움이 있음을 호소하였다.

M은 2남 1녀 중 막내로 위 형제는 모두 결혼하여 따로 살고 있으며 자신은 부모님과 함께 살고 있다. 부와 모의 관계는 썩 좋지 않으며 자신도 부모님과의 관계가 좋지 않다고 하였다. 그가 말하길 자신의 어머니는 과도한 잔소리와 히스테릭한 면모를 자주 보이는데 아버지는 이러한 어머니에 대해 둔감한 반응을 보이며 대체로 신중하며 수줍음이 많다고 하였다. M은 아버지가 아들인 자신에게 용기를 주는 존재가 아닌 것에 불만을 느끼고 있었는데 특히나 몇 년 전 사고로 인해 몸이 약해지셨는데 그로 인해 아버지가 더욱 무기력하게 느껴졌으며 마치 자신을 보는 기분이라고 하였다. 자신에 관한 이야기는 주로 대학 입학 이후에 대해서만 언급했는데, 재수 시절을 거쳐 입학한 후 자퇴를 하고 다시 입학하게 되어 자신이 또래들과 관계를 맺는 것이 어려웠고 그로 인해 현재까지 직장이나 사회생활, 대인관계에서 어려움을 겪고 있는 것이라고 말했다. 그러면서 이전 회사 생활 당시 만나게 된 여자 친구를 최근에 다시 만나고 있으며 아직까지는 가끔 만나고 있는 정도이지만 좋은 관계로 발전하고 싶다고 하였다.

M은 첫 대면에서 다소 초조하고 위급한 말투와 불안한 태도를 보였으며 어지러움과 소화불량, 화끈거림 등의 증상과 공황발작에 대한 두려움 등을 강하게 호소하는 등 신체적 증상에 심하게 집중하고 있었다. M은 대인관계에서의 어려움을 이야기하면서 친구와의 관계를 적절하게 유지하는 방법에 관한 이야기를 할 때 잠시 생각이 멈춘 듯 더듬거리거나 맥락이 이어지지 않는 등 이야기를 원활하게 이어나가는 것에 곤란함을 보였다. M은 대체로 아버지와 어머니의 성격 특성을 말할 수 있었고 차이가 있다는 것을 알고 있었는데, 특이하게도 두 분의 성격 차이로 갈등이 생길 수 있다는 것을 잘 알지 못했고 성격 특성과 행동을 연결시켜 생각할 수 있는 것과 관련하여

보편적인 상식은 가지고 있지 않은 듯 보였다. 또 어머니가 과거에 우울 증상으로 인해 상당 기간 약물치료를 한 적이 있는데 자신이 경험하는 우울 증상과의 관련 가능성에 대해서는 생각해 본 일이 없다고도 하였다. 현재 M은 자신의 나이와 직업경력, 건강을 고려하지 않은 상태로 다소 막연하게 직장을 구하고 있는 것으로 보이며 직장과 조직 생활에 대한 기대감과 두려움을 동시에 가지고 있었다. M은 인지적 기능에 어려움이 없음에도 불구하고 현재 일상에서 경험하는 다양한 상황에 대한 인과관계 파악이나 유연한 사고, 정서적 경험에 대해서는 단절된 것으로 보인다. 다만, 불안과 공황 증상에 초점이 맞춰져 있는 것처럼 보였다.

다면적인성검사(Minnesota multiphasic personality inventory, MMPI-2)와 집-나무-사람(house-tree-person, HTP) 검사 결과, M은 불안과 강박 수준이 유의미한 수준으로 상승되어 나타났으며 건강염려 수준이 약간 상승되어 있었다. 집-나무-사람 검사에서 애정에 대한 욕구와 의존적 자아가 비교적 강하게 표출되었으며 인물화에서 자신이 아닌 어머니의 모습을 그렸고 특히나 부정적 이미지로 강하게 표현되었는데 부연 설명을 통해 그가 가지고 있는 죄책감과 연결되어 있음이 알 수 있었다.

치료 과정

M은 처음 치료센터를 내원했을 당시 신체적 통증에 대한 두려움과 심리적인 불안감을 심하게 표현하였다. M은 심리검사와 신체기능을 검사한 결과로 나타난 불안장애의 객관적 평가 수준이 심각하게 상승되지 않은 수준임에도 불구하고 극심한 불안함을 보였으므로 치료를 위해서는 누적된 심리적 요인에 의한 스트레스에 대해 다루고 자아 성장 과정을 탐색해보는 것이 매우 효과적일 것이라 여겨졌다. M은 GIM치료를 받는 것에 흔쾌히 동의하였지만 GIM세션을 진행하기 어려움이 있다고 판단되어 당분간 언어 상담을 통한 중재 및 부분적으로 음악이 사용되는 긴장 이완 프로그램에 참여하도록 세팅하였다. 4회기 세션 동안에 주로 중점을 두었던 것은 과도하게 항진되는 신체 증상의 감소와 안정을 위한 것이었는데 뉴에이즈나 세미 클래식 곡을 사용하여 음악 감상과 이완 위주의 프로그램을 진행하였으며 상담치료 과정에서 이루어

지는 내담자 History를 구성하는 과정이었다. 2주의 휴식기를 가지면서 심리적, 신체적 증상 정도를 확인하면서 GIM치료가 가능하다는 판단을 한 후에 GIM세션을 시작하였다.

4회기의 GIM치료 세션이 진행되었을 무렵 M에게 긍정적인 변화가 생겼다. 주호소 문제였던 신체 증상이 눈에 띄게 호전되었으며 동시에 내담자가 원하던 새로운 직장을 구하게 되었다는 반가운 소식을 전했다. 여러 상황을 고려하여 정규 근무가 본격적으로 시작되는 시점까지 총 6회의 단기 세션으로 진행하는 것으로 결정하였고 이에 따라 M과의 치료는 3개월 동안 총 9회의 세션으로 종결되었다. 이후 M은 음악치료가 더 진행되기를 원하여 2주마다 1회 정도의 빈도로 6개월 동안 세션에 참여하였다. 본 사례에서는 초기 6회기의 GIM세션 내용만을 수록하였다.

GIM세션 1

pre-session M은 첫 GIM세션이 두렵다고 하며 사전에 자신이 무엇을 해야 하며, 어떻게 해야 하는지에 대해 확실히 알기를 원했다. 설명과 함께 긴장과 불안 정도를 고려하여 안전함 속에서 자연스럽게 음악적 심상을 경험할 수 있도록 Three Doors 프로그램을 사용했다.

Music-Image Guiding M은 첫 번째 문에서 '용기'라는 단어를 발견하였으며 바람이 M을 들어오지 못하도록 했지만 문을 열고 안으로 들어갔는데 그곳에서 짓다만 건물과 같은 공간을 본다. '걱정'이라고 새겨진 두 번째 문을 열고 들어가서는 보고 싶었던 대학 때 친구를 만났으며 '행복'이라고 새겨진 세 번째 문을 열었을 때는 가족들(결혼해서 아이들과)과 함께 식사하는 이미지를 경험한다.

post-session M은 자신이 경험한 이미지들이 매우 의미 있게 다가온다고 말했는데, 문에 새겨진 단어들은 자신이 하고 싶었던 이야기들이었으며 특히 마지막에 본 이미지는 진정으로 자신이 바라는 것이라고 했다. M은 이 치료 과정을 통해 자신이 심리적 안정감을 찾을 수 있을지도 모르겠다는 희망을 느꼈다고 하였다.

GIM세션 2

pre-session 2회기 세션에서는 미래에 대한 막연한 불안감은 무엇으로부터 온 것인지 알아보고 싶다는 인텐션을 가지고 진행했으며 음악프로그램으로는 Reflection을 사용하였다.

Music-Image Guiding M은 나약한 어린애로 느껴지는 자신과 '엄마'와 '아버지'의 이미지를 보았으며 그 과정에서 어머니와 아버지에 대해 자신을 돕는 자와 통제하는 자로서의 이미지를 동시에 경험하였다. 부모의 묘지를 보았고 그 묘지 위로 부모님의 얼굴이 떠 있는 이미지, 이후 부모님과 작별하는 자신을 경험하였다. 또, 여자 친구와 함께 하는 미래의 이미지를 보았고 곧이어 자신이 넘기 어려운 높은 담 앞에 다다랐으나 해결할 수 있음을 경험하였는데 곧바로 또다시 어려움이 반복되는 경험을 하였고 그때마다 눈물 날 것 같은 느낌과 가슴 답답함을 호소하였다.

> … 산에서 비가 와요. 우산 쓰고 올라가고 있어요… 폭포, 절벽이 있어요… 뿌연데 계속 보고 있어요. 답답해요. 뿌옇게 보이니까요… 앉아서 김밥을 먹고 있어요. 밑을 내려다보기가 무서워요. 다시 배낭을 메고 내려가려고 해요. 자꾸 뒤돌아봐요. 눈물이 나려고 해요. 밑이 컴컴해 보여요. 엎드려서 머리만 살짝 내밀어 쳐다봐요. 제가 어린애 같은 느낌이에요. 엄마, 아버지가 떠올라요… 날 도와주러 왔나… 날 혼내러 왔나…

> … (숨이 좀 가빠짐) 부모님이 돌아가셨나 봐요. 영혼이 날아가고 있어요. 저한테 손을 흔들고 계세요. 어린아이 같기도 한데 그 아이가 쪼그리고 앉아 낙서하고 있어요. 어떻게 할지 몰라 앉아 있어요. 무엇을 해야 할지 모르겠어요…… 묘지가 보여요 울고 있어요… 인사드리고 내려오고 있어요. 하늘에 얼굴이 떠 있어요. 두 분 다…

… 여자친구와 손잡고 가고 있어요. 꽃밭 같은 것이 주위에 있어요. 부모님 묘지 앞에 있어요. 아기를 안고 있어요. 갑자기 그 장면이 멀어지고 있어요. 주위가 검은 것 같아요. 문 같은 것이 보여요. 눈물이 나려고 해요. 답답하고 슬퍼요…… 높은 담이 보여요 길고 높은 담…! 계속 손잡이만 잡아당기고 있어요… 갑자기 선생님 얼굴이 보여요. 힘이 돼요. 뒤로 돌아가니까 들어갈 수 있는데요… 절벽 사이에 있어요. 그 앞에 있어요. 다리를 건너야 하는데… 밑에 떨어지면 안 돼요…

post-session M은 어려서부터 어머니로 인해 자주 불안해하던 경험이 있었는데 세션 중 심상경험에서 묘지를 보았을 때는 죄송스러운 마음과 동시에 뿌듯함이 느껴졌다고 하였다. 그런데 돌아가셨다는 것 자체는 불안함이 경험되었다고 하였다. M은 절벽에서의 경험을 언급하며 어머니가 자신에게 "바보같이 그것도 못 봐"라고 말하는 것 같은 표정이었는데 실제로도 과거의 어린 시절에 그러한 핀잔과 질책을 많이 받아온 것 같다고 하였다. 현재도 어머니는 자신과 아버지에게 자주 그러한 태도를 보이거나 언어적 표현을 하는데 그럴 때마다 M은 어머니에게 화를 내지는 못하고 혼자 짜증을 내거나 화를 삭이고 있다고 하였다. 또, 가슴 답답함과 어지러움은 그런 상황에서 빈번하게 경험된다고 하였다. 특히 M은 과거에서부터 현재까지 이어지는 어머니의 폭언과 질책에 대하여 이야기를 할 때 눈에 띄게 무기력한 모습을 나타냈으므로 앞으로 진행되는 세션에서 어머니와의 관계를 탐색할 것을 제안하였다. 이에 M은 현재 어린아이가 아닌 성인으로서 어머니에 대한 자신의 생각과 태도를 살펴보고 습관처럼 굳어진 부모와의 관계를 새롭게 진행시켜 보겠다는 각오를 내비쳤다.

GIM세션 3

pre-session 3회기 세션에서 M은 이전 2회기 세션과 유사한 바람을 이야기하며 지속되는 막연한 불안감과 무엇에도 확신감을 갖지 못하는 상태에서 이제는 벗어나고 싶다고 하였다. 인텐션으로 '무엇이 나를 불안감에 머물게 하는가, 확신 없는 마음의 근원은 무엇인지에 대한 탐색'이 결정되었고 음악프로그램으로는 Exploration

을 사용하였다.

Music-Image Guiding M은 심상경험으로 도르래를 타고 절벽을 오르고 내리는 과정을 경험하였다. 이때 오를 수도 내려갈 수도 없는 상황에 처하여 난감하거나 식인종에게 잡혀가서 두려운 상황, 미지의 장소에서 길을 찾는 반복적 상황 등 다양한 어려움을 겪었는데 이러한 문제 상황을 해결하는 경험을 하였다. 다음 심상으로 여자친구와 함께 별을 바라보지만 이내 별이 지고 사라지는 이미지를 경험하고 그것이 멀어지면서 어린 시절로 이동하였다. 어린 시절에 경험한 외할머니의 죽음, 우연히 옆집에 사시던 할머니의 죽음을 목격하였던 일, 외삼촌의 죽음 등 주변인들의 죽음을 직면했던 때를 떠올려 경험하였다.

> … 지금 올라가는 곳은 점점 위가 너무 좁아지는데… 절벽 밑으로 바다가 보여요. 내려갈 데가 없어요… 다 올라갔어요. 절벽 위에 그냥 서 있어… '어떻게 내려가지…?' 내려가지도 못하겠고… 그런데 누군가 끌어당겨서 내 몸이 날아가고 있어요. 지금 밑으로 떨어지고 있어요… 절벽의 나뭇가지 사이에 매달려있어요. 나뭇가지가 부러져서 다시 떨어지고 있어요. 땅에 떨어졌어요… 바위가 많은 땅……

> … 그런데 어디로 가야 할지 몰라 두리번거리고 있어요… 키가 큰 푸른 풀밭에 있어요… 풀이 너무 많아요… 풀밭을 헤치고 나오니까 여자 친구가 앞에 기다리고 있어요. 같이 손을 잡고 걸어가요. 바닷가처럼 생긴 곳에 둘이 앉아서 별을 보고 있어요… 그런데 별이 멀어져 가는 느낌이에요. 가까이 보이던 하늘과 별이 모두 떨어져 나가는 느낌…

> … 외할머니께서 돌아가셨다는 연락이 와서 엄마가 전화를 받고 있어요. 나는 어린애예요… 옆집 할머니가 2층에서 떨어져서 머리에서 피가 나고 제가 그걸 보고 있는데 무서워서 어떻게 해야 할지 모르겠어요…
>
> 전화가 와요… 외삼촌이 병원에 계신 데 위독하시대요. 엄마가 옷을 입고 여러 가지를 챙기고 있어요… 난 어떻게 해야 할지 모르겠어요. 방에 혼자 있어요… 어떻게 해야 할지 모르겠어요…

post-session M은 자신이 어린 시절에 어떻게 해야 할지 모르겠는 상황에 놓인 경우가 많았음을 알게 되었다고 이야기하였다. 경험한 심상들은 실제로 자신이 경험했던 것이며 지금도 생생히 기억 속에 남아있는 것들이었는데 그동안 누군가에게 이야길 할 기회는 없었다면서 그 상황들을 자세하게 설명하였다. 그냥 경험일 뿐이라고 생각했고 별로 많이 떠올리면서 살지는 않은 것 같다고 하였다. M은 자신이 경험한 사건들, 어쩌면 슬펐고 놀랐던 이러한 상황들이 자신의 불안 및 긴장감과 어느 정도 연결되는 것 같다고 이야기했다. 어린 시절의 갑작스러운 상실, 죽음에 대한 경험은 적절한 애도의 기회를 갖기 어려운 경우가 많으며 그 상태로 어른이 되는 경우에는 부정적 감정과 연결될 가능성이 있다는 것에 대해 설명과 함께 M이 충분히 더 이야기할 수 있도록 하였다. 이후 이에 대한 탐색의 기회가 주어졌을 때 그 기회를 수용하는 것의 중요성에 대해 이야기하였다.

GIM세션 4

pre-session 치료 세션에 들어가기 전, M은 현재 자신의 상태에 대해 무언가 더 이야기하길 원했다. 그는 과거 자신이 겪었던 일이나 감정이 선명하게 재경험 되는 것과 전혀 생각하지 못한 심상을 떠올려 그 안에 존재하는 자신을 경험하는 일이 매우 새로운 경험이라고 말했다. 특히 post session 때 이루어지는 작업을 통해 심상의 경험이 자신의 현재 모습과 연결되는 것이 신기하고 놀랍다고 하였다. 그러면서 GIM 치료 세션을 시작한 후 자신이 좀 더 어머니에 대한 새로운 시각을 가지려고 노력하고 있으며 그동안 좋아하는 마음을 가지고 있었지만 무덤덤하게 지내왔던 아버지와의 관계를 개선하기 위해 대화를 시도했다고 하였다. M은 이번 세션에서 어린 시절의 경험을 더 충분하게 하기를 원하였는데, 부모님과 함께 살고 있는 '집'이 지금보다 더 편하게 느껴졌으면 좋겠다는 바람 때문이라고 하였다. 이에 차분하게 자기의 내면을 들여다보고 싶다는 인텐션을 가지고 세션을 시작하였으며 음악프로그램은 Quiet Music을 사용하였다.

Music-Image Guiding M은 이완 상태에서 음악에 이끌려 자연스럽게 심상을 떠올리기 시작했는데 어머니와 관련된 부정적인 이미지들이었다. 어린아이 M은 피아노의 악보를 보지 못하는 것을 어머니에게 들킬까 봐 두려워하거나 어머니가 아버지에게 혼나는 자신을 보호하기보다는 오히려 질책했던 상황을 떠올렸다. 엄격한 태도로 자신의 실수나 무능함을 질책하는 어머니에 대한 두려움, 그로 인해 경험되는 불안감, 자신감 없는 모습, 잘못된 행동들에 대한 죄책감 등을 재경험했다. 또, 애타게 기다리던 어머니가 오지 않아 불안하고 두려워하는 어린아이 M은 손과 눈이 하나씩 있는 괴물을 만나 목을 조이는 고통과 두려움을 경험하고 쫓기기도 하지만 이내 그 괴물과 마주보기를 하고 악수하며 오히려 나중에는 눈이 슬퍼 보이는 그 괴물과의 헤어짐을 아쉬워하였다. 마지막 심상에서는 아버지로부터 야단을 맞고 벌을 서다가 어머니께도 야단을 맞고 집을 뛰쳐나와 어디로 갈지 몰라 방황하고 좌절하는 M의 모습, 그리고 힘들어하는 그의 앞에 나타난 형과 누나로부터 위로를 받고 눈물을 흘리는 모습, 형과의 정겨운 기억들, 어린 M, 형과 누나 세 사람의 애틋한 우애를 경험했다.

… 피아노를 치고 있어요. 악보를 볼 줄 몰라 외워서 치고 있어요. 악보를 못 보는 것을 들킬까 봐 걱정이에요. 저는 여섯 살, 일곱 살쯤… 뒤에 엄마가 있는 것 같아요… 베란다 쪽에서 숙제를 못 해서 베껴 쓰고 있어요. 엄마 몰래 숨어서 베끼고 있어요… (얼굴이 일그러지며) … 형이 엄마에게 혼나고 있어요. 벌서고 있어요.

… 꼬마가 어디로 가야 할지 몰라 두리번거리고 있는 것 같아요. 그래서 서 있어요… 사다리 위로 올라가요… 산과 산 사이에 있는 다리를 걸어가고 있어요… 이제 뛰어가고 있어요… 다 걸어왔는데 공중에 떠 있어요… 더 이상 다리가 없는데… 아… 사다리를 타고 내려오고 있어요… 다 내려왔어요. 어디로 갈지 두리번거려요… 누구를 기다리는 것 같기도 하고요… 엄마를 기다리는 것 같은데 엄마가 안 와요… 밧줄을 오르고 있어요. 너무 많이 올라왔어요… 다시 내려왔어요… 다시 올라가고 싶지 않아요. 밧줄을 놓고 그대로 서 있어요… 올라가고 싶지 않아요…

… 나무 위에 올라가다가 멈춰 있어요. 뭔가 있는 것 같아요. 고양이 같기도 하고… 눈이 빨갛고… 괴물 같기도 해요… 그것이 내 목을 조르고 있어요. 뿌리치려고 하는데 안돼요… 소름이 끼쳐요. 물으려고 했어요. 뒤에서 쫓아오고 있어요. 눈이 하나 달

> 린 괴물이에요. 팔도 하나 달려있는 것 같고… 뛰다가… 뒤돌아서 멈추었어요… 괴물도 멈추었어요. 서로 마주 보고 있어요… 갑자기 내게 악수를 청하고 있어요. 악수를 해요… 외계인 같아 보여요… 이젠 각자 돌아서서 가고 있어요… 점점 멀어지고 있어요… 가다가 멈추어 뒤돌아보고 있어요… 서로 아쉬워하는 것 같아요… 마음이 안 좋아요… 슬픔… 괴물이 자꾸 나를 돌아봐요… 눈이 보이는데 슬퍼하는 것 같아요. 손을 흔들고 있어요…

> … 아버지가 내게 들어오라고 손짓해요. 나한테 뭐라고 혼내는 것 같기도 하고… 제가 무릎을 꿇고 있어요. 아버지가 손으로 때리려고 하다가 책으로 내 머리를 때렸어요. 엄마가 들어와서 내게 뭐라고 해요… 나는 울고 있어요. 엄마가 다리를 붙잡았는데 그것을 뿌리쳤어요… 문을 열고 도망 나왔어요. 집 밖으로 나왔는데 왼쪽으로 가야 할지 오른쪽으로 가야 할지 모르겠어요… 어디로 가야 할지 몰라서 그냥 주저앉아 있어요. 형의 얼굴이, 누나의 얼굴이 떠올라요… 형이 손을 흔들고 있어요… 셋이서 끌어안고 좋아하고 있어요. 울어요… 좋아서 우는 것 같이 보여요. 셋이서 나란히 손잡고 걸어가고 있어요… 형이 날 어깨에 목말을 태워주었어요. 형이 나를 다시 집으로 데리고 왔어요…

post-session M은 심상에서 경험한 것 말고도 어머니에 대해 힘들고 섭섭했던 일들이 많았었는데, 특히 어머니가 자녀들이나 다른 사람들과의 약속을 지키지 않는 점이 M이 느끼기에 매우 창피하고 싫었다고 하였다. 어른이 된 지금 생각하면 이해할 수도 있겠지만 그때는 정말 야속했고 슬프고 화가 났었다고 하였다. 또 M은 어머니가 자신이 수치스러움을 느낄 수 있는 말로 가혹하게 야단을 쳤으며 이로 인해 자존심이 많이 상했다고 하였다. 그렇지만 M은 어머니가 자신에게 그렇게 한 것은 시어머니와 무덤덤한 아버지 사이에서 어려움을 견디며 어머니의 꿈을 접은 채 만족스럽지 못한 결혼생활을 했기 때문이라 생각하며 그런 면에서 어머니를 이해할 수도 있다고 하였다. M은 심상을 통해 재경험한 어머니의 화난 모습, 두려워하고 불안해하는 자신의 모습을 연결하여 보니 자신에 대해 좀 더 알 수 있게 되는 것 같다고 하였다. 심상경험 중 사다리, 산과 산 사이의 다리, 밧줄 등의 불안한 상황에서 어린 자신이 어쩔 줄 몰라 하면 어머니가 자신을 구해줄 것이라 생각했지만 정작 곁에 없었던 어머니, 무서운 괴물을 만나 목을 졸리는 공포를 느끼고 두려움 속에 쫓기지만 어느 순간 괴물과 마주하고 악수와 화해를 하고 헤어짐을 아쉬워하는 경험에 대해 좀 더 탐색하였다. M이 어린 시절 경험하고 있었던 두려움, 특히 화내고 야단치는 어머니로 인해 두려움을 경험했지만 그럼에도 M은 보호받고 사랑받고 싶어 했으므로 어머니에 대한 양가감정을 심상으로 경험했을 가능성이 있음을 이야기하였다. 또, M이 어머니와 아버지로부터 야단을 맞고 벌을 서고 두려움과 불안을 경험한 곳이 바로 집이기에 심상에서 야단을 맞는 도중에 '집에서 도망을 친' 것과 형과 누나를 만나 다시 '집으로 돌아오는' 내용은 오늘 M이 원했던 '편안함을 느끼는 집'이라는 인텐션과 연결되고 있음을 상기시켰다. 이것은 M이 현재 경험하고 있고 GIM 치료 세션을 통해 해결하고자 하는 불안 및 공황증상들과 관련이 있음을 언급했다. M은 어머니가 무서워 주눅이 든 채로 지냈지만 한편으로는 어머니의 속상함을 이해했기에 견디고 있었던 부분이 있다고 하며, 자신이 진정 원했던 것은 관심과 사랑이었을 것이라고 말했다. 오늘 경험에서 어머니에게서 받은 상처가 저절로 해결되는 기분이 들었다고 말하며 자신이 경험하는 불안, 공황증상의 근본적 원인이 이번 심상들과 연결되는 것임을 이해할 수 있다고 하였다.

GIM세션 5

pre-session M은 이번 세션에서 자신이 "왜 그렇게 자존심 상하는 느낌을 자주 갖는지, 또 자존심을 왜 그렇게 내세우는지를 알고 싶다"라고 하며 이를 심상경험을 통해 탐색하기를 원했으며 그것을 통해 자존심 상했던 "어린 시절을 위로하고 싶다"라고 하였다. 음악프로그램은 Inner Child를 사용하였다.

Music-Image Guiding M은 매우 슬퍼하는 모습과 떨리는 목소리로 아이들 앞에서 선생님에게 혼나는 자신의 이미지, 다친 아버지와 걷고 있는 자신과 가족들을 다른 사람들이 쳐다보는 것에 대한 창피한 경험, 어머니로부터의 강한 힐난에 눈치를 보는 자신의 모습, 친구들에게 맞고 있는 자신의 모습 등의 부정적인 과거의 경험을 떠올렸으며 친구의 집에 놀러 갔을 때의 밝고 포근함에 대한 느낌을 재경험하였다.

> … 선생님에게 혼나고 있어요… 연필 깎는 칼로 잘못해서 내 손을 그었어요. 피가 나요. 애들 앞에서 혼나고 있어요. 나는 무서워하고 있어요. 선생님께서 소리를 지르고 있어요.

> … 아버지, 누나와 함께 둑길을 가고 있어요… 아버지는 다쳤는지 목발을 짚고 있어요. 사람들이 쳐다봐서 같이 가고 싶지 않아요. 창피하기도 하고… 나는 조금 뒤에 떨어져서 가고 있어요.

> … 갑자기 엄마가 내게 삿대질을 해요. 나는 눈치를 보고 있어요. 목소리를 크게 하라고… (엄지와 검지를 여러 차례 서로 부딪침)

> … 친구에게 막 맞고 있어요. 친구들이 모두 보고 있어요. 창피해요. 난 울고 있어요… 너무 많이 맞아서 운동장에 웅크리고 앉아 있어요. 형한테 때려달라고 했는데… 화해를 시켜주었어요.

> … 친구 집에 놀러 갔어요. 친구 엄마가 라면을 끓여줘요… 집이 매우 밝아요. 우리 집보다… 포근한 느낌이 들어요.

post-session M은 오늘 심상에서 떠올랐던 순간은 모두 초등학교 저학년 때 있었던 경험이라고 기억해 냈다. 어렴풋하게 기억된 조각들이 구체화되고 자신이 이렇게 쉽게 이야기할 수 있다는 것이 놀랍다고 하였다. 상처를 입어 놀랐음에도 오히려 친구들 앞에서 큰 소리로 선생님에게 야단을 맞고 무서워하던 자신, 다른 사람의 시선을 의식하느라 아버지를 창피하게 여기며 위축된 자신, 다른 아이에게 맞았을 때 한없이 위로받고 싶었던 마음, 친구 집에서 느꼈던 포근함을 엄마와 집을 통해 느끼고 싶어 했던 어린 시절의 가여웠던 M을 지켜본 것 같다고 하였다. 자신감 없다고 윽박지르던 어머니를 떠올렸을 때는 긴장감이 강하게 느껴졌다고 하였다. 그는 어쩌면 이러한 경험들이 지금의 자신감 없고 위축되었으며 눈치를 보는 모습을 만들어 낸 것 같다고 말하였다. 자신은 참 나약했고 모든 것에 전전긍긍하던 어린아이였다고 이야기하며 정말 힘들었던 자신의 어린 시절에 형이 참 의지가 되었다고 말하였다. 아버지에 대한 미안함이 느껴지며 자신의 어려움 때문에 그동안 챙기지 못했던 형과 누나가 보고 싶고 가족들과 좋은 시간을 만들어야겠다고 하였다.

GIM세션 6

pre-session M은 지난 세션에서의 경험을 통해 자신에 대한 많은 것을 이해할 수 있었다고 하였다. M은 자신의 불안감과 신체적 증상들, 그리고 대인관계에서 어려움을 느끼는 것이 어린 시절의 자존감 상실과 부정적 정서의 경험으로부터 비롯된 것임을 알았으므로 이에 대해 더 탐색하기를 원했으며 음악프로그램으로는 Childhood Remembered가 사용되었다.

Music-Image Guiding M은 야구공을 머리에 맞은 후 죽음에 대한 공포와 두려운 순간을 혼자 견뎌야 했던 경험, 심하게 다쳤는데 그 순간 가족들의 보살핌을 받지 못했지만 어머니가 와서 안심했던 일, 어린 시절 자신의 의존적인 모습에 대해 스스로 수치심을 느꼈던 순간 등을 재경험했다. 한편 젊은 나이에 세상을 떠난 외삼촌에 대한 기억과 그 병실에서 주변 사람들이 M이 외삼촌과 닮았다고 이야기하는 장면을 떠올렸다. M은 뒤이어 넝쿨 더미를 걷어내며 앞으로 나아가고 더 나아가 넝쿨 더미 위에서 놀이하듯 즐거운 걸음으로 이동하는 이미지를 보았다. 마지막 심상에서 M은 평화로운 등산과 여자 친구와의 평온한 시간을 경험하고 모든 가족이 모여 함께 식사하는 평화로운 이미지를 경험하였다.

> … 야구를 하고 있어요. 친구가 휘두르는 방망이에 머리를 맞았어요. 머리가 아파요… 무서워서 집에 왔는데 아무도 없어요… 죽을지도 모르겠다고 생각해요… 그냥 누워있어요. 소파에 누워있는데… 집엔 아무도 없어요… 겁이 나는데… 집엔 아무도 없어요…

> … 달리기하다가 병을 밟아서 살점이 떨어져 나가고 피가 나요. 집에 엄마가 없어서 친구 엄마가 나를 병원에 데려가요… 무서워요… 엄마가 왔어요… 집이에요. 엄마 옆에서 자고 있어요. 안심이 돼요…

> … 다시 길을 걸어가고 있어요… 엄마 손을 잡고 걸어가요… 좋아하는 여자아이가 와요… 지나쳤어요… 창피해요…

> … 삼촌이 병원에 누워있어요. 인공호흡기를 끼고… 주변에 사람들이 있는데… 돌아가신 거라 이야기하고 있어요… 다들 좋은 나이에 저렇게 되었다고 이야기해요… 이모와 친구들이 삼촌하고 내가 닮았다고 말하고 있어요… 닮은 것 같아요… 누워있는 것이 나 같기도 해요… 외할머니 얼굴이 보여요. 슬퍼 보이지도 않고… 손짓을 해요… 전 싫다고 해요… 외할머니가 혼자서 딴 곳으로 가요.

> … 숲을 걸어가고 있는데 햇살이 내리쬐고 있어요. 넝쿨이 많아요… 걷어내면서 가고 있어요… 위로 올라왔는데… 넝쿨이 끝없이 펼쳐져 있어요… 그냥 위로 걸어가야 해요… 나는 아이예요… 놀이하듯 뛰어다녀요… 친구들이 있어요… 같이 넝쿨 위를 뛰어다녀요… 넝쿨 끝에 왔는데. 밑은 낭떠러지예요… 건너편이 있어요. 뛰어 건널 수 있어요. 뛰어가서 건넜어요. 언덕길을 따라 내려왔어요.

> … 배낭을 메고 숲을 오르고 있어요… 낮은 풀들이 있는 등산길… 평화로워요… 여자 친구와 벤치에 앉아 있어요. 나란히 앉아서 말없이 있어요. 행복해요. 말도 하지 않아도 서로 좋아하고 있어요. 형도 있고 누나도 있고 아버지와 엄마까지 다 모여서 밥을 먹고 있어요. 가족들에게 여자 친구를 인사시키고 있어요…

post-session M은 자신이 괴롭고 힘들었던 일들이 고스란히 이미지로 떠올라 자연스럽게 세션 중에 말할 수 있다는 것에 매우 흡족해했다. M은 경험했던 심상을 정리하면서 야구공을 머리에 맞고 죽음에 대한 공포감을 느낀 채 집에 왔으나 자신을 보살펴 줄 수 있는 사람이 없었던 그 순간 모든 것으로부터 분리되어 오롯이 혼자였기에 감당할 수 없는 두려움, 불안함을 느꼈다고 하였다. 더욱이 위기의 순간에 자신이 가장 의지하는 어머니의 부재, 삼촌의 죽음 앞에서 자신을 삼촌과 연결하면서 막연한 죽음에 대한 두려움을 가졌던 경험 모두가 현재 자신의 불안감과 닿아있을 것이라 하였다. 또 자신을 엄하게 꾸짖고 질책하는 어머니, 종종 다른 사람에게 보이기 부끄러운 어머니이지만 동시에 그런 어머니의 애정과 보살핌을 간절히 원했던 자신을 들여다볼 수 있었다고 하였다. 장애물인 넝쿨을 헤치고 나아가는 자신이 대견했으며 더 이상 장애물이 아닌 마치 놀이터처럼 덩굴 위를 뛰어다니는 어린 자신을 보면서 자유로움을 느꼈고, 마지막으로 사랑하는 사람, 가족들과 함께하는 장면에서는 더없이 가슴 벅찬 기쁨을 경험했다고 하였다.

M은 다른 사람을 이해하거나 시선을 들어 쳐다보는 것이 한결 편해졌으며 자신을 쳐다보는 시선이 자신의 과오를 찾아내거나 싸움을 걸기 위한 것이라고 느껴졌지만 더 이상 그런 생각을 하지 않을 수 있을 것이란 기대감을 비추었다. M은 자신이 이제까지의 세션에서 경험했던 것들이 고스란히 마음과 기억 속에 저장되고 있다는 것이 매우 놀랍다고 하였다. 심상에서의 경험들이 자신이 힘들어했던 문제들과 연결되어 나타난다는 것이라며 이제까지 그것을 방치한 채 외면하고 살아왔던 것이 지금은 오히려 이상하게 느껴진다고 하였다. 그는 비록 짧은 기간의 세션이었지만 자신이 세션 참여 전에 가졌던 여러 가지 어려움에 대한 근본적인 해결이 가능하다는 것을 알게 되어 기쁘다고 하였다. 무엇보다도 자신에 대한 이해와 통찰을 통해 일상생활을 의욕적으로 해나갈 수 있는 용기를 얻고 잘 적응해나갈 수 있다는 긍정적인 태도와 에너지를 갖게 된 것에 큰 의미를 두었다.

분석 및 요약

M은 불안과 공황장애의 여러 증상으로 인해 일상생활에 어려움을 겪고 있어 GIM 세션을 통해 불안 증상과 심리적 차원의 근원을 탐색하고자 하였다. 비교적 단기의 6회 세션이지만 앞으로의 본격적인 심리치료와 자기 성장을 위한 기초 단계로서의 과정을 효과적으로 마칠 수 있었다. 세션은 M이 경험하고 있는 구체적인 신체적 증상과 부정적 정서의 근원을 탐색하는 데 중점을 두어 진행하였는데 그 과정에서 어린 시절 부모로부터 경험했던 정서적 · 신체적 학대로 인한 자존감의 손상과 수치심, 학교생

활에서 경험했던 부정적인 사건과 그 당시에 느꼈던 감정을 재경험함으로써 내면아이(어린 자아)와 조우하고 자기 내면의 그림자를 발견할 수 있었으며 성인 자아가 스스로 어린 자아와의 관계를 재정립하는 기회를 가질 수 있었다.

M은 상당히 오랜 시간 동안 불안과 긴장 속에서 생활해 왔으나 그것에 대한 본질적인 해결 접근이나 적극적인 자기 점검의 기회를 갖지는 못하였다. 어린 시절의 외로움과 좌절, 부모로부터의 애정과 지지의 결여, 심리적 위축과 자존감의 손상이 그대로 방치된 채 그것이 또래와 사회생활에서의 타인과의 관계에서 부정적인 요소로 작용하여 다시 M의 심리적, 신체적 증상으로 경험되는 악순환을 가져왔다. 여러 어려운 상황은 M이 자신이 가지는 감정을 알아차릴 기회를 주지 않았으며 타인과의 관계에서도 다른 사람의 감정을 이해하고 민첩하게 대응할 기회를 주지 않음으로써 자신의 문제에 빠져있게 만든 것 때문인 것으로 여겨진다.

세션이 진행되는 동안 M은 세션 초기부터 자신의 내면으로 빠르게 다가갔다. 매우 험난하기는 했지만 반복적으로 맞닥뜨리는 장애물들과 그것의 해결을 통해 자율적인 심혼의 작동을 가능하게 했으며 그의 옆에 있는 여인을 반복적으로 떠올리며 아니마가 자아와 무의식과 연관을 가지는 데 있어 유아적으로 퇴행할 위험성이 없이 그 기능을 적절하게 수행할 수 있도록 도와주었다. 좁은 산길을 따라 날아가는 이미지와 양극적인 요소의 중간에 있는 좁고 위험한 길을 경험하며 개인적인 심혼(대지)과 원형적인 심혼(하늘)을 연결해 나갔다.

부모님의 무덤을 경험하며 부모로 인해 억압되었던 요소들이 풀려나오고 부모에게 투사되어 감금되어 있던 무의식적인 심혼의 내용을 의식적으로 깨닫는 과정을 경험하였다. 아버지의 죽음으로 성인 남성성을, 어머니의 죽음으로 그 스스로 내면의 여성성인 아니마와의 연관을 가져야 했으며 그의 내면에 있는 여성성이 성숙해질 수 있는 가능성을 보였다. 다소 강렬하지는 않았지만 부모님의 죽음을 통해 투사된 원형적인 부모의 모습이 사라지는 과정과 앞으로 자기 개성화의 의미를 이해하게 될 것이라 기대된다.

3회 세션에서 한 개인의 초개인적 및 개인적인 운명과 정체감에 강력한 힘을 가져다주는 이미지로서의 밤바다의 별을 경험한 그는 4회 세션에서 원형적인 그림자로서의 원숭이 형상의 괴물을 조우함으로써 원초적인 심혼의 일부가 보다 더 인간적인 것으로 바뀌는 과정을 경험하는 에너지를 부여한 것이 아닐까 한다. 더욱이 그는 그 괴물과 적절한 애도 작업을 한 것으로 보인다.

M은 세션이 거듭되면서 지속적으로 성장단계에서 상처받은 내면아이를 스스로 발견하였으며 재경험을 통해 돌볼 수 있었다고 여겨진다. 인간의 핵심요소를 즉각적으로 바꿀 수 있는 유일한 길은 내면의 아이와의 접촉을 시도하는 것으로 GIM 세션은 음악적 경험을 통해 내면아이로 하여금 미처 끝내지 못한 일을 끝낼 수 있도록 도와주었다. 각 세션의 경험 후 post session에서는 M이 내면아이를 돌보고 변화시키고 또 치유할 수 있는 새로운 방법을 건강하게 제대로 성장하기 위해 무엇이 필요했는지, 또한 이것이 충족되었는지를 살피는 시간이 되었다 할 수 있다.

M은 나약하고 상처받았던 내면아이가 어린 시절의 충격을 최소화하려고 부모님, 특히 어머니를 이상화하고 보호하려는 무의식적 작용으로 자신의 과거를 돌보지 않았다는 것을 이번 GIM 세션을 통해 알게 되었다. 이제 창조적이고 변혁적인 힘으로서의 새로운 성인 자아가 내면아이를 위해 새로운 아버지와 어머니를 찾아주도록 도울 것이다.

M은 마지막 세션에서 이번 GIM 세션을 통해 매우 긍정적인 생각과 태도를 지니게 되었으며 이전까지 자신이 느껴왔던 주변의 상황을 새로운 시각으로 보기 시작했다고 하였다. 타인의 시선에 이전보다 덜 위축되며 타인의 행동을 새롭게 인식하며 움직이는 자신의 감정들을 들여다보게 되었으며 감정에 의해 자신이 잠식되는 것이 아니라 M 자신이 그 감정을 인정해주고 스스로를 인정해 주었음을 마지막 세션에서 확인하며 마무리하였다. 그가 힘들어했던 공포와 불안장애들은 이미 무엇에 의한 것인지를 알게 되었다.

마침내 오랫동안 M을 불편하게 했던 신체적 증상이 더 이상 일상생활에 지장을 주지 않을 정도로 호전되었으며 부모와의 관계 회복에 대한 필요성도 인식하였으며 이를 위해 노력하기로 결심했다. 무엇보다 중요한 것은 만연했던 불안과 부정적 정서, 경험에 대해 스스로 인식하게 되었으며 이에 대처할 수 있다는 자신감을 가지게 된 것이다.

용어 설명

내면아이(inner child): 한 개인의 정신 속에서 하나의 독립된 인격체처럼 존재하는 아이의 모습이며 어린 시절의 주관적인 경험을 설명하는 용어로서, 한 개인의 인생에서 어린 시절부터 지속적인 영향을 주는 존재다. 뇌 속에 저장된 어린 시기의 기억은 개인의 정서에 관련된 기억을 설명해 주는 중요한 경험적 자원이다. 내면아이의 발달은 부모의 양육 태도와 관련이 있으며 자녀의 성장과 성격 발달은 부모와의 상호작용의 산물이라 할 수 있음.

수치심(Shame): 브래드쇼(Bradshaw)(1987)는 수치심을 '건강한 수치심(healthy shame)', '해로운 수치심(toxic shame)'으로 구분하였다. 건강한 수치심은 실수나 잘못을 했을 때 자신에 대한 자각에 의한 감정이며 안정감을 위한 경계선을 알도록 도와주며 상호 감정적 연대감 속에서 해결하며 개인의 성장을 돕는다. '해로운 수치심'은 양육 과정에서 양육자의 수치심에 대해 동일시하거나 어린 시절 학대와 버림받음 속에서 내면화되고 과거의 상처가 기억 속에서 계속 악순환하기도 한다. '해로운 수치심'은 자신을 부정하고 다른 존재로 위장한다. 또 감정에 무감각해지거나 왜곡된 감정을 표출한다.

성인 자아(Adult Ego State): 에릭 번(Eric Berne)의 교류분석이론의 개념으로 개인의 성격을 부모 자아(parent ego state), 성인 자아(adult ego state), 아이 자아(child ego state)의 세 가지 자아 상태로 나눈다. '성인 자아'는 합리적이고 객관적인 상태, 현실적인 문제 해결과 분석을 담당하는 기능을 한다. 치유작업을 끝낸 성인 자아는 '상처받은 내면아이'가 할 수 없었던 일을 할 수 있고 소유하지 못한 것을 소유하고 있는 존재로서 '상처받은 내면아이'에게 새로운 어린 시절을 만들어주고 신뢰감을 갖도록 하여 내면아이를 성장시킬 수 있는 잠재력을 가지고 있다.

자아(ego), 이드(id): 프로이트(Freud)가 1923년 출판한 『자아와 이드(the ego and the id)』에서 제시한 삼원적(자아, 이드, 초자아) 구조모형 개념이다. 자아의 의식적 면은 결정을 내리고 지각된 자료를 통합하는 역할을 담당하는 정신의 수행기관이고 자아의 무의식적 면에는 억압과 같은 방어기제들이 있는데, 이는 이드에 뿌리를 둔 강력한 본능적 욕구에 대항하기 위해 필요하다. 이드는 완전히 무의식적인 정신 내적 요소로 긴장을 방출하는 데 관심이 있으며 자아의 무의식적인 면과 초자아에 의해 조절된다.

참고문헌

권석만(2012). 현대 심리치료와 상담이론. 서울: 학지사.

박현순(2016). 공황장애. 서울: 학지사.

이부영(1999). 우리 마음속의 어두운 반려자 그림자. 파주: 한길사.

이용승(2022). 범불안장애. 서울: 학지사.

홍경자(2016). 상담의 과정. 서울: 학지사.

Abraham H. Maslow. (1998). 존재의 심리학. 노현정, 정태연 공역(2005). 서울: 문예출판사.

American Psychiatric Association. (2022). 정신질환의 진단 및 통계 편람(DSM-5). 권준수 공역(2015). 서울: 학지사.

Arason, Barbara R. (1998). 이상심리학. 김은정, 김향규, 황순택 공역(2001). 서울: 학지사.

Bruscia, K. E. (2012). GIM심상음악치료 사례연구. 김경혜, 정은주 공역(2018). 서울: 하나의학사.

C. G. Jung. (1916). 상징과 리비도. 한국융연구원 C.G. 융 저작 번역위원회 역(2005). 서울: 솔출판사.

Edward Edinger. (1989). 살아있는 심혼. 김진숙 역(1996). 서울: 집문당.

Gerald C. Davidson, Sheri L. Johnson, Ann M. Kring, John M. Neale. (2017). 이상심리학. 이봉건 역(2018). 서울: 시그마프레스.

Glen O. Gabbard. (2014). 역동정신의학. 이정태, 채영래 공역(2016). 서울: 하나의학사.

Jean Laplanche, Jean-Bertrand Pontalis. (2007). 정신분석 사전. 임진수 역(2024). 파주: 열린책들.

Jeremy holmes. (1993). 존 볼비와 애착이론. 이경숙 역(2007). 서울: 학지사.

John Bradshaw. (2005). 수치심의 치유. 김홍찬, 고영주 공역(2023). 사단법인 한국기독교상담연구원.

John Bradshaw. (2013). 상처받은 내면아이 치유. 오제은 역(2006). 서울: 학지사.

N. Gregory Hamilton. (1999). 대상관계 이론과 실제 자기와 타자. 김진숙, 김창대, 이지연 공역(2007). 서울: 학지사.

Peter Fonagy. (2001). 애착이론과 정신분석. 반건호 역(2005). 서울: 빈센트.

개인 GIM | 성인 | 삶의 고난 극복

5

우울감을 동반한 중년여성의 삶의 고난 극복과 GIM : 뇌성마비 아들과 함께한 인생 여정에서의 자기 회복

김소진

개요

본 사례연구는 개인 GIMguided imagery and music(이하 GIM)을 통해 장애아동을 키워낸 어머니의 삶의 고난과 문제 극복 및 우울감 회복 그리고 내면의 재정립 과정에 관한 것으로써 35세 내담자(Y)를 대상으로 6개월에 걸쳐, 총 10회기의 세션(2003년 3월 15일~9월 30일)이 진행되었다. 음악은 GIM Classical Music Program이 중심적으로 사용되었으며 Y는 음악으로 이끌어지는 무의식적 심상경험을 통해 자신의 어려운 삶의 문제를 재조명, 성찰하여 긍정적인 삶의 변화를 경험하게 되고 창의적인 내면의 재정립 및 통합의 단계로 나아가게 된다. 이와 같이 Y의 경험은 그녀 삶의 긴장과 극복을 넘어선 그 이상의 의미가 있는 것으로써 정신의 재조정과 같다. Y는 세션 과정 중, 마음 속 깊은 곳으로부터 아들의 음성을 듣게 된다. … '엄마 고마워요!'… 이 경험은 Y로 하여금 고난 속의 연금술과도 같이 새로운 삶의 여정을 이끌어갈 힘을 갖게 했다.

대상 정보

Y는 장애아동을 둔 35세의 주부이다. Y는 어머니의 태중에 있을 때 부의 사망으로 유복녀로 태어났으며 어머니와 친할머니 손에 자랐다. 그러나 Y는 성장 과정 동안 조모의 사랑을 많이 받았으며 20세 이후 외국인 회사에서 일하던 중 지금의 남편을 만나 24세에 결혼을 하였다, 결혼 후 사랑하는 남편과 단란한 신혼 생활을 지속하였으나 첫 아이가 '뇌성마비[CP]' 장애를 가지고 태어난 이후로 큰 충격과 함께 심적으로 많은 어려움을 겪게 되었음을 호소하였다. 남편은 아이를 향해 긍정적인 생각을 가지고 대하고 Y에게도 사랑을 다했지만 Y에 의하면 그녀는 아이의 출생 이후 줄곧 무기력증과 우울증세에 시달렸고 그 증세로 병원 진료를 받으려 하였으나 아들이 초등학교 3학년으로 성장하면서 아들의 양육과 교육 · 치료로 인해 시간적 여유가 없었다고 했다. 그녀는 애써 자신의 우울한 심정을 참으며 신체적으로 부자연스러운 아들을 힘겹게 돌보며 살아왔기 때문에 신체적으로도 '어깨와 팔'에 전반적인 통증을 호소하였고 병원에서 물리치료를 지속적으로 받고 있었다. 정신적인 건강 상태도 우울과 함께 여려지고 예민한 상태였으며 그녀는 "GIM세션을 하루라도 더 빨리 받고 싶다"라는 의사를 밝히고 치료를 직접 의뢰하였으며 자신의 세션을 위해 충분한 동기를 가지고 GIM치료에 임했다.

치료 방법

GIM은 음악이 중심이 되는 치료 방법으로, 특별하게 고안된 고전음악을 사용하여 내담자들의 내적 경험들의 역동적인 전개를 자극하고 지지하기 위해 신체 및 정신적, 영적인 통합을 제공하는 변형적인 치료 방법이다(AMI, 2012). 또한 GIM은 통찰치료insight therapy의 한 방법으로서 정신적, 정서적 지원은 물론 긍정적인 심리적 상태로의 변화를 효과적으로 이끌어내며 다양한 심리적 이슈issue를 나타내는 각 임상 영역에서도 유용하게 적용되어 문제들을 통합해 나가는 변화를 보여준다. GIM은 음악심리치료music-assisted psychotherapy 방법으로 내담자 자신이 스스로 치료를 할 수 있도록 돕는 것이며 GIM세션을 통해 자신 안에서 자기와 활동하도록 이끌어준다. 중요한 것은 음악이 이끄는 대로 본인이 계속 경험을 해나가는 것인데 이것은 내담자 자신의 내면 작업inner work이 된다. 이것은 가장 정직한 상태이며 내담자 자신의 가장 깊은 곳의 경험이 될 수 있다. 곧 음악과 함께 '순간'에 있는 것이 중요하며 '나'라는 심리치료의 접근이 중요하다. 이때 내담자는 스스로의 내면에서 일어나는 것에 대한 놀라운 경험을 할 수 있으며 이것이 곧 치료이다.

GIM은 자발적인 것이며 본인이 스스로의 성장을 위해 앞으로 나아가는 것이지만 치료사는 내담자가 내면에서 자신과 활동하고 싶은 마음이 들도록 지지하며 이끌어주는 중요한 역할을 한다. GIM에서의 이런 모든 경험은 정당한 것이며 치료사와 음악을 통한 '정당성'이라 할 수 있다. 음악을 통한 여정journey에서는 정직하고 자발적인 반응을 하게 되는데 내담자는 자신만의 경험을 조작할 수는 없다. 이때 음악을 통해 발생되는 심상image의 경험은 상징적 의미가 있으며 상징 자체 또한 조작할 수 있는 것이 아니다. 그것은 오직 자기 자신의 내면에서 온 것이기에 믿을 수 있고 분석 과정은 후에 오거나 포스트 세션post-session 과정에서 올 수 있다. 내담자들이 여러 번의 GIM세션 과정을 통해 얻게 되는 통찰은 그들이 건강하고 행복한 사람이 될 수 있도록 도움을 주며 현대인의 정신건강 회복과 치유, 유지, 그리고 스트레스 감소 등을 위한 정서적 지원을 하며 심리적인 문제를 회복하는 데 큰 역할을 한다는 것이다. 본 사례의 진행은 개인 GIM의 보편적인 절차를 따라 이루어졌으며, 내담자의 삶의 배경과 상황 그리고 이슈issue에 따른 심상의 상징적인 의미와 세션의 진행에 따른 단계적인 심상의 상징적 변화를 고찰하고 정서의 변화, 이슈issue와 관련된 통찰, 심상의 변형적transformation, 초월적 경험으로의 정신역동을 고려하여 세션이 진행되었다.

치료 과정

아래의 본 사례 집필은 Q사정 도구를 통해 발견된 GIM치료의 단계를 적용하여 서술되었으며(이난복, 2013), 1단계: 인식과 회피의 단계(1~2회기), 2단계: 희망적 변화의 단계(3~5회기), 3단계: 변형transformation의 단계(6~8회기), 4단계: 조화로운 통합integrati on의 단계(9~10회기)로 적용 및 서술되었다.

치료 단계	1단계		2단계		3단계		4단계
단계 특성	인식과 회피의 단계	→	희망적 변화의 단계	→	변형의 단계	→	조화로운 통합의 단계
정서 변화	부정적 정서	→	긍정적 정서의 변화			→	긍정의 정서 유지

1단계 치료 과정(인식과 회피의 단계: 1~2회기)

심상과 만나기 위해 나타난 치료 초기 단계의 정서적 정신역동/높은 피라미드

첫 번째 세션에서 Y는 자신의 어려움에 대한 충분한 동기를 가지고 GIM세션을 제공받기 위해 자신의 처지와 심리상태, 인생과정, 현재 삶의 어려움 등에 대해 긴 시간 동안 상담을 하였다. GIM치료를 실시하기 전에 그 과정에 대해서는 나의 설명을 들었고 나는 당신의 경험을 돕는 동반자이자 도와주는 사람helper이 될 것이며 GIM심상음악치료 방법은 체계적이며 전문적인 음악을 사용하여 내담자의 무의식적 경험을 돕는 방법으로 그 과정에서 당신의 경험을 알기 위해 질문을 할 것(언어중재)이라 설명을 해주었다. GIM의 과정은 치유를 위한 정신에너지의 흐름이 될 수 있으며 이때 흡사 꿈과 같은 장면을 보는 심상image경험을 할 수 있는데 치료사의 질문에 답을 하고 싶지 않을 때는 반드시 대답을 하지 않아도 된다고 설명해 주었다. 사실적으로 GIM치료사는 내담자의 의식과 무의식이 균형을 이루어 결국은 갈등상태에서 벗어날 수 있도록 도와주는 역할을 하며 이를 위해 무의식의 깊은 곳에 숨어버린 심상의 근원을 내담자와 함께 찾아야 하는 것이다. 이런 의미에서 GIM치료사는 많은 부분에 있어 내담자의 정서적 부분에 대해 그것을 심상으로 되살리는, 즉 내면화된 이미지를 심상으로 꺼내어 볼 수 있도록 돕는다. 특히 심상을 다루는 GIM치료 방법은 마음속에 숨어있는 이미지를 바라보고 그것의 정신역동적 부분과 상징적 의미를 알아차려 가는 여정이 될 수 있다. 융Jung은 정서적으로 휘둘리는 상황을 극복하기 위해 다음과 같이 보고하였다. "나는 가능한 한 그 정서를 심상으로 옮겨보려고 노력했으며 감추어져 있는 것을 가능한 한 심상이 되도록 함으로써 내면의 안정을 찾곤 하였다…. 나의 실험은 정서의 이면에 놓여 있는 심상을 의식화하는 것이 치료적 관점에서 볼 때 크게 도움이 된다는 인식에 이르렀다"(이부영, 2000). 이와 같이 내담자의 치료를 위해 심상을 의식화하는 작업은 GIM치료세션의 시작과 끝을 망라하여 진행된다.

GIM세션 첫 시간에 Y의 경우는 자신이 심리치료를 받기 위해 충분한 동기와 욕구를 갖고 있었음에도 불구하고 세션을 위해 세팅 자리에 눕는 것조차도 낯설어했으며, 그녀의 몸과 마음은 이미 오랜 시간을 통해 생성된 돌과 같이 너무나도 견고하게 굳어져 있었다. 눕는 것에 대한 수긍을 돕고 그녀를 이완하기 위해서는 나의 충분한 설명이 필요했다. 첫 세션에서 Y를 위한 인덕션induction은 호흡을 단계적으로 신체에 적용하면서 진행되었고 사용한 음악은 진단적 음악프로그램인 Exploration Program이었다. 음악이 진행되자 Y는 "혼란스럽다!"라는 표현을 많이 하였다. 음악을 더 느껴보게 하였으나 그것은 회피의 반응과도 같았다. 전혀 다른 분위기의 4개의 음악은 연결되어 이어졌고 음악과 함께 전해지는 치료사의 언어적 중재가 Y에게 전해졌지만 그녀는 치료사의 질문에 묵묵부답이었다.

> … 난…… 무엇을 할지… 모르겠고 그냥 가만히 있고 싶어…… 한 자리에 서서 움직이고 싶지 않아요…… (침묵)……

그러나 그녀는 눈물을 흘렸다. 그녀의 정서적 부분이 심상으로 연결되어 나타나진 않았지만 자신의 마음을 음악과 함께 풀어내는 정신역동적인 경험을 하고 있었다. Y의 신체는 축 처져 에너지가 빠진 듯하고 너무 가녀린 모습을 하고 있었다. 나는 "음악을 더 느끼면서 함께 하라!"고 중재하였다. 세 번째 음악 Salvation is Created, by Chesnokov Russian choral이 그녀에게 전달되면서 신체적 반응이 나타났는데 평소에 자주 아팠던 어깨의 통증이 그녀에게 찾아온 것이다.

> … 어깨가 너무 아파서… 고통스러워요…… 몸이 아파요…… 움직일 수도 없어요……

첫 세션의 진행이 이어지는 가운데 나는 그 이상의 어떤 중재를 시도하기보다는 그 통증을 느껴보라 했고 또한 "음악이 지지해 준다! 음악과 함께 하세요"라는 '음악의 힘'을 통한 음악중재music intention만을 실시하는 상황이 되었다.

마지막 음악 Canon in D Major by Pachelbel이 흘러나오면서 Y는 심상을 경험하였는데 가족과 함께 좋은 시간을 보내는 경험에 대한 것이었다.

> … 아들 OO가 너무 좋아하는 잔디밭이 있는 공원에 있어요. 나무도 있고 OO가 웃고 있네요…

세션 후 토의에서 Y는 음악을 들으면서 처음에는 막연하여 아무것도 모르겠고 그냥 가만히 서 있고 싶은 자신을 알았으며 평소에 통증으로 치료를 받는 어깨와 팔은 더 아프게 느껴졌다고 했다. 하지만 음악이 진행되면서 점점 더 몰입되었으며 음악이 끝나갈 때쯤, 치료를 잘 받으려면 자신의 생각을 바꾸어야겠다는 마음이 들었다고 했다.

두 번째 세션에서 Y는 자신은 너무나도 우울한 기분이며 그 기분은 지금도 지속되고 있다고 했다. 정신건강의학과에 내원하려고도 했으나 방문하지 않았다고 했으며 가지 않은 이유는 병원에 의존하고 싶지 않아서라고 했다. 그녀는 '자신 마음의 우울한 정서에 대한 내면 성찰'을 위해 음악을 듣고 싶고 현재 너무나 지치고 우울한 상태이고 슬프다고 표현하였다. 그녀를 위해 제공된 Bach의 Prelude in b minor와 Adagio in C 음악이 진행되는 동안에도 그녀는 세션에 집중하지 못하고 질문에 가만히 묵묵부답이거나 우는 행동을 지속하였다. 그러나 음악이 이어지면서 그녀는 심상을 꺼내놓기 시작하였다.

> … 아주 높은 계단을 오르고 있어요. 계단은 높이가 너무 높아서 힘든 계단이에요…… 그 계단을 다 올라왔어요…… 피라미드… 계단은 피라미드예요. 높은 곳으로 그것을 바라보면서 서 있어요……

post-session에서 '피라미드'가 무엇을 상징하는지, 자신의 심리와 연관하여 무엇이 표현된 것인지를 묻자 그녀는 모르겠다고 대답하였다. 이와 같이 초기 세션에서는 내담자들의 심상경험에 대해 치료사는 더 신중해야 하며 치료의 출발점은 내담자와 신뢰를 형성하는 것이 되어야 한다. 이때는 자기치유의 가능성에 대한 인식을 갖게 하는 것이므로 주로 그 활동성은 치료의 첫 시기인 형상화 시기에 있게 됨으로 이 시점에서 치료사는 주의 깊게 행동하고, 조심스럽게 처신해야 한다. 이 시기 동안에는 정신적으로 고통 받고 있는 사람에게 형상으로 드러나는 것을 평가하거나 해석을 가해서도 안 되는 것이다(Ammann, 2009).

2단계 치료 과정(희망적 변화의 단계: 3~5회기)

모세의 기적/대인관계에서의 저항/절벽 틈에 갇힌 상황에서의 해방과 통찰

세 번째 세션에서는 Y가 많은 심상경험을 하고 있는데 인텐션intention은 '남편과 아이가 없는 상황에서의 자신의 외로움과 관련된 자기성찰'이다. Bach의 Passacaglia and Fugue in c minor 음악이 빠르고 강하게 진행되는 동안 Y는 자신만의 의미 깊은 심상경험을 하기 시작했다. 바다에 있는 절벽 위를 혼자 오르면서 힘겨워하는 그녀는 다음과 같이 말한다.

> … 바닷가에 절벽이 있어요…… 아주 힘겹게…… 그곳을 올라가요…… (중략)……
> 스스로 바다에 길을 내고 그곳을 걷고 있어요…… 아… 마치! '모세의 기적을 보는 것 같아요……

이와 같이 그녀의 정신psyche은 세 번째 세션에서 바다를 가르고 모세의 기적을 만들어냈다. 그녀의 내면 작업에서의 정신은 그만큼 힘이 있고 강하다는 것을 심상으로 드러냈다. 또한 Y는 스테인드글라스가 있는 교회 안에서 기도를 하다가 V 형상의 강한 빛이 내려오는 경험을 한다. 이때 Y에게 빛과 함께 할 수 있는지 묻자 그녀는 그 빛을 받을 만한 자신이 없고 빛은 곧 사라졌다고 했다. post session 토의에서는 자신은 깊은 경험을 하였고 바다를 건널 때는 실감이 날 정도로 발이 매우 시렸으며 주위에 아무도 없는 외로움을 느꼈으나 마음이 점점 정돈되는 느낌이 든다고 하였다.

네 번째 세션은 '일상생활 안에서 원만하지 못한 대인관계'가 인텐션intention이었다. 사용된 음악프로그램은 'Relationship Program'이다. 세션 중 Y는 아들의 친구 '모'와 한자리에 앉아 일상적인 이야기를 나누고 있으나 믿음이 가질 않는다고 했다. 좀 더 얘기해 보라고 하자,

> … 그녀가 "나를 질투하고 있다"…… 콜록… 콜록… 콜록… 콜록……

이야기하던 중 그녀는 연속적인 기침을 터뜨렸다. 이는 Y의 '투사'된 내적자기에 대해 일종의 저항을 나타내는 반응으로 여겨진다. 심리 역동적 치료모델에서의 '저항', 즉 심리치료에서의 '저항'은 두 가지의 시각으로 바라볼 수 있는데. 첫 번째 내적인 관점은 내담자의 억압된 동기, 환상, 그리고 생각을 내담자의 저항의 근원으로 묘사하고 두 번째로는 대인관계에 대한 관점interpersonal perspective으로 그 저항은 '사람들 사이의 상호작용에서 발생하는 과정'으로 간주한다. 세션에서 아들 친구의 모가 "나를 질투하고 있다"라고 이야기하던 중 발생된 Y의 연속적인 기침 반응은 아마도 내담자의 성격에 굳어진 착함 혹은 가짜 순수함이 저항으로 발현될 수 있다. 그것은 자기 자신의 이미지를 훌륭하게 보존하는 것이 내담자에게 정말 중요하기 때문이다(Frank, 2012). Y는 세션 마지막 부분에서 불편하게 지내던 그녀(믿음이 가지 않는 아들 친구의 모)와 교회에서 예배를 보고 있는 심상으로 연결하였는데 이는 Y의 정신psyche이 '화해의 장'이라는 변화를 이끌어가고 있다. Y는 만다라mandala에 교회에서 불편했던 사람과 예배를 보는 심상을 그림으로 남겼다.

다섯 번째 세션의 인텐션intention은 '장애를 갖고 있는 아들의 치료와 관련된 상황 성찰'이다. 다섯 번째 주제와 관련하여 Y는 세션 중반부에 자신이 절벽 사이에 끼여 답답하고 난감한 상황을 경험한다.

> … 너무 답답해요…… 나의 몸이 절벽 사이에 끼여서 움직이지 못하고… 난감한 상태예요… 돌아가지도 못하고 톱니바퀴에 무언가 끼어있어요……

둘로 갈라진 절벽 틈에 갇혀 어려워하던 Y는 순간 하늘(아마도 초월적인 것, 진정한 자기 그러나 아직 도달하지 못한 자기)을 바라보고 있다가 둥실 떠오르면서 절벽에서 해방의 순간을 체험한다. 굳건하게 삶을 살아내는 Y의 정신적인 힘이 세 번째 세션에서의 '모세의 기적'처럼 또다시 경험되는 순간이다. Bach의 Easter Cantata Chorale 음악의 에너지는 그녀를 변화로 이끌어주며 도왔던 것이다. post-session에서 Y는 톱니바퀴에 '무언가' 끼어있는 심상은 장애를 가진 아들이 이겨나가야만 하는 어려움을 의미한다고 보고하면서 자신의 상황은 어렵지만 '주어진 상황에서 충실히 살아나가야 한다!'라는 통찰을 얻었으며 장애를 가진 아들도, 자신이 스스로 잘 이겨나가야 한다고 상황을 설명하였다. 만다라mandala는 절벽에 끼어있는 자신의 모습을 그림으로 묘사하였다.

3단계 치료 과정(변형의 단계: 6~8회기)

기도 그리고 '엄마 고마워요'/재경험된 할머니의 사랑/조용한 시골에서의 삶

Y의 여섯 번째 세션의 인텐션intention은 '아들의 미래에 대한 성찰'이다. 사용한 음악은 Searching Program이다. 이 세션에서 Y는 신체적으로 많은 반응을 보였는데 발이 뜨거워서 동양식 온돌방, 즉 뜨거운 온돌 바닥에 자신의 발을 대고 있는 것 같다고 했다. 그 뜨거운 느낌은 편안하다고 했으며 몸이 따스하고 열이 나는 기분이 든다고 했다. 세션 전반부에서 심상이 허공에서 떠돌며 계속 겹쳐지는 경험을 하였으나 중반부터 깊게 몰입되었다. 그것은 다음과 같다. Y는 심상에서 긴 벤치를 떠올렸고 그 벤치에는 세 사람이 앉아 있는 뒷모습이 보인다. 그 뒷모습은 인상적이라 했다. 알지 못하는 3인의 등장에서 Y는 혼란스러워했으나 계속 이런저런 짧은 장면이 겹치다가 그녀는 소리를 외쳤다….

> … 기도해야 할 것 같아요……

이어지는 경험에서 Y는 교회 안에서 자신이 예배를 드리는 심상을 경험하였는데 이때 Y의 아들이 교회에서 '특송special song'을 하고 있었으며 Y는 다시 교회 밖에서 그 소리를 들으면서 너무나 감격해하고 있다고 했다. 그녀는 뇌성마비 장애를 가지고 있는 아들이 신앙을 간증하고 있는 장면을 보았고 아들이 상황에 잘 맞는 말을 하고 있다고 했다. 마지막으로 Y는 자신의 깊은 내면에서 …'엄마 고마워요!'…라는 아들의 음성을 듣는다.

이때 Y는 많은 눈물을 흘렸다. 그녀의 만다라mandala에서는 벤치에 앉아 있는 세 사람이 등장한다. 이때 세 사람의 '삼three'은 아마도 정신의 대극적인 두 힘들 사이의 갈등을 해결하는 어떤 것의 상징일 수 있음을 토의했다. 더 심상을 살펴볼 수 있는 것은 두 번째 세션에서 그녀가 경험한 피라미드의 심상도 세 개의 꼭짓점을 가지고 있다는 것이 그녀의 정신psyche에서 드러내고자 하는 힘이다. Y는 post session에서 아들이 현재 언어를 사용하는 것이 너무 감사하고 현 상황 이대로 감사하다고 했다. 그녀는 깊은 우울함과 피곤함 그리고 지친 일상에서 내적인 치유와 감사의 성찰을 하면서 마음의 변화transformation을 경험한 것이다.

일곱 번째 세션은 '자아조절 능력'이 Y의 인텐션intention이다. 적용된 음악은 Inner odyssey Program이다. 이 세션에서 Y는 깊은 무의식에 남아있던 할머니에 대한 섬세한 사랑과 자신의 상처를 경험한다. 그녀는 상담 중 자꾸만 자신의 생활에 자신감이 없어지고 과거 행동에 대한 부끄러운 생각이 든다고 말했다. 에너지를 받고 싶은데 조절이 잘되지 않는다고 했다. 세션 중 가슴이 답답하고 신체 전부가 바위에 눌린 경험을 했으며 손이 바위 같이 커지는 신체적 경험을 지속했다. 시각적 이미지에서 변화되어 신체적 느낌을 세션 전체에서 느꼈다. 가장 중요한 것은 post session에서 Y는 3대에 걸친 조모와의 사랑이 생각났다고 했다. '유복녀'로 태어난 그녀는 친할머니와 같이 생활하며 살다가 결혼을 했고 뇌성마비 아이를 낳았다고 했다. 조모는 슬퍼하는 기색 없이 손주를 사랑으로 대하고 귀여워해 주셨다고 한다. 그러나 Y는 오히려 할머니 살아생전에 할머니에게 모질게 대했다고 했다. 그녀는 조모가 돌아가신 이후 그녀가 잘 다니셨던 '절'에 가서 그 절의 스님에게서 조모의 이야기를 듣는다. 할머니가 Y와 그녀의 아들을 생각하며 얼마나 많이 우셨는지 모르겠다는 말을 전해 듣는다. Y는 이때의 기억을 세션 중 다시 경험하게 된다. 그녀는 세션 마지막 부분에서 "할머니가 절에 와서 많이 우셨다"라는 스님의 음성을 재확인한다. Y는 할머니가 편해서 조모에게 모질게 굴던 자신의 행동이 죄책감으로 남아있다고 했다. Y는 기억 속에 남아있던 할머니의 사랑을 재확인하고 현재 자신의 에너지를 감소시키는 원인을 알아냈다. post session에서 Y는 주위에 사랑하는 사람이 살아있을 때 많은 사랑과 관심을 보여주고 싶다고 했다.

여덟 번째 세션은 "아팠던 과거에서 나아가 더 넓은 영성적인 경험을 하고 싶고 신과의 영적인 만남을 경험하고 싶다"라고 했다. 음악은 'Vaughan Williams program'이다. Y는 여덟 번째 세션에 잘 집중하지 못하고 산만함을 보였다. 로봇, 신을 신겨주는 여자, 다리를 절뚝거리는 아이, 열기구, 시골집, 저녁노을 등 이미지들을 짧게 계속적으로 바꾸었다. key image는 신을 신겨주는 여자의 모습이라 했지만 장면이 흐리고 깊게 집중하지 못하여 자신이 경험하는 일들이 무엇인지 모르겠다고 보고하였다. 이렇듯이 '저항'은 다양한 방법으로 내담자들에게 종종 일어난다. 그리고 예외는 있다. 통상적으로 GIM의 경험에 있어 여덟 번째 세션은 중요한 회기 중 하나이다. 많은 내담자가 여덟 번째 세션에서 많은 변화transformation를 경험한다. 그러나 Y의 여덟 번째 세션에서는 그녀와 더 많은 토의가 필요했고 제언을 가져 볼 수 있는 세션이었다. Y는 여섯 번째, 일곱 번째 세션에서 이미 그녀만의 엄청난 통찰을 경험했다. post-session 세션에서 나는 그녀에게 아마도 너무 큰 인텐션intention이 설정되었을 수 있고 쉽지 않은 넓은 영역의 음악적 경험에 대해서도 이야기했다. 그러나 토의에서 Y는 "시골에 내려가서 조용히 살고 싶다"는 통찰을 보고하였고 신(하느님)과의 영적인 만남을 경험하기에는 자신의 준비가 충분하지 않은 것 같다고 보고했다.

4단계 치료 과정(조화로운 통합의 단계: 9~10회기)

별이 있는 하늘, 긍정적인 사고(마음먹기에 따라 다름)/빛을 내는 종(Bell)이 된 자신, 남에게 도움을 주는 사람

아홉 번째 세션은 Y가 긍정적 경험, 아름다운 체험을 하고 싶다고 의뢰하였다. 사용한 음악은 Positive effects Program이다. Y는 이 세션 전반부에 '여름 바닷가'의 이미지와 불빛이 비치는 밤바다를 연상하면서 감사와 행복의 메시지를 던졌다. 기차를 타고 여행을 가는 이미지로 진행되면서 '터널'을 경험하는데 Y는 '터널' 밖이 기대되어 지금 여행 중인 어두운 긴 터널 안이 무섭지 않다고 말하였다. 여기에서 Y가 경험하는 터널은 아마도 새로운 단계로 나아가는 과정일 수 있으며 깊은 무의식적 경험으로 나아가는 상징일 수도 있다. 즉 더 깊은 곳으로 나아가는 또는 재탄생을 이루게 하는 관문일 수도 있다. Y는 이 터널 경험이 우리 삶의 형태와 같다며 자신의 이미지를 통찰하였다. 서서히 장면이 바뀌면서 그녀는 '검은 통' 안에 갇혀 있는 자신의 이미지를 본다. 터널의 과정이 그녀를 '검은 통'의 경험으로 이끌고 간 것이다. Y는 자신이 현재 살아나가는 삶을 책임져야 한다고 생각하니 가슴이 답답하고 몸이 검은 통 안에 갇혀 움직이지 않는다고 했다.

… 그러나…… 고개만은 위로 향해 빛나는 별이 있는 하늘을 봐요……

Y는 '통'을 깨고 밖을 나왔을 때 "살을 파는 찬바람을 느꼈으나 자신은 앞을 향해 길을 걸어가고 있다"고 했다. 여기서의 '찬바람'은 아마도 그녀의 의식적이거나 무의식적인 격한 정서를 대변하고 우울한 상태에서 기쁨으로 또는 '더욱 높고 깊은' 수준의 의식으로 끌어올릴 수 있는 내적인 에너지로 이해될 수 있다. Y는 세션을 받아오면서 우울과 무기력하게 지내며 살아가는 것에 대한 자신의 '의지'와 '치유'를 경험하고 자신의 상태를 객관화하여 바라볼 수 있는 계기를 마련하였다. 또한 Y는 어려운 상황이라도 '마음먹기 나름'이라는 말을 하였으며 긍정적인 사고가 중요하다는 말을 남겼다.

열 번째 세션에서 Y는 아홉 번째 세션과 연관하여 인텐션intention을 정하였다. Y는 '검은 통'에서 밖으로 나왔으나 통에서 나온 자신의 현재의 모습이 너무 어색하다고 하였다. 이 통에서 나온 Y 자신의 어색한 상황을 알아보기 위해 세션이 진행되었다. 사용한 음악프로그램은 Quiet Music Program이다. 여기 열 번째 세션에서 다시 적용된 Quiet Music Program은 Y를 어떤 심상 속으로 이끌고 갔는지 흥미롭다. 이 프로그램은 내담자가 인텐션intention을 창의적으로 결정한 경우, 창조적인 탐험을 위해 사용될 수 있다. 또한 내담자가 지쳤거나 재충전이 요구되는 경우, 위협적이지 않은 방법으로 GIM의 여정을 이끌 수 있다. 내적인 문제들을 강하게 폭로하는 일 없이 내담자 자신이 자기반성을 하도록 돕고 감각과 운동감각의 반응을 자극하는 데 도움을 준다[Stokes, S. J & Carol B(1997)].

음악이 시작되자 Y의 심상은 바닷가 갯벌에서 조개를 줍고 있는 것으로 시작된다. 갯벌의 흙은 아홉 번째 세션에서 경험된 '검은 통'에 들어있던 것과 같은 색깔의 검은 흙이라 했다. Y의 발이 검은 흙에 빠져있었는데 몹시 춥고 발이 움직이지 않는다. 긴 시간이 흘렀을 때 누구인지 모르겠으나 Y의 등에 모피를 덮어 주고 바람같이 사라진 그 무엇에 의해 따스함을 느끼자 발이 움직인다고 하였다. 갯벌의 검은 흙 색깔이 점점 '금빛 모래'로 변하고 Y는 그 모래 위를 걸으면서 빛이 나오는 곳으로 다가갔다. 큰 산의 계곡에서 빛이 나오고 있는데 가까이 가보니 거기에는 '빛을 내는 종bell'이 있었다. 여기 이 이미지 진행에서 Y는 무의식을 의식화하는 과정을 경험하면서 점점 더 많은 빛을 어둠 속에 비추고 있다. 이것은 터널의 끝과 연결하여 빛처럼 새로운 '지혜나 통찰력'을 갖는 것을 상징할 수 있다. 이는 세션 과정을 통해 Y가 무의식적 경험에 머물면서 그 경험을 저항 없이 인식함으로써 성취될 수 있는 통찰이라 할 수 있다. 'Venus from The Planets by Holst' 음악이 진행되면서 Y는 빛을 받는 경험을 한다. Y가 빛을 받자 몸이 '종'이 된 것 같다고 했다.

> … 제가 빛나는 종이 된 것 같아요…… 몸이 흔들… 흔들… 음악에 맞추어 종이 된 몸이 흔들려요… 아름다운 종소리가 은은하게 깊은 산과 들에 퍼져나가요…… 다시 대지 전체가 깨어나는 것 같아요……

종이 된 자신이 흔들, 흔들 움직이면서 종소리가 은은하게 깊은 산을 울리고 그 소리에 의해 새롭게 대지 전체가 깨어나는 것 같다고 했다. 음악에 맞추어 종이 된 몸이 흔들려 아름다운 종소리가 산과 들에 퍼져나가는 신비한 경험을 지속하다가 세션이 끝났다.

Y는 post session에서 아주 좋은 컨디션을 느끼며 몸에 힘이 차고 몸이 가벼운 느낌이라고 했다. 인텐션intention과 관련한 어색함에 대해 Y는 자신의 가족 상황과 처해있는 현실에 대해 "더 욕심을 내고 싶지 않다!"라고 말했다. 세션을 통해 촉발된 Y

의 엄청난 통찰은 자신이 종이 되어 종소리로 대지 전체를 깨우듯이 '남에게 도움을 주는 사람'이 되고 싶다고 했다. Y가 '빛을 내는 종bell'이라는 사물로 자신을 변화 · 변형transformation시키는 과정은 Y 자신이 잠재되었던 무의식을 활성화시키고 재탄생과 치유를 경험하며 자신의 전인격을 통합integration할 수 있었던 사례이다.

결론

Y는 전체적으로 열 번 제공된 GIM 세션을 통해 정서적 역동, 높은 피라미드의 심상, 모세의 기적, 대인관계에서의 저항, 절벽 틈에 갇힌 상황에서의 해방과 통찰, 기도, 아들에 대한 통찰, 재경험된 조모의 사랑, 조용한 시골의 삶, 별이 있는 하늘, 긍정적인 사고에 대한 통찰 등 자신의 다양한 심상을 통해 삶의 현재 상황을 반영하고 해결해나가는 과정을 보여주었다. 10회기 마지막 세션에서는 온 대지를 다시 깨우는 '빛을 내는 종bell'이 된 자신을 경험함으로써 결국은 남에게 도움을 주는 사람이 되고자 하는 통찰의 시간을 갖게 되었다.

1회기 세션에서 Y는 심상을 경험을 해나가는데 그 과정에서 정서적으로 우울하며 무기력하고 혼란스러워하며 치료에 잘 적응하지 못하는 모습을 나타냈으나 진행되는 몰입과정을 거쳐 가족과 함께 하는 이미지image와 관련 감정, 신체적 경험을 표현함으로써 현재 상황을 조명하고 앞으로 진행될 세션 과정에 대한 내관을 형성하였다. Y는 세션에 대한 자신의 무의식적 저항을 의식하면서 자신의 마음 자세를 확인하였고 다음 세션에 임하는 자신의 태도를 적응시켜 나갔다. 신체적 경험으로는 평소에 자주 아팠던 어깨의 통증을 보고하였는데 이는 Y가 신체의 통증과 관련하여 몸의 부분이 연상시키는 심리적 요소들을 충분히 표현하지 못하고 있다는 사실을 나타내기도 한다.

Y의 어려운 상황을 나타내는 이미지로는 2회기 세션에서 '계단을 힘겹게 올라가서 바라보는 피라미드의 심상', 5회기 세션에서 '답답한 절벽 사이에 끼어있는 자신과 톱니바퀴', '검은 통속에 서 갇혀 움직이지 못하는 자기 자신', '터널 속' 등의 경험들로 자신의 힘든 상황을 반영하고 있었다. 감정과 관련된 이미지들은 '바다를 건널

때 실감이 날 정도로의 발 시림', '찬바람에 노출된 자신', '할머니에 대한 기억에서 오는 죄책감', '신경의 예민함', '주위에 아무도 없는 것에 대한 외로움' 등으로 나타났다. 이처럼 Y는 자신의 어려움과 극복의 과정을 세션 전반에 걸쳐 반복하였으나 내적으로 강한 에너지를 가지고 있는 사람으로 이 경험들을 자신의 깊은 통찰과 연관하여 변화 · 변형의 단계로 이끌어갔다.

9회기 세션에서는 '검은 통에서 나온 자신'의 어색함을 표현하면서 그것이 곧 자신이 처한 현실임을 상기하였다. 이러한 부정적 이미지들은 세션이 진행되면서 점차적으로 긍정적인 변화를 겪게 되는데, 3회기 세션에서 쉽게 빛을 마주하지 못하고 자신 없음과 회피를 나타내는 이미지는 10회기 세션에서 계곡 밑에 있는 절의 종에서 뿜어져 나오는 빛을 받고 빛나는 종이 되어 흔들흔들 종소리를 내며 온 대지를 깨우는 Y 자신 모습의 이미지로 변화하였으며 '바다를 걸을 때의 발의 시림과 외로운 경험의 이미지'는 '누군가에게 모피를 받고 따스함과 위로를 느끼게 되는 이미지'로 변화하였다. 4회기 세션에서 부적절한 사람과의 관계 이미지는 '교회에서 화해의 장'을 마련하는 이미지로, 5회 세션에서 '절벽 사이에 끼여 답답하고 난감한 상황의 이미지'는 Y 자신의 몸이 둥실 떠오르면서 절벽에서 해방되는 심상 체험으로 변화하였으며 9회기 세션의 '검은 통'에서의 경험은 탈출로 이어졌다. '힘겨웠던 아들의 이미지'는 6회기 세션에서 '엄마! 고마워'라는 아들의 음성 확인과 함께 장애를 가진 아들 존재에 대한 화해의 이미지로 변화하였다.

Y의 인텐션intention도 초기의 우울한 정서, 무기력함, 외로움, 원만하지 못한 대인관계에 대한 성찰 등의 이슈issue에서 자신의 문제를 직관하여 현실적인 상황 탐구로 변화하면서 '장애를 가진 아들의 상황과 미래에 대한 성찰', '자아조절 능력', 나아가서는 '영적인 경험', '아름다운 경험' 등의 초월적 경험으로의 과정을 나타내고 있으며 Y는 점점 자신의 의식이 확장되고 변화되고 있음을 보여주고 있다. 인텐션intention과 관련된 내관의 변화는 1회기 세션에서 '나의 생각을 바꾸어야겠다'라는 기본 생각에서 '주어진 상황에 충실하게 살아가기', '장애를 가진 아들 자신도 어려운 상황을 극복하기', '사랑하는 사람에게 사랑과 관심을 보여주기', '감사와 행복의 메시지, 어려운 상황도 마음먹기 나름, 기도, 남을 도와주는 사람 되기' 등으로 변화하였다.

이상과 같이 Y는 장애를 가진 아들의 탄생으로 인해 자신의 처지를 비관(주위 사람이 도움을 주는 말을 해주어도 '모두 자신의 일이 아니라서 그렇게 말한다!'라고 느끼며 불신과 분노를 간직함)하며 모든 일에 예민함, 우울, 무기력함, 난감한 상황의 부정적인 요소들을 GIM의 경험을 통해 바라보고 재경험함으로써 감정의 변화와 정신 역동적 경험은 물론 자신의 내면을 재정립하는 과정을 경험하였다. Y는 현재의 어려운 상황, 즉 아들의 미래에 대한 걱정과 불안함은 '큰 절대적 존재'에게 아이를 맡길 수 있다는 확신과 믿음을 갖게 됨으로써 힘을 얻었고 긍정적인 마음을 가지고 현실에서 가족의 소중함과 자신의 삶의 가치를 인정 할 수 있는 계기가 되었다고 보고하였다.

용어 설명

내면 작업(inner work): 꿈, 적극적 명상, GIM작업 등을 통한 자기 탐색.

통찰치료(insight therapy): 무의식적인 내용을 드러내기로 선택한 것으로 인간의 행동, 감정, 사고의 숨겨진 이유와 동기를 인식하고, 적절한 변화를 유도하며 정신건강을 항상 시키는 치료 방법.

변형적 치료(transformative therapy): 내적 경험들의 역동적인 전개를 자극하고 지지하여 신체적, 정신적, 영적 통합 및 긍정적인 변화를 제공하는 치료 방법.

참고문헌

김소진(2003). 장애아동의 어머니의 GIM 시행사례, GIM 한국심상음악치료협회 정기학술대회 제1차 6~14.

이난복(2013). GIM에서 나타나는 치료단계, GIM 한국심상음악치료협회 2013 정기학술대회 13~18.

이부영(2002). 자기와 자기실현. 파주: 한길사.

Borling, J. (1992). Perspectives on growth with a vivtim of abuse: a Guidrd Imagery and Music(GIM) case study. Journal of association for Music and Imagery, 1, 85-98.

Bruscia, K. E. (1998). The dynamics of music psychotherapy. Gilsum, NH: Barcelona Publishers.

Bush, C. (1995). Healing imagery and music: Portland, OR: Rudra Press.

C. G. Jung. (1954). 원형과 무의식. 한국융연구원 C.G. 융 저작 번역위원회 역(2005). 서울: 솔출판사.

Carl R. Rogers. (1995). 칼 로저스의 사람-중심 상담. 오제은 역(2007). 서울: 학지사.

Edward F. Edinge. (1972). 융 심리학과 영혼의 과학. 심상영 역(2018). 한국심층심리연구소.

Frank, G. (2012). On the concept of resistance: Analysis and reformulation. Psychoanalytic Review, 99(3), 422-435.

Grocke, D. (1999). A phenomenological study of pivotal moments in guided imagery and mu sic (GIM) therapy. Unpublished doctoral dissertation, University of Melbourne.

Liegner, E. (2003). Countertransference: Resistance and therapeutic leverage. Modern Psych oanalysis, 28(1), 7-13.

McKinney, C.H. (1995). The effects of Guided Imagery and Music on depression and beta-endorphin levels in healthy adults: A pilot study. Journal of the Association for Music and Imagery, 4, 67-78.

Murray Stein. (1998). 융의 영혼의 지도. 김창한 역(2015). 서울: 문예출판사.

Ruth Ammann. (2001). 융 심리학적 모래놀이치료. 이유경 역(2009). 분석심리학연구소.

Stokes, S. J., & Carol B. (1997). The Art of Guiding. Mid-Atlantic Institute.

The Bonny Method and beyond (pp. 37-61). Gilsum, NH: Barcelona Publishers.

개인 GIM | 성인 | 꿈의 적용

6

꿈의 심상에 대한 주관적 해석과 GIM의 적용

김소진

개요

Carl G. Jung은 꿈의 가장 근본적인 기능은 의식에 대한 보상기능이므로 꿈은 감추는 것이 아니라 우리의 의식에게 무엇인가를 알려주는 무의식의 메시지로서의 지향적 의미가 있다고 설명한다. 즉 꿈은 우리 의식의 일방성을 수정하고 부족한 부분을 보완하여 마음의 평형을 유지하려는 보상기능이 있는 것이다(이부영, 2000). 7만 개의 꿈을 다루었던 Jeremy Taylor(2007)는 꿈에 대한 가장 중요한 결론을 갖게 되는데 그것은 모든 꿈은 꿈꾼 이의 건강과 온전함wholeness에 이바지한다는 것이다. 꿈은 이미 알고 있는 사실만을 우리에게 전하지 않고 새로운 정보와 에너지가 은유와 상징으로 표현되어 있으며 우리가 혼란을 느끼는 감정을 창의적으로 다룰 수 있는 에너지와 직관을 가져다준다. 깨어있는 상태에서 꿈을 꾸는 것과 같은 GIM치료 방법은 음악과 심상이 교차상태에서 의식과 무의식이 연결되는 방식으로 심상imagery은 꿈의 심상과도 같이 은유와 상징성을 갖고 직관으로 연결된다. 이와 같이 꿈과 같은 심상을 다루는 GIM은 의식과 무의식의 연결뿐만 아니라 과거와 현재, 미래의 연결, 감정적인 것과 신체적인 것 그리고 영적인 것 모두를 포함한다. 특히 신체적인 측면에서는 몸의 반응에 따라 통찰력을 얻기도 한다.

본 사례연구는 40대 여성 내담자(R)의 총 10회기(2014년 7월 3일~10월 29일)의 GIM 치료 과정 중에서 자신의 무의식인 꿈에 대한 주제를 가지고 논의와 GIM을 적용하게 된 두 차례(6회, 7회)의 사례연구에 관한 것으로 내담자가 자신이 경험한 꿈의 심상을 '주관적 해석'에 따라 바라보고 그 심상을 GIM치료 과정을 통해 적용한 예를 보여준다. 두 차례라는 짧은 꿈의 심상에 대한 GIM의 접근을 설명하고 있으나 이는 무의식인 꿈의 심상과 GIM의 꿈과도 같은, 무의식적 심상에서 이루어지는 심리적 연관성과 상징의 접근을 통해 통찰을 얻는 그 기능을 시사하고 있다. 꿈을 통해 발현된 무의식의 심상과 내용들을 내담자 자신이 온전히 이해하고 삶과 연결시키는 것은 결코 쉬운 일은 아니다. 하지만 GIM을 통한 적용과 논의는 이해의 가능성을 열어주고 통찰을 얻을 수 있는 기회를 마련해 준다. R은 과거 꿈의 심상을 현 상황에서 바라보고 적용하게 됨으로써 통합된 삶의 연결과 그에 따른 통찰을 얻을 수 있게 되었다.

도입

1. 꿈의 이해

꿈은 우리의 무의식이며 보이지 않지만 우리 안에 있는 확실한 세계이다. 우리에게는 꿈이 필요하고 그 꿈이 내게 무엇을 말하려 하는지 이해하는 것이 필요하다. 이 꿈이 무슨 뜻인지 확신을 가지고 이해하는 사람은 꿈꾼 사람뿐이다. 그러나 꿈은 무의식이 건네는 상징적 언어(Jung, 1963)로써 꿈을 꾼 사람은 자기 꿈의 의미를 바로 알지는 못할 것이다, 이와 같이 꿈의 의미를 찾는 것이 결코 쉽지 않기 때문에 아직까지 우리의 무의식 세계를 말해주는 꿈은 다양하며 다층적인 의미를 갖는 비밀스러운 영역으로 남아있다. 즉 꿈은 수많은 층위의 의미들을 동시에 구현하고 있기 때문에 한 가지 뜻만 가지고 있는 꿈은 없다. 꿈에는 수많은 의미가 겹겹이 겹쳐져 있고 논리적이지 않을 뿐만 아니라 실현 불가능한 일들이 일어난다. 그때 우리는 그 꿈의 언어를 모르기 때문에 더 당황스럽다. 그러나 꿈은 언제나 보편적인 언어로 표현되며 어린 시절의 성장 과정을 반영하기도 하고 그날의 잔영을 나타내거나 꿈의 층위로 인해 며칠 전, 며칠 후의 일들이 복사되어 나타나기도 한다. 나아가서 꿈의 또 다른 층위에서는 삶의 의미발견과 자기실현의 욕구가 등장하기도 한다(고혜경, 2014). 꿈은 힘에 대한 욕구나 권력에의 의지, 자신의 육체적 건강에 대한 이슈도 반영될 수 있는데(Jeremy Taylor, 2007), 이런 현상들은 자연스러운 꿈의 속성이며 우리에게 은유와 상징으로 찾아온다. Campbell(1968)은 꿈에 대해 우리 마음에서 알지 못하는 것이 상징적으로 표현된다고 하였는데 이러한 상징은 개인의 가치경험과 통찰, 감정, 사고, 비전에서 나오며, 사회 조직의 형태에 대한 반영인 동시에 의식과 무의식이 투영되어 나타나는 거울이라 했다. Jung(1963)은 꿈이 상징적 언어로써 우리에게 무엇인가를 가르쳐주려는 목적을 가지고 있으며, 꿈의 상은 그 자체가 중요한 것이라고 설명했다. 또한 그는 꿈은 상징적 방식을 통해 표현되는 무의식적 상황의 자발적 표현이라 설명했다(Kast, 2006). 이와 같이 꿈은 상징의 이해뿐만 아니라 우리에게 가장 의미 있는 정보를 제공하고 꿈꾼 사람의 자기실현을 돕는다.

2. 꿈 작업(dream work)

만일 꿈을 꾼 사람이 자신의 꿈에 대한 통찰을 얻고자 한다면 꿈에서 경험한 모든 것에 대해 연상되는 것을 기록하고, 그 꿈과 자신이 연상한 것들 사이에 어떤 연결성이 있는지 살펴보아야 한다. 무의식은 의식적인 마음이 쉽게 접근할 수 있는 합리적인 언어로 자신을 표현하지 않기 때문에 꿈을 회상한다고 해도 꿈의 그 정보는 의식적인 마음에 넌센스nonsense처럼 보이고 쉽게 해석되지 않는다. 꿈은 그 꿈을 꾼 사람과 꿈을 보는 사람이 아직 그 뜻을 분명히 모르는 정신적인 소산으로 함께 살펴보고 생각하고 느끼는 가운데 이루어지는 통찰이라 할 수 있다(이부영, 2000).

또한 일반적으로 꿈을 꾼 사람들은 자신의 꿈에 대한 통찰을 얻기 위하여 개인 분석 또는 그룹으로 구성된 꿈 작업dream work 모임에 참석하여 꿈에 대한 이론 지식과 관련 상징, 해석 방법, 상담가의 투사를 통하거나 GIM세션을 통해 도움을 받을 수도 있다. 꿈 작업이 그룹에서 이루어지는 경우에는 꿈의 상징을 바라보는 구성원들의 다양한 투사 방법을 통해 자신만의 통찰을 얻고 '아하!'를 경험할 수 있다. 한국융연구원 C.G. 융 저작 번역위원회(2002)는 꿈의 언어는 상징으로 나타나며 무의식은 꿈에서 상징적인 심상을 통해 드러나므로, 그 꿈을 이해하기 위한 열쇠는 상징에 대한 지식이라 하였다. 즉 그 상징은 암호로 감추어져 있기 때문에 쉽게 의식세계에 드러나지 않으므로 분석심리학에서는 꿈을 통한 무의식적 내용과 자료를 가지고 작업work을 하게 된다. 이와 같이 내담자가 다양한 경로를 통해 꿈의 심상을 다루고 상징에 대한 통찰을 얻는 방법이 있겠으나, 중요한 것은 꿈을 다루고 도와주는 치료사나 분석심리사는 꿈에 대한 이론적 근거와 접근 방법, 지식을 충분히 보유하고 다양한 꿈의 상징을 이해하고 다루는 임상 경력이 필요하다는 것이다.

아래의 글은 자신의 꿈의 심상을 바라보고 꿈 작업dream work을 시도한 사람의 인용 글이다. "자신의 꿈을 깊이 들여다본 뒤, 이 사람의 삶의 태도가 완전히 달라졌다. 바깥일을 대폭 줄이고 가족과 함께 지내거나 고요히 자기 내면을 들여다보는 시간을 늘려나갔다. 자신에게 가장 중요한 측면에 에너지를 집중하면서 말할 수 없는 안도감을 되찾았다"(Robert, A. Johnson, 2011).

3. 꿈과 GIM

꿈을 통한 무의식의 상징과 그 내용을 자신의 현재 삶에 연결시키고 통찰하는 작업work은 쉽지 않다. 하지만 꿈은 우리에게 심상이라는 상징을 통해 무의식의 많은 정보와 가능성을 열어주기 때문에 그것을 의식화하는 작업이 필요하다. 꿈은 GIM과 같이 심상 관련 상징을 다루는 심리치료사들에게 유용하게 적용된다. 이를테면 GIM은 정신분석과의 유사성을 갖는데(Wrangsjo, 1994), 그것은 내담자가 음악과 심상 작업을 통해 꿈과 유사한 경험waking dream을 할 수 있기 때문이다. 또한 GIM은 음악의 사용으로 깨어있는 상태에서 전환된 의식 상태altered state of consciousness를 열어주고, 이때 이끌어지는 다차원적 심상경험은 정신의 의식과 무의식의 경계를 부드럽게 하여 쉽게 그 영역에 접근하도록 하고 내담자는 자신의 심상에 대한 깊은 통찰을 얻게 되는 결과로 이어진다. 또한 내적 세계를 광범위하게 다루는 GIM치료 경험에서는 내담자의 이슈issue에 맞게 잘 고안된 음악프로그램을 사용하여 흡사 꿈과 같은 내용과 정보를 심상을 통해 유출해 낼 수 있기 때문에 의식 상태에서 이해와 해석이 불가능한 개인 또는 집단무의식적 정보에까지 접근하도록 도울 수 있다.

대상자 배경정보

본 사례의 내담자(R)는 40대 후반기를 보내고 있는 여성으로 20년 동안 자신의 전문직을 이어오며 삶에 최선을 다하며 살아왔다. 그녀는 인생의 중년기를 보내던 중, 자신의 정체성에 심리적 위기가 찾아옴을 인식하고 GIM을 의뢰하게 되었다. R은 20여 년 전 첫 아이를 출산한 당시에도 전문적 직업을 소홀히 하지 않고 귀가하여 아이를 돌보는 일을 밤새워 해야 했는데 이를 힘든 내색 없이 자처했다. 그러나 너무나도 열심히 살았던 인생이 아무런 보상 없이 진행되는 듯했다. 그녀의 불만은 커졌고 우울한 감정과 지친 일상 그리고 만성적 신체근골계의 통증으로 고통을 받고 있었다. R은 평소에 자신의 보상과 만족을 위해 작은 물건이라도 쉽게 사거나 사치를 부리지 않았으며 늘 자신의 전문직인 직업과 집안일에 대해 소홀히 하지 않은 채 끝날 것 같지 않은 반복적 일을 되풀이하며 일상을 보냈다. 그러던 중(R의 생각에는), 아내와 자녀들을 잘 도와주지 않고 자신의 일만을 생각하는 남편과 시댁 가족들에 대한 불만이 커졌으며 부정적인 감정을 마음에 담게 되었다. 그러나 이것은 40대 후반을 보내고 있는 그녀에게 인생의 변화를 위해 새롭게 살아가고자 하는 '변화의 시기'를 맞고 있음을 시사한다. R은 자신의 정신과 인생의 변화를 위하여 GIM 세션뿐만 아니라 수십 시간 동안 꿈 작업dream work을 하고 자신의 꿈을 다루며 내면 통찰과 자신 정신의 승화를 위한 작업을 시행하기도 했다.

치료 방법

GIM은 치료 과정의 전환된 의식 상태altered state of consciousness에서 내담자가 꿈을 꾸고 있는 것과 같은 경험을 하게 되는데 이때 제공된 음악과 언어중재는 내담자의 의식을 꿈의 심상과도 같은 다양한 심상경험으로 초대하여 더 나아가서는 초월적 전환으로의 경험까지 이끌어낸다. 특히 GIM치료 방법에서는 음악-심상 가이딩 과정에서 음악의 기능으로 심상경험을 촉진시키는 것이 핵심과정이며(Buch, 1995: Grocke, 1999) 이것은 다양한 정신 층의 경험과 의식과 무의식의 경계를 유연하게 접하도록 도울 수 있다. 내담자는 이미지를 산출하고 그 이미지를 인식하는 경험을 통해 상징과 정신의 연관성을 성찰하여 이슈issue를 통찰할 수 있다. 이와 같이 GIM의 음악 여정을 통해 나타나는 은유적 심상들은 꾸는 꿈과 흡사하여 내담자가 꿈의 심상을 의식화하고 통찰을 얻지 못하는 경우, 꿈의 심상과 연결하여 심리적 통찰과 변화transformation를 이끌 수 있고 자신에 대한 이해를 갖게 한다.

치료 과정

꿈은 예술언어와 밀접하게 관련된 언어인 심상, 은유, 상징의 형태로 무의식을 드러낸다. 꿈은 객관적이고 산문적인 설명이라기보다 고도의 주관적이고 개인적인 만남이기 때문에 그 속에서 자아, 즉 '나'는 극심한 공포와 흥분에서부터 숭고한 평화와 아름다움에 이르기까지 다양한 정서를 경험하게 된다. 연극과 시 그리고 회화에서처럼 꿈의 언어는 감정의 힘과 미묘함뿐만 아니라 이성적인 생각도 전달한다(Fraser Boa, 2013).

1. 첫 번째 GIM세션~다섯 번째 GIM세션 과정

R은 GIM세션을 위한 **첫 번째 세션**과 **두 번째 세션**에서 자신의 깊은 우울한 정서와 낮

은 에너지 그리고 상실과 좌절된 느낌을 가지고 치료에 임했으며 그녀의 몸 전체는 꼭 물에 젖은 사람처럼 무거운 느낌을 하고 있었다. 어깨는 처지고 표정은 어둡고 힘들어하는 상황에 있었으나 그녀는 누구보다도 현명하고 지혜로웠으며 자신의 우울함과 무거운 마음 그리고 힘든 상황을 잘 통찰하고 있었다. R은 이러한 어려운 감정과 복잡한 상황들을 인텐션intention으로 다룬 GIM심상음악치료를 통해 첫 번째 세션에서 '십자가에 꽃 피다'라는 통찰을 경험하고 두 번째 세션에서는 '말과 함께 자유로운 춤'을 추는 자신의 모습을 발견하게 된다. 그러나 음악을 통해 이끌어지는 그녀의 심상경험은 신중하고 이미지가 쉽게 산출되지 않았으며 치료사는 언어적 중재에 초점을 두기보다는 음악의 힘에 따라 그녀의 정신psyche에 맞는 심상경험 촉진과 이미지 산출을 기다려주어야 했다. R은 음악과 함께하는 충분한 경험 후에 자신의 의미 있는 심상경험을 보고하곤 하였다.

그녀는 **세 번째 세션**에서 자신이 점점 자라나는 '나무가 되어' 땅에 뿌리를 내리기 시작하는 나무의 심상을 경험하게 되고 **네 번째 세션**에서는 자신이 '늠름한 타조'가 되는 심상으로 이어진다. 이러한 경험은 그녀를 변화시키는 초월적 경험의 시작이 될 수 있으며 그녀는 낮은 에너지와 상실감과 좌절된 느낌에서 점점 환기하여 얼굴빛이 환해지고 조금씩 밝은 표정을 되찾으며 세션에 임했다.

R의 **다섯 번째** 시간은 자신의 존재와 인식을 주제로 세션이 진행되었는데 R은 거울 안에 비추어진 자신의 모습을 마주하고 거울을 통해 자신을 인식하고 바라볼 수 있는 경험을 하게 된다. 그녀는 그 경험에 대해 '나를 만나다'라는 통찰을 얻고 만다라에 그림을 그리고 제목을 적었다.

2. 여섯 번째 GIM세션: 내담자(R)의 꿈(아픈 검은 곰)의 심상에 대한 주관적 해석과 GIM의 적용

여섯 번째 세션에서 내담자 R은 치료실을 방문하여 오래된 자신의 꿈이 기억에 남고 통찰되질 않아 토의하기를 원했고 꿈에 대한 내용이 논의되면서 이를 주제로 GIM세션을 받기를 원했다. 여섯 번째 프리세션pre-session에서 보고된 R의 꿈은 다음과 같다.

Pre-session: 내담자(R)의 꿈의 심상, '아픈 검은 곰'에 대한 논의

【내담자(R)의 꿈】

우리 아이들이 어렸을 때 꾸었던 꿈인데… 30대 후반쯤… 세상을 어두운 구름이 집집마다 휘몰아쳐 덮고 있었고 그때 불 켜진 집이 있어 집 안을 자세히 보니, 집안에서 싸움이 일어났고 마을 사람들이 서로가 서로를 죽이는 '아수라장'이었어요. 집을 뒤덮고 있는 어두운 구름을 가만히 보니… 아주 검은 색이고 어떤 '연기'였어요. 꼭 '벌레' 같기도 하고… 그 '연기'가 어디서 나오는지 따라 가보니, 동굴 안에서 아주 큰 '검은 곰'이 웅크리고 있는데 그 곰에게서 그 '연기'가 나오고 있었어요. 그 '곰'은 아픈 것 같았고 꿈속에서 나는 아주 답답함을 느꼈어요. 수년이 지났지만. 너무나 생생해요.

【논의 내용】

내담자(R) 30대 후반… 그 당시 나는 가정에서 나의 주장은 물론 나의 감정에 대해 솔직하지 못했고 표현도 잘하지 못하고 살았어요. 나의 일터에서는 열심히 일했지만… 나를 꾸미거나 나를 위한 행동은 일절 하지 않았습니다. 내가 첫 아이, 딸을 임신했을 때… 남편은 가정에 협조하지 않는 남자였고 늘 늦게 귀가했어요. 남편이 무슨 일 때문에 그러는지는 모르겠지만, 나는 나의 일에만 충실했고 임신 중이라 남편에게 별말을 하지 않았어요. 아이가 태어나서는 잘 잘 수 없었고 아이의 울음소리에 불면증으로 밤을 보냈고 각성된 상태에서 주위의 소리가 다 들렸고 해가 뜨면 다시 일터로 갔습니다. 시아버지와 잘 맞지 않았던 시어머니는 위경련 등으로 고생하시고 신경안정제를 복용하며 지냈어요. 이것이 꿈을 꾼 당시의 상황입니다….

그 당시에 꾸었던 꿈에서의 검은 연기를 보면서 이 나라가 거짓투성이구나 하고 생각했고 검은 연기는 본질의 거짓이라는 생각이 들어요. 꿈을 통해 이 마을, 즉 이 나라가 거짓투성이라고 생각되었고 그것을 없애는 데 내가 도움을 줄 수는 없을까? 하고 생각합니다. 예를 들어 교육적인 일! 그런 방법밖에 없다고 생각해요. 꿈속의 '검은 곰'은 '악한 존재'라서 '검은 연기'를 마을로 보내고 있죠. '검은 곰'의 실체가 무엇인지 모르겠어요. 그것은 나라를 망치는 '검은 기운'이라고 할까?

치료사 그렇군요…. 천천히 정리해 보면… 꿈에서 나오는 사람, 동물, 사물, 집, 현상, 분위기는 모두 '나'의 반영이며 투사라고 생각을 해볼 수 있는데요…. 나의 일이라고 생각할 수 있을까요? 무의식인 꿈은 심상과 상징과 은유로 당신이 의식에서는 모르고 있는 것을 알려줍니다. 아마도… 이것이 저의 경우, '나의 꿈이라면'… 나는 검은 곰의 정체가 '나'라고 생각할 것 같습니다만…. 나의 꿈에 나타난 동물인 '검은 곰'의 심상이 상징과 은유로 등장한 나이기 때문에 그렇습니다. 그리고 그것은 아주 중요하다는 생각이 듭니다. '곰'은 '나'이기도 하지만… (이 내용은 내담자에게 투사된 치료사의 주관적 해석 부분이다)… 아마도… 특히 저의 꿈이라면… 나의 '여성성'과 관련이 있다고 할 수도 있을 것 같아요. 곰을 나, 즉 나의 여성성과 연관 지어 생각해 볼 때, 여성인 나 자신으로서, 아내로서, 엄마로서, 커리어 우먼으로서… 혹여, 내 안에 인내하고 참아내는 여성성의 왜곡된 자발적 희생이 있었는지 생각해 볼 수 있을 것 같아요… 또는 곰이 내 안에 다른 상징이라고 느껴진다면 논의해 주세요….

【보충설명: 곰의 상징】

곰은 봄이 되면 새로 태어난 새끼와 동면하던 굴에서 나오기 때문에 부활과 신생을 나타내고, 그로 인해 이는 이니시에이션을 의미하며 통과의례와 연관된다. 영웅 신화에서 곰은 태양에 속하지만, 홍수 신화에서는 달에 속하며, 아르테미스나 디아나와 같은 달의 여신과 연관될 때에도 달의 상징에 속한다. 그리스신화에서의 곰은 달의 여신인 아르테미스에게 바치는 동물이며(Jean Shinoda Bolen, 2001), 달리기와 사냥에 능한 여자 사냥꾼 아탈란타와 에우페미아의 부수물이다(J.c. Cooper, 1994). 아르테미스의 의식에 참가하는 소녀는 '곰'이라고 불리며, 노란 옷을 입고 곰의 모습을 흉내 낸다. 헤라 여신은 정령인 칼리스토를 곰의 모습으로 변하게 했다(Cooper, 1987, as cited in 이윤기, 1994, pp. 28-29). 켈트족에게도 곰의 상징은 달에 속하는 힘이며 아이누족에게 곰은 문화영웅이며 신의 사자이다. 또한 스위스의 수도 베른에 있는 곰의 여신상(아르테미스 여인)에서도 곰에 대한 상징을 볼 수 있다. 한국에서의 곰의 상징은 단군신화에서의 땅의 딸(곰, 웅녀)로 표현된다(일연학연구소, 2007). 중국에서는 강한 힘을, 일본에서는 은혜, 지혜와 힘(웅담: 약)을 상징한다. 아메리카 인디언은 곰의 상징을 초자연적인 힘, 강한 꿋꿋함, 회오리바람이라 했으며 크리스트교에서는 악마, 사탄, 사악, 잔혹, 탐욕, 육욕을 상징한다. 북유럽 · 게르만족에게 있어 곰의 상징은 암곰의 아틀라는 여성 원리를, 수곰 아틀리는 남성 원리를 나타낸다. 샤머니즘에서의 곰은 숲의 정령의 사자를 상징한다(J.c. Cooper, 1994).

사실 꿈에 나타난 '아픈 검은 곰'을 내담자가 '나'라고 생각하고 주관적 해석을 적용할 수 있지만 역사적 그리고 문화적으로 곰의 상징과 은유는 너무나도 많고 어려운 것이라서 한마디로 어떤 일관된 상징이라고 해석하기는 어렵다. 단지 꿈을 꾼 사람은 내담자(R) 자신이고 꿈을 꾼 그 당시 그녀는 30대에 직업을 가진 여성으로서, 아이를 키워야만 하는 엄마로서, 아내이자 며느리로서 힘든 상황에 있었고 그녀는 자신의 무의식인 꿈에서 '아픈 검은 곰'의 심상을 마주하고 그 심상과 연관된 스토리가 이어지는 꿈을 꾸었다. 그러나 R의 꿈에 등장한 '검은 곰'의 정체는 '나' 개인 무의식의 투사일 뿐만 아니라 집단무의식의 투사일 수도 있는 것이다. 즉 '꿈은 오직 꿈을 꾼 사람의 것'이며 그 당시 R 자신의 상황과 처지 및 가족의 역동에 대한 투사일 수도 있으나 그것은 내담자만의 깊은 무의식의 오래된 응답일 것이다.

Music & Imagery Guiding

그녀의 여섯 번째 세션을 위하여 적용한 음악프로그램은 Abandonment to Bonding Program(26:10)이다.

> [Sibelius: The swan of tuonela] … 어두운 동굴 속에 곰이 웅크리고 앉아 있어요. 어미 곰이고 엄청나게 큰 곰…… 곰은 많이 아프고… 섬뜩한 느낌이에요… 까만색, 황토로 이루어진 동굴…… 어둡고 눅눅하고 차가운 느낌… (중략)……

> [Travinsky: Berceuse] … 시간이 흘러서 동굴은 그때의 느낌이 아니에요. 전에는 동굴이 어두웠는데…… 지금은 조금 더 밝아요……

> [Chopin: Piano Prelude #4] … 그런데… 자세히 보니…… 지금 이 동굴에 곰이 없는 것 같아요. 어디로 갔는지 모르겠어요. 동굴에 있을 필요가 없어요.
>
> 곰은 아직 안 나오지만… 어딜 간 것 같아요. 산책을 갔든지, 나들이를 갔든지… 곰은 몸이 안 좋아져서 회복되길 기다려요… 전체적으로 많이 힘들고 아팠어요. 곰이 온몸이 다 아프고 힘들고 해서 움직일 수가 없어…

[Bach: Air on G] … 지금은 회복할 때까지… 몸이 회복되길 기다리면서 쉬고 있어요. 아~ 예전의 그 동굴에서 쉬고 있어요. 어미 곰이에요. 편안하게 쉬고 있어요……

생각보다 '순한 곰'이에요. 바닥에 배를 깔고 누워있어요. 쓰다듬어 주고 싶어…… (중략)

[Saint Saens The Swan] … (생산적인 침묵의 시간: 음악과 함께 시간이 흐름) … 곰이 정말 컸었는데 지금은 강아지 같아요. 섬뜩했던 것이 부드러워지고 지금이 '강아지' 같이 느껴져요…… (중략)

[Schumann: Dreaming] … 지금은 지쳐서 누워있지만, 나중에는 움직일 수 있을 거예요. 곰이 검은색이 아니고 지금을 색깔이 변했어요. '연한 색'으로……

Post-session: 토의 및 통찰

토의 과정에서 R은 꿈속의 어미 곰은 엄청난 책임감을 가지고 있다고 했다.

내담자(R) 남편은 책임감도 없고 아이들에게 모범이 되는 사람이 아닙니다. 수년 전부터 제가 이렇게 심하게 갈등하면서 억누르고 참고 살았구나! 하고 생각해요. 곰이 나라고 생각하니… 친근감이 생겼어요. 꼭 강아지 같이…. 곰이 아파서 위로해주고 싶었고 쉬게 해주고 싶었어요. 꿈에서의 곰의 어두운 기운… 어두운 연기는 나의 마음의 어두운 측면이에요. 너무 힘들고 곰이 아파서… 지금은 기분이 좋아졌고 몸도 좋아진 것 같습니다.

이와 같이 R은 오래된 자신의 꿈을 GIM세션을 통해 다시 마주하고 주제로 다루면서 '회복'이라는 통찰을 얻게 되었다. 나아가서 더 중요한 것은 꿈에 대한 에너지와 경험이 바뀌면서 그 내용들이 R 자신만의 심상경험을 통해 긍정적 변형transformation이라는 힘을 발휘하게 되었다. 그녀가 그린 만다라mandala는 '회복을 위하여 쉬고 있는 곰'을 표현하였다.

3. 일곱 번째 세션: 내담자(R)의 꿈(자신의 지갑을 잃어버림)의 심상에 대한 주관적 해석과 GIM의 적용

일곱 번째 만남에서도 R은 치료실을 방문하여 자신의 기억에 오래도록 남아있는 과거의 꿈 하나를 더 토의하였다. 그녀는 꿈이 통찰되질 않아 토의하기를 원했고 꿈에 대한 내용이 논의되면서 이를 주제로 GIM세션을 받게 되었다. 일곱 번째 프리세션 pre-session에서 보고된 R의 꿈은 다음과 같다.

Pre-session: R의 꿈의 심상, '자신의 지갑을 잃어버린 꿈'에 대한 논의

【내담자(R)의 꿈】

집을 나가서 출근하고 어디로 가는 것 같았어요. 색다른 세련된 도시를 만났다는 느낌… 그 도시는 미래 도시 같았고 문제가 많은 '우상숭배'를 하는 도시 같았어요. 자동차가 하늘과 물, 도시로 날아다녔어요. 그 도시 가운데 내가 서 있는데 그 하늘에서 소리가 들려왔어요. 그 소리는… 나에게 "하느님(God)이 아닌 다른 신을 섬겨라!"라는 음성이었어요.

도시를 지나쳐 한 문을 보았는데 그 문은 박물관 입구 같았고 박물관 입구에 서 있는 여학생 둘이 그 문에 들어가려다 "어른이 있어야만 한다"라고 제지를 당했어요… 여학생 중 한 명은 초등학생, 다른 한 명은 중학생인데 모르는 여학생들이었어요. 그 순간 나는 또 알았어요. 내 가방이 없네! 걸어오는 길에 빠뜨렸나? 가지러 가려 하는데, 여학생들이 달려왔고… 다시 문으로 들어가려 했어요.

【논의 내용】

내담자(R) 나의 이 꿈에서 나에게 들린 그 소리… 나에게 "하느님(God)이 아닌 다른 신을 섬겨라!"라는 그 음성에 대해서는 저 자신이 답을 알게 되었답니다. 저는 남편을 굉장히 원망하고 미워했어요. 너무 원망한 나머지 하느님께 "저의 남편에게 벌을 내려 주세요!"라고 자주 기도를 했어요…. 이것은 나의 내면에서 나의 잘못된 마음에 대한 경고의 의미로 받아들입니다. 그런데… 여학생 두 명이요…. 지금 생각하니… 한 명은 나의 ○○, 다른 한 명은 ○○○ 같아요. 나의 ○○(현재 고등학생)은 말도 못할 정도로 성격이 강하고 자신이 원하는 것을 들어주지 않으면 그 것을 얻을 때까지 끝을 보는 아이예요. ○○○(현재 대학생)은 언니와 형부의 죽음으로 지금은 혼자가 되었는데… 청개구리 같은 성향을 가지고 있습니다.

GIM세션을 통해 지금 다루고 싶은 주제는… 꿈에서 "가방이 없어졌을 때, 나의 느낌, 큰일 났다. 처음부터 없었나… 안 들고 왔나…? 저는 GIM세션에서 음악을 감상하면서 '가방의 상실'이 나에게 무엇인지 알아보고 싶습니다."

치료사 당신의 가방이 없어졌는데… 가방에는 무엇이 들어있을까요? 기억할 수 있을까요? 가방에 무엇이 들어있는지 논의해봅시다. '가방'도 중요한 심상이지만, '가방의 상실'은 당신에게 많은 이야기를 해줄 수 있습니다. 그리고 아마도… 저의 꿈이라면 초등학생과 중학생 두 여학생도 당신의 내면에서 중요한 심리적 단서를 주는 당신의 모습일 수 있습니다. 여학생들을 모르는 여자애들이라고 했다가 다시 생각해 보니… ○○과 ○○○ 같다고 하셨는데, 꿈은 당신의 어린 시절의 성장 과정을 반영할 수도 있습니다. 아마도… 당신이 알아야만 하는 심리적인 한 부분일 수도 있습니다. 당신은 초등학교와 중학교 때 어떤 일이 있었으며 당신이 어떤 학생의 모습이었는지, 그 시기에 무슨 일이 있었는지, 기억하며 이야기할 수 있나요? … 미래도시나 박물관 등도 다 당신의 정신(psyche)이라는 것을 숙지하시면 좋겠습니다.

일곱 번째 세션에서도 내담자(R)는 자신의 꿈에 대한 통찰을 얻기 위하여 꿈의 심상과 관련된 인텐션intention을 정하였다. 그것은 "가방이 없어졌을 때, 나의 느낌, 큰일 났다! 처음부터 없었나? … 안 들고 왔나? … '가방의 상실'은 나에게 무엇인지 세션을 통해 알아보고 싶어요"라고 논의하였다. 그녀의 세션을 위하여 적용한 음악은 Loss program(25:34)이다.

Music & Imagery Guiding

그녀의 세션을 위하여 적용한 음악은 Loss program(25:34)이다.

> [Albinoni: Adagio] … 몸의 묵직한 느낌…… 5세의 어린 여자아이가 보여요. 다리를 절뚝거리는 흉내를 내면서 놀고 있어요. 원피스를 입었고 긴 머리를 하고 있는데…… 그 장난이 그냥 재미있어요…… (중략)

> [Bach: Come Sweet Death] … 천 같은… 옷 같은 것이 앞을 가려요. 어렸을 때, 우물을 쳐다볼 때처럼, 안쪽이 깊은 그런 곳을 보는 느낌이에요. 아! 여자 얼굴이 보이는데, 여자 얼굴에 무엇이 가려져 있어서…… **좀 가까이 들여다볼 수 있나요?** … 어른이에요. 그러니까… 얼굴에 무언가를 쓴 것은 아닌데… 쇠창살 같기도 하고…… 빛 때문에 그림자가 얼굴에 그런 식으로 드리워져 있어요… **더 느껴보세요** … (중략) … (침묵) …

> [Bach: Mein Jesu] … 벗겨주고 싶어요. 가려져 있어서 답답할 것 같아요. 바디페인팅 같기도 하고 흰색, 회색, 검은색 줄무늬가 얼굴에만…… 한쪽 부분에 살짝 얼굴색이 보이기는 하는데, 더 이상은 잘 모르겠어요. 그 얼굴이 누구의 얼굴인지는 모르겠어요. 잘 모르겠는데… 음악이 슬퍼요… **음악을 더 마음으로 가져가 보세요** … (중략)

> [Bach: Aria-Air on G string] … 오래된 카페에서 쉬고 있는데… 얼굴은 그대로인데…… 두꺼운 잠바를 입고 있어요. 진한 베이지색… 추워서 몸을 따뜻하게 했어요. 긴 생머리… 얼굴은 여전히 그대로예요. 얼굴은 변화 없고… 몸이 따뜻한 느낌이에요. 그 여자가 해가 비치는 창가에 앉아 있어요. 긴 생머리가 예뻐요. 얼굴은 모르겠어요……

Post-session: 토의 및 통찰

R은 세션이 끝 난후 자신의 어린 시절의 이야기를 논의하였고, 토의는 자신의 꿈에 대한 통찰로 이어졌다.

내담자(R) 어린 시절에 한쪽 다리에 장애가 있던 사촌 오빠와 같이 많이 놀았습니다. 긴 나뭇가지를 들고 다리를 절뚝거리는 장난을 많이 했어요. 아주 깊은 우물을 들여다보는 느낌은… 어린 시절 잠자는 새벽에 일어나… 아주 눈이 많이 온 날, 마루에 쪼그리고 앉아서 눈 온 낯선 환경을 본 느낌입니다. 내가 사는 집, 아는 집 환경인데, 환경이 낯설게 느껴지면서 '나의 집이 따로 있을 거야!'라는 느낌과 연관되는 것 같아요.

얼굴에 쇠창살 같은 그림자를 드리우고 있는 여자는 긴 생머리가 예쁘지만, 너무 슬프고 불쌍한 느낌입니다.

치료사 당신의 꿈 이야기, 즉 꿈과 관련된 이야기들을 GIM세션에서의 심상과 연결해서 논의해보도록 합시다. 당신의 어린 시절과 초, 중등학교 시절은 어떠했나요?

내담자(R) 초등학교 때, 다른 여자 친구들에게 성추행 비슷한 행동을 하는 남자 선생님이 싫어서 그런 상황에 대해 심리적으로 마음의 문을 닫았고 보아도 안 본 것처럼 눈, 코, 입을 가리고 학교를 다녔어요. 공부는 열심히 했지만… 너무 싫어서 전학을 했어요. 중학교 때는 남녀 공학을 다녔는데… 그 학교 또한 학교의 분위기가 나와 맞질 않았어요. 학교의 분위기는 폭력과 욕이 난무했고 저는 전교 1등으로 입학을 했었는데… 성적이 떨어졌고 그 학교 분위기가 싫어서 더욱 공부한 곳만 집중하면서 학교를 다녔어요.

심상으로 경험한 얼굴은… 눈, 코, 입은 없고 흰색, 회색, 검은색 줄무늬를 가진 여자의 얼굴입니다. 초, 중등학교 그때의 나의 상황과 연관이 있을 수 있겠어요. 그 어느 것에도 관심을 가지지 않았던 나의 과거 모습과 관련이 있다고 느껴져요.

치료사 눈, 코, 입이 없고 줄무늬를 가진 여인의 얼굴은 지금 당신의 현실과 관련해서는 어떤지 말씀해 주실 수 있나요?

내담자(R) 결혼을 한 후 나와 완전히 다르고 이해되지 않는, 노는 것을 선호하는 남편과 시부모님을 보면서 나는 가족의 불만에 대해 초등학생, 중학생 시절의 나의 모습처럼, 나의 의견을 내지 않았고 보아도 안 본 듯, 들어도 못 들은 척, 입이 있어도 말을 하지 않고 살아왔던 것 같아요. 그것과 관련이 있군요….

치료사 GIM세션 인텐션intention으로 결정한 '가방을 잃어버린 꿈의 심상'에 대해 세션 과정에서는 나타나질 않았는데… 꿈의 심상… 가방을 잃어버린 경험은 어떤지요? 당신이 의식에서 모르고 있는 것에 대해서 꿈의 무의식은 알려주고 있습니다. 또한 가방에 무엇이 들어있었는지요? … 아마도… 저의 꿈이라면… 가방을 잃어버린 것에 대한 꿈은 내가 무언가 알지 못한 것에 대해 '상실'의 은유나 상징을 통해 말해줄 수도 있을 것이라 느껴집니다. 이것에 대해서 당신이 모르고 있는 심리적 연관성을 찾도록 해보세요.

내담자(R) 가방에는 나를 증명할 '주민등록증과 운전면허증' 그리고 돈과 책 등이 들어 있을 수 있는데… 가방을 잃어버렸다는 것은 꼭 나를 잃어버린 것과 같은 난감하고 슬프고 불쌍한 느낌이네요. 초, 중등학교 때 무언가 내가 싫어하는 학교 환경 속에서 신경을 끊거나 친구들과 전혀 어울리지 않고 공부에만 전념하면서 지냈던 것처럼 결혼을 해서도 내가 아니라고 생각하는 맞지 않는 상황 속에서 그저 그렇게 보지 않고 지냈던 것 같아요. 얼굴이 없는 것처럼 보지 않고 듣지 않고 말하지 않고도 살았다는 것을 느낄 수 있고 그것은 가방을 잃어버린 것과 연관이 있는 것 같습니다.

4. 여덟 번째 GIM세션~열 번째 GIM세션 과정

R은 두 개의 꿈의 심상을 GIM세션을 통해 재조명하면서 자신을 더 깊게 이해하는 계기를 가졌으며 꿈의 심상은 큰 의미가 있고 중요한 것으로 인식하기 시작하였다. 나아가서 그녀는 꿈 관련 책을 읽으며 꿈에 대해 더 많은 상식을 쌓아가길 원했다. R은 **여덟 번째** GIM세션에서 하늘의 '별을 보는 경험'을, **아홉 번째 세션**에서는 자신의 '세례식'의 심상을 경험하는데 이것은 어린 시절 경험한 세례식의 재경험과도 연관되는 것이다. 그러나 그녀는 GIM을 통해 또 다른 의미의 세례식을 경험한 것이며 이것은 자신 의식의 새로운 탄생, 즉 긍정적 의식의 변형transformation, 의식의 확장, 승화로 나아가는 과정이기도 하다. **열 번째 세션**은 그녀의 마지막 회기의 세션으로 자신의 삶에 대한 '결연한 의지'를 확인하는 통찰로 이어지며 세션을 종결하게 되었다.

논의 및 결론

본 사례에서 중요하게 다루어진 6회기와 7회기, 두 개의 꿈의 사례는 10회기로 이루어진 GIM세션 과정 중, 내담자 R이 과거의 꿈의 심상에 대해 통찰을 얻기 위해 GIM을 적용한 경우에 관한 것이다.

R은 6, 7회기 세션에서 과거에 꾸었던 자신의 꿈을 현재라는 시점으로 소급하여 10회기까지의 GIM세션 과정에 연결한다. 그녀 인생의 역사와 과거사는 GIM세션 과정과 꿈 작업을 통하여 과거, 현재, 미래가 동시에 존재하며 자신의 삶이라는 한 선상에 있는 한 사건으로 맥을 같이한다. GIM세션을 제공받기 전 똑똑하고 지혜로운 그녀의 삶은 우울함과 낮은 에너지, 상실감과 좌절된 느낌 그리고 무거운 마음의 힘든 상태였지만 세션 과정을 통해 '십자가에 꽃을 피우는 강한 정신력'을 경험, '말과 함께 자유로운 춤'을 추는 자신, '나무가 되어' 잎이 자라고 땅에 뿌리를 내리는 성장의 경험, '늠름한 타조'가 되는 나, 거울의 투사를 통해 '나를 만나는 경험' 등을 이어서 경험하게 된다. 결국 그동안의 무의식적 심상을 다루는 GIM의 과정은 무의식의 꿈을 다룬 6회기, 7회기 세션의 내면 작업으로 연결되면서 R이 과거 꿈의 심상을 현재의 상황과 함께 동일선상에서 바라보고 작용하게 함으로써 삶의 연결된 통찰을 얻게 된 것이다.

꿈을 통한 GIM의 적용은 내담자가 꿈을 내어놓고 한 인텐션intention을 다루더라도, 꿈에는 과거와 현재 그리고 미래가 한 시점에서 연결되듯이 이어져 있고 여러 가지 다층적인 층위가 있어 세션을 통해 원하는 한 면만의 답(아하!)을 얻는다는 것은 어려운 일이다. 또한 한 꿈에서 다양한 층위의 투사가 이루어질 수 있어, 한 꿈으로 여러 번의 GIM세션을 진행할 수도 있다. 치료사가 내담자와의 꿈의 심상을 토의하거나 GIM을 통해 꿈 작업을 돕기 위해서는 치료사 자신의 꿈을 통찰할 수 있는 전문성을 가지고 있어야 하며 꿈의 심상을 통해 통찰을 얻고자 하는 내담자를 돕기 위해서는 내담자의 무의식인 꿈의 상징을 더 잘 이해하고 그들과 인생 전반에 걸친 여러 각도에서의 다양한 이슈를 토의해야만 한다. 인간과 상징, 원형, 민담과 신화, 종교에 대한 심도 있는 연구는 물론 꿈을 이해하고 다룰 수 있는 정신분석, 분석심리학 스터디study 그리고 집단무의식에 대한 이해가 더 잘 이루어져야 한다. 이럴 때 꿈에 대한

GIM의 적용은 내담자가 자신의 꿈의 내용과 심상에 대해 고유한 통찰을 얻도록 도울 수 있고 자기실현, 의식의 긍정적인 변화, 승화를 경험할 수 있도록 이끌어준다. 그러나 결국 꿈을 다루고 내어놓은 내담자는 궁극적으로 자신의 통찰과 이해 속에서 자신만의 '아하!'를 가져가게 될 것이다.

융Jung은 수년 동안 꿈 언어를 연구한 후에 그 언어의 기초를 형성하는 몇몇 되풀이되는 인물상과 주제를 발견하고 이름을 붙였다. 일단 이해가 되면 이 구조들을 쉽게 인식할 수 있으며, 꿈은 즉각 의식적인 마음에 이해되기 시작한다(Fraser Boa, 2013).

용어 설명

민담(folk tale): 추상적인 예로부터 민간에 입을 통해 전하여 내려오는 흥미 위주의 이야기.

상징(symbol): 추상적인 사물이나 관념 또는 사상을 구체적인 사물로 나타내는 일.

신화(myth): 고대인의 사유나 표상이 반영된 신성한 이야기, 우주의 기원, 신이나 영웅의 사적, 민족의 태고대의 신비로운 역사 이야기.

원형(archetype): 칼 융(Karl Jung)의 이론에 등장하는 이 개념은 모든 문화에서 공통적으로 나타나는 기본적인 상징이나 이미지로, 인간의 무의식적인 공통성을 나타낸다. 이는 문화적 배경과 상관없이 모든 인간이 공유하는 원시적이고 보편적인 경험을 표현하는 데 사용된다.

이니시에이션(initiation): 특정한 문제 해결 및 목적 달성을 위한 새로운 계획.

통과의례(rite of passage): 출생, 성년, 결혼, 사망 따위와 같이 사람이 일생 동안 새로운 상태로 넘어갈 때 겪어야 할 일정한 법식.

통찰(insight): 심리치료에서, 내담자가 이전에는 인식하지 못하였던 자신의 심적 상태를 알게 되는 일.

참고문헌

고혜경(2014). 나의 꿈 사용법. 서울: 한겨레출판사.

김소진(2015). 꿈의 심상에 대한 주관적 해석과 GIM의 적용. GIM한국심상음악치료협회 정기학술대회 6~14.

이부영(2000). 분석심리학: C. G. Jung의 인간심성론. 서울: 일조각.

이유경(2008). 원형과 신화. 분석심리학연구소.

이윤기(2001). 이윤기의 그리스도 로마신화1. 서울: 웅진 닷컴.

이윤기(2002). 이윤기의 그리스도 로마신화2 서울: 웅진 닷컴.

일연학연구원(2007). 일연과 삼국유사. 서울: 신서원.

Bruscia, K. E. (1998). The dynamics of music psychotherapy. Gilsum, NH: Barcelona Publish ers.

Bush, C. (1995). Healing imagery and music. Portland, OR: Rudra Press.

Campbell, J. (1968). The masks of god. Vol, Ⅳ: Creative mythology. 신의 가면 Ⅳ: 창작 신화, 정영목 역(2002). 서울: 까치.

Eric, A. (1993). A Dictionary of Dream Symbols with an introduction to dream psychology.

Fraser Boa. (1994). 융 학파의 꿈 해석. 박현순, 이창민 공역(2004). 서울: 학지사.

Grocke, D. E. (1999). A phenomenological study of pivotal moments in guided Imgery and Music (GIM) therapy. Doctoral dissertation. Univwesity of Melbourne: Melbourne, Australia.

J. C. Cooper. (1987). 그림으로 보는 세계문화상징사전. 이윤기 역(1994). 서울: 까치글방.

Jean Shinoda Bolen. M.D. (2001). 우리 속에 있는 여신들. 조주현, 조명덕 공역(2003). 서울: 또 하나의 문화.

Jeremy Taylor. (1993). 사람이 날아다니고 물이 거꾸로 흐르는 곳. 고혜경, 이정규 공역(2009). 서울: 동연.

Jeremy Taylor. (1998). 살아있는 미로. 이정규 역(2009). 서울: 동연.

Johnson, Robert A. (2009). 내면작업. 고혜경, 이정규 공역(2011). 서울: 동연

Jung, C. G. (1954). 원형과 무의식. 한국융연구원 C.G. 융 저작 번역위원회(2005). 서울: 솔 출판사.

Jung, C. G. (1964). 인간과 무의식의 상징. 이부영 역(2000). 서울: 집문당.

Jung, Carl Gustav. Archetypes of the Collective Unconscious. 9 C. W., Part I. New York: Pantheon Books, 1959.

Jung. C, G. (1963). C.G. Jung의 화상, 꿈 그리고 사상. 이부영 역(2012). 서울: 집문당.

Kast. V. (2006). Traume, Patmos Verlag GmBH & Co. KG. Dusseldorf.

개인 GIM | 성인 | 트라우마 기억

7

40대 중년여성의 정신적 외상에 대한 GIM사례 : 35년 전의 정신적 외상에 대한 재경험 중심으로

김소진

개요

본 사례는 개인 GIM을 통해 40대 여성이 유년 시절 경험한 정신적 외상에 대한 기억을 상기하여 관련 심상을 재경험하고 그에 따른 정신적 외상의 1, 2차적 증상을 극복, 자신의 내면을 재정립해 나아가는 과정에 관한 것이다. GIM치료는 41세 여성 내담자(E)를 대상으로 4개월(2007년 3월 2일~7월 27일)에 걸쳐 총 7회의 개별 세션으로 진행되었으며 이를 위한 음악프로그램은 Helen Bonny Music Program과 Atlantic Institute Instructor들에 의한 program이 사용되었고 이들의 음악프로그램은 필요에 따라 본 치료사에 의해 1~3개의 곡이 기능적으로 재구성된 음악으로 적용되었다. 목적을 가지고 기능적으로 사용된 GIM음악들이 E에게 음악의 힘을 보여주는 동안 그녀의 경험된 심상imagery들은 관련 상징과 무의식적 정보를 제공했고 결국 쉽게 드러내지 않았던 심리적 문제의 가장 큰 원인인 어린 시절 경험된 정신적 외상과 관련된 심상을 7회기 세션에서 재경험하게 된다. E는 신체에 전반적인 통증이 동반된 심인성 기억상실 상태에서 자신의 어린 시절의 사건을 일상에서 잘 기억하지 못하고 본 치료사에게조차 자신의 과거를 자세하게 보고하지 않았으나 자신의 친모의 죽음과 관련된 어린 시절의 트라우마trauma의 심상이 일깨워지면서 순간 그녀는 놀람과 충격을 받았다. 치료사의 권유에도 E는 GIM치료를 더 이상 제공받으려 하지 않았으나 천천히 자신의 상태를 객관화함으로써 과거 사건의 기억을 무리하게 억압하거나 통제하지 않게 되고 기억의 적절한 통제를 이루게 되어 자신의 정신에 새로운 차원의 기억정보와 정서 반응emotional reaction을 제공받게 되었다. 결과적으로 E는 어려운 과정을 통해 자신을 재정립하는 계기를 경험하였고 개인이 지니고 있는 일상의 경험적 삶과 기존의 틀, 자아관, 자신의 인생관에 대해 새로운 통찰과 통합을 부여하게 되었다.

도입

1. 정신적 외상(trauma)

트라우마trauma는 일반적인 의학용어로는 '외상外傷'을 뜻하나, 심리학에서는 '정신적 외상', '영구적인 정신 장애를 남길 수 있는 충격'을 말한다. 트라우마, 즉 정신적 외상은 선명한 시각적 이미지를 동반하는 일이 많으며 이러한 이미지는 장기 기억될 수 있다. 일반인구의 과반이 정신적 외상을 경험하며 넓은 범위의 외상 사건을 포함한다면 거의 대부분의 사람들이 '정신적 외상'을 겪게 된다. 일반적인 경험의 범주를 넘어서는 사건으로는 자연재해, 재난사고, 전쟁, 테러, 납치, 강간, 고문 등이 있으며 좀 더 넓은 범위로 보자면 가정폭력이나 학대, 방임, 교통사고, 따돌림, 가까운 사람의 죽음, 이별, 극심한 심리적 스트레스 등이 해당된다. 정신적인 외상은 자신 스스로와 사람들 그리고 세상과의 긍정적 신뢰를 무너뜨리고 관계를 파괴할 수 있으며 우리 존재의 모든 영역에 영향을 미쳐 정상적인 사회생활에 부정적인 영향을 끼치게 된다(김순진, 김환, 2009: 신응섭, 채정민 공역, 1996).

1980년대 초 미국 정신과협회는 '외상 후 스트레스 장애(post-traumatic stress disorder, PTSD)'를 공식 병명으로 채택하였다. 미국 정신의학회American Psychiatric Association의 정신장애 진단 통계편람[DSM-Ⅳ-TR] 기준에 의해 외상 후 스트레스 장애로 진단을 받는 경우는 충격적인 사건 자체가 일차적인 원인이지만 '정신적 외상'이나 충격적인 사건을 경험한 모두가 이 질환을 경험하는 것은 아니다. 일반인 중 남자 60%와 여자 50%가 심각한 사건을 경험하지만 실제 이 질환의 평생 유병률은 6.7% 정도를 나타낸다. 그러나 '정신적 외상'을 경험한 청소년은 37%가 2년 후에도 장애증상을 보인다(중앙일보, 2010.3.31.[분수대] 외상후 스트레스 장애). 장애증상은 사건 경험 전의 심리적, 생물학적 사전 요인이 질환 발생에 관여하는 것으로 나타나는데 질환 발생과 연관된 위험인자는 어렸을 때 경험한 심리적 상처, 성격 장애나 문제, 부적절한 가족, 동료의 정서적 지원, 정신과 질환에 취약한 유전적 특성, 스트레스가 많은 삶으로의 변화, 과도한 음주와도 관련될 수 있으며 이 밖에 심리학적 원인으로는 어렸을 때 경험한 심리적인 충격과 관련하여 해결되지 않은 심리적인 갈등들이 현재의 사건과 맞물려 다시 일깨워지는 것으로 보는 정신분석적 모델(Rappaport, 1968)과 조건화된 자극이 지속적으로 공포 반응을 일으켜서 그 자극을 피하려는 행동이 문제를 일으키는 것으로 보는 인지 행동적 모델(Marafiote, 1980)로 설명되고 있다. 생물학적 요인으로는 신경전달 물질인 도파민, 노르에피네프린, 벤조다이아제핀 수용체 그리고 시상하부-뇌하수체-부신 축의 기능 등이 연관이 있는 것으로 보고되고 있고 외상 후 스트레스 장애 환자군에서 노르에피네프린 시스템과 시상하부-뇌하수체-부신 축의 기능이 더 증가되어 있다는 연구 결과가 도출되었다. 자율신경계의 반응이 과도하게 증가되어 있다는 연구 결과도 있는데 그 증거로는 혈압 및 심장 박동수가 증가되어 있고 비정상적인 수면 구조를 보이는 것을 들 수 있다(Van der Kolk, 1984; Van der Kolk & Greenberg, 1985).

트라우마trauma 사건 후 외상 후 스트레스 장애 증상의 발생은 짧게는 일주일부터 길게는 30년 이후에도 일어날 수 있다. 증상이 1개월 이상 지속되어야만 외상 후 스트레스 장애라고 하고, 증상이 한 달 안에 일어나고 지속 기간이 3개월 미만일 경우에는 급성 스트레스 장애에 속한다. 증상의 정도는 시간에 따라 변화하고 스트레스 시기에 강하게 나타난다. 치료하지 않는 경우 30%는 저절로 정상으로 돌아오고, 40% 정도는 가벼운 증상을 지속적으로 경험한다. 20% 정도는 중등도의 증상을 지속적으로 경험하며 10%는 증상이 악화될 수 있다(중앙신문, 2010). 일반적으로는 아주 어린 나이나 고령에서 발생한 경우 중장년층에 비해 더 심리적 어려움을 경험한다.

외상 후 스트레스 장애의 임상적 특징은 일차적인 증상과 이차적인 증상 사이에서 구별된다. 일차적인 증상들은 외상 후 스트레스 장애 진단 기준에 대해 기본을 제공하지만 이차적 증상들은 일반적으로 진단 기준을 형성하는 데 많은 영향을 미치지 않는다. 일차적 증상으로는 주요 활동에의 흥미 감소, 과민반응과 불면, 반복적인 침투적 회상, 회피행동, 놀람, 심인성 기억상실이 나타나며 충격의 재경험은 일차적 증상의 가장 특징적인 증상으로 사건에 대한 기억이나 꿈, 환각이 재연되어 실제와 같이 느끼고 생리적 재 반응, 즉 신체적 증상을 동반한다. 기억이 거의 없는 경우에도 비슷한 상황에 처하면 신체적 증상이 나타날 수 있으며 감정 회피 또는 마비의 증상은 정상적인 감정이 없어지는 것으로 비현실적인 감정만 들기 때문에 분노와 피해의식, 수치심이 들게 된다. 이차적 증상으로는 우울, 불안, 충동적 행동, 물질 남용, 신체적 증상, 죄의식, 시간 감각과 자아 기능의 변화, 예언력이 있다는 느낌을 들게 한다(김순진 & 김완, 2009). 외상 후 스트레스 장애는 타 정신과 질환으로 오진되는 경우가 있으므로 불안장애, 우울장애, 통증장애, 그리고 물질남용 등의 질환을 가진 환자는 외상 후 스트레스 장애 존재 유무를 의심해봐야 한다.

'정신적 외상'과 같이 충격적인 사건을 당한 사람에게 우선적으로 제공해야 할 것은 정서적인 지지와 그 사건에 대해 함께 이야기를 나눌 수 있는 용기를 북돋는 것이다. 이 상황을 잘 이겨낼 수 있도록 일상에서의 이완요법, 명상 등의 적응 방법을 교육하는 것도 좋은 대안 방법이며 '정신적인 외상' 치료에 대한 교육이 필요하다. 정신치료 요법으로는 정신 역동적 정신치료(Frick & Bogart. 1982; Horowitz, 1973, 1974, 1976)와 이 밖에 인지적 행동치료(Marafiote, 1980), 최면 요법(Gilligan & Kennedy, 인쇄중) 등이 심리요법으로 활용되고 있는데 GIM심상음악치료 또한 많은 연구와 함께 정신적 외상 및 관련 증상에 관한 치료에 효과적으로 적용되고 있다(김소진, 2017: Bake, 1994; Blake & Bishop, 1994; Borling, 1992; Clark, 1991; Levier, 1986; Moffitt & Hall, 2003~2004; Rinker, 1991; Smith, 1996~1997; Skaggs, 1984; Tasney, 1993; Ventre, 1994).

2. 정신건강을 위한 GIM

Helen Bonny가 발전시킨 심층음악심리치료 방법인 GIM은 음악 중심적, 변형적인 치료법으로서 한 개인의 내적인 경험을 탐색, 극적으로 풀어내어 육체적, 정신적, 영적 통합에 도움을 준다. GIM세션에서의 음악은 깨어있는 상태에서 꿈을 꾸는 것waking dream과 같은 전환된 의식 상태altered state of consciousness를 경험하게 하여 클라이언트를 개인적으로 중요한 사건에 집중시킨다. 이때 체계적으로 적용된 음악의 특성들은 다양한 종류의 심상imagery을 발현시키고 상의 연속성, 구조 그리고 방향을 제시하는 중요한 역할을 한다.

Bonny(1972)에 의하면 GIM활동에서 음악경험을 통해 개인에게서 산출된 심상imagery은 과거에 관한 정보, 그것과 연관된 정서를 파악하게 하고 현재 내담자가 가진 정신건강의 장애물을 이해하는 데 사용되며 정신건강의 변화를 꾀하기 위해 체계적으로 적용된다. 상상하는 과정을 체계적으로 사용하는 것은 감정적인 반응이나 근본적인 행동을 이끌어내는 데 도움을 줄 수 있고 사람의 감정을 탐색할 수 있을 뿐만 아니라 상상력을 동원해 더 많은 적응 행동을 만들어 낼 수 있다. 또한 GIM은 초의식 영역의 경험들을 통해 내면의 갈등을 치료하는 데 유용하며 이 경험들은 경험하는 자아와 더 높은 자아의 경합을 통해, 더 높은 의식 수준으로 끌어올리는 수단으로 작용한다(Bonny, 1978b). GIM은 경험(심리학적인, 신체적인, 사회적인, 종교적인, 원형적인)의 모든 양상을 통해 인간성을 보는 인간적 · 초개인적 심리학과 조화를 이루어 '인간에 대한 전체적인 이해가 나타나도록 해주는 독특한 접근법'이다(Bonny, 1978a). 이와 같이 GIM은 정신건강의 문제와 장애물을 이해하는 데 유용하게 적용될 수 있으며 내담자들은 자신만의 감정적, 시각적, 신체적 심상을 경험하고 그 상징적 의미를 통해 과거의 상황을 재경험하고, 자신에 대해 이해를 얻으며 전체적 시각으로 보다 깊이 문제를 바라보고 해결하는 과정을 경험할 수 있다.

사례 절차

본 사례연구에서는 정신적 외상의 1차적 외상(친모의 죽음과 관련)과 2차적 외상(새엄마의 학대)을 경험한 40대 여성(E)에게 개인 GIM이 적용되어 선정되었으며 E에 대한 외상후 스트레스 장애에 대한 진단은 병원에서도 실시되지 않았다. E의 GIM치료는 총 7회기(2007년 3월 2일~7월 27일)로 그녀는 일상생활 속에서 자신도 잘 알지 못하는 심리적 증상(우울, 무기력감과 에너지 저하, 좌절감, 불안함)과 신체적 증상(신체의 전반적인 통증)을 동반하고 있었다. 세션 시간은 1시간 30분 정도 소요되었으며 세션에 앞서, 개인 상담이 이루어졌으며 이때의 상담은 E의 개인사, 치료에 대한 현재의 목표와 기대를 망라하는 것으로 GIM의 진행에 대해 논의되었다. 본 사례연구에서 보고된 내담자(E)의 정신적 외상은 그녀의 '삶의 본질과 인간의 이해'라는 차원에서 존중되고 받아들여져야만 할 것이다.

사용된 음악

음악의 사용에 대해서는 내담자 개인의 문제를 보다 깊이 경험하고 내관을 획득할 수 있도록 개인의 치료목적에 맞게 적용될 수 있는 음악을 사용하였다. 이때 사용한 음악들은 각 음악의 요소(Pitch, Rhythm & Tempo, Vocal and/or Instrumental mode, Melody, Harmony, Timbre)들과 함께 전체적으로 음악이 클라이언트를 집중하게 하고 깊은 경험을 할 수 있는 장場을 마련해줄 수 있도록 구성하였으며, music program들은 본 치료사에 의해 일부는 1~3개의 곡이 기능적으로 재구성된 음악이 치료에 적용되었다. 그러나 곡들의 진행과 구조도 기승전결 형태로 도입 및 전개-발전-해결을 가지는 음악적 구조로 진행되었으며 매 회기 음악과 심상의 교차적 경험을 통해 고유한 경험들과 다양한 주제들이 긍정적인 귀결로 이끌어질 수 있고 문제의 핵심과 방향을 잃지 않도록 음악의 선정을 중요시하였다. 본 GIM사례연구에서 적용된 음악프로그램들은 Exploration, Reflation, Bitter Sweet, Melancholy, Paradox, Grieving 프로그램이며 특히 일곱 번째 세션에서 E가 과거 만 6세 때의 '친모'의 죽음에 대한 심상을 재경험하게 되는 데 적용된 음악들은 다음과 같이 Albinoni(Adagio), Bach(Come Sweet Death), Sviridov(Russian Chorus: 2nd, female), Barber(Adagio for Strings), Mozart(Ave Verum)가 적용되었다.

배경 정보

E는 41세로 남편과 동업을 하는 워킹맘working mom이다. 그녀는 경계성급 발달장애의 어려움을 겪고 있는 아들(당시 12세)의 문제로 지속적인 음악치료와 상담을 제공받고 있었다. 어느 날 그녀는 자신의 심리적 불편함과 원인 모를 전반적 신체적 통증에 대해 의논하며 상담을 자처하였다. E는 자신의 역사history를 보고하면서 자신은 학창 시절 새엄마의 손에서 자랐고 관계의 어려움이 많았으며 청소년기에도 자신의 모든 일상(빨래, 밥, 청소 등)을 스스로 처리하면서 살았기 때문에 모든 것이 쉽지 않았지만 지난 일들이라 생각하고 현재는 아들도 그다지 걱정되지 않는다고 하였다. 지금은 경제적으로도 여유가 있고 남편과도 서로 사랑과 신뢰의 관계를 유지하며 지내고 있지만 무언가 자신도 알 수 없는 만성적 근육 긴장(어깨, 등, 팔목 및 신체 관절 등의 통증)과 우울, 불안, 좌절감, 무기력감이 있어 GIM심리치료를 받고 싶다고 상담하였다. 상담을 하는 동안 E의 얼굴은 슬프고 목소리도 작고 너무나 힘없는 아픈 모습을 하고 있는 상태였다.

치료 과정

GIM에서 변화를 일으키는 강한 힘은 음악의 초월적인 힘이다. 음악의 힘을 통한 의식의 변형transformation은 마음 깊은 내면의 소리가 개인의 정체성 확립을 얻기 위해 변화될 때 경험할 수 있다. 음악을 매개로 '전환된 의식 상태altered state of consciousness'로 들어가게 되면 내담자는 내면세계를 탐색하고 자기실현에 필요한 잠재력을 확인, 경험하게 되는데(AMI, 2003), 그것을 기초로 불러일으켜지는 심상이 개인적 변화를 발생시킨다. 세션 후에는 내담자가 음악적 감정에 의해 촉발된 자신의 심상에 대해 상징적인 의미를 찾도록 치료사가 돕게 되는데 본 사례연구에서는 내담자(E)의 세션 경험에서 정신역동 측면이 중요시되었다.

본 사례연구에서 E는 자신의 정신적 외상과 관련된 가장 중요한 정보(만 6세 때 친모의 죽음과 관련된 사건의 재경험)를 목격하게 되나 평상시 그 장면은 심인성 기억상실(김순진, 김완, 2009)로써 내담자 E의 기억 깊은 곳에 저장되어 상담 당시에는 전혀 언급되지 않았으며 일상의 의식 상황에서는 기억하지 못하거나 자신의 심리적 문제의 원인과는 연관을 지울 수 없는 상황이었음을 보고하는 바이다.

1. 내담자(E)의 정신적 외상 및 증상

외상과 증상		내용
정신적 외상	1차적 외상	내담자 E의 만 6세 때에 친모의 사망 사건(E는 상담 시 이 내용에 대해서는 전혀 언급하지 않았으며 7회기 세션 때 '친모의 죽음'과 관련된 깊은 정신적 외상의 근원적인 심상을 경험하게 됨)
	2차적 외상	새엄마의 학대, 외로운 아동기 · 청소년기(아동기 시절, 자신의 빨래와 청소, 설거지 등 일상의 모든 일을 새엄마의 지시에 따라 수행해야만 했음)
일차적 증상		일상의 주요 활동에의 흥미 감소, 불면증, 심인성 기억상실, 피해 의식
이차적 증상		우울, 불안, 좌절감, 무기력, 신체화 증상(어깨, 팔, 등의 전체적, 만성적 근육 긴장과 관절 통증)

우리의 마음에서는 자신이 알지 못하는 것이 항상 상징적으로 표현될 수 있다. 이러한 상징은 개인의 가치경험과 통찰, 감성, 사고, 비전에서 나오며, 사회조직의 형태에 대한 반영인 동시에 의식과 무의식이 투영되어 나타나는 거울이라 할 수 있다(Campbell, 1968). 이때 발현되는 심상imagery은 마음의 언어이다. 아래 본 사례연구의 내용은 E에 대해 GIM세션 7회기가 진행된 과정에 관한 것으로써 어린 시절에 경험한 '억눌림, 외로움, 방치, 친모의 죽음'과 관련된 심상에 대한 과거의 기억과 회상들의 상징적 이미지들을 경험하고 삶에 존재해 왔던 근원적인 상처를 해결해나가는 과정에 대

한 것이다.

2. GIM치료 진행 과정

첫 번째 만남: 새로운 경험, 쉬고 싶은 마음 → 어두운 숲, 고향의 산

E와의 첫 만남은 GIM과 자신의 마음을 만나는 탐험의 첫 시간이다. 그러나 E는 지쳐 있었다. 그녀는 많은 이야기를 나누며 언어적 상담을 선호하기보다 빨리 자리에 누워서 쉬고 싶어 했다. 나는 그녀가 잘 진단되지 않았으나 그녀의 욕구를 따랐다. 그녀는 서둘러서 GIM을 시도할 수 있는 침상에 누워버렸다. 그녀는 첫 번째 세션에서 자신의 인텐션intention으로는 너무나도 쉬고 싶은 마음이 강하다고 하였다. 진단적 목적으로 그녀에게 Exploration Program 음악이 적용되었다. 초반에는 깊은 경험에 도달하지 못하고 가벼운 쉼과 같은 경험을 보고하고 치료에 잘 적응하지 못했으며 심상은 잘 나타나지 않았다. 세션이 진행되면서 '어두운 숲속'의 심상과 '고향의 산' 이미지를 경험하고 숲이 어두워서 무서운 마음은 있었으나 조용해서 조금이나마 쉴 수 있어 좋았다고 보고하였다. 여기서 경험한 '어두운 숲'은 E가 아직 무엇인지 알 수 없으며 자신이 더 알아내야 하는 것이라 보고하였다. '고향의 산'에 대해서는 동네 친구들이 동산에서 뛰어노는데 자신은 마음에서 더 가까이 잘 갈 수 없어서 슬펐고 천천히 더 치료를 지속하고 싶다고 했다.

이러하듯이 GIM 첫 세션을 통해 내담자들은 자신의 심상을 그저 자신이 구경을 하거나 탐험 또는 그것과 관련된 여러 가지 일들이 일어나지만 그 이상은 아닐 수 있다. 이것을 감각적 단계sensory level의 경험이라고 할 수 있는데 이것은 곧 첫 번째 이미지의 레벨은 표면적이라 할 수 있다(Stokes, S. J & Carol B, 1997).

두 번째 만남: 피곤함, 억눌린 힘든 마음 알아보기
→ 가족과 언덕에서 쉬는 나, 날아가는 새떼들(자유를 필요로 하는 것)

두 번째 세션을 위한 만남에서도 E는 지친 자기 자신과 신체의 통증 그리고 피곤함을 보고하였다. 첫 세션을 받고 집에 돌아가는데 너무 힘이 들었고 집에서조차 일을 할 수 없었으며 너무 힘들었다고 했다. 자리에 누워서 앓듯이 잠을 자는 E에게 남편은 "어디가 아프냐?"라고 했다. 그녀는 GIM치료를 받으러 다니는 것을 남편에게 알리지 않았으며 남편은 이 사실을 모른다고 했다. 다른 일상의 변화는 남편이 이사를 하자고 했고 더 좋은 집으로 갈 수 있어서 좋다고 했으며 남편이 집을 공동명의로 해주겠다고 했다. 그녀는 그런 남편이 착한 사람이라고 했다. E는 자신의 이야기를 하면서도 무언가 기운이 다 빠져나간 표정으로 웃고 있었다. 얼굴빛은 검은색을 띠고 있었으며 약간 지친 모습을 하고 있었다. 그러나 나는 더욱 그녀에게 진단적으로 사용할 수 있는 음악reflection program을 적용했다. 나는 속으로 이런 말을 나에게 전했다. "○○이 엄마는 무엇을 위해 나에게 GIM세션을 청한 것인가? 무엇 때문에 힘들어하는 것인가?" 두 번째 세션도 그녀의 세션은 잔잔했다. 치료사의 다양한 언어적 중재의 시도에도 그녀는 자신의 일부 심상만을 내어놓고 있었다. 경험된 심상은 나무가 가득한 들판과 언덕, 현재 가족과 함께 언덕에서 쉬는 장면, 날아가는 '새떼들'이었으며 E는 일이 많아 바쁘고 힘들지만 가족이 있어 힘이 되는 것 같다고 하였고 세션 마지막 부분에서 경험한 '날아가는 새떼들'의 심상은 정신적인 영역에서 있어 어떤 부분이 '새'의 심상과 같이 날아갈 필요가 있는지 묻는 치료사의 질문에 E는 자신 스스로에게 묻는다면 "힘든 마음으로부터 자유를 필요로 하는 것"이라고 설명하였다. 나는 그녀를 위해 더 세션을 진행해야 한다고 느꼈다.

세 번째 만남: 통증, 우울, 남에게 말하지 못하는 문제의 해결
→ 심장의 두근거림, 바닷물 속의 자신

세 번째 만남에서도 E는 같은 표정, 같은 모습으로 나를 찾아왔다. 별로 변화는 없다. 호전되는 것도 없고 몸이 아프고 신체적 통증은 여전하다고 했다. 특히 오늘은 등과 어깨가 너무 많이 아프다고 했다. 그녀는 세 번째 세션에서도 치료사와 긴 대화를 자처하지 않고 GIM을 위한 침상으로 미끄러지듯이 들어가서 누워 버렸다(E는 아들이 음악치료를 제공받는 동안도 늘 대기실의 소파에 누워 있곤 했다). 심지어는 너무 기운이 없어서 누워서 이야기를 나누고 싶어 했다. 나는 그렇게 하라고 했다. E는 자신도 무엇 때문인지는 모르겠으나 머리가 아프고 무기력하고 우울하다고 했다. "잘 모르겠고 남이나 가족들에게도 말하지 못하는 것에 대해서도 잘 말해야 하는데…"라고 이야기를 전했다. Bitter Sweet program 음악이 진행되는 동안 E는 가슴이 답답하고 속이 울렁거리고 머리도 무겁고 몸에는 기운이 없다고 하였다. 몸과 마음이 지쳐있고 무언가 해방되고 싶은 마음이며 남에게 가식적으로 보이는 것이 아닌 내면으로부터 진정 편안해졌으면 좋겠고 신체적 반응으로는 심장의 두근거림을 지속적으로 느꼈으며 음악이 정리되면서 자신의 심장이 모양을 만들어가는 것 같다고 보고하였다. E는 자신의 경험 중 가장 중요한 심상은 '바다 물속에 있는 자신'이라고 하였는데 여기서 E가 경험한 바다는 깊은 무의식과 관련이 있거나 혹은 또 다른 상징일 수 있다고 토의하였다. E가 경험한 바닷물 속에 웅크리고 있는 자신의 심상은 자신이 '어린 아기 모양' 같고 두려웠으며 알 수 없는 것이라 보고하였다.

네 번째 만남: 작은 일로부터의 마음 상함, 지침, 우울감 → E의 어린 시절

네 번째 만남에서 E는 여전히 자신의 모습에 큰 변화는 없는 듯하다고 말했다. 우울한 기분과 신체적 통증은 물리치료를 받아도 크게 호전되지는 않지만 물리치료를 계속 받고 있다고 했다. 그러나 GIM심리치료를 위해 치료사와 상담을 받고 자리에 누워서 음악을 들으니 좋다고 했다. 며칠 전에는 아들의 상담을 위해 학교를 방문했으며 선생님으로부터 좋은 이야기는 듣지 못했다고 했다. 그래서 마음이 상한다. 그러나 식구들은 아들에게 더 성장하면 ○○ 지역에 있는 ○○대학교에 진학하자고 했다. '아빠와 엄마가 힘껏 지원해준다고….' E와 그녀의 가족들은 아들이 ○○대학교에 진학할 수 있을 것이라는 가족들의 희망을 이야기하는 듯했다. E는 자신의 기분은 지금도 우울감이 있고 몸의 에너지도 낮고 지친 상태라고 했다. 신체를 이완하는 단계적 인덕션induction과 함께 Melancholy program 음악이 시작되자 E는 신체적 반응을 나타냈다. 그녀는 치아를 '딱딱딱' 소리가 나도록 부딪치며 너무나도 추워했다. 더 느껴보라는 치료사의 중재에 그녀는 너무 추워서 감당할 수 없는 듯했다. 너무 심하여 쿠션 중재를 천천히 시도하였으나 그것은 E에게 의미가 없었다. 이때 치료사는 더 객관적인 자세로 오히려 충분한 경험을 하도록 중재해야 할 것이다. E가 이렇게 큰 추위를 경험하는 것은 그녀의 심리와 신체가 연결되었기 때문이며 E는 그것을 표현하고 있었다. 견디기 어려운 그 추위를 충분히 경험하게 한 후 나는 신체중재 여부를 묻고 그녀의 동의하에 E의 가슴 적절한 부위에 나의 손을 부드럽게 올려놓았다. 그녀는 따스한 온기를 전달받은 듯, '딱딱' 소리를 냈던 치아가 부딪히는 소리를 멈추었다. 그녀의 몸은 추위가 감소하고 따뜻해진 것이다. E는 심상에서 여행을 떠나 쉴 수 있는 좋은 곳으로 가고 싶어 도착한 곳은 '푸른 들판'이었고 음악이 진행되면서 뚜렷하지는 않지만 '자신의 내면에서는 무언가 그녀를 잡는 손들'이 있어 그것을 잡고 싶었으나 잡지는 못했고 다시 심상이 이어지면서 '어린 시절의 친척 집 배회, 방안에서 혼자 있는 자신'의 심상을 보고하였다. 이 심상에서 나타난 E의 방치된 아동기(내면의 아이)는 그 시기에 성취되지 못한 본능적인 욕구들이 성취되지 않은 채 그대로 남아 E의 가슴에 2차적인 외상으로 자리하며 그녀에게 나약함, 불안함, 기본적인 우울한 정서에 영향을 줄 수 있다. E는 마음이 여리거나 작은 일로도 마음 상함을 경험하는 것은 자신의 어린 시절과 연관이 있는 것 같다고 토의하였다.

다섯 번째 만남: 상반된 마음의 상태 → 넓은 벌판, 노을, 털어버리고 연연해하지 않는 노력

다섯 번째 세션에서 E는 다소 편안한 마음으로 일상을 보냈으나 상반된 마음이 든다고 보고하였다. 그녀의 남편도 그녀가 GIM치료와 상담을 받으러 다니고 있다는 것을 모르기 때문에 남편과 함께 일을 해야만 하는 상황에서 다른 이유를 말하고 치료를 받으러 왔다고 했다. 그녀는 인텐션intention으로 자신의 상반된 마음 상태에서 변화를 경험해보고 싶으며 몸의 에너지는 낮고 기운은 없는 상태이다. 그녀의 의도에 따라 Paradox program의 음악들이 흘러나왔다. 경험된 심상은 '차가운 겨울 바다, 숲속 끝에 있는 휴화산, 빈집' 등의 심상을 떠올렸으며 전반적인 느낌은 '무서움'이라고 하였다(음악이 진행되면서도 그녀의 이미지들은 닻anchor을 내리지 못하고 떠돌며 잘 연결되지 못했다). 하지만 이러한 이미지들은 '넓은 벌판, 해가 지는 노을'로 연결되면서 하루가 정리되는 느낌이 들며 안정된 기분이 들면서도 한편으로는 '얼떨떨한 느낌'이 든다고 보고하였다. 여기에서 '휴화산'의 심상은 E 자신은 잘 모르겠으나 터지지 않고 쉬고 있으니 그것이 삶 속에서 표현이 허용되지 않는다면 폭발할 수 있다는 것을 말하였다. E는 마음이 잘 조절되지 않으며 조울증과 같이 상반된 마음은 쉽게 바뀌지 못하는 것 같으나 세상을 살다 보면 많은 일을 겪으면서 살아가니, 털어버리고 연연해하지 않으려 노력해야 한다고 했다.

여섯 번째 만남: 부정적인 감정, 우울감 → 노란빛의 달, 한 줄기의 빛

여섯 번째 세션을 위해 E는 나를 찾아왔다. 보편적으로 GIM의 여섯 번째 세션부터는 내담자가 획기적인 변화 또는 정신psyche의 변형transformation을 경험한다. 또한 치료사는 그것을 기대하게 된다. E는 "자신의 정신의 긍정적인 변형을 경험하게 될 것인가?" 그녀는 자신의 인텐션intention으로 떨쳐내고 싶은 처지고 지친 부정적인 감정에 대해 토의하였다. 그러나 그녀 자신도 왜 그렇게 아직도 우울한 기분이고 기운이 없고 무기력하며 신체적 통증이 몸 여기저기에서 나타나는지 잘 모르겠다고 했다. 여섯 번째 세션을 위해 Linda Keiser의 Grieving program 음악들이 흘러나왔다. 세션이 진행되면서 E는 마음에서 '무언가 펴내는 기분이 들며 내면의 누군가가 자신의 이야기를 들어 주는 것' 같다고 했다. 그러나 답답하고 불안한 느낌이다. '어지러운 무늬와 여러 가지 색깔, 노란빛의 달, 끝이 보이지 않는 어두운 동굴의 심상과 그 속에서 보이는 한 줄기의 빛을 따라 앞으로 걸어 나가는 자신'을 경험하면서 E는 자신의 부정적 감정에서 긍정적인 에너지의 흐름을 감지한다. 세션 후반에 '저녁 비가 내리는 심상' 경험은 날씨에 따라 마음이 풀이 죽어 감정의 상태가 좌우되지만 자신의 감정과 상관없이 세상은 아름답고 E가 경험한 심상 중에 '어지러운 무늬'는 여러 가지 색깔을 만들어 냈고 그 무늬들을 통해 자신이 꿈을 꾸고 있는 것 같다고 했다. 세션 후 토의에서 E는 자신이 경험한 '노란빛의 달'은 편안함과 자신 성장의 가능성을, '동굴'은 어둡고 칙칙했으나 끝에 빛이 있어 좋았고 자신이 경험한 이 동굴 심상에서 한 줄기의 빛을 보고 있다.

프롤로그(prologue): 일곱 번째 세션에 대한 이해

정신적 외상 사건은 보통의 일상적 경험이 아닌 충격적 사건으로, 통상의 스트레스 사건과는 많이 다르다. 즉 정신적 외상 사건으로 인한 내담자에게는 새로운 정보(생각, 이미지, 정서)가 많아짐을 언급할 수 있는데 그 중의 정보에서 일부만 처리되고 가공되지 않은 정보는 원래의 형태로 무의식 속에 활성화될 수 있는 여지를 남긴 채 저장되어 무의식 속에 남게 된다(Horowitz, 1979, 1986). 아래의 일곱 번째 세션에서 E는 깊은 음악적 경험을 통한 의식의 변형 상태에서 일상에서 기억하지 못했던 자신의 가장 잔인하리만큼 아프고 두려운 친모의 죽음과 관련된 어린 시절의 정보를 떠올리게 된다. 즉 GIM세션에서 음악의 힘을 통해 E는 자신의 기억 정보에 감추어진 정신적 외상과 관련된 장면을 심상으로 표출하면서 그 관련 사건을 재경험하게 되는 것이다. 그동안 E를 따라다니며 그녀를 괴롭혔던 심리적, 신체적 증상들은 그녀의 무의식적 기억 속에 잠겨있던 '친모의 죽음 사건'에서 기인된 것이라 할 수 있다. E에게 있어 7회기 세션은 GIM의 전기적 단계biographical level의 경험이라 할 수 있는데 이 단계에서는 내담자의 개인적인 줄거리가 발전되며, 기억의 회상flashback of memories과 개인적인 이미지personal imagery를 포함한다. 이 단계는 일시적 경험 단계 또는 역사적 단계로써 개인적인 경험과 맞닿아 있기 때문에 개인의 과거와 어린 시절의 트라우마trauma와 연결될 수 있다. 즉 자신을 괴롭혔던 자신의 이야기와 만날 수 있고 복잡한 가족관계와 같이 사적인 것과 연관된다. 그러나 이미지가 진행될 때 감정과는 동떨어진 그냥 이미지를 갖게 될 수 있으며 이미지와 감정 두 가지가 합쳐지기까지는 시간이 걸린다(Stokes, S. J & Carol B, 1997).

일곱 번째 만남: 상실감에 대한 마음의 소리 들어보기 → 친모 죽음 사건의 재경험

일곱 번째 세션을 위한 만남에서 E는 자신의 일상을 보고하였다. 남편과 자신의 사업이 잘되고 있어서 너무나 바쁘고 일이 많다고 하였다. 일이 많아서 좋지만 많이 피곤하여 세션을 받으러 오는 이 시간이 자신이 유일하게 쉴 수 있는 시간이라고 했다. E는 학창 시절에도 너무 많이 힘들고 바쁜 생활을 했으며 새엄마가 E에게 빨래하기,

밥하기, 설거지, 집안 청소 등의 일상적인 일을 모두 다 시켰다고 토로하였다. E는 청소년기에 학교를 다니면서 이와 같은 일상적인 노동에 시달렸고 이런 기억들은 자신에게 무언가의 상실감으로 다가오고 마음이 짠하다고 했다. 그녀는 인텐션intention으로 상실감에 대한 자기 마음의 소리를 듣고자 했다. 그러나 E는 자신의 의도와는 달리 일곱 번째 이 세션에서 가장 어려운 획기적인 경험과 마주하게 된다. 그녀는 이 세션으로 자신을 30년 넘게 억눌리게 했던 1차적 정신적 외상과 관련된 이유를 확인하게 되고 재경험 및 표출하게 되는 힘든 과정과 만났기 때문이다. Albinoni의 Adagio 음악이 흐르는 세션 초반에는 '시골 마을, 갈대밭, 아무도 없는 황량한 시골길'의 심상을 경험하였으나 Bach의 Come Sweet Death 음악이 진행되면서 그녀는 집중하기 시작했다. 음악과 함께 깊은 경험 속으로 들어갔고 그녀의 몸은 더욱 힘이 빠진 듯 아래로 내려앉는 것 같았다. 음악은 Sviridov의 Russian Chorus로 서서히 이어지고 있었다. 이때 나는 그녀가 어떤 경험을 하고 있는지 질문하였다. 치료사의 질문에 E가 보고한 심상은 다음과 같다.

당신 지금 무엇과 함께하고 있나요? …… '엄마!' 엄마가 보여요…… **어떤 엄마?** … 친엄마…… 나는 엄마 옆에 앉아 있고…… **당신의 모습을 자세히 설명해 주실 수 있나요?** …… 나는 어린 모습…… **몇 살 같아요?** … 일곱 살…… **무슨 일이 일어나는지 자세히 설명해 보세요** … 엄마가 병에 든 무언가를 마시고 있고…… 엄마가 병원의 이동 침대에 누워있어요……

[Barber: Adagio for Strings] … 하얀 시트를 온몸에 쓰고 있어…… 엄마의 얼굴을 볼 수가 없어요…… 엄마! 엄마에게 가까이 가려 했지만 친척들이 엄마한테 가면 안 된다고… 갈 수 없다고 막아요… 엄마한테 가고 싶었지만 갈 수 없어…… (중략)

E는 음악이 마칠 때까지 지속된 침묵 속에서 눈물을 흘렸다. 그녀에게는 Mozart의 천상의 음악 Ave Verum조차 들리지 않는 것 같았다. 어린 시절의 E는 그 당시 '약을 마시고 있는 친엄마'와 '죽음'을 연관시키지 못했고 어린 시절 엄마와 준비되지 못한 분리와 이별을 경험해야만 했던 것이다. 이제 그녀는 자신의 아픔이 어디에서 기인되었는지를 알게 되었다. 그녀와 나는 세션이 끝난 후에 아무런 말을 할 수가 없었다.

토의는 가능하지 않았다. 그녀 자신도 음악과 함께 별안간 표출된 친모의 죽음에 대한 기억에 놀랐으며 GIM세션의 기회를 제공했던 본 치료사도 불현듯 나타난 내담자의 정신적 외상에 대한 경험에 놀랐기 때문이다.

인간의 내면에서 불러일으켜진 심상은 심리적 문제를 해결하기 위한 역동적인 도구(Sarbin, 1972)이다. 이와 같이 E는 음악을 통해 자신의 심리적 문제의 근원인 정신적 외상에 대한 무의식적 기억을 재경험하고 표출이라는 정신역동적 경험을 통해 문제를 해결하게 되었다. 그 후 E가 여덟 번째 세션을 받기 위해 본 치료실에 방문하였으나 그녀는 조용한 모습으로 이제 치료를 그만해도 될 것 같다고 하였다. 나는 동의했다. E는 그 이후에도 아들이 음악치료를 받아야 했으므로 지속적으로 본 치료실을 방문했으며 본 치료사와 만나 세션 후기에 대해 상담하였다. 자신의 어린 시절 친모와 관련된 아픈 상처의 기억들을 이해했고 새엄마와의 관계도 다 지나간 일처럼 느껴진다고 보고하였다. 정기적으로 관찰된 E의 외모와 얼굴에서는 점점 웃음과 활기가 느껴졌고 신체적인 통증도 점차 완화되어가고 있음을 보고했다.

아들이 치료를 종결한 2년 후에 E로부터 안부 전화가 걸려왔다. 그녀는 해외여행을 가기 위해 공항에 있다고 했다. "선생님이 주신 말씀대로 인생이 마음먹기 나름이라는 생각이 들었고 긍정적으로 느껴졌어요. 그런 생각이 좋은 일도 많이 생겨나게 했어요! 그리고 행복하고 감사합니다…. 치료와 상담이 많은 도움이 되었고… 공항에서 선생님 생각이 났어요…!"

결론

E가 경험한 정신적 외상 사건은 행복한 삶을 위해 E의 기억정보에서 반드시 처리가 완결되어야만 하는 사건이었다. 이때 중요한 것은 적절한 기억정보의 처리 수준이라고 할 수 있는데 이것을 과도하게 통제하는 경우 E의 경우처럼 삶 속에서 기존의 자기와 어울리지 않는 생각, 감정, 이미지image 등의 방어 전략을 사용하게 되어 일, 이차적 증상을 동반하게 된다.

E가 GIM을 경험한 첫 번째 세션에서 여섯 번째 세션까지의 심상경험(1회기: 어두

운 숲, 고향의 산/2회기: 가족과 언덕에서 쉬는 나, 날아가는 새떼들(자유를 필요로 하는 것)/3회기: 심장의 두근거림, 바닷물 속의 자신/4회기: 푸른 들판, 신체적인 경험, 자신을 잡는 손들, 어린 시절/5회기: 휴화산, 넓은 벌판, 노을, 털어버리고 연연해하지 않는 노력/6회기: 어지러운 무늬, 노란 빛의 달, 끝이 보이지 않는 어두운 동굴과 한 줄기의 빛)들은 깊은 곳에 자리한 E의 정신적 외상과의 만남을 타진하게 되고 치료를 위한 교두보 역할을 하였던 것이며 E는 결국 일곱 번이라는 GIM심상음악치료 경험을 통해 '친모의 죽음'과 관련된 정신적 외상의 엄청난 사건을 재경험하게 된 것이다.

그러나 E는 통찰의 완성을 가져다줄 수 있는 GIM에서의 원형적인/정신적인 단계archetypal/spiritual level를 경험하지는 못했다. 이는 세션이 7회기로 종료되었기 때문이기도 했다. 원형적인/영적인 단계는 보통 갈등영역을 해결하기 위해 터미널 세션terminal session 시기에 따라 나온다. 이 단계의 경험은 진정한 자신의 진짜를 경험할 수 있는 포괄적 의미를 갖는 상태라 할 수 있다. 즉 자신의 가족과 같은 무의식적 경험에서 더욱 확대된 경험으로 나아가는 것, 집단 내에서의 자신의 정체감을 경험할 수 있는 것, 나아가서는 우주의 더 큰 세계를 경험하게 되는 것 등이며 자기만의 고통을 느끼는 단계가 아니라 영적인 것과 연관을 갖게 되고 깊은 감동을 받으며 가장 중요한 변화를 경험하게 되는 것이다(Stokes, S. J & Carol B, 1997). 안타까운 것은 E가 자신의 변화를 위해 자신을 확대된 곳, 밝은 곳, 확장된 장소로 가는 경험의 진전된 세션을 제공받지 못하고 세션이 이어지지 못했다는 것이다.

그러나 그녀의 마지막 회기인 일곱 번째 세션에서의 '친모의 죽음과 관련된' 심상의 재경험은 35년 동안 억압된 E의 기억정보 속에서 꺼내어져 기억의 적절한 통제가 이루어지게 되고 그녀 자신이 견딜만한 정도의 새 기억정보와 정서반응을 제공받게 되었다. 나아가서는 몇 년이라는 시간이 걸렸지만 E는 개인이 지니고 있는 일상의 삶과 기존의 틀, 자신의 인생관, 세계관에 대해 새로운 통찰을 부여하게 되었고 정신적 심리적 통합을 이루게 되었다. 결과적으로 E는 과거 외상적 사건의 기억을 무리하게 억압하거나 통제하지 않게 됨으로써 그 기억을 자신의 개인 성격으로부터 배격되지 않게 하고 활성 상태에 머무르지 않게 되어 더 이상 힘들지 않게 되었음을 보고하였다.

에필로그: 일곱 번의 세션으로 끝나야 했던 이유

E는 7회기라는 짧은 GIM세션을 받고 종결을 하게 되었다. GIM협회의 회원께서 나에게 질문을 했다. 그렇게 심각하고 힘들었던 정신적 외상을 가진 내담자에게 왜 7회기 치료만을 제공하게 되었냐고. E는 센터에 방문해서는 늘 기운이 없고 우울하고 자신조차도 이유를 모르는 신체적 통증을 매번 주호소로 이야기를 해왔다. GIM을 제공받기 위한 자신의 사전 세션pre-session 시간에는 치료사와 상담하고 대화를 나누는 것조차 힘들어했으며 말을 많이 하기보다는 늘 바로 세션을 위한 침상에 눕기를 원했다. 그녀의 GIM세션 경험의 특징은 세션마다 심상이 잘 이어지지 않고 단편적인 기억의 심상을 보거나 떠도는 듯 산발적인 심상scattered imagery경험이 이어졌다는 것이다. 그런 그녀를 위해 나는 기다려주는 세션을 이어가고 있었다. 그러나 7회기 세션에서 촉발된 어린 시절 획기적인 과거의 재경험은 그녀 자신을 그리고 치료사인 나를 급하게 놀라게 했다. 우리 둘은 사실 기대할 수 없었던 그녀의 깊은 심층에서 꺼내놓은 처절한 심상 앞에서 놀랐다. 솔직히 그렇게 표현하는 것이 맞는 표현일 것이다. 그러나 그녀는 그 처절했던 세션에서 자신의 어린 시절의 엄청난 기억을 통해 자신의 많은 것을 통찰한 듯했다. 잠시 침묵이 흐른 뒤, 사후 세션post-session에서도 우리 둘은 많은 이야기를 나누지 않았다. 나는 그녀를 위로하지 않았으며 그녀를 그냥 마음으로 이해하고 받아들였다. 그녀도 나에게 아무 말도 하지 않았다. 아니 대화를 할 수 없는 것 같았다. 그렇게 그녀의 강렬했던 일곱 번째의 세션은 끝났다. 그 후 그녀는 자신의 이유를 알았다는 듯이 더 이상 세션을 받고 싶어 하지 않았으며 어린 시절의 이야기도 더 나누고 싶어 하지 않았다. 나는 그런 그녀를 그렇게 수용했다. 한번은 처절하게 다시 꺼내서 이야기할 수 있었지만 두 번 다시 논의를 할 수 없었던 것이다. 그녀의 세션은 이렇게 종결되었다.

이와 같이 치료사가 내담자를 치료하기 위해 자신이 추구하는 철학과 접근 방법을 고수하고 있더라도 그들을 만나서 상담과 세션을 제공하는 것에는 그 어떤 정해진 규칙은 없다. GIM치료사는 답을 그들 스스로가 찾을 수 있도록 돕고 안내하는 가이드guide이다. 치료사들이 보편적으로 이해하고 알고 있는 일련의 치료 과정들도 내담자 그들에게 맞게 적용되어야 한다.

용어 설명

심인성 기억상실증(psychogenic amnesia): 심리적 외상으로 인해 기억을 상실하는 것.

인지 행동적 모델: 인지는 사고능력과 지각 기억, 지능 언어 등을 포함하는 정신과정 전체를 지칭. 인간의 경험과 사회적 상호작용의 결과로 인간의 인지능력이 발달한다고 보는 이론으로 환경에 대한 인간의 사고 인식 해석이 정서와 행동의 결정 요인(Marafiote, 1980).

정신역동적 정신치료: Sigmund Freud가 개발한 대화치료(talking cure)에 기원을 두며 정신치료가 되기 위한 대화를 포함하는 치료 방법(Frick & Bogart. 1982; Horowitz, 1973, 1974, 1976).

정신적 외상: 과거에 경험했던 공포와 같은 순간이 발생했을 때 당시의 감정을 느끼면서 심리적 불안을 겪는 증상,

플래시백(flashback): 보통 외부 자극이나 내적 생각, 상상력 등으로 인해 발생할 수 있는데, 일상적인 상황에서 현재 시점에서는 없던 과거의 사건이나 경험이 갑자기 떠오르는 현상을 말하며, 이는 대개 감정, 시각적인 이미지, 냄새, 소리 등을 통해 자극을 받아 발생한다.

클라이언트 중심 상담 및 치료 방법: 상담자가 깊은 이해와 공감, 긍정적 배려 등을 드러냄으로써 클라이언트의 성장 잠재력을 이끌어낼 수 있다는 치료 방법(Carol Rogers, 2007).

참고문헌

김소진(2011). '트라우마(trauma)'에 대한 심상음악치료(GIM)의 적용 사례: 30년 전의 트라우마에 대한 재경험 중심으로. 한국심상음악치료협회, 워크숍, 8차 10-22.

김순진, 김환(2009). 외상후 스트레스 장애: 충격적 경험의 후유증. 서울: 학지사.

Association for Music and Imagery: AMI. (2003). Core elements of the Bonny method of guided imagery and music http://www.nas.com/ami/Core%20 Elements.htm.

Bonny, H. L. (1978/2002). Facilitating guided imagery and music sessions. In L.Bonny, H. L. (1978b/2002). The role of taped music programs in the guided imagery and music process. In L. Summer (Ed.), Music and consciousness: The evolution of guided imagery and music (pp. 299-324). Gilsum, NH: Barcelona Publishers.

Bonny, H. L., & Pahnke, W. (1972/2002). The use of music in psyghedelic (LSD) psychothera py. In L. Summer (Ed.), Music and consciousness: The evolution of guided imagery and music (pp. 20-41). Gilsum, NH: Barcelona Publishers.

Borling, J. (1992). Perspectives on froth with a victim of abuse: a Guided Imagery na Music(GIM) case study. Journal of association for Music and Imagery, 1, 85-98.

Bruscia, K. E., & Grocke, D. E. (2002). Guided Imagery and Music: The Bonny Method and Beyond Gilsum, NH Barcelona.

Campbell, J. (1968). The masks of god. Vol, Ⅳ: Creative mythology. 신의 가면 Ⅳ: 창작 신화. 정영목 역(2002). 서울: 까치.

Carol Rogers. (1995). 사람 중심 상담. 오제은 역(2007). 서울: 학지사.

Clark, M. (1991). Emergence of the adult self in Guided Imagery and Music (GIM) Therapy. In K. Bruscia (ED), Case Studies in music therapy(pp. 321-331). Phoenixville PA: Barcelo na Publishers.

Eric, A. (1993). A Dictionary of Dream Symbols with an introduction to dream psychology.

Frick. R., & Bogart. L. (1982). Transference and countertransference in group therapy with Vietnam veterans. Bulletin of the Menninger Clinic. 46 (5). 429-444.

Gilligan. S. G., and Kennedy. C. E. (in press). Solutions and resolutions: Ericksonian hypnoth erapy with incest survivor group. Journal of Strategic and Systemic Therapy.

Horowitz, M. J. (1973). Phase-oriented treatment of stress response syndromes. American of Psychotherapy. 27, 506-515.

Horowitz, M. J. (1974). Stress response syndromes: Character style and dynamic psychothera py. archives of Feneral Psychiatry, 31, 768-781.

Horowitz, M. J. (1976). Stress response syndromes: New York: Jason Aronson.

Janoff-Bulman, R. (1989). Assumptive worlds and the stress of traumatic events: App;icatio ns of the schema construct. social cognition, 7, 113-136.

Kirtland C. Peterson, Maurice F. Prout, Robert A. Schwarz. (1991). 외상 후 스트레스의 통합적 접근. 신응섭, 채정민 공역(1996). 서울: 하나의학사.

LeVier, K. (1986). Healing the trauma of incest through GIM: A Jungian perspective. Unpubli shed Master thesis, New York University.

Marafiote, R. (1980). Behavioral group treatment of Vietnam veterans. In T. Williams(Ed.). Post-traumetic stress disorders of the Vietnam. Cincinnati. OH: Disabled American Veter ans.

Moffitt, L., & Hall, A. (2003-04). New grown with pleasant pain(Keats): Recovering from sex ual abuse with the use of the Bonny method of guided imagery and music and the use of poetry. Journal of the Association for Music and Imagery, 9, 75-78.

Rappaport. E. A. (1968). Beyond traumatic neurosis: A psychoanalytic study of late reaction to the concentration camp trauma. International Journal of Psychoanalysis. 49. 719-730.

Sarbin, T. R. (1972). Imaging as muted role-taking: A historical linguistic analysis. In P. Sheehan(Ed.), The function and nature of imagery, New York: Academic Press.

Smith, B. (1996-97). Uncovering and healing hidden Wounds: using guided imagery and music to resolve complication and disenfranchised grief. Journal of the Association for Music and Imagery, 5, 1-23.

Stokes, S. J., & Carol B. (1997). The Art of Guiding. Mid-Atlantic Institute.

Stokes, S. J., Carol B., & Jim B(1999, 2000) Level Ⅰ,Ⅱ GIM Training. Mid-Atlantic Institute.

Summer (Ed.), Music and consciousness: The evolution of guided imagery and music (pp. 269-298). Gilsum, NH: Barcelona Publishers.

Tasney, K. (1993). Beginning the healing of incest through guided imagery and music: A Jungian perspective. Journal of the Association for Music and Imagery, 2, 35-47.

Van der Kolk, B. A., & Ducey, C. P. (1984). Clinical implications of the Rorshach in post-traumatic stress. In B. A. van der Kolk (Ed.), Posttraumatic stress disorder: Psychological and biological sequelae. Washington, D.C.: American Psychiatric Press.

Van der Kolk, B. A., Greenberg, M. S., Boyd, H., & Krystal, J. (1985). Inescapable shock, ueurotransmitters and addication to trauma. Towerds an psychobiology of post-traumatic stress. Biological Psychiatry, 20, 314-325.

Ventre, M, E. (1994). Healing the wounds of childhood abuse: A guided imagery and music case study. Music Therapy Perspectives, 12, 98-103.

중앙일보(2010). 외상후 스트레스 장애: 분수대 (3. 31).

개인 GIM | 성인 | 소마 중심 GIM

8

소마 중심 GIM과 표현예술치료
: 무언의 목소리가 만든 무대

남궁지숙

내 몸이 전하는 무언의 목소리(Levine, 2020),
우리가 누구이며 세상을 어떻게 바라보는지에 관한 이야기는
우리 몸에서 시작된다(Dana, 2021).

개요

이 사례는 사랑받고 인정받고 싶은 욕구가 낳은 두려움으로 의식하지 못한 채 자신의 몸을 경직시키고 자신이 내고 싶은 소리를 차단해왔던 30대 여성 교사의 여정을 소개한 것이다. 15회기 동안, GIM의 변형된 형식에 기초한 소마 중심 GIMguided imagery and music과 소리와 움직임에 기반한 표현예술치료expressive arts therapy가 통합 · 병행되었다. 두려움으로 경직된 몸 그리고 소외시키고 억압했던 자신의 측면과 만나 새로운 방향을 선택하고, 삶의 주체로서 나, 타인, 세상을 향해 소리내기 시작하는 한 존재의 고유한 여정을 만날 수 있다. 더불어 몸의 안내에 따라 GIM과 통합 · 병행한 예

술적 접근의 가치를 확인할 수 있다.

도입 및 대상 정보

A는 30대 여성으로, 약 15년간 초등학교 교사로 재직하고 있으며, 현재 2학년 담임을 맡고 있다. 최근 교사 생활로 인한 스트레스로 뇌혈관이 좁아져서 치료를 받은 후 조금 회복된 상태이며, 초기 우울증 진단을 받았다고 한다. A는 교사로 재직하면서 생활의 여유가 없었고 그동안 겨우 버텨왔지만 더 이상은 못 살 것 같다며 심각하게 퇴직을 고민하고 있었다. 만약 다른 교사가 이 반을 담당했다면 이렇게 힘들 것 같지 않다며 자신의 역량에 대해 회의적이고 자책하는 듯한 모습도 보였다. 나는 A가 이와 같이 교사 생활에 어려움을 느끼는 것은 전적으로 A 개인의 이슈만은 아닐 수 있다고 생각한다.

'초 · 중 · 고교 교사들의 교직 이탈 의도와 명예퇴직자 증감 추이'에 관한 2022년 교육통계 분석자료집에 따르면, 2005년 879명에서 2021년 6,594명으로 지난 16년간 교원 명예퇴직 규모가 7.5배나 증가했으며, 명퇴 러시의 주원인으로는 무기력한 교권, 비본질적인 행정업무, 연금 불안 등의 처우 악화가 지목되고 있다(한국교원단체총연합회, 2023. 5. 23). 또한 '2022년도 교권 보호 및 교직 상담 활동' 보고서에 따르면, 교총에 접수된 교권 침해 상담 · 처리 건수는 2018년 총 501건, 2019년 총 513건, 2020년 총 402건, 2021년 총 437건, 2022년 총 520건이며, 교권 침해 주체는 학부모에 의한 피해(241건), 교직원에 의한 피해(127건), 학생에 의한 피해(64건) 순으로 나타났다(한국교원단체총연합회, 2023. 5. 10). 교총은 수업 방해, 폭언 · 욕설, 명예훼손 등 학생이 문제행동을 보일 때 교사가 즉시 지도 · 제재할 방법과 권한이 주어지지 않아 많은 선량한 학생들의 학습권이 침해되고 교실이 무너지고 있다고 강조했다.

치료 방법

A의 삶의 회복과 성장을 위해 적용한 방법은 소마soma를 중심으로 한다. 소마는 각성 효과가 있어 몸에 활기를 느끼게 해주었던 고대 인도와 이란의 제식에서 사용된 음료였으며, 고대 그리스어로 '살아있는 몸living body'을 의미한다(Hanna, 2019). 소마를 중심으로 한다는 것은 머리보다 몸의 안내를 따라가는 것, 몸이 해야 일을 하도록 두는 것을 의미한다. Stephen W. Porges(2020)는 다미주 이론polyvagal theory을 통해 뇌의 메시지가 장기에 전달되는 것이 아니라 장기의 메시지가 뇌에 지령을 보낸다고 주장하면서 치유 과정에서의 신체적 접근을 제창한다. 소매틱 경험요법somatic experiencing을 창시한 Peter A. Levine(2016)은 트라우마는 몸, 신경계에 존재하고, 몸의 감각이 트라우마를 치유하는 열쇠라고 설명한다. 그는 자신을 보호하려고 스스로를 내적 경험으로부터 분리시키는 것이 트라우마의 역동이기 때문에 트라우마 치료 시 해석하거나 분석하거나 설명하지 않고 몸에서 일어나고 있는 그대로를 받아들이고 알아차릴 것을 강조한다. 게슈탈트 치료에서는 신체감각을 자각하는 것의 중요성에 대해 이야기한다. 치료에서 가장 먼저 해야 할 일은 내담자가 자신의 욕구와 감정을 자각하고 표현하도록 도와주는 일이며, 신체감각은 욕구나 감정보다 이전 단계로 욕구나 감정을 체험하는 데 필요한 생리적 기초를 이루고 있다고 본다(김정규, 2009). 또한 욕구나 감정은 비교적 쉽게 차단하거나 회피할 수 있지만 신체감각은 그렇지 않기 때문에, 신체감각을 자각하는 것은 욕구나 감정을 알아차리는 데 도움을 줄 뿐만 아니라 신체감각에 집중함으로써 체험을 더 깊게 할 수도 있다고 한다(김정규, 2009).

이 사례에서는 소마를 중심으로 두 가지 방법이 적용되었다. 첫 번째, 소마 중심 GIM이다. GIM은 의식이 확장된 상태에서 음악을 감상하면서 의식과 무의식을 초월한 다양한 심상을 떠올리게 하는 형식을 모두 포함하며, 치료, 치유, 자기 계발, 영적 성장의 목적을 위해 개인이나 그룹 환경에서 행해지는 방식이다(Bruscia, 2018). GIM의 변형된 형식에 기초한 소마 중심 GIM은 어떤 사건이나 기억에서 길어 올려진 내담자의 몸의 감각을 따라가는 과정을 GIM음악이 지원하고 촉진한다. 이때 내담자는 즉흥적으로 소리 내고 움직이며 GIM음악과 함께 창조적 과정을 갖게 된다. 두 번째, 소마 중심 표현예술치료이다. 국제표현예술치료협회 IEATAThe International Expressive

Arts Therapy Association에서는 표현예술치료를 시각예술, 움직임, 드라마, 음악, 글쓰기와 다른 창조적 과정을 결합하여 개인의 깊은 성장과 공동체 발전을 촉진하는 과정이라고 정의한다. 소마 중심 표현예술치료에서는 GIM음악이 안내자의 즉흥 음악으로 대체되며, 안내자는 즉흥 연주와 즉흥 노래로 내담자의 목소리와 움직임을 통한 창조적 과정을 지원하고 촉진한다.

창조적 과정에서 목소리와 신체 움직임을 함께 중재하는 것은 몸과 마음을 더 통합적으로 다룰 수 있게 한다. 우리는 머리와 몸 가운데 위치한 성대를 통해 소리를 내는데, 이 성대는 몸과 마음이라는 자기의 두 측면을 연결하는 통로이며, 목소리는 몸과 마음이 만나는 지점이다(Rogers, 2007). 따라서 인간의 목소리는 마음 상태만큼 몸 상태에 영향을 미친다(Levine & Levine, 2013). 예를 들면, 심리학적 상태는 신경근육 활동에 영향을 미치기 때문에 목소리를 운용하는 근육들은 긴장, 피로, 경직, 수축하는 성향이 있으며, 신체 질환이나 쇠약, 부정적인 자세 습관이나 동작 유형, 근육의 긴장 모두 목소리를 억누른다(Levine & Levine, 2013). 신체 움직임 또한 마음 상태에 영향을 미친다. 신체 움직임은 감정, 신념, 역량감과 복잡하게 얽혀 있기 때문에 감각, 자세, 움직임, 몸짓을 활용한 치료 작업은 우리의 안녕에 직접적인 도움이 된다(Ogden & Fisher, 2021).

소리 내고 움직이는 창조적 과정에서 내담자는 살아 움직이는 생동감을 경험하고 예술을 통해 자신의 삶을 회복하고 성장시키는 자기 삶의 예술가가 된다. 특히 우리는 예술 창조적 경험을 통해 일상적인 걱정을 초월하고 상상의 세계로 들어갈 필요가 있다(Levine & Levine, 2013). 때로 도움을 구하는 내담자의 일상 현실은 닫혀 있고 빠져나갈 출구가 없는 것처럼 보인다. 이때 이슈에 초점을 두면 갈등의 구역을 벗어나기 어려운 꽉 막힌 상태가 될 수 있다. 상상의 세계로 들어가는 것은 일상의 세계로부터 탈중심화decentering하는 경험, 즉 대안적 현실로 이동하는 것이다(Knill, Levine & Levine, 2005). 이를 통해 우리는 새로운 것을 발견하고 예측하지 못한 놀라운 예외성이 펼쳐지는 것을 목격할 수 있다. 이러한 탈중심화 단계에서 하나의 예술 형태에서 다른 예술 형태로 이동하는 상호통합전이intermodal trensfer 기법을 적용하는 것은 유용하다. 제한된 관점에 갇혀 일상의 문제를 겪을 때 다른 예술 형태로 오가며 탐험하는 예술 놀이 안에서는 자연스럽게 고정관념이 깨어지고 새로운 가능성이 깨어날 가능성이 커지기 때문이다(Knill et all, 2005).

치료 과정

A와의 여정은 코로나19 팬데믹이 한창이던 2021년 7월부터 11월까지 총 15회기, 매주 약 1시간 30분 동안 온라인 플랫폼에서 진행되었다. 나는 팬데믹이 시작된 2020년 초반부터 온라인 플랫폼에서 공연을 하면서 온라인 플랫폼에 빠르게 적응할 수 있었고, 이후 꾸준히 온라인 플랫폼을 통해 개별 및 그룹 세션을 해오고 있었으며, 서로에게 전달되는 소리의 질을 높이기 위한 장비들을 구비하고 있었다. 이러한 경험과 준비로 나는 온라인 플랫폼이라는 새로운 환경에 익숙해져 있었고, 교사인 A 역시 온라인 플랫폼의 사용이 익숙하였다.

이 사례는 GIM의 세션 구조와 표현예술치료의 세션 구조를 수정 · 보완하여 5단계로 진행되었다. 15회기 중 6번의 회기 동안 소마 중심 GIM이 적용되었는데, Hellen Bonny(1978)는 GIM을 통해 치료적 효과를 얻으려면 최소한 6회의 세션이 필요하다고 말한다. 1단계는 자기 연결 및 신경계 안정화 단계이다. 외부로 향해 있던 시선을 내부로 옮기고, 자율신경계가 방어 상태에 있지 않고 안정화되도록 안내하는 단계이다. 자율신경계가 안전하다고 느낄 때 인간의 사회적 연결 시스템이 가동하고 우리의 정서 상태는 평온하고 안정적이고 호기심이 생기고 열린 상태가 된다(Porges, 2020). 나는 신체 안정화를 지원하기 위해 호흡과 토닝을 주로 활용하였다. 2단계는 정보 파악 단계이다. 이번 세션의 주제를 선택하도록 돕기 위해 한 주 동안 어떻게 지냈는지, 어떤 주제를 다루고 싶은지를 나누는 단계이다. 3단계는 탈중심화 단계이다. 감각을 깨우고 활성화시킴으로써 머리로 생각하거나 의식적으로 조절하지 않고 자연스럽게 상상의 대안적 세상 안으로 몰입하도록 지원하고 촉진하는 단계이다. 이 단계에서 나는 내담자가 GIM음악 혹은 안내자가 연주하는 즉흥 음악의 지원을 받으며 몸이 이끄는 대로 소리 내고 움직이도록 안내하였다. 4단계는 심미적 분석 단계이다. 탈중심화 단계에서 무엇을 알아차리고 느꼈는지, 어려움을 만났을 때 어떻게 반응했는지, 그 어려움을 어떻게 통과하였는지 등과 같이 작업 과정에서 수면 위로 드러난 것들을 알아차리도록 지원하는 단계이다. 마지막 5단계는 수확 단계이다. 예술 창조 과정에서의 경험과 현실의 삶을 연결할 수 있도록 돕는 단계이다. 이와 같은 단계들의 순서는 상황에 따라 유연하게 적용되었다.

A가 변화하는 흐름을 살펴보기 위해 소마 중심 GIM에 중점을 두고 15회기 전 과정을 간략하게 소개하고자 한다.

1회기 | 몸에 스민 두려움과 슬픔, 나를 지키고 싶어

A는 토닝toning 과정에서 '내 몸이 어떻지? 내 속에 무엇이 들어있지?'라고 물으며 들여다보니 두려움, 슬픔, 서러움이 느껴진다고 하였다. A는 공격적인 행동을 하는 학생들을 보면 무섭고, 자신이 폭력 당한 일이 있었던 초등학교 시절의 어린아이로 돌아간 것 같다며, 괴롭히는 것들로부터 나를 돌보고 지키고 싶다고 하였다. 이 이야기를 하면서 A는 가슴과 등 위쪽에서 슬픔이 올라오는 것 같다며 손을 어깨에서부터 머리 위쪽으로 올렸고, 나는 이 움직임을 반복하도록 안내하였다. 이 움직임이 스스로를 공감하는 행동인 동시에 예술 창조 과정에 동기를 부여하는 것이라고 판단하였기 때문이다. 예술 창조 과정에서 동기를 부여하는 두 가지 방법은 '탐구'와 '반복'이다(Knill et all, 2005). 탐구는 새로운 것을 발견하는 것이고, 반복은 새롭게 등장한 것에 익숙해지는 것으로, 예술 창조 과정은 반복을 통해 활기를 띠고, 반복은 또 다른 탐구로 이어진다. 이후 몸이 소리 내고 싶어 하면 소리 내도 된다고 하자 A는 약간 멈칫하는 듯하다 소리를 내기 시작하였다. 움직임과 소리가 멈춘 후 A는 이 경험을 그리고 그림을 찢었다. 그림을 보다가 A는 욕을 하였고 이 욕의 에너지를 언어적 의미가 없는 소리로 변형시켜 보도록 하자, A는 크게 소리 질렀다. 이후 A는 왼쪽 가슴이 시원하고 약간 힘이 들어가 단단해졌으며 순환되는 느낌이 든다고 하였다. A는 소리 내는 것을 좋아하지만 무서워서 온전히 내고 싶은 소리를 낸 적이 없었고, 학교에서도 학생들에게 하지 말라고 금지하는 소리를 많이 한다며, 방학이 끝난 후 학교로 돌아가면 몸과 마음의 중심을 잡고 표현하고 싶은 소리를 내고 싶다고 하였다.

2회기 | 안전하지 않은 땅, 다리가 지지하고 있었구나

그라운딩grounding하는 과정에서 A는 '안전해지는 것이 어렵구나, 내가 안전하지 않구나'라고 느껴져 서러움과 슬픔이 올라온다고 하였다. 여기에 아주 조금만 머물러 보도록 하자 A는 어깨가 짓눌려 있고 어깨가 벗어나고 싶다고 말하는 것 같다고 하였다. 이후 A는 어깨를 통해 만난 감정의 파도와 싸우거나 피하지 않고 이를 겪었다. 이 과정에서 A는 '어깨가 가는 길을 다리가 도와주고 있구나, 다리가 도와주니 더 쉽구나, 혼자가 아니구나'라며 스스로 소매틱 자원somatic resources을 찾아내었다. A는 오늘 탐험에서 경험한 지지감과 안전한 환경을 자신의 삶으로 데려가고 싶다고 하였다.

3회기 | '배려'라는 이름 안에 갇혀버린 소리, 나를 지키면서 내보이고 싶어

A는 세션 전 공격적 행동을 보이는 학생의 어머니와 상담하러 가는 중 교통사고가 났고, 다행히 몸은 많이 다치지 않았다고 하였다. A는 이 이야기를 하면서 꽁꽁 묶여있는 이미지와 '아프다', '같은 실수를 반복하고 있네'라는 말이 떠오른다고 하였다. 이 이미지를 그림으로 그린 후 A는 그림이 보기 싫고 목에 힘이 들어간다고 하였다. 이어 A는 가슴 밑에 조개가 열리는 것 같은 이미지가 떠오르고 옆구리 위에서 나는 소리를 따라간다고 하였다. A는 이 소리를 따라 몸을 뒤로 젖혀 가슴을 열고 앞으로 구부려 가슴을 닫는 움직임을 반복하다가 팔을 들게 되었을 때, 팔을 헤치는 움직임이 동시에 보호하는 것 같다고 하였다. A는 헤쳐나간다는 것과 보호한다는 것, 닫히는 것과 열리는 것은 상반되지만 연결되는 것 같다며, 이젠 나를 지키면서 앞으로 나아가고 싶다고 하였다. 그러기 위해서는 나 그리고 내 감각을 잃어버리거나 모른 채 있지 않고 감각을 알아차리는 것이 도움이 될 것이라며, 감각을 잃어버렸기 때문에 주변 자극에 주눅 들어있던 것 같다고도 하였다. 또한 A는 오늘의 여정에서 가슴의 소리를 원하는 대로 냈고 유유히 어딘가 충돌하지 않고 제 길로 가는 것 같았다고 하였다. A는 소리 내는 족족 다른 사람을 신경 쓰고 배려하느라 소리를 막았었는데, 지금은 나를 내보이고 내뱉었다며 '배려'라는 이름으로부터 나온 느낌이라고 하였다. 자

신의 욕구를 인식하여 표현하는 것을 비판적으로 보는 사회에서 욕구를 표현하는 것은 두려운 일이 될 수 있으며, 특히 다른 사람을 돌보기 위해 자신의 욕구를 무시하도록 사회화된 여성들은 이러한 비판에 더 민감하다(Rosenberg, 2014).

4회기 | 경직과 이완의 순환을 통한 연결, 경직되고 이완되는 것이 큰일이 아니구나

A는 어제 처음 담임으로서 내가 잘해왔다는 생각에 안심이 되었다고 하였다. 그리고 A는 이런 나에게 "고마워"라고 말하고 싶다고 하였다. 나는 A가 이 자원을 홀딩할 수 있도록 '고마워'를 가사로 즉흥적으로 노래하도록 지원하였다. 노래가 끝난 후 A는 나와 몸과의 사이가 좋아진 것 같다고 하였다.

A는 다루고 싶은 3가지 주제를 이야기하였고, 이 주제들은 이어지는 전 여정에서 자연스럽게 다루어졌다. 주제는 다음과 같다. 첫 번째, 잦은 빈도로 긴장감을 느끼는 것의 이유를 알고 싶다. 두 번째, 관계에서 상대의 감정이나 의도를 읽느라 나를 잃어버리는 경우가 많기 때문에, 주체적으로 살기 위한 관계의 바운더리를 만들고 싶다. 세 번째, 초등교사 일을 그만하고 행복한 일을 하고 싶다. A는 이 주제들을 이야기하면서 몸이 경직되었고, 경직된 몸의 상태에 머무르다 보니 받아들이게 되었으며, 허밍으로 소리 내며 움직이다 보니 물결치는 듯 이완되었다고 하였다. 또한 경직과 이완을 오가는 과정에서 몸 전체가 더 연결되었으며, 경직되고 이완되는 게 큰일이 아니라는 것을 알게 되었다고 하였다.

5회기 | 어린 마음에 새겨진 옹이의 소리 "안돼", 이제 도망가지 않아

A는 명상 수련 중 어릴 적 기억이 떠올랐고, '내가 이렇게 아팠구나'라는 생각에 화가 나고 무기력해짐을 느꼈다며, 습관적으로 경직되고 억누르는 나에게서 더 이상 도망가지 않고 겪고 싶다고 하였다. 난 A가 자신의 상처를 다룰 수 있을 만큼 내적 자원이 형성되었다고 짐작하였다. A는 경직되는 듯한 움직임으로 시작하였고, '넌 누릴 자격

이 없어, 넌 가치가 없어, 안돼'라는 내면의 목소리가 강렬해 다른 시도를 하거나 소리 내는 것을 스스로 허락하지 않는다고 하였다. 이때 몸이 하는 말을 듣자 소리가 나오기 시작하였고, "움직이고 있어"라는 안내자의 노랫소리가 들렸을 때 내가 무기력하게 있지 않고 움직이고 있다는 것을 알아차릴 수 있었다고 하였다. A는 나에게 너그러운 것은 사치이고 이와 같은 상태에 있는 것이 당연하다고 생각해왔다며, 오늘 발견한 이 절대적 신념에 잠식되지 않고 생각에 휩싸여 있을 때 몸의 소리를 듣는 연습을 일상에서 해보고 싶다고 하였다.

6회기 | 혼자가 될 거라는 두려움의 손아귀, 너를 만나고 싶어

A는 '당연히 나를 싫어해, 눈치를 봐야 해, 좋아하도록 하기 위해 당연히 애를 써야 해'라는 내면의 소리와 혼자가 될 거라는 두려움이 있다고 하였다. A는 이 이야기를 하면서 아빠가 떠올랐고, '사랑받기 위해 오래 애를 썼구나', '이제 이런 것이 다 소용이 없구나'라는 생각에 슬픔이 느껴진다고 하였다. 나는 GIM음악프로그램 'Secret Garden'의 첫 번째 음악 'Nocturne'의 여자 목소리가 스스로를 공감하도록 지원할 수 있을 것이라고 판단하였다. 그리고 A가 자신과 조금 더 연결되도록 가슴에 손을 대도록 한 후 이 음악이 가슴으로 흘러 들어가도록 안내하였다. A는 목을 조여오는 듯한 슬픔이 느껴진다며 울기 시작하였다. 그 슬픔과 눈물이 소리가 되어 흘러나오도록 허락할 수 있겠냐고 물으니 A는 소리 내며 움직였다. A는 소리 내며 움직이는 동안 슬픔이 출렁, 두려움이 출렁하며 슬픔과 두려움이 오갔고, 꽁꽁 묶고 닫으며 부동의 상태에서 마무리가 되었다고 하였다.

나는 A가 현실에 조금 더 잘 안착할 수 있도록 이 여정을 기승전결의 동화로 만들어 보기를 제안하였다.

기: "나갈 수 없어." 출구를 오랫동안 잃은 마른 슬픔은
승: 멀리서 함께 있겠다는 낯선 숨결을 처음 듣는다. 서툴게 손을 뻗어 본다.
전: 부르르 요동치며 터져 나오고, 허물어지고. 터져 나오며 묻는 한 마디 "함께야?"

묵묵한 머리가 "그게 중요했니?"라며 읊조리고 끄덕인다.
결: "왜 나갈 수 없었는지 잊었어?" 열린 문을 더 굳게 닫아 거는 두려움의 억센 손아귀

자신이 만든 이 동화를 소리 내어 읽도록 하자 A는 눈물을 흘렸다. 나는 "이 눈물을 빨리 해소하려거나 보내지 않고 아주 잠시만 함께 있어 주세요"라고 안내하였고, A는 고개를 끄덕였다. 잠시 후 A는 이 눈물에게 "이제 왔어? 되게 오랫동안 기다렸어. 서러웠어? 너를 계속 만나고 싶어, 고마워. 같이 겪을게"라고 말하였고, 이 말을 하고 나니 안심이 된다고 하였다. A는 나의 슬픔이 아빠와 연결되어 있다는 것을 발견하였고, "빨리 해소하려 하거나 보내지 않고 잠시만 함께 있어 주세요"라는 말을 기억하고 싶다고 하였다.

7회기 | 오른쪽 겨드랑이에서 나를 위해 살고 있던 두려움, 이제 같이 있을게

A는 지난주에 나를 잃어버릴 만큼 무리하게 타인을 배려하는 자신을 보면서 학대하고 싶은 마음이 든 적이 있다고 하였다. 특히 이성과의 관계에서 더 사랑받기 위해 노력하는데, 이는 자신의 인생이 남자에게 소속되어 있다고 여기는 엄마와 할머니의 모습이 대물림된 것 같다고 하였다. A는 이제 내 삶의 주인공으로 살고 싶고, 이렇게 이야기하자 슬픔과 두려움이 느껴진다고 하였다. 나는 A의 이야기를 들으며 뼈만 남은 여성의 이미지가 떠올랐고, GIM음악프로그램 'Skeleton Woman'이 A가 그 두려움과 만나도록 지원할 수 있을 것이라 판단하였다. 첫 번째 곡인 'Woman's Work'가 들려지자 A는 두려움과 압박감이 느껴지고, 오른쪽 겨드랑이가 조여오는 느낌이 마치 조여오는 감옥에 갇힌 것 같다고 하였다. A는 이 두려움 속에서 벽의 이미지가 보였고 그 벽을 만지고 쓰다듬다 보니 굉장히 크고 복슬복슬한 털을 가진 코끼리나 북극곰처럼 생긴 커다란 동물이 오른쪽 겨드랑이에 달라붙어 있는 것 같다고 하였다. 그리고 이 동물이 바들바들 떨고 있다고 하였다. 우리는 흔히 춥거나 불안하거나 두려울 때 몸을 떨고, 야생동물은 흔히 스트레스를 받거나 갇혔을 때 몸을 떤다(Levine, 2020). 다양한 상황에서 경험되는 모든 떨림에는 진정한 변형, 깊은 치유, 경외감을

촉진시킬 잠재력이 있다(Levine, 2020). A는 이 동물에게 매우 아픈 상처가 있는 것이 느껴져 이 동물을 애도하면서 울었고, 순간 자신이 이 동물처럼 느껴졌으며, 이 동물이 나를 위해 압박하고 있다는 생각이 들었다고 하였다. 그리고 예전과 같이 아픔에서 벗어나려 하지 않고 그 아픔과 함께 있다 보니 힘이 빠졌다고 하였다. A는 이 동물의 이름은 '희거둥이'이고, 희거둥이에게 "네가 나에게 왔고 더 이상 도망가거나 외면하고 싶지 않지 않아. 같이 있을게. 앞으로도 그렇게 하고 싶어. 그렇게나 강하게 보호하고 있는 아픔에 닿게 해줘서 고마워. 애도하고 싶어"라고 말하였다. A는 이 동물은 내 안의 생각, 감정이 뭉쳐진 실타래이고 내가 봐주지 않은 부분이라 하였다. 또한 오늘의 여정에서 만난 동물의 에너지, 가늠하지 못한 만만치 않은 에너지가 마치 강한 생명력 같기도 하다고 하였다.

[그림 13] 희거둥이와의 만남

8회기 | 만나주자 생긴 틈으로 단단하게 뿌리내린 내 다리, 믿을 수 있어

A는 한 주 동안 학생들에게 감정적으로 덜 휘둘리고 학생들과 어느 정도 거리를 두고 있는 것을 발견하였다고 하였다. 그리고 오늘은 긴장하고 힘주는 습관을 다루고 싶다고 하였다. 나는 오랫동안 갖고 있던 습관적 행동 안에 어떤 결핍과 상실이 존재할 수 있을 것이라 판단하였고, GIM음악프로그램 'Loss'를 선택하였다. A는 힘이 느껴질 때마다 힘과 같이 있기를 허락하려는 의도를 두고 싶다고 하였다. A는 상체가 숙여지자 다리를 딛고 일어서면서 상체의 힘을 툭 내려놓을 수 있었고, 그 힘이 썰물처럼 머리 위 정수리에서 파도친다고 하였다. 그 힘으로 소리가 나오기 시작하였고, 순간 다른 차원으로 이동한 것 같았으며, '나구나', '이 소리와 몸의 감각, 이것이 나구나'하고 알아차려졌다고 하였다. A는 억누르고 막혀있던 것을 만나주니 흐르면서 틈새가 생기고, 그 틈새로 나오는 낮은 파도와 높은 파도, 강한 힘과 약한 힘 같은 존재들을 나의 목소리로 표출하고 나니 안전하게 느껴진다고 하였다. 음악이 끝나갈 때 A는 쉬자는 기분으로 앉아 있었고 순간 남아있던 힘이 툭 내려갔으며 다리가 뿌리처럼 단단하게 박혀있는 것이 믿어진다고 하였다. 이전 세션에서는 마무리하는 것이 힘들었는데 오늘은 스스로 마무리할 수 있었다고도 하였다. 몸의 긴장이 혈액순환을 방해하여 혈액이 아래쪽으로 충분히 흐르지 못하면, 다리와 발을 느끼기 어렵고 다리와 발을 통해 몸의 단단한 기반을 경험할 수 없게 되므로 그라운딩 되지 못한 상태가 되며, 그라운딩 되지 못할 때 하나의 과제에 집중하고 마무리하는 데 어려움을 겪게 된다(Ogden & Fisher, 2021). 따라서 A가 그라운딩 되었던 것이 오늘의 여정을 스스로 마무리하는 데 영향을 주었을 것이다. 마지막으로 A에게 '힘'은 무엇인지 묻자, A는 '어떤 것을 해주는 동력, 들어오거나 막아주는 벽, 에너지와 소리가 나가는 문'이라고 하였다. A는 오늘의 여정에서 힘을 주든 빼든 힘을 알아차리니 힘과 함께 있을 수 있었다며, 지금은 문이 스스로 열렸다 닫히고 있으나 이제 내가 필요할 때 문을 열거나 닫고 싶고 그러기 위해서는 나의 힘과 함께 있는 것이 필요한 것 같다고 하였다.

9회기 | 사라질 것 같은 두려움이 잉태한 경직, 이제는 필요하지 않아

A는 학생들을 만날 때 어마하게 힘을 주고 날카로울 때가 있으며 학생들과 만나기 전후 기진맥진한다는 것을 알아차렸다고 하였다. A는 학생들이 잘못될 것 같아서 만나고 책임지는 일이 무섭고, 학생들이 나의 통제를 벗어나면 엉망이 되고 그러면 내가 사라질 것 같아서 두렵다고 하였다. Eckhart Tolle(2013)는 에고의 밑바탕에서 모든 행동을 지배하는 감정은 두려움이며, 이 두려움은 존재하지 않을 것 같은 두려움, 아무것도 아닌 존재가 되는 것에 대한 두려움, 죽음에 대한 두려움이라고 말한다. A는 두려움에 대해 이야기하면서 목이 조인 채 노래하는 것 같은 이미지가 떠오르고 머리, 목 뒤, 어깨 쪽으로 긴장이 된다고 하였다. 목 앞쪽 근육의 조임, 위쪽 어깨 근육의 조임, 굳어진 자세 등은 교감신경계가 과각성될 때 나타나는 반응이다(Levine, 2020). A는 이러한 긴장은 자주 감당 가능한 힘의 크기를 벗어나고 굉장히 넓고 오래 함께 있었던 것 같다고 하였다. 나는 A가 이 감각과 머물면서 아주 조금 견뎌보도록 안내하였다. A는 머리, 목 뒤, 어깨 쪽에 있는 이 존재가 "안돼"라며 내가 표현하는 것을 차단하고 있으며, 이것이 슬프다고 하였다. 이 이야기를 들은 이 존재는 '슬프게 하려던 건 아니고 그럴 수밖에 없었어'라며 억울해하고 화내고 서성댄다고 하였다. 이 존재는 마치 자신이 제일 잘 아는 방법으로 애써 지키고 사랑해왔는데 자식이 혼자서고 싶다고 하니까 사라지고 싶지 않다고 하는 자신의 부모처럼 느껴지기도 한다고 하였다. 이 존재가 소리 내어 보도록 하자, A는 이 존재가 되어 "너를 지켜줄게, 많이 컸구나, 이젠 내가 많이 필요하지 않아? 나는 사라지고 싶지 않아"라고 울부짖듯 노래하였고, A는 이 존재에게 "너를 보아줄게"라고 응답하였다. A의 노래가 조금 부드러워지기 시작하였을 때, 나는 부모가 아기에게 들려주는 자장가처럼 이 존재의 노래를 자장가 들려주듯 노래해보도록 제안하였고, A는 잔잔하고 부드럽게 노래하며 마무리하였다. 이 경험 후 A는 수업 시작 전 매번 이 존재에게 "네가 거기에 있구나"라고 말을 걸고 대화하고 싶다고 하였다.

10회기 | 책임감이 만든 두려움의 깊은 웅덩이, 두려움과 중심이 공존할 수 있구나

A는 한 주 동안 지난 회기에 만난 '그 존재(머리, 목 뒤, 어깨 부분에 있는 존재)'를 알아차리는 시간을 종종 가졌고, '그 존재'가 더 강해지지 않고 차분해지는 것을 느꼈다고 하였다. A는 담임을 맡은 모든 학생, 지인, 가족의 감정과 욕구를 내가 다 책임지려 하는데, 그것을 알아차리지 못할 정도로 자동화되어 있으며, 그렇게 해야만 살아남을 수 있고 관계가 유지된다는 아주 깊은 웅덩이에 빠진 것 같다고 하였다. 결국 내가 바라던 일을 하기 위해 그 존재가 이만큼 커졌고, 내가 너무 힘들어져서 내가 어떻게 하고 있는지를 알게 되었다는 생각에 눈물이 난다고 하였다. A의 이 이야기처럼 느낌은 그 느낌의 주인인 유기체에게 그 유기체가 얼마나 성공적으로 살고 있는지를 구분할 수 있게 해주는 가치 있는 정보이다(Damasio, 2021). 나는 A에게서 깊은 좌절감, 슬픔, 상처, 자책감이 느껴졌고 이 마음을 부드럽게 담을 수 있는 그릇이 필요하다는 생각에 GIM음악프로그램 'Life Blood'를 선택하였다. A는 다리의 지지감에 기대어 그 존재가 움직이고 소리 내고 싶어 하는 대로 두는 동안 나의 중심이 자라는 것을 발견하였고, 그 존재와 공존하면서 나의 중심을 가질 수 있는 연습을 한 것 같다고 하였다. A는 '그 존재'와 '희거둥이'는 나의 두려움과 관련되며, 이 두려움이 어떻게 오게 되었는지는 모르나 수용하고 표현하고 싶다고 하였다. 그리고 그 존재와 중심이 공존할 수 있다는 것에 안심이 된다고 하였다.

11회기 | '내 책임, 내 탓, 내 잘못' 안에 존재하는 두려움, 있어도 괜찮아

A는 지난 회기에 다루었던 '그 존재'와 만나고 싶다고 하였다. 나는 GIM음악프로그램 'Relationship'이 A가 그 존재와 만나도록 지원할 것이라고 판단하였다. Respighi의 'Foundation of Roma'가 시작되자 A는 이마 앞부분에서 압박감이 느껴지고 숨이 나가는 통로는 시원하다고 하였다. A는 그 존재에 주의를 둘 때 몸이 움츠러들고 그 존재의 반대편에 주의를 둘 때 몸이 움직였으며, 이 둘 사이를 오가는 동안 치열하게 싸우는 것 같기도 하고 대화하는 것 같기도 하다고 하였다. 순간 A는 "네 책

임이야, 네 탓이야, 네 잘못이야, 네가 해야 해"라는 말이 떠오른다고 하였고, 나는 이 말들을 화내듯이, 슬프게, 기쁘게, 공포스럽게 등과 같이 다양한 감정을 담아 소리 내도록 안내하면서 이 말들 안에 담긴 고착된 감정을 해체해보도록 하였다. 여러 버전의 감정으로 소리 낸 후 A는 이 말들이 나를 억누르고 혼내는 것 같았는데, 그 말들 안에 두려움이 있다는 것을 알아차린 순간 없어졌다고 하였다. 그 후 A는 팔을 모았다가 벌리며 여러 방향으로 이동하였고, 이때 몸 전체가 함께 움직이는 듯한 느낌이 들면서 어떤 동물이 도약하는 것 같은 이미지가 떠오른다고 하였다. 이 여정이 끝난 후 A는 후련함, 안심, 꿉꿉함, 아쉬움, 두려움과 같은 복잡 미묘한 감정이 느껴진다고 하였다. A는 자신을 무의식적으로 압박한 것이 두려움 때문이라는 것을 발견하였고, 두려움을 알아차리고 허락하려는 의도를 가졌던 것이 반갑다고 하였다. 나는 강한 힘에 휘말릴 때 어떤 신체적 전조 증상이 있는지 관찰하는 과제를 A에게 주었다. 과각성이나 부적절한 각성의 느낌이 드는 것을 알아차리면 그것이 알아차려졌을 때 닻anchor을 사용하여 스스로 압도되는 것을 멈출 수 있기 때문이다(Rothschild, 2001).

12회기 | 슬픔 속 연결의 욕구, 더 이상 나를 탓하고 싶지 않아

강한 힘에 휘말릴 때 어떤 신체적 전조 증상이 있는지 묻자, A는 학생들을 한 명씩 만날 때 경직되고 땀이 나고 몸이 더워지다가 내가 말을 하거나 누군가가 말을 하기 시작하면 몸에 점점 힘이 들어가는 것을 느꼈다고 하였다. 내가 A에게 감각을 알아차린 것이 반갑다고 말하자, A는 이미 해낸 것에 대한 인정이 서툴다며 이 감각을 알아차린 나 스스로에게 "잘 알아차렸구나, 잘했어"라고 말하였다.

A는 지난주에 만난 '그 존재'가 하는 말을 가사로 써왔다.

> 딱딱딱~해지자. 흐려지자. 어둡고 낮게 끌어안고 끌어안아 가리고 가리자.
> 너를 지키고 싶어. 네가 아프지 않도록. 네가 힘들지 않도록.
> 여기서 더 버텨야 해. 피하고 싶은 게 있다면 멀리 떨어뜨려 놓을게. 무슨 수를 쓰든.
> 몰랐어. 네가 흐느끼며 말 걸었을 때, 아프대, 내가 자라서 힘들고. 네가 "슬펐어"라

고 말 걸어줘서 기뻤어.
눈을 내리고 몇 걸음 물러난 자리에 바람이 분다. 흐르는 것을 그토록 만나고 싶던 어떠한 시선. 너와 잘 지내고 싶어.

이 가사를 읽고 난 후 A는 슬픔이 가슴 아래부터 올라오면서 느껴진다고 하였다. A는 그 슬픔을 즉흥적으로 노래하다가 억눌리고 답답하고 무겁고 뚫고 나가고 싶고 화도 나고 두렵고 도망치고 싶다고 하였다. A에게 몸에서 나오고자 하는 말이 그냥 나오도록 두라고 제안하자, A는 "너 왜 이따위야. 너 미쳤어. 죽어버려. 꺼져"라고 여러 번 힘주어 내뱉었다. A는 이렇게 말할 때 격앙된 감정이 나에게 욕을 하고 혼내고 엄청난 힘으로 나를 깔보며 꺼지라고 말하는 내가 있었다고 하였다. 그리고 이런 식으로 말하고 싶은 않은 나도 있다고 하였다. A는 강렬하게 분노감을 표현하였다. 분노감은 그 사람 깊은 곳에 자리 잡고 있는 가치가 위협당하고 있다는 신호이다(Larsson, 2021). A는 코로나 팬데믹으로 인해 친구들과 만나지 못한 슬픔에 억눌려 있었다는 것을 알게 되었다고 하였다. 한편, 예전에는 쉬는 시간에 학생과 소소하게 대화하는 것을 원하지 않았었는데, 요즘은 학생들에게 자신이 하고 싶은 말이나 자신의 상태를 솔직히 얘기하기도 하고 아주 조금 학생들의 이야기를 듣기도 한다고 하였다. A는 누군가와 연결되고 싶은 자신의 욕구를 충족하기 위해 다른 수단 · 방법을 선택한 것이다.

13회기 | '절대로 안 될 거야'라는 신념에 새로 난 틈, 더 표현하고 싶어

A는 학생들을 기다릴 때 무서워서 털을 세운 채 감각들을 알아차리지 못하고 있었고, 두려움을 해소하기 위해 사용한 에너지로 피로감이 높았으며, 이렇게 힘든 상황을 매일 느끼고 출근하면서 오랫동안 반복하고 있었다는 것이 경악스럽기도 하고 알아차린 것이 반갑기도 하다고 하였다. A는 이를 알게 된 이상 무시할 수 없다고도 하였다. 이처럼 오랜 시간을 통해 습관화된 행동은 대개 의식하기 어렵다. 그러나 만일 이러한 자신의 부적응적 행동 방식을 알아차리면 이를 중지할 수 있고(김정규, 2009), 우리에게는 다른 행동을 선택할 수 있는 기회가 주어진다.

A는 누군가가 "이제 그만 하고 싶다"라고 말하는 것을 들었는데 오래전부터 하고 싶었던 말이었고, 그만둔다는 말도 그만두지 않는다는 말도 무서워서 하지 못했다고 했다. 그래서 A는 자신의 진실을 말하기보다 '적응할 수 있어, 버틸 수 있어'라며 자신을 설득해 왔던 것이다. 나는 A에게서 답답함과 분노감이 느껴졌고, A에게 스스로를 공감하고 이 마음과 접촉하도록 격려하는 것이 필요하다고 판단하였다. 이런 의도로 GIM음악프로그램 'Emotional Expression'을 선택하였다. 음악이 시작되자 A는 "이제 그만하고 싶다"를 반복하다가 한 지점을 보면서 "이제 그만하고 싶다, 무서워, 싫어, 안 해"라는 말들을 이어서 하였다. 그 지점은 모든 존재가 모여있는 곳, 강요하고 압박할 것 같아 다가갈 수도 없고 거기에 속하도록 허락받지도 못한 곳, 이렇게 살지 않으면 이상하게 보는 비난들이 있는 곳인 것 같다고 하였다. 나는 A에게 그 지점과 관계 맺어볼 수 있냐고 물었고, A가 그 지점과 관계 맺으면서 A의 이미지는 변형되기 시작하였다. A는 그 지점이 빛, 하나의 거대한 흐름과 해류 같은 느낌이 든다고 하였다. Eckhart Tolle(2013)은 환상의 나를 버렸을 때 남은 것은 의식의 빛이며, 그것은 바로 더 깊은 곳에 있는 나, 진정한 나, 순수한 있음이라고 이야기한다. 나는 A가 진정한 나로서 존재하고 있다는 상상이 들었다. 이후 그 지점에 대한 A의 이미지는 다시 변형되었다. A는 그 지점은 바로 세상이었고, 그 세상에 어깨로 비집고 들어가고 다가가고 정면으로 마주하고 그 주의를 움직여 보니 그 세상이 선명하게 보였으며, 그 안에서 춤을 추었다고 하였다. A는 코어에 힘을 주고 두 다리를 벌려 더 뿌리내리고 춤을 추자 가슴이 더 열리는 것 같았고, 춤추고 난 후 신선함이 느껴진다고 하였다. 마지막 즈음, 나는 A에게 "나는 무엇인가요?"라고 물었고, A는 그 지점은 이 세상이고 나는 그 세상에 존재하는 한 생명체라고 하였다. 나는 A가 새로 태어난 것처럼 보였다. A는 자신의 아픔과 상처를 자신을 파괴하는 힘으로 쓰지 않고 변형시키고 부활시키는 힘으로 가져간 것이다. 이 탐험 후, A가 그 지점과 관계 맺을 수 없을 것 같았음에도 불구하고 관계 맺을 수 있었던 건, 그 지점을 보다 보니 틈이 보이고, 자세히 보니 그 지점은 단단하고 거대한 힘이 아니라 하나의 빛이라는 것을 보았기 때문이라고 하였다. 이어 무서움의 실체가 없는 것 같다고도 하였다. 또한 A는 '절대로 안 될 거야'라는 것에 틈이 생기면서 나의 고정관념이 깨진 것 같다며, 내가 하고 싶은 표현을 90%는 하지 않는데 이제 조금 더 표현하고 싶다고 하였다.

14회기 | 과한 책임감의 무게로 괴로웠던 나, 애도하고 싶어

A는 요즘 마음에 여유가 생기고 학생들이 예뻐 보이는데 이유는 알 수 없다고 하였다. 그리고 목과 어깨의 힘이 내려간 것이 발견되고, 나의 뿌리에 주의를 두고 소리 낼 때 소리의 진동 범위가 더 넓고 깊어졌으며, 수업할 때 소리의 파장이 달라진 것이 느껴진다고 하였다. 몸과 어깨의 긴장이 이완되면서 A의 목소리에도 영향을 미쳤다는 것을 유추할 수 있다. 또한 몸이 이완되고 부드러워지면 내가 만나는 사람들, 내가 보는 세상이 더 아름답게 보일 수 있다.

A는 주말에 한 교사 모임에서 총무를 맡았었는데, 모임 첫날에 몸이 경직되고 옴짝달싹하지 못하는 느낌이 감각되었다고 하였다. 과한 책임감으로 인한 부담감과 '나로 인해 주변 사람 모두가 불편하지 않았을까'라는 생각에 녹초가 된 것이라고 한다. 이 이야기를 하면서 A는 목 뒤가 경직되다가 가슴이 압박되는 듯한 느낌이 든다고 하였다. 이어서 목 뒤와 가슴에 힘을 주고 빼고를 오가며 양극을 탐험하는 과정에서 힘을 줄 때는 마치 고문받는 것 같은 강도로 힘을 주고 있다는 것이 알아차려졌다고 하였다. A는 아무리 힘을 빼려 해도 잘 안 되다가 말단의 힘을 빼자 이것이 자원이 되어 다른 부분의 힘도 뺄 수 있었다고 하였다. 이후 A는 자신을 괴롭히는 방식으로 힘을 주었던 자신의 상태에 대한 애도의 노래를 불렀다. 자신의 슬픔과 아픔을 단지 인지적으로만 처리하지 않고 감정적으로 그리고 신체적으로 체험할 때 진정한 치유가 일어날 수 있다(김정규, 2009).

15회기 | '해도 돼'라는 자기 긍정의 소수 민족, 더 키우고 싶어

A는 지난주에 만난 보건 선생님이 나에게 퉁명스럽게 대하는 것 같았다며, 누군가가 나를 싫어하지 않게 하기 위해 애쓰고 있는 것 같다고 하였다. 이 이야기를 하니 몸에 힘이 들어가고 거북목이 되고 배와 어깨가 조여드는 것 같은 반면, 손은 자유롭고 편안하다고 하였다. 손의 편안함에 기대어서 힘이 들어간 부분이 소리 내게 해볼 수 있겠냐고 묻자, A는 소리 내고 싶은 마음과 소리 내고 싶지 않은 마음이 함께 있다고 하

였다. 원하는 대로 할 수 있다고 하자, A는 입을 꽉 다물고 소리가 나오지 못하게 막고 있었다. 잠시 후 A는 공기가 갑자기 빠져나오는 듯한 소리를 내었다. 이에 대해 A는 숨 때문에 참지 못한 순간 "좌" 하고 소리를 내뿜게 되었으며, 이 소리에 리듬을 담다 보니 소리가 나오기 시작하였다고 하였다. 발밑으로 뿌리내리는 상상과 함께 소리 내며 마무리로 가는 과정에서, A는 내 발밑의 뿌리가 연계되어 소리가 나왔으며, 소리와 움직임이 멈춘 후 마지막 자세의 이름을 '뿌리를 튼튼히'라고 짓고 싶다고 하였다. A는 자신이 소리 낼 수 있었던 자원은 자기의 표현이 나오게 해도 괜찮다는 믿음이었다며, 이 믿음의 뿌리에는 자기 긍정이 있고 이 자기 긍정은 아직 소수 민족이라 더 키우고 싶다고 하였다. 그리고 내 안에 편안한 소리, 애쓰지 않고 나오는 소리도 있다고 하였다.

치료 결과

A는 전체 여정에서의 수확들을 말로 설명하기 어렵고 왜 이런 변화가 일어난 것인지 모르겠지만, 그동안의 경험이 귀하게 소화되고 모든 일상 상황에서 활용되고 있다고 하였다. 몇 가지 예를 들면, 첫 번째, A는 학생들을 대하는 자신이 변했다고 하였다. 예전에는 학생들의 소리가 때로 시끄럽고 불쾌하게 느껴져 학생들의 소리를 듣지 않기 위해 애쓰며 학생들과 분리했었다면, 요즘은 학생들의 소리가 그냥 소리로 들리고 뭔가 필요해서 내는 소리라 여겨져 학생들과 분리하지 않는다고 하였다. 누군가의 소리를 듣는 A의 반응이 달라진 것이다. 이에 대해 A는 내가 나의 소리를 내고 나의 소리를 인정하니까 다른 사람의 소리도 인정하게 되는 것 같다고 하였다. 두 번째, 소리 내는 것을 좋아하지만 소리 내는 것이 무섭고 부담스러워 소리 내기가 어려웠는데, 조금씩 원초적인 소리, 몸에서 나오고자 하는 소리를 낼 수 있게 되었다고 하였다. 소리 내는 자신에 대한 A의 반응이 달라진 것이다. 세 번째, 요즘도 '그 존재(머리, 목 뒤, 어깨 부분에 있는 존재)'에게 종종 "너 어때?"라고 말을 건네고 있다고 하였다. 두려움으로 인한 경직을 대하는 A의 태도가 도망가는 방식에서 소통하는 방식으로 변화된 것이다. A는 스스로 해낸 것을 알아차릴 수 있는 지혜와 알아차린 것을 일상에서 연습

하고 삶에 적용시킬 수 있는 힘을 가진 '현명한 생존자'라고 나는 조심스럽게 이야기하고 싶다. 한편, A는 그동안 자신을 만나고 누군가의 시선을 받으면서 용기 내보는 경험을 할 수 있었다고 하였다. 안내자로서 나는 이 시공간을 안전하고 부드러운 품으로 만들기 위해 공을 들였다. 안전할 때 더 도전할 수 있고, 친절함에 힘이 있기 때문이다(Levine, 2020).

내가 목격한 A의 여정은 관계적인 맥락에서 세 갈래로 나타난다. 첫 번째, 나-나의 관계이다. A는 자신은 누릴 자격이 없고 가치가 없다는 생각으로 자신에게 꺼지라고 말하는 등 스스로를 비난하는 듯한 태도를 보였다. 두 번째, 나-너의 관계이다. A는 관계에서 사랑받기 위해 무리하게 타인을 배려하고 상대의 감정이나 의도를 읽느라 애를 써서 자신을 잃어버리고 있었다. 또한 모든 것을 자신의 책임과 탓으로 돌리고 타인의 욕구와 감정을 자신이 책임져야 한다고 생각하고 있었다. Marshall B. Rosenberg(2014)는 이와 같이 자신이 다른 사람의 느낌에 책임이 있다고 여기는 것을 '정서적 노예 상태'라고 말한다. 세 번째, 나-세상과의 관계이다. A는 자신이 있는 공간이 안전하지 않다는 것에 슬픔과 서러움을 느끼고 있었다. 서러움은 혼자 삼키는 슬픔이다. A가 이 땅에 발을 딛고 살며 혼자 슬픔을 삼키는 과정에서 얼마나 외로웠을지 짐작할 수 있었다. 이와 같은 방식으로 나, 타인, 세상과 관계 맺으면서 A는 두려움을 느꼈고, 이 두려움은 A가 자신의 몸을 경직시키고 내고 싶은 소리를 차단하도록 하였다. 그 당시에는 이러한 방식으로 관계하는 것이 A에게 있어 최선의 생존 전략이었을 것이고 어느 정도는 성공적이었을 것이다. 세션이 진행되면서 A는 새로운 방향을 선택하고 싶다고 하였다. A는 나, 타인, 세상과의 관계에서 자신을 학대하던 방식에서 나아가 자신을 애도하였고, 몸에서 나오고자 하는 소리를 차단하지 않고 나오도록 두었으며, 타인이 아닌 자신이 삶의 주인공이 되기로 선택함으로써 정서적 노예 상태에서 정서적 해방의 방향으로 나아가고 있었다. 또한 '절대로 안 돼'라는 신념의 틈으로 '나와도 돼'라는 자기 긍정이 자라나고 있음을 발견하였다. 세션 기간 동안 A가 보여준 세계를 통해 나는 A에 대해 배울 수 있었고 그 세계를 함께 여행할 수 있도록 허락해 준 A에게 깊은 감사를 표현하고 싶다.

결론

소마를 중심으로 GIM과 표현예술치료를 통합 · 병행한 이 사례는 몸의 안내에 따라 소리 내고 움직이면서 경험하는 변형된 GIM 그리고 GIM과 표현예술치료를 통합 · 병행하는 접근의 가치와 가능성을 보여준다.

이 사례에서는 일반적으로 안대로 눈을 가리고 누워 음악을 감상하는 개인 GIM을 변형하여 내담자가 어떤 사건이나 기억을 이야기하면서 감지하는 몸의 감각과 느낌을 기반으로 GIM음악프로그램을 선택한 후, 음악이 들려지는 상태에서 내담자가 즉흥적으로 소리 내고 움직이도록 안내하였다. 이 과정에서 안내자의 즉흥 음악보다 GIM음악프로그램을 사용할 때 몸과 이미지의 결합이 활성화되는 것을 관찰할 수 있었다. 예를 들면, 오른쪽 겨드랑이 있던 두려움이 '희거둥이'라는 캐릭터로 등장하였다. 또한 소리와 움직임 그리고 이미지가 서로 영향을 주고받으며 확장 · 변형하는 것을 발견하였다. 소리와 움직임을 통해 '그 지점'과 관계 맺기 시작하면서 '그 지점'은 '강요하고 압박하던 곳'에서 '빛'으로, '빛'에서 '세상'으로 변형된 경우이다. 이와 같이 소리와 움직임을 통해 이미지와 만나는 과정은 자기 내면의 일부를 직접적으로 경험하는 것이기도 하다(Johnson, 2011). 마음에 이미지를 만들어 내는 능력을 상상력이라고 하는데, 이 상상력은 내면세계의 존재들을 볼 수 있도록 이미지라는 옷을 입히는 힘이 있기 때문이다(Johnson, 2011). 흥미로웠던 것은 GIM을 적용했을 때 A가 자신의 여정을 스스로 더 잘 마무리하였다는 것이다. 내면세계로 초대하고, 내면세계와 만나 더 깊이 경험하고, 마지막에 통합하도록 지원하는 GIM음악프로그램의 구성단계가 영향을 미쳤을 것이라 짐작한다.

전 회기 동안 소마를 중심으로 변형된 GIM과 표현예술치료를 통합 · 병행하여 적용하였다. 나는 한 가지 접근을 고수하는 것보다 다양한 접근을 통합하여 적용하는 것을 선호한다. 임상 상황과 내담자의 상태, 필요 등에 따라 더 적합한 접근이 존재하고 다양한 예술 매체를 유연하게 적용할 때 더 효과적이라는 것을 임상과 자기 작업을 통해 경험해 왔기 때문이다. 나는 A가 이야기를 하면서 자연스럽게 어떤 소리와 움직임이 나타나면 그 소리와 움직임을 반복하고 탐험하도록 촉진하였고, 어떤 시각적 이미지를 연상하면 그 시각적 이미지를 그림으로 그린 후 그 그림을 보면서 감각되는 몸의 이야기가 소리와 움직임으로 번역되어 나올 수 있도록 지원하였으며, 감정이 두드러지게 나타나면 GIM음악프로그램을 통해 스스로 공감하고 그 감정과 머물도록 지지하였다.

이 사례는 안내자와 내담자가 같은 시간, 다른 공간에서 만났기에 물리적 공간의 특수성이 존재한다. 나는 더 가까이에서 A를 관찰하는 것이 불가능했고 그 에너지를 온전히 느끼기 위해 더 애썼다. 그럼에도 서로 연결되고 접촉하고 있다고 느낀 이유는 A가 온라인 화면에서 보이는 공간을 거의 벗어나지 않았고, 나에게 들리는 음량으로 자신의 상태를 이야기해주었기 때문이다. 이 비대면이라는 장소는 화면 밖으로 자신을 숨기거나 음을 소거함으로써 상대와의 연결을 끊을 수 있는 독특한 공간이다.

Peter A. Levine(2016)은 "상처 입은 어린 나무는 그 상처와 함께 자라난다. 나무

[그림 14]

가 계속해서 자라남에 따라 그 상처는 상대적으로 작아진다. 기가 막히게 멋진 옹이와 기형적인 모습의 가지들은 이 나무가 상처와 장애물들을 세월의 무게만큼 견디고 극복해왔음을 보여준다. 그리고 그 나무가 가진 고유성, 성격, 아름다움은 나무가 자신을 둘러싼 과거와 상처에 대처해 어떻게 자라났는가 하는 것에서 드러난다"라고 이야기한다. 이는 '결핍이 만든 특별함이 아닐까?'라는 생각을 해본다.

아래 그림은 A가 마지막 회기 후 나에게 보내준 작품이다. 이 그림을 소개하며 A의 사례 소개를 마치고자 한다.

용어 설명

토닝(toning): 신체의 균형을 복원하기 위해 지속적인 모음 소리를 의식적으로 사용하는 것이다(Austin, 2012).

그라운딩(grounding): 다리와 발이 지면과 연결되어 단단히 지지하고 있는 감각느낌(felt sense)이다(Ogden & Fisher, 2021).

소매틱 자원(somatic resources): 몸 안에 있는 자원으로 몸 수준에서 안녕감과 역량감을 제공하는 신체적 기능, 행동, 역량이다(Ogden & Fisher, 2021).

참고문헌

김정규(2009). 게슈탈트 심리치료. 서울: 학지사.

인터넷 자료: 한국교원단체총연합회(2023. 05. 23) [교총보도자료] 교원 명예퇴직 16년 새 7.5배 증가 통계에 대한 입장.

인터넷 자료: 한국교원단체총연합회(2023. 05. 10) [교총보도자료] 2022년도 교권 보호 및 교직 상담 활동 보고서 발표.

Austin, D. (2009). 성악심리치료의 이론과 실제. 한국성악심리치료협회 역(2012). 서울: 시스마프레스.

Bonny, H. (1978/2002). Facilitating guided imagery and music sessions. In L. Summer (Ed.), Music and consciousness: The evolution of guided imagery and music (pp. 269-298). Gil sum, NH: Barcelona Publishers.

Bruscia, K. E. (2012). GIM심상음악치료 사례연구. 김경혜, 정은주 공역(2018). 서울: 하나의학사.

Damasio, A. (2021). 느끼고 아는 존재. 고현석 역(2021). 서울: 흐름출판.

Dana, D. (2021). 다미주신경이론. 박도현 역(2023). 서울: 불광출판사.

Hanna, T. (2004). 소마틱스. 최광석 역(2019). 파주: 군자출판사.

Johnson, R. A. (2009). 내면 작업. 고혜경 역(2011). 서울: 동연.

Knill, P. J., Levine, E. G., & Levine, S. K. (2005). Principles and Practice of Expressive Arts Therapy. London & Philadelphia: Jessica Kingsley Publishers.

Larsson, L. (2012). 분노, 죄책감, 수치심. 이경아 역(2023). 서울: 한국 NVC 출판사.

Levine S. K., & Levine, E. G. (2003). 표현과 치료. 최은정 역(2013). 서울: 시그마프레스.

Levine, P. A. (1997). 내 안의 트라우마 치유하기. 양희아 역(2016). 서울: 소울메이트.

Levine, P. A. (2017). 무언의 목소리: 신체 기반 트라우마 치유. 박수정, 유채영, 이정규 공역(2020). 서울: 피와이메이트.

Ogden, P., & Fisher, J. (2015). 감각운동 심리치료. 이승호 역(2021). 서울: 하나의학사.

Porges, S. W. (2017). 다미주 이론. 노경선 역(2020). 서울: 위즈덤하우스.

Rogers, N. (1993). 인간중심 표현예술치료. 이정명, 전미향, 전태옥 공역(2007). 서울: 시그마프레스.

Rosenberg, M. B. (2015). 비폭력 대화. 캐서린 한 역(2024). 서울: 한국NVC센터.

Rothschild, B. (2001). The Body Remembers. New York: W. W. Norton & Company.

Tolle, E. (2008). 삶으로 다시 떠오르기. 류시화 역(2024). 서울: 연금술사.

개인 GIM | 성인 | 자아상 회복

9

모성 콤플렉스와 자아상 회복을 위한 중년여성의 GIM사례

박정은

개요

이 사례는 출생 직후 입양되어 자란 50대 후반 중년여성 J(가명)와의 모성 콤플렉스mother complex와 자아상 회복을 위한 GIM심상음악치료guided imagery and music(이하 GIM) 과정을 정리한 것이며 약 6개월(2023년 1월 5일~7월 17일) 동안 총 20회기 심리치료를 진행하였다. 총 20회기의 심리치료는 언어적 상담verbal counseling 총 9회, GIM세션 총 11회로 진행되었는데 이 사례는 그 중 정신역동적 기법의 심층 심리 상담인 GIM세션 총 11회에 대해 중점적으로 정리하였다. 상담실을 처음 방문할 당시 J의 주호소chief complaint는 학업과 관련된 긴장과 불안이었으나 상담이 진행될수록 J는 '출생 배경, 모아 관계'와 관련된 이슈issue를 자주 다루게 되었고(11회기 GIM세션 중 5회기), 이러한 이슈issue가 자신의 긴장과 불안, 자녀와의 관계 등과 깊은 연관이 있음을 깨닫게 되었다. 모성 콤플렉스란 모성 원형mother archetype의 영향에 사로잡혀 있는 상태를 말하며(김진향, 2007), 모성 원형은 인류가 태초부터 모성과 모성적인 것에 대하여 계속해서 반복적으로 경험해 온 모든 체험의 근원적 유형이다(박방초, 2017). 모성 원형은 인간의 무의식에 공통적으로 존재하면서 어릴 때는 개인의 어머니상과 같은 콤플렉스를 이룬다. 그래서 모성 콤플렉스의 형성에는 실제의 어머니와 모성 원형이 모두 영향을 미친다(심희옥, 2018). J가 GIM세션에서 중점적으로 다룬 이슈issue, 즉 출생 배경 및 모아 관계(생모, 양어머니) 등의 문제는 모성 콤플렉스와 깊은 관련이 있으며 J의 주 호소 증상 및 대인관계에 많은 영향을 미치고 있었는데 본 사례에서는 J가 모성 콤플렉스 문제와 관련된 기억과 감정을 어떻게 불러내고 통합하며 회복되어 가는지 그 과정을 보여주며 더불어 모성 콤플렉스가 회복되어 가는 과정을 통해 자아상이 어떻게 긍정적으로 변화되어 가는지 보여줄 것이다.

배경

상담을 시작할 당시 J(가명)는 50대 후반의 중년여성으로 음식점을 운영하고 있으면서 동시에 미술치료 대학원 석사과정 마지막 학기에 재학 중이었다. J는 출생 직후 입양되어 자랐고, 입양된 가정의 형편이 좋지 못해 초등학교만 졸업한 후 바로 직장 생활을 했다고 하였다. J는 20대 중반에 결혼하여 셋째 자녀를 임신하고 있을 때 갑작스러운 교통사고로 인해 남편과 사별하였고, 그 후 한부모 가정으로 자녀를 양육하며 지내다가 30대 중반에 현재의 남편을 만나 재혼했다고 한다. 현재 자녀들은 모두 성인이 되어 출가 또는 분가해서 지내는 상태이고 경제적으로 부족함이 없는 상태라고 하였다. J는 대학원을 다니는 동안 긴장과 불안감이 높아서 이에 대해 상담을 받고 싶다고 말하면서 본 상담실을 방문하게 되었다.

치료 방법

J의 모성 콤플렉스 치료를 위해 제공된 주요 치료 방법은 Helen Bonny에 의해 개발된 GIM심상음악치료guided imagery and music(이하 GIM)였다. GIM은 음악 중심의 정신역동적 심층 음악치료 기법으로 GIM치료사는 내담자가 변형된 의식 상태altered state of consciousness에서 심상을 경험할 수 있도록 프로그램화된 클래식 음악을 사용하고, 내담자는 이러한 의식의 확장conscious-expanding을 통해 자기 내면의 심상 변화를 경험하고 정신적, 정서적, 신체적, 영적 측면을 통합해 나가는 변형적transformative이고 통찰적인 심층 음악 심리치료 방법이다. GIM은 내담자의 이슈issue, 감정과 에너지 레벨 등을 확인하기 위한 사전 상담pre session, 내담자가 이완된 상태에서 프로그램화된 음악을 들으며 심상을 경험하는 GIM세션, 내담자가 GIM의 경험에 대해 그리는 만다라 작업, GIM세션과 만다라에 대해 내담자와 치료사가 이야기를 나누는 사후 상담post session 순으로 진행되었다. 또한 J에게 사용된 치료 방법은 GIM 외에도 총 9회의 언어적 상담(해결중심 상담)이 진행되었는데, 이것은 J에게 당면한 문제의 변화와 해결이 필요하거나 J가 언어적 상담만을 원하는 경우 진행되었다.

총 20회기의 상담 일정 및 방법

회기	날짜 (2023)	상담 방법	음악프로그램
1	1/5	GIM session #1	Three Doors
2	1/11	GIM session #2	Exploration
3	1/18	언어적 상담(verbal counseling)	
4	1/25	GIM session #3	Quiet Music
5	2/1	언어적 상담(verbal counseling)	
6	2/8	언어적 상담(verbal counseling)	
7	2/15	언어적 상담(verbal counseling)	
8	2/23	GIM session #4	Depth Bach
9	3/8	GIM session #5	Melancholy
10	3/22	언어적 상담(verbal counseling)	
11	3/29	언어적 상담(verbal counseling)	
12	4/5	GIM session #6	Abandonment to Bonding
13	4/12	GIM session #7	Loss
14	5/15	언어적 상담(verbal counseling)	
15	5/22	GIM session #8	Relationship

16	6/9	GIM session #9	Low
17	6/14	GIM session #10	Abandonment bonding
18	6/21	언어적 상담(verbal counseling)	
19	6/28	GIM session #11	Positive affect
20	7/17	언어적 상담(verbal counseling)	

치료 과정

다음의 내용은 총 20회기의 상담 기록을 발췌하고 요약한 것으로 기울임체 글씨는 GIM세션 중 J가 심상을 경험하면서 말한 내용이며 침묵, 시간의 흐름, 중간 생략 등은 생략 부호로 표시하였고, 중재에 사용한 음악의 제목, 음악 외 사용된 중재, 나의 관찰 등은 괄호로 표시하였다.

1회기 | GIM session #1
<힘들게 살아온 '나'이지만 긍정의 에너지가 많은 것 같아요>

약속된 시간에 맞춰 상담실에 들어선 J는 밝게 웃으며 인사를 했지만 피곤하고 긴장한 듯 보였다. 미술치료 대학원 석사과정의 마지막 학기를 앞둔 그녀는 대학원을 다니는 동안 긴장과 불안감이 높아서 이에 대해 상담받고 싶었다고 말하면서 자신의 상담 동기를 밝혔다. 내가 J에게 자신의 전반적인 소개를 해달라고 요청하자 J는 잠시 망설인 후 자신의 출생 배경, 첫 번째 결혼과 남편과의 사별, 재혼, 자녀들에 대한 정보, 본인의 학력 등 자신의 전반적인 삶에 대해 간략하게 이야기하였다. 나는 GIM세션이 어떤 방법으로 진행되는지에 대한 설명을 해준 다음, J가 음악과 함께 어떠한 심상을 경험하고 어떠한 감정을 느끼며 자신의 마음을 여행하는지를 보기 위해 첫 번째 세션에서 흔하고 안전하게 사용하는 진단적 음악프로그램인 three doors를 사용하여 첫 번째 세션을 진행하였다. J가 경험하는 첫 번째 GIM세션인 만큼 나는 J가 내면으로 깊이 있게 다가갈 수 있도록 인덕션induction에 주의를 기울였고, J가 심호흡을 천천히 하면서 자신의 호흡에 집중하도록 하였다. 나는 J가 각각의 문을 마주할 때마다 문의 형태, 색깔이 어떤지 보도록 하였으며 각각의 문에 어떤 단어나 문장을 쓰도록 한 후 문을 열고 들어가 심상을 경험하도록 하였다.

이 세션에서 J가 경험한 주요 심상과 그와 관련하여 이야기를 나눈 내용은 다음과 같다.

… 내가 모르는 남자와 함께 나체로 누워있는데 화려하게 느껴졌어요……

J가 경험한 첫 번째 문은 빨간색의 네모난 문이었는데 그 문에 '사랑'이라고 단어를 적었다고 하였다. J가 그 문을 열고 들어가자 자신이 모르는 남자와 함께 나체로 누워있는데 화려한 느낌이 들었다고 하였다. 이에 대해 J는 현재 남편과 오랫동안 sexless로 지내고 있다고 말하였다. J는 남편이 음주, 흡연을 많이 하는데 자신은 그 점을 좋아하지 않지만 이로 인한 직장 문제는 없어서 크게 관여하지 않는다고 하였다. 또한 자신보다 5살 연하인 남편은 마음이 여려서 남들한테 돈을 많이 떼이는 편이라고 말하며 남자답지 못하다고 표현하였다. 현재 J는 음식점을 운영 중인데 장사가 꽤 잘되어서 남편보다 수입이 많아 본인이 실질적인 가장이라고 말한 후 아마도 '남편에게 사랑받고 싶은 나의 마음'이 이러한 심상으로 표현된 것 같다고 하였다. '남편에 대한 나의 감정'과 관련된 심층 상담은 다음 기회에 다루어보기로 하였다(이 이슈issue에 대해서는 GIM세션 3회기에서 구체적으로 다루게 된다).

… 남들은 모두 웃으며 좋아하는데 나만 홀로 구석에 처박혀서 외롭고 허전했어요…

J가 경험한 두 번째 문은 파란색의 네모난 문이었는데 그 문에 '나'라고 단어를 적었다고 하였다. J가 그 문을 열고 들어가자 남들은 모두 웃고 있는데 자신만 홀로 구석에서 외롭고 허전하게 있는 심상을 경험했다고 하였다. 이에 대해 J는 자신이 갓난아기 때 아이가 없는 부부에게 입양되어 살아왔던 점, 첫 남편이 약 25년 전 교통사고로 사망한 후 혼자서 3남매를 키우다가 약 15년 전에 현재의 남편을 만나 재혼했

다고 이야기하며 살아오면서 외로움을 많이 느꼈고, 자신의 상황을 남들에게 이야기하지 못한 채 혼자 감당해야 할 부분이 많았다고 이야기하였다. 또한 얼마 전 어린 시절을 같이 지냈던 사촌 동생의 극단적 선택으로 인해 충격을 받았다고 이야기한 후 일어나지 않은 일에 대한 불안, 걱정이 자꾸 생긴다고 말하였다. '사촌 동생의 극단적 선택'과 관련된 이야기 또한 다음 기회에 다루어보기로 하였다(이 이슈issue에 대해서는 GIM세션 4 회기에서 구체적으로 다루게 된다).

… 대학원을 졸업한 후 치료센터를 오픈하여 자식들에게 축하받는 미래의 내 모습을 봤어요…

J가 경험한 세 번째 문은 초록색의 네모난 문이었는데 그 문에 '미래'라고 단어를 적었다고 하였다. J는 그 문을 열고 들어가자 대학원을 졸업한 후 치료센터를 오픈한 자신을 자식들이 축하해주는 심상을 경험하였다고 했다. 이에 대해 J는 자신이 초등학교를 졸업한 후 가정 형편이 좋지 못했을 뿐 아니라 양부모님이 또한 자녀 교육에 관심이 부족하여 상급 학교로 진학하지 못하고 공장에 취업하였는데 성인이 된 후 중, 고등 과정을 모두 검정고시로 마칠 수 있었다고 하였다. 항상 배움에 대한 갈망이 있었기에 교육학, 사회복지학 등을 대학, 대학원에서 공부하였고, 지금은 미술치료 대학원 석사과정을 공부하고 있다고 하였다. 현재 미술치료 석사과정의 마지막 학기를 보내고 있으며 졸업한 후 미술치료센터를 차려서 봉사도 많이 하며 살고 싶고 기회가 닿는다면 박사 과정도 공부해보고 싶다는 바람을 이야기하였다(이 이슈issue에 대해서는 GIM세션 9회기와 11회기에서 구체적으로 다루게 된다). 끝으로 J는 "나의 삶을 돌아보니 힘들게 살아왔음에도 불구하고 긍정의 에너지가 많은 것 같아요. 앞으로도 역시 어떤 어려움이 닥쳐도 잘 헤쳐나갈 수 있을 것 같아요"라며 자신을 향한 응원의 목소리를 남기며 자신에 대한 긍정적인 면을 찾을 수 있었다.

한편 J는 만다라 그리기에서 자궁 속에 누워있는 태아를 그린 후 제목을 '엄마 뱃속'이라고 정하였다. J는 그림을 그리면서 "그냥…… 엄마 뱃속에 있는 아기를 그리고 싶네요"라고 말했는데, 그림을 다 그린 후 어떤 그림인지 물어보자 "좀 전에 (심상에서) 경험한 건 아닌데 지금은 이게 떠올라서 그렸어요"라고 할 뿐 더 이상의 이야기를

[그림 15] 엄마 뱃속

하지 않았다. J와의 상담 초반에 이야기했던 내용을 미루어 볼 때 '출생 및 모아 관계'와 관련된 이슈issue가 있을 것이라 조심스럽게 짐작할 수 있었다. 실제로 이후의 GIM 세션에서 자주 이와 관련된 이슈issue를 다루거나 심상을 경험하게 되었는데(GIM세션 5~8회기, 10회기), 특히 '모아 관계'와 관련된 이슈issue는 J가 가진 '불안, 긴장'과 밀접한 관련이 있으며, J와 자녀 사이의 관계에도 영향을 미치고 있음을 추후 GIM세션을 통해 J 본인도 깨닫게 된다.

2회기 | GIM session #2 <나는 어떤 어려움이라도 헤쳐나갈 수 있어요>

J는 최근 '석사 졸업 논문 주제 및 대상자 선정'과 관련하여 고민이 많다고 하였다. 마지막 논문 학기를 앞두고 있는데 아직 아무것도 정해진 것이 없으니 불안하고, 논문 작업에 대한 압박감이 심하여 논문을 써야 할지 졸업을 한 학기 미루어야 할지 갈등 중이라고 하였다. J는 자신이 어떤 선택과 결정을 내리는 것이 본인에게 도움이 되는

지 알고 싶다고 하여 두 번째 GIM세션에서는 진단 목적으로도 사용할 수 있고 내면을 탐험할 수 있도록 하는 음악프로그램exploration을 사용하여 J가 자기 내면을 깊이 있게 만날 수 있도록 세션을 진행하였다.

이 세션에서 J가 경험한 심상과 그와 관련하여 이야기를 나눈 내용은 다음과 같다.

> [Respighi: Pines of Rome] 학부 때, 같이 공부하던 동료 중 나에게 진심으로 채찍질하고 힘이 되어주었던 은경(가명)이와 대화하고 있어요…… 그녀가 나에게 "선생님은 강해서 할 수 있다"라고 말해줘요. 그 소리를 들으니 할 수 있을 것 같은 느낌이 들어요……

J는 이 심상으로 인해 논문 작업에 대한 용기를 얻게 되었다고 하였다. J는 자신이 믿고 의지하였던 은경을 통해 용기를 얻었다고 하였지만, 이는 사실 스스로 힘을 내어 논문을 '쓰고 싶다'라는 바람과 '써야겠다'라는 의지와 '쓸 수 있다'라는 용기를 담은 자기 내면의 목소리일 것이다.

> [Debussy: Sirens] 누군가가 나를 꾸짖고 채찍질하는 것 같아요……

J는 이에 대해 음악에서 여자 목소리가 나올 때 '논문을 잘 쓸 수 있도록 남편, 자녀들, 지인들이 격려하는 느낌'이 들었다고 하였다.

> [Debussy: Sirens] 남자가 너무 힘들게 버티고 있는 나를 안쓰러워해요. 전남편 같아요. 나를 안아주고 싶다고 해요…… 잘해주고 싶었는데 못 해줘서 미안하다고…… 내가 애를 키우며 버티는 것이 장하고 안쓰럽고 고맙다고 말해요…… 남편은 울고 있어요……

J는 돌아가신 전남편이 등장하여 자신에게 사과와 위로를 해주는 심상을 경험하였는데 이에 대해서는 지금의 삶에서는 자신이 의지할 수 있는 사람이 거의 없으므로 과거에 자신에게 힘이 되었던 전남편이 등장한 것과 더불어 남편이 사망한 후 혼자 아이들을 키우면서 힘든 것에 대한 위로와 칭찬을 받고 싶은 자신의 마음이 그러한

심상으로 표현된 것 같다고 말하며 전남편에 대한 그리움을 표현하였다.

> [Chesnokov: Salvation in Created] 경찰서에서 전화가 와요. 6개월 된 아기를 업고, 나는 떨리는 가슴으로 영안실로 달려가고 있어요. 너무 무서워서 그의 얼굴을 확인할 수가 없어요…… 장례식장에서 아기도 나도 울고 있어요…… 너무 슬퍼요. 저 애들을 어떻게 키울까…… 이것을 헤쳐나가는 건 오로지 내 몫인데…… 마음을 단단히 먹어야겠어요…… 나는 잔 다르크처럼 강해져야 해요. 어떤 어려움이 와도…… 난 강해야 하고 엄마로서 애들을 책임져야 하고…… 난 무쇠처럼 단단해져야 해요……

이 심상에서 J는 '전남편의 사고 소식을 접하고 영안실, 장례식장에서 슬픔에 빠진 자기 모습과 엄마로서 강하게 살아야 한다고 의지를 다지는 자기 모습'을 재경험하게 되었다. 전남편이 사망하기 얼마 전에 J는 무당으로부터 "남편과 막내아들(당시에는 태아)의 명이 바뀌었다"라는 말을 들은 적이 있었는데 그 후로 막내아들만 아니었다면 남편이 사망하지도 않고, 자신도 이렇게 살지 않았을 거라며 막내아들을 미워했던 적이 있었다고 말하였다. 그래서 막내아들을 키우면서 잘해주지 못한 것이 많았고 지금은 그에게 미안한 마음이 크다고 말하였다. 또한 남편이 사망한 후부터 혼자서 자녀들을 양육해야 한다는 강한 책임감으로 살아왔음과 자녀들이 '아빠'를 불러보지 못한 것에 대한 슬픔을 이야기하였다(막내아들과 관련된 이슈issue는 이후 GIM세션 10회기에서 다시 다루게 된다).

> [Pachlbel: Canon in D Major] 나는 긍정적인 에너지를 받아서 애들 잘 키우고 공부도 열심히 하고…… J처럼 좌절해도 벌떡 일어나고…… 나는 나를 믿어요. 잘할 수 있을 거라고…… 나는 나를 사랑해요……

이 심상에서 J는 자신에게 위로와 격려의 말을 남김으로써 졸업 논문 작업을 포함한 앞으로의 삶에 힘을 얻게 되었고, 이 세션을 통해 "나는 어떤 어려움이라도 헤쳐나갈 수 있다는 것을 느끼게 되었다"라고 말하며 자신감을 가질 수 있었다.

이 세션에 대한 만다라 그림에서 J는 큰 원에 가득 차도록 두 팔을 벌리고 서 있는 자기 모습을 그린 뒤 〈두 팔 벌려 세상 끌어안기〉라고 제목을 붙였다. J는 과거의 아

[그림 16] 두 팔 벌려 세상 끌어안기

픔을 딛고 일어난 자신이 어려운 처지에 있는 현재의 자기 자신을 안아주는 듯한 느낌과 함께 이 세션을 통해 "논문을 써야겠다, 쓸 수 있다"라는 의지와 자신감을 얻게 되었다고 말하며 자신에 대한 긍정적 힘을 표현하였다.

3회기 | 언어적 상담

이 세션에서 J는 전남편과 현재의 남편에 대해 전반적인 이야기를 하였다. 사실 이와 관련해서는 친척들을 제외하고는 주변 사람들에게는 굳이 알리지 않고 살아왔기 때문에 오늘 이 세션에서는 상담자와 이런 이야기를 편하게 나누는 시간을 가지고 싶다고 하여 음악은 사용하지 않고 언어적 상담을 진행하였다.

4회기 | GIM session #3 <남편과 나를 용서하며 화해를 시작하다>

지난 상담에서 남편에 대해 이야기를 나눌 때 J는 현 남편에 대한 몇몇 불만들을 호소하였다. 오늘 세션에서 J는 현 남편에 대해 느껴지는 '죄책감, 미안함, 미움, 화, 바라는 마음 등' 복합적인 자신의 감정을 바라보고 싶다고 하였다. 나는 내면의 탐색과 함께 감각을 자극할 수 있는 음악프로그램quiet music을 사용하여 J가 비위협적으로 자기 성찰을 할 수 있도록 세션을 진행하였다.

이 세션에서 J가 경험한 심상과 그와 관련하여 이야기를 나눈 내용은 다음과 같다.

> [Debussey: Dances Sacred and Profane] 남편, 자식들과 일본 여행 중이다. 술 때문에 나와 남편이 싸운다…… 딸과 사위 앞에서 내가 남편을 비난하고 있다……

이에 대해 J는 평소 남편이 매일 술을 마시고 담배를 피우는 것에 대해 불만을 토로하며 그러한 남편이 보기 싫다고 말하였다.

> [Debussey: Afternoon of a Faun] 동굴에 갇힌 느낌이다. 앞에 길이 보이고 나는 빛을 찾아서 따라가고 있다. 갇혀 있어서 조이는 듯하다가 지금은 밝은 곳으로 나왔다…… 남편이 내게 미안하다고 하며 나의 손을 잡는다. '잘해주지 못해 미안하다. 잘해주고 싶은데 방법을 모르겠다, 당신이 좋아하는 사람이 될 수 있도록 방법을 알려줘'…… 나도 미안하다고 말한다. '난 당신이 똑똑하고 현명했으면 좋겠다. 불만이 있으면 얘기를 해줘. 나도 비난하지 않고 받아들일게. 나도 당신을 이해하도록 노력할게. 내가 성질이 급해서 (비난과 불평의 말이) 올라오는 건 이해해줘, 미안해'…

이 심상에서 J와 그의 남편은 서로에게 사과하고 부족한 자신을 이해해주길 부탁하였다. 이 심상에 대해 J는 평소에 자녀들이 함께 있는 자리에서 남편의 경제관념에 대해 비난한 적이 있었음을 이야기하며 미안함이 느껴진다고 하였다. 덧붙여 말하기를 자신이 남편에게 말한 '똑똑하고 현명했으면 좋겠다'라는 부분은 어쩌면 J 스스로 자신에게 하는 말일지도 모르겠다고 하면서 '아내로서 여성스럽고, 예쁘고 부드럽게 말하는 여자'가 되고 싶은 마음을 표현하기도 하였다.

[Holst: Planet Venus] 가슴이 아프다. 나는 누구에게도 말하지 못하고…… 남편이 올바르게 중심을 잡아주면 좋겠는데…… 술집에서 100만 원씩 카드를 긁고 온 남편에 대한 불만을 말로 표현하지 못하고 가슴에 담아둬서 마음이 아파요…… 남에게 나쁜 건 감추고 좋은 말만 하고 살아요…… 내가 모든 걸 끌어안고 가는 게 혼자 힘으로는 버거워요…… '혼자 잘 버텨주어 잘했다'…… 나를 위로해 주고 싶어요…… '진짜 힘이 드네'……

이 심상에 대해 J는 세 명의 자식과 더불어 남편 또한 자식처럼 자신이 돌보아야 하는 존재로 느끼며 살아온 것을 이야기한 후 그동안 잘 버티어 내며 살아온 자신을 칭찬하고 위로해주고 싶다고 하였다.

[Vaughn Williams: Greensleeves] 내가 힘든 만큼 남편도 힘들었을까? 내가 공부로 외로움과 어려움을 참듯이 남편도 술과 담배로 위로를 얻고 싶은 것일까? 이 고통을 보기 싫어서 남편도 외면하는 것일까? 내가 너무 강해서 남편은 나를 여자로 보지 않고, 다른 곳으로 마음을 돌리는 건 아닐까……? 나만 힘든 것 같았는데 나는 내 마음만 들여다보고 상대의 마음은 들여다보지 않은 것 같다…… 남편도 힘들었을 거 같다……

이 심상에서 J는 남편을 이해하기 위해 또 자신을 반성하기 위해 스스로 질문을 던지고 대답했다. J는 재혼 후 약 15년 동안 끊임없이 공부하며 이러한 과정을 통해 삶의 고통과 외로움 등을 참고 살아왔다고 했다. 그러나 남편을 위해서는 무언가 해 준 것도 없이 구박만 해 온 것 같다고 하면서 J는 남편에게 따지고, 이유/방법/결론만 요구하는 자기 모습을 반성하였다. J는 '나는 남편에게 무섭고 강한 여자의 이미지를 주어 남편을 주눅 들게 만든 것 같다. 앞으로는 남편의 마음을 들여다보려고 노력해야겠다'라고 다짐하며 세션을 마무리하였다.

'빗속에서 함께 우산을 쓰고 있는 부부의 모습'을 그린 후 J는 부부 각자가 겪었던 삶의 고통과 외로움(비)을 이제는 서로 이해하며 함께 극복해 나가겠다는 의지(함께 쓴 우산)를 표현했다고 한다. 그림 속의 J는 남편을 향해 바라보며 서 있다. 이 만다라의 제목 〈동굴 속 남편과의 화해〉처럼 J는 이 세션을 통해 남편과 자신을 용서하며 화해를 시작하는 것 같다고 했다.

[그림 17] 동굴 속 남편과의 화해

5~7회기 | 언어적 상담

5회기 상담에서 J는 최근 전남편의 형(아주버님)을 오랜만에 만났던 이야기를 하며 전남편 생각이 많이 났었다고 하였지만 이에 대해 GIM을 통한 심층 상담을 원하지는 않았다. 또한 시부모님으로부터 상속받은 땅 때문에 현 남편의 형제간에 갈등이 있는 것에 대한 속상한 감정을 표현했지만 이에 대해서도 GIM을 통한 심층 상담을 원하지는 않아 전남편과 시댁 식구와 관련된 감정, 갈등에 대해 언어적 상담으로 진행하였다.

6회기 상담에서 J는 자신의 '페르소나persona'에 대해 궁금해하였다. J는 '엄마, 동생, 딸, 학생, 사장, 형수, 친구, 예비 미술치료사, 부인, 동기 등' 다양한 페르소나 중 자신이 가장 중요하다고 생각하고 기쁨을 느낄 수 있는 페르소나는 '엄마'라고 하면서 자식을 키우면서 경험한 기쁨과 관련하여 이야기 나누는 시간을 가졌다.

7회기 상담에서 J는 대상자들과의 세션이 원활하게 진행되지 않아 논문 주제를 변경해야 하는 상황이라고 하였다. J는 자신의 논문 주제와 관련된 이야기를 나누고 싶어 하여 이에 대해 함께 고민하는 시간을 가졌다.

8회기 | GIM session #4
<추억의 책갈피 '즐거움, 기쁨, 개구쟁이 장난, 사랑, 고마움'>

J는 첫 번째 세션에서 '사촌 여동생의 극단적 선택'에 대해 간단히 언급한 적이 있었는데 오늘 네 번째 GIM 세션에서 J는 사촌 여동생의 이야기를 꺼냈다. 어린 시절 한 동네에 살면서 함께 자라온 사촌 여동생은 결혼 후에도 거의 매일 만나며 친하게 지냈다고 한다. 사촌 동생은 어릴 때부터 예쁘고 똑똑한 사람이었다고 한다. 결혼 후에는 큰 식당을 운영하며 화려하고 부유한 삶을 살던 사촌 동생은 J에게는 늘 부러움의 대상이었다고 한다. 그러나 출세에 대한 욕망이 강했던 사촌 동생은 식당이 잘 되고 있음에도 불구하고, 다단계 판매를 무리하게 시작했고, 또한 신흥 종교를 광신했는데 이에 대해 J에게 물건 판매 및 함께 교회에 다닐 것을 강요하는 탓에 J는 그간 매일 보고 지내왔던 사촌 동생과 거리를 두고 연락을 잘 하지 않았다고 했다. 수 개월간 거의 왕래가 없이 지내다가 2~3년 전 크리스마스 무렵에 사촌 동생으로부터 연락이 와서 평소와 다름없이 '돈, 종교, 자식 이야기'만 하다가 전화를 끊었는데 그 후 1개월이 채 되지 않아 사촌 동생의 부고 소식을 접했다고 한다. 갑작스러운 사촌 동생의 극단적 선택 소식에 J는 큰 충격과 슬픔에 휩싸였고, 동생을 멀리했던 자신을 책망하며 죄책감에 빠져있었다고 했다. 이 세션에서 J는 고인이 된 사촌 동생에게 하고 싶었던 말을 하고자 하였다. 나는 사촌 동생의 극단적 선택과 관련하여 큰 충격과 슬픔을 가진 J가 핵심 쟁점을 다룰 수 있도록 깊은 탐험과 내면 표출을 위한 음악프로그램인 depth bach를 사용하여 세션을 진행하였다.

이 세션의 심상에서 J는 지금은 고인이 된 사촌 동생과 마주 앉아 평소에 차마 하지 못했던 말들을 봇물 터지듯 쏟아내었는데 주요 내용은 다음과 같다.

[그림 18] 사과나무 아래 장난치기

[Bach: Passacaglia, Fugue In C] 종교적인 이야기는 나에게 안 했으면 좋겠다…… 다단계 물건도 내게는 너무 비싸…… 한편으로는 네가 부럽기도 해…… 돈도 떼이고 종교에 빠지고 다단계도 너무 열심이고…… 내 눈에는 네가 위험해 보여……

[Bach: Come to Sweet Death] 난 네가 왜 죽었는지 이해가 안 돼…… 애들 잘 키우고 그랬는데…… 네가 죽었다는 소식에 너무 놀랐어. 많은 얘기를 너와 나누지 못해 미안해…… 네가 얼마나 힘들고 아팠겠니…? 맏딸로 얼마나 힘들었겠니…? 너 죽은 게 맘이 아파…… 내가 잘해주지 못해서 미안해……

[Bach: Little Fugue in G] 난 네가 병원 다니면서 우울증약을 먹고 입원한 것도 몰랐어…… 우린 같이 컸고, 애들도 같이 키웠었는데…… 힘들 때 주위의 도움을 요청했더라면 좋았을 텐데…… 언니로서 오지 말라고 한 것 미안해…… 널 미워한 게 아니라 그 종교가 싫었어.

[Bach: Air in G] 넌 참 좋은 동생이야…… 거기 가서는 맘 편하게 잘 살아라…… 거

기서 너희 가족들 잘 지켜줘…… 너만 행복하고 마음 편하면 된다. 너 이야기 못 들어줘서 미안해…… 매몰차게 돌아서서 미안해…… 잘 가……

내가 이야기하는 동안 사촌 동생은 끝까지 조용히 환하게 웃으며 들어주었고, 내가 마지막 인사를 건네자 그녀는 울면서 하늘 위로 올라갔다.

본 세션을 통해 J는 사촌 동생이 살아 있는 동안에는 차마 그녀에게 말하지 못했던 이야기, 즉 '종교와 다단계 물품 구매에 대한 사촌 동생의 강요'가 싫어서 한동안 동생을 피해왔던 이야기, 사촌 동생과의 사별에 대한 슬픔, 사촌 동생을 멀리하는 동안 그녀의 상황과 힘든 마음을 들어주지 못한 것에 대한 미안함 등 자신의 마음을 그녀에게 전함과 동시에 사촌 동생의 죽음을 애도하고 마음속에서 동생을 떠나보내는 이 작업을 통해 "이제는 더 이상 죄책감을 갖지 않고 살아도 될 것 같아요"라고 말하며 자기 자신과 동생을 용서함으로써 마음의 짐을 내려놓는 모습을 보였다.

J는 아래의 만다라 〈사과나무 아래 장난치기〉를 그리며 어린 시절 동네의 사과나무 아래에서 사촌 동생과 놀았던 추억에 대해 말하였다. 마지막으로 그림 속 나무에 열린 다섯 개의 사과에 '즐겁고, 기쁘고, 개구쟁이 장난, 사랑, 고마워'라고 적으며 사촌 여동생과의 추억에 대한 책갈피를 남겼다.

9회기 | GIM session #5

<꿈속의 '할아버지'는 외면하고픈 나의 불우했던 환경이었다>

J는 약 20여 년 전 모친이 돌아가신 후 한동안 돌산 위에서 어떤 할아버지를 밀어서 넘어지게 하는 꿈을 자주 꾸었다고 하였다. 그리고 아직도 그 꿈이 잊히지 않고 자주 기억이 난다고 하였다. 내가 그 꿈에 대한 감정을 묻자 J는 꿈이 반복되었던 것과 오랜 시간이 흘러도 생생하게 기억이 난다는 것이 의문스럽고 두렵다고 하였다. 우리는 꿈속에서의 할아버지는 무엇에 대한 상징인지, 무엇이 J로 하여금 그 꿈을 자주 꾸게 만드는지, 또한 아직도 그 꿈이 기억에 남는 것은 J의 어떤 부분과 심리적으로 연관이

있는지, 이 꿈이 J에게 주는 메시지가 있다면 그것은 무엇인지 알아보기로 했다. 나는 J의 두려운 감정과 에너지 레벨(60%)이 평소보다 낮은 점, 그렇지만 내면 여행을 할 감정적인 준비가 있다는 점을 고려하여 낮은 에너지 상태와 두려운 자신의 감정을 탐험, 몰입, 해소, 분출, 통합할 수 있도록 고안된 음악프로그램인 melancholy를 사용하여 세션을 진행하였다.

이 세션에서 J가 경험한 심상과 그와 관련하여 이야기를 나눈 내용은 다음과 같다.

[Bach: Prelude in B minor] 자갈과 모래를 쌓아두어 생긴 공사장의 돌산 위에서 J와 친구들이 미끄럼을 타며 재밌게 놀고 있어요…… 어떤 할아버지가 돌산 위 한쪽에서 무섭고 두려워하는 표정으로 무뚝뚝하게 서 있어요……

[Bach: Adagio in C] 할아버지가 자신도 썰매 미끄럼을 탈 수 있도록 밀어달라고 해서 내가 밀어주었는데, 할아버지가 넘어져서 피도 나고 온 전신이 아프다고 해요. 입, 팔, 손바닥에도 피가 나요. 난 엄마, 아빠에게 꾸중을 들을 것 같고, 돈도 물어줘야 할 것 같고…… 엄마가 욕을 하면서 나를 때릴 것 같아서 두려움에 떨면서 서 있어요…… 엄마는 욕을 하며 나를 때려요. 난 무섭고 두려워 벌벌 떨고 있어요……

[Bach: Mein Jesu] 난 엄마한테 잘못했다고 두 손으로 싹싹 빌고 있어요. 할아버지가 밀어 달라고 해서 밀어준 건데…… 엄마는 내 말을 안 듣고 '네가 밀었잖아. 왜 그런 행동을 했냐?'며 나를 감싸주지 않고 혼을 내요. 엄마가 미워요…… 엄마가 나를 불쌍하다고 하며 안아줘요. 엄마가 나를 사랑한다는 게 느껴져요. "나도 엄마를 엄청 사랑해요"…… 엄마가 안쓰러워요. 엄마는 삼촌들 뒷바라지한다고 자기 자신을 챙기지 못하고…… 엄마는 자신이 무엇을 좋아하는지도 모르고, 좋아하는 것도 못 하고, 작고 왜소하고, 누구한테도 사랑을 못 받는 것 같아요…… 부모님 모두 서 있지만 서로 말이 없어요. 둘 다 외로워 보여요……

[Bach: Easter Cantata Chorale] 아버지는 아무 말 없이 담배만 피우고 있어요. 난 아버지가 담배 피우는 것을 보면 답답해요…… 왜 이렇게 애끓는 마음이 들까……? 엄마가 너무 애끓도록 불쌍해요. 엄마가 고생하는 것 같고…… 엄마를 안아주고 싶어요(인형 중재, J는 인형을 꼭 안고 운다)……

[Bach: Air in G] 내가 돈 많이 벌어서 돼지고기도 사주고, 공부도 많이 해서 여행 다니면서 맛있는 것도 사줄게…… 아버지 눈치 보지 말고, 엄마는 어디 가고 싶어 했잖아…… 여자로 살지 못했잖아…… 아버지 비위만 맞추고 사는 게 너무 싫어. 엄마는 엄마가 없어…… 엄마가 불쌍해…… 내가 잘 돼서 엄마에게 날개를 달아주고 싶어. 그리고 내가 미안해…… 엄마 죽기 전에 아팠던 3일 동안 내가 제대로 돌봐주지도 못하고…… 그렇게 빨리 갈 줄 몰랐어. 미안해…… 엄마가 담배를 피워서 내가 냄새난다고 싫어해서 미안해…… 엄마, 나를 사랑해 줘서 고맙고, 잘 키워줘서 고맙고, 남들한테 기죽지 않게 해줘서 고마워. 공부는 못 가르쳐 주었지만 그래도 사랑으로 키워줬어. 엄마가 가진 것 없고 못 배워서 미안하다고 했지만 미안해하지 마. 그래도 난 이 세상에서 엄마를 가장 사랑해……

post session에서 J는 모친이 돌아가시기 얼마 전 자신의 입양 사실을 알게 되어 무척 충격을 받았었다고 했다. 그런 후 무당이었던 모친이 어느 집의 굿을 해주고 난 뒤 갑작스레 병(J는 이 병을 '주당'이라고 하였다)에 걸려 3일 만에 돌아가셨다고 했다. 모친이 앓았던 3일 동안 J가 친정에 함께 머물렀는데 그 당시 안방에 있던 낡은 이불 냄새, 모친이 사용하시던 대소변이 가득 담긴 요강 냄새, 방 안에 있던 불상 등이 무척이나 싫었다고 털어놓으며 자신은 그러한 삶에 속하고 싶지 않았다고 하였다. 그래서 모친이 돌아가시기 전 3일 동안 함께 있으면서도 J는 엄마를 잘 보살펴 드리지 못했다며 모친에 대한 미안함을 표현하였다. J는 덧붙여 자신이 갓난아기 때 입양되어 자라온 가정이 너무 가난했고, 양부모님이 배우지 못해 무지하여 자신도 초등학교밖에 졸업하지 못했던 점, 엄마가 무당으로 살아온 점, 외삼촌과 친삼촌들이 이웃으로 살며 엄마를 힘들게 했던 점 등의 이야기를 하며 그러한 환경들이 매우 불우했다고 느껴져서 사실 외면하고 싶고 잊고 싶은 환경이라고 털어놓았다. J의 꿈에 등장한 '할아버지'는 아마도 자신의 불우했던 환경을 상징하는 것 같고, 그 할아버지를 높은 곳에서 미는 행동은 그러한 환경을 잊고 싶고 회피하고 싶은 본인의 마음의 표현이었을 것이라고 통찰하였다. 또한 실제로 양어머니는 자신이 어릴 때 말을 듣지 않으면 욕을 하며 때리기도 하였고, 사촌 동생들을 J보다 항상 우선시하여 차별받았다고 느꼈기 때문에 억울한 마음도 많았었다고 한다. 이러한 마음들이 세션의 세 번째 곡 심상에서 엄마가 자신을 혼내면서 감싸주지 않아 미운 감정으로 표현되기도 하였다. 세션 중 J가 "엄마는 자신이 좋아하는 것이 뭔지도 모르고 누구한테도 사랑을 못 받는 거 같다"라고 말한 부분에 대해 말할 때 J는 그러한 엄마의 모습이 사실은 자기의 모습이었던 것 같다고 말하며 엄마를 통해 자기 모습을 보게 된다고 하였다. 그래서 자신을 세상에 드러내는 것이 두렵다고 말했다. 현재 J는 자기 자신을 찾으려고 노력하고 있는데 늘 부족한 부분이 많다고 느끼고, 완벽을 추구하면서 자기 자신을 채찍질하고 있다고 말한다. 마지막으로 J는 엄마가 가난해서 자신에게 공부를 많이 시켜주지는 못하였고 무뚝뚝한 성격으로 자신을 많이 안아주지는 않았어도 엄마가 자신을 사랑해주었음을 느끼고 있고, 잘 키워준 것에 대해 고마움을 표현하는 것으로 엄마에 대한 미움과 사랑의 감정을 통합하였고, 만다라 그림 속에서 편찮으신 엄마를 포옹해드리고 자신이 싫어했던 물건들을 그림 속에 넣어둠으로써 불우하게만 생각되었던 자신의 어린 시절과 가정환경을 수용하는 것으로 세션을 마무리하였다.

〈옛날 나의 집〉이라는 만다라 그림에서 J는 엄마와 한 이불 위에 마주 누워 엄마의 마지막 순간에 해드리지 못한 포옹을 하고 있다. 그림 속에는 냄새가 나서 싫었던 엄마의 이불과 요강이 그려져 있고, '부처님, 나, 요강, 담요, 꿰맨 이불'이라는 단어

[그림 19] 옛날 나의 집

가 적혀 있다. 이 그림을 통해 J는 엄마에 대한 미움과 사랑으로 양극화된 감정을 통합하는 동시에 불우했던 어린 시절과 가정환경을 수용해나감을 느낄 수 있다.

10~11회기 | 언어적 상담

10회기 세션에서 J는 석사학위 졸업 논문 주제를 자서전적 기술 탐구self narrative inquiry로 변경하게 되었다고 얘기하며 어떤 내용과 구성으로 논문을 쓸 것인가에 대한 고민을 하고 있다고 했다. 그래서 이 세션을 통해 자신의 인생을 전반적으로 정리하는 시간을 가지고 싶다고 하여 나는 그녀에게 '자서전적 인생 그래프'를 그려 볼 것을 권유하였고, 이 작업을 하면서 J는 자신의 인생에 있어서 중요했던 사건과 시점을 정리하는 의미 있는 시간을 가졌다.

11회기 세션에서 J는 지난 세션에서 정리했던 '자서전적 인생 그래프'와 관련하여 각각의 사건과 관련된 이야기를 나누며 당시의 상황, 감정, 생각 등에 대해 회고하는 시간을 가짐으로써 학위논문의 기초 자료를 마련해나갔다.

12회기 | GIM session #6 <사랑받고 싶어요…… 인정받고 싶어요……>

J는 평소 대학원 수업에서 발표하고 난 다음 교수님으로부터 피드백feedback(J는 이것을 "지적받는다"라고 표현함)을 들을 때마다 왠지 엄마로부터 꾸지람을 듣는 기분이 든다고 하였다. 그래서 다음 발표를 앞두고 있을 때마다 실수하게 될까 봐 두려움과 불안이 앞선다고 했다. 지적받지 않기 위해서 좀 더 완벽하게 준비해야 했고, 그럴수록 대학원 수업이 더욱 힘겹게 느껴지게 되었다고 한다. 그래서 이 세션에서는 J의 발표 불안은 어디에서부터 오는 것인지 알아보기로 하였다. 1회기(GIM세션 1회기) 상담 때 J는 자신의 입양 사실에 대해 간략하게 언급한 후 '엄마 뱃속에 있는 태아'의 그림을 그렸던 적이 있었다. 또한 지난 9회기(GIM세션 5회기) 상담에서 J는 '엄마가 욕을 하며 나를 때린다……. 나는 두렵고 무서워서 벌벌 떨고 있다……' 심상을 떠올린 적이 있었다. 나

는 이 모든 상황을 고려하여 어린 시절의 학대(J는 자신이 학대당했다고 느끼지는 않지만), 트라우마, 불안을 다룰 수 있고, 심리적 투쟁을 해결하도록 도움을 줄 수 있는 음악프로그램인 abandonment to bonding을 사용하여 이 세션을 진행하기로 하였다.

이 세션에서 J가 경험한 심상과 그와 관련하여 이야기를 나눈 내용은 다음과 같다.

> [Sibelius: The swan of Tuonela] 사촌 동생과 부엌에서 엄마가 아버지에게 드리려고 감춰둔 음식을 꺼내 먹고 있는데 동생이 "우리 고모(엄마)한테 혼나는 거 아니야?"라고 말해요…… 나는 "괜찮아, 안 먹었다고 하면 돼"라고 말하며 계속 먹고 있어요…… 거짓말을 해야 하는 것이 걱정돼요…… 웃고 있지만, 엄마가 오면 어쩌나 불안해요. 엄마는 욕을 잘하는데 오시면 "가시나가 동생 데리고 엉뚱한 짓을 한다"라고 말하며 내 등을 때릴 것 같아서 불안해요…… 엄마가 빗자루를 들고 쫓아 와요. 나는 엄마한테 등을 맞고 있어요……

J는 먹을 것이 별로 없던 어린 시절에 사촌 동생과 함께 자주 엄마 몰래 음식을 꺼내 먹으면서 거짓말을 해야 했다는 것, 엄마에게 맞을 것에 대해 불안해했던 과거의 경험을 심상으로 떠올렸다.

> [Stravinsky: Berceuse] 맛있는 건 아버지와 동생만 주고, 나는 맨날 찌꺼기만 주고…… 나보다 조카, 동생만 챙기는 엄마가 미워요…… 나는 "아버지만 먹냐, 왜 나한테는 못 먹게 하냐"라고 울면서 대들다가 또 맞아요. 억울해요……

> [Chopin: Piano Prelude #4] 비가 추적추적 내려요. 내 마음처럼 슬프게 느껴져요…… 나는 동생에게 우리 엄마가 계모인 거 같다고 말해요…… 내 마음을 몰라주는 엄마가 야속해요…… 나는 엄마를 사랑하는데……

J의 모친은 아이들을 혼내야 하는 상황에서는 항상 친척들은 혼내지 않고 J만 매몰차게 때리고 혼내며 교육하였다고 이야기하였다. 그러나 J는 엄마가 자신을 때린 것에 대해 가정 폭력(또는 학대)이라는 느낌을 갖지는 않다고 했다. 다만 자신이 엄마에게 사랑을 받지 못할까 봐 두려웠던 것 같다고 하였다. 또한 J는 모친이 자신보다 사촌 동생에게 더 잘해주었다고 기억했다. 그러면서 자신이 받아야 할 엄마의 사랑을

사촌 동생들에게 빼앗겼다는 생각과 억울하고 슬픈 자신의 마음이 '추적추적 슬프게 내리는 비'의 심상으로 나타난 것 같다고 하였다. 현재 가정에서의 J는 남편 또는 딸로부터 자신의 부족한 부분에 대하여 지적받으면 굉장히 속이 상하고 부족한 자신을 자책하게 된다고 했다. 가족들의 지적과 자신의 발표에 대한 교수님의 피드백(지적)이 마치 엄마의 채찍질처럼 느껴진다고 하였다. 이러한 이야기들을 주고받으면서 J는 자신의 '발표 불안'이 어디에서부터 기인하는 것인지 답을 찾게 되었다고 하였다. 즉, 어린 시절 엄마로부터 사랑받지 못할까 봐 두려워했던 마음처럼 지금은 교수님으로부터 인정받지 못할까 봐 두렵고 불안해지는 것이라고 했다. "맞아요. 나는 인정받고 싶은 욕구가 커요. 남들로부터 인정받지 못하는 것은 견딜 수 없는 치욕처럼 느껴지기 때문에 나의 부족한 부분을 채우려고 무척 노력했어요……"라고 말하며 그동안 발표를 위해 쏟았던 자신의 노력에 대해 덧붙여 말했다.

[Bach: Air on G] 엄마가 드실 것이 없는 것 같아요…… 아버지 반찬을 먹은 것이 엄마에게 미안해요…… 엄마도 맛있는 게 있으면 주겠지만 형편이 넉넉하지 않아서…… 부족해서…… 못 주는가 봐요……

[Saint Saens: the Swan] 초등학교 3학년 정도의 아이가 구석에 앉아 외롭고 슬프고 불안해하며 울고 있어요. 그 아이를 안아주고 싶어요. 울지 말라고…… (인형 중재, 인형을 끌어안고) '괜찮다…… 엄마는 네가 미워서 그런 게 아니야…… 괜찮아……'

[Schumann: Dreaming] 지금은 아이의 마음이 조금 풀렸어요…… 자기 마음을 알아주는 누군가가 있으니 외롭고 슬프고 불안한 마음이 가시고 편안한 마음이 드는 것 같아요.

마지막 심상에서 J는 엄마가 자신을 미워해서가 아니라 가정 형편이 넉넉하지 않아 맛있는 음식을 못 준 것이라고 말했다. "어릴 때는 몰랐지만 원래 옛날 어른들은 내 자식보다 남의 자식(사촌)에게 맛있는 것을 먼저 주었다"라고 말하며 J는 본인의 억울하고 슬픈 마음은 접어둔 채 엄마를 이해하려고 노력하는 모습을 보였다. 또한 J가

[그림 20] 매 맞는 나

'자신을 때렸던 야속한 엄마'에서 가정 형편이 좋지 않아 '맛있는 음식을 주지 못한 엄마'로 엄마에 대한 자신의 감정을 조절하려고 노력하는 모습을 보였다. 이러한 마음들이 심상에 반영되어 J는 자신이 직접 외롭고 슬프고 불안한 '내면아이'의 엄마가 되어 아이를 안아주고 위로해주며 재양육reparenting을 경험하였다. 끝으로 J는 자신의 '발표 불안'에 대해 이렇게 말하며 세션을 마무리 지었다. '엄마가 나를 사랑하지 않아서 꾸짖는 것이 아니었듯 교수님도 나를 인정하지 않아서 발표에 대해 지적(피드백)하신 것은 아닐 거예요. 앞으로는 조금 더 편안한 마음으로 발표를 준비해 볼게요'

J는 몸집만큼 큰 싸리 빗자루와 울고 있는 자신을 그린 만다라의 제목을 〈매 맞는 나〉로 정한 후 "방어 능력, 저항 능력이 없는 작은 아이가 통제하지 못하는 상황(큰 빗자루로 때리는 것)에서 두려워하고 있어요"라고 말했다.

13회기 | GIM session #7 <재양육 경험: '상실감을 가진 내면아이'의 엄마가 되다>

최근 J는 GIM 세션에서 자신의 출생과 관련된 이야기를 많이 했다. 그래서인지 최근 며칠 동안 생모와 생부가 어떤 사람인지, 도대체 어떤 상황이었길래 나를 남의 집에 보냈는지가 다시금 궁금해지기도 했고, 출생 직후 입양되어 자라온 자기 자신이 초라하고 외롭게 느껴졌다고 했다. 그래서 J는 이 세션에서 출생 직후 업둥이(양녀)로 살아온 것과 관련하여 본인의 마음을 있는 그대로 들여다보고자 했다. 나는 이슈issue의 초점을 '생모와 생부로부터 강제로 분리된 J의 마음'에 맞춰 그 상실감을 다루고 슬픔을 방출시키기 위한 음악프로그램loss을 사용하여 이 세션을 진행하였다.

이 세션에서 J가 경험한 심상과 그와 관련하여 이야기를 나눈 내용은 다음과 같다.

> [Albinoni: Adagio] 아기가 보자기로 싸인 채 누군가의 집으로 가고 있어요…… 옆집 아주머니가 "애를 낳았는데 남편이 폭력적이라서 쌍둥이 둘 다 키울 수 없어 그중 한 명을 애를 못 낳는 집에 보낸다"라고 말하는 소리가 들려요…… 광주댁(양어머니) 이 아이를 자기가 키우겠다고 말해요……

J는 동네 지인으로부터 전해 들은 자신의 입양 당시 모습대로 '보자기에 싸여 어느 집으로 가고 있는 아기'를 시작으로 여행을 시작하였다.

> [Bach: Come to sweet death] 아기는 엄마한테 가고 싶은지 발을 동동 구르며 울다가 지쳐서 잠이 들었어요…… 아기는 마음이 아파요…… 이 아기는 집에 가고 싶어 해요. 엄마 젖을 먹으면서 안겨 있고 싶어 해요. 따뜻하고 보드라운 살을 느끼고 엄마 얼굴을 보면서 눈을 맞추고 싶은데 현실은 그렇지 않아요…… 아기는 세상에 혼자 남겨져 있는 것 같고 아무것도 없는 것 같아요…… 아기가 깊은 동굴 속에 갇혀 있는 것 같아요…… 아기가 안쓰럽고 너무 불쌍해요…… 아기가 자기를 엄마 있는 곳으로 데려가 달래요…… 엄마 얼굴을 보고 싶고…… 나를 꼭 남의 집으로 보내야 하는지 묻고 싶어요…… 아기는 어떻게 살아야 할지 막막해요……

J는 3인칭 시점으로 '입양 당시의 아기'인 자신을 바라보며 심상을 이어갔는데 이

렇게 자신을 우회적으로 언급함으로써 J가 자신의 마음에 조금 더 편안하게 다가갈 수 있었던 것 같았고, 좀 더 솔직하게 감정을 표현할 수 있었던 것 같았다고 했다. 이 심상 안에는 입양과 관련된 J의 감정 즉, 생모에 대한 그리움, 생이별(강제적 분리)에 대한 아픔, 상실감, 원망, 절망감 등이 고스란히 담겨있었다.

[Bach: Mein Jesu] 안아주고 싶어요…… (인형 중재, 인형을 안고 쓰다듬으며 운다) 아기가 너무 예쁘고 사랑스러운데 이 세상에 홀로 남겨진다는 게 마음이 아파요…… 내가 엄마가 되어 아기를 보고 있어요. "아…… 사랑스러운 내 아기…… 내가 잘 보살피고 잘 키워서 예쁜 원피스, 예쁜 치마, 빨간 구두도 사주고, 공부도 많이 시키고, 좋은 사람 만나게 해주고……" (계속 운다) …… "네가 좋아하는 것을 펼쳤으면 좋겠다. 이 세상에 필요한 사람이 되면 좋겠다……" 엄마가 자신을 진정으로 사랑한다는 것을 아기는 느끼는 것 같아요……

이 심상 안에서 J는 '상실감을 가진 내면아이'의 엄마가 되어 아기를 안아주고 그 아기와 눈을 마주치며 말하는 등 재양육reparenting을 경험하였다. 이에 대해 J는 자신

[그림 21] 우리 엄마

이 생모에게 듣고 싶은 말을 한 것이라고 하였다. 이 과정을 통해 J는 '상처 입은 내면아이'를 직접 위로해주었고, '버림받은 아기'가 아닌 '사랑받는 아기'로 자아상을 변화시킬 수 있는 재양육 경험의 시간을 가질 수 있었다. 마지막으로 J는 다음과 같이 자신을 향한 긍정의 메시지를 표현하였다. "출생과 관련하여 더 이상 마음 아파하거나 외로워하지 않을 거예요. 내가 나에게 용기와 사랑을 주면 돼요."

〈우리 엄마〉라는 제목으로 그린 만다라에는 늘 한복 차림으로 지내셨던 양어머니가 눈물을 흘리고 계셨다. 이에 대해 J는 양어머니도 삶이 힘드셨을 거라고 말하며 그녀를 생각하면 마음이 아프다고 하였다. 그러나 나는 J가 '힘든 삶을 살아와서 힘들어하며 울고 있는 엄마'를 그린 것은 '상실감을 경험한 내면아이', 즉 J 자신의 슬픔을 엄마에게 투사한 '투사적 동일시'임을 알 수 있었다.

14회기 | 언어적 상담

J는 학위논문 작업에 매진하느라 한 달 만에 센터를 방문하였다. 하루 전 논문 심사를 받은 그녀는 피곤함을 호소하기도 하였고, 이 회기 동안 다루고 싶은 주제는 논문과 관련된 것이었기에 이번 회기에서는 그녀가 원하는 이야기와 질문을 편하게 나눌 수 있도록 하였다.

15회기 | GIM session #8 <기억의 재구성: 엄마⋯⋯ 사랑해줘서 고마워⋯⋯>

J는 논문을 준비하면서 평소보다 더 많은 사람과 접하게 된다고 했다. 그러나 사람들을 만나는 빈도가 증가하고 있음에도 불구하고 J는 타인들과 관계를 맺어감에 있어서 어려움이 느껴진다고 했다. 나에게 친근하게 대하는 사람들을 보면 '무슨 목적을 가지고 나에게 접근하는 것일까?'라고 생각되어 오히려 그들과 친해지기가 힘들다고 했다. 또한 그들을 신뢰하지 못하여 자신의 감정과 생각을 솔직하게 표현하지 않게 된다고 했다. 이 세션에서 J는 '무엇이 나로 하여금 타인들과 감정 교류를 못 하게 만

드는지, 또 그들과 깊은 관계를 형성하지 못하게 하는지'에 대해 탐구해보고자 했다. 나는 사람들과의 관계를 다룰 수 있도록 고안된 음악프로그램relationship을 사용하여 이 세션을 진행하였다.

이 세션에서 J가 경험한 심상과 그와 관련하여 이야기를 나눈 내용은 다음과 같다.

[Respighi: Fountain of Giulia at Day] 아기가 엄마 품에 안겨서 젖을 먹고 있어요. 그런데 엄마가 아기를 밀쳐내고 아기는 자지러지게 울고 있어요…… 엄마의 얼굴이 일그러져 있어요. 그래도 아기는 자꾸 달라붙고 엄마는 자꾸 밀쳐내요……

[Respighi: Fountain Medici at Sun] 엄마는 아기를 밀쳐 두고 방을 나갔어요. 아기는 울다가 혼자 손가락을 빨고 있어요. 아기는 누군가가 왔으면 하고 바라는 것 같아요. 혼자 있는 아기가 가여워요…… 밖에서 다른 사람들이 떠드는 소리가 들려요…… "애를 어디서 데려왔어? 누구야? 보고 싶다"…… 남들의 구경거리가 된 것 같아요……

지난 GIM세션 7회기에서 J는 업둥이로 자라온 삶에서 오는 아픔과 외로움을 이제 내려놓겠다고 하였다. 그러나 타인과의 감정 교류, 깊이 있는 관계 형성의 어려움은 어디에서 오는지 탐구해보는 오늘의 GIM 세션의 심상에서 J는 또다시 친어머니의 외면, 양어머니로부터 충분히 사랑받지 못한 감정, 동네 사람들의 구경거리가 된 느낌과 마주하였다. 이에 대해 J는 영아기였던 자신은 친어머니나 양어머니 모두를 신뢰할 수 없었을 것 같다고 하였다.

[Chopin: CNCT #1 for Piano, Romanza] 아기는 엄마가 옆에 없어서 슬프고 사랑을 받지 못하는 거 같아 보여요…… 엄마가 와서 따뜻하게 안아주고 젖을 물려주면 좋겠어요…… 아기가 불쌍해요…… 아기를 안아주고 싶어요…… (인형 중재, 인형을 끌어안고 울며) 아기는 사랑받는다고 느껴요……

[Rachmaninoff-Sym No. 2 Adagio] "사랑한다…… 혼자가 아니라 늘 옆에는 내가 있어…… 힘들면 와서 기대……" 아기가 웃고 있어요. 아기가 너무 예뻐요…… "혼자 놔둬서 미안해"…… 아기는 "사랑해 줘서 고마워"라고 엄마에게 말한다. "잘해주지

못해 미안해…… 너무 늦게 찾아와서 미안해……” (아기를 안고 흐느낌).

오늘도 J는 스스로 내면아이의 친어머니와 양어머니가 되어 아기를 따뜻하게 안아주며 사랑을 고백하고 진심 어린 사과를 하며 '상처 입은 내면아이'를 달래주는 시간을 가지는 경험 즉, 재양육reparenting의 경험을 하였다. J는 이 심상 안에서 지금은 만날 수 없는 친어머니와 양어머니를 만나고 사랑과 사과의 말을 듣는 경험을 할 수 있어서 다행이라고 말하였다. 마지막으로 J는 '어린 시절 성장 과정에서 모아간 애착 관계와 신뢰감 형성이 이루어지지 못한 것'을 현재의 삶에서 타인과의 관계 형성에 어려움을 겪는 배경으로 보았으며 앞으로 자신이 먼저 사람들에게 다가가 관심과 사랑을 주다 보면 사람들과 감정 교류도 하게 되고 자연스럽게 관계가 깊어질 것이라고 말했다. J는 비록 친어머니에게 사랑을 받지는 못했지만 앞으로 사람들과 사랑을 주고받으며 살다 보면 외로운 마음도 채워질 것이라고 말하며 마무리하였다.

[그림 22] 나

〈나〉라는 제목으로 그려진 만다라에는 희미하게 웃고 있는 J 자신이 있다. 옅은 스킨색으로 힘없이 그려진 자화상을 보며 J는 외로움이 느껴진다고 하였다. 반면 나는 붉은색으로 그려진 입술 선을 보며 J가 모아 간의 관계를 이해하려는 노력과 함께 심상 세션에서의 재양육의 경험을 통해 조금이나마 모아 관계가 서서히 회복되고 있음이 그림으로 표현됨을 느낄 수 있었다.

16회기 | GIM session #9 <공부로 가는 사다리: 박사 과정 진학을 결심하다>

석사과정이 거의 끝나가는 시점에 있는 J는 졸업 후 박사 과정에 진학하고 싶은 마음이 있다고 했다. 이런 마음을 가족과 지인에게 전했는데 사람들 대부분은 "나이도 많은데 박사 과정을 왜 하지?", "공부를 계속해서 뭘 하고 싶어?", "그 과정이 왜 필요해?"라고 J에게 의문을 던졌다고 했다. J도 50대 후반에 박사 과정을 밟으려는 자신에 대해 사람들이 그런 의문을 가질 수 있다고 생각하는 반면 그들에게 자신의 진학 동기나 목적을 구체적으로 말할 수 없었다고 했다. 사실 J는 재혼 후 지금까지 약 15년이라는 기간 동안 교육학, 사회복지학, 치료학 등을 계속 공부해 오면서 '이 정도면 할 만큼 했다'라고 생각하다가도 한 과정이 끝나면 또 다른 과정을 시작하게 된다고 했다. J는 "내가 남의 눈을 너무 의식하며 사는 걸까요? 어린 시절에 못 배운 것에 대해 한이 맺힌 걸까요?"라며 자문하듯 말했다. 그도 자신이 왜 계속 공부하려고 하는지 잘 모르겠다고 했다. 이 세션에서 J는 박사 과정에 진학하려는 욕망(J는 '욕구'가 아닌 '욕망'이라고 표현했다)이 무엇으로부터 기인하는 것인지에 대해 자신의 마음을 들여다보기로 했다. "충분하다고 생각했다가도 다시 다른 과정을 시작하게 된다"라는 J의 말과 배움에 대한 자신의 마음을 '욕망'이라고 표현하는 점을 고려하여 그러한 마음을 다룰 수 있도록 고안된 음악프로그램인 low symphony를 사용하여 이 세션을 진행하였다.

이 세션에서 J가 경험한 심상과 그와 관련하여 이야기를 나눈 내용은 다음과 같다.

[Phillip Glass: cut #2, Some Are] 철로 된 사다리를 타고 올라가고 있어요. 끝은 보이지만 사다리가 아주 높아요……

난 사다리 중간쯤 올라와 있어요…… 주위가 깜깜해서 나는 사다리를 올라가는 것에만 집중하고 있어요. 위에서 무언가가 떨어져요. 내가 계단을 올라가지 못하게…… 난 그것을 피해서 올라가려고 노력하는데 비, 벽돌 같은 것들이 계속 떨어져요……

이 심상에 대해 J는 공부하는 과정 동안 겪은 어려움, 좌절, 주변 사람들의 비난 등이 있었지만 오기, 인내, 끈기를 가지고 열심히 끝까지 공부해왔던 자신의 상황과 같다고 했다.

[Phillip Glass: cut #2, Some Are] 저 위에 올라가서 사람들이 나를 향해 박수를 치고 환호하는 소리를 듣고 싶어요……

이 심상에 대해 J는 자신이 계속 공부하고 싶어 하는 이유 중에는 타인들로부터 칭찬, 인정, 시선(관심)을 받고 싶은 마음이 있었던 것 같다고 말했다.

[Phillip Glass: cut #2, Some Are] 높은 바위 꼭대기에 올라가서 보니 넓은 대지가 보이고 눈이 하얗게 쌓여있어요. 가슴이 뻥 뚫리고 기분이 좋아요. 손을 높이 쳐들고 가슴을 활짝 열고 있어요. 모든 걸 이뤄낸 느낌이에요. 난 거기 앉아서 감사 기도를 드려요……

이 심상에서처럼 J는 한 과정씩 배움이 끝날 때 실제로 가슴이 뻥 뚫리는 듯한 기분(만족감), 모든 것을 이뤄낸 것 같은 성취감을 느꼈다고 했다. 또한 심상에서처럼 실제로 그동안 자신을 도와준 가족들, 열심히 노력해온 자기 자신, 그 자리에 있을 수 있게 도와주었던 사람들을 기억하며 신께 감사의 기도를 드렸다고 했다. 이 심상을 통해 J는 자신이 계속 공부하고 싶어 하는 이유 중에는 성취감과 만족감을 얻기 위함이 있다는 걸 알게 되었고, 또한 박사 과정 진학에 대한 확신을 가질 수 있게 되었다고 했다.

[Phillip Glass: cut #3, Warszawa] 제 자리로 오려고 다시 사다리를 타고 천천히 내려오고 있어요. 그런데 우울해요. 모든 걸 이루었는데도 왠지 허전함이 밀려와요. 끝까지 가서 모두 이룬 것 같았는데 맘 한쪽에 허전함이 있어요…… 무엇을 위해 이렇게 열심히 하는지 잘 모르겠어요……

이 심상에 대해 J는 자신이 원하는 만큼 공부를 해왔고, 앞으로도 계속 공부를 하겠지만 현재 J는 전공 분야와 관련된 일을 하고 있지 않기 때문에 자신의 전공과 직업을 접목하지 못함으로써 느끼는 허전함과 공허함인 것 같다고 했다. J는 향후 전공과 연관되어 누군가를 위한 일을 하고 싶다고 덧붙였다.

[Phillip Glass: cut #3, Warszawa] "괜찮다"라고 말하며 내가 나를 안아주고 있어요…… '나는 나'라는 마음이 들면서 기분이 너무 좋아요(활짝 미소 지음)…… 정말 잘했다고…… 그냥 춤추면서 축제처럼 즐기자고 해요…… 둘이 손을 잡고 춤을 추고 있어요. 기분이 너무 좋아요(활짝 미소 지음)……

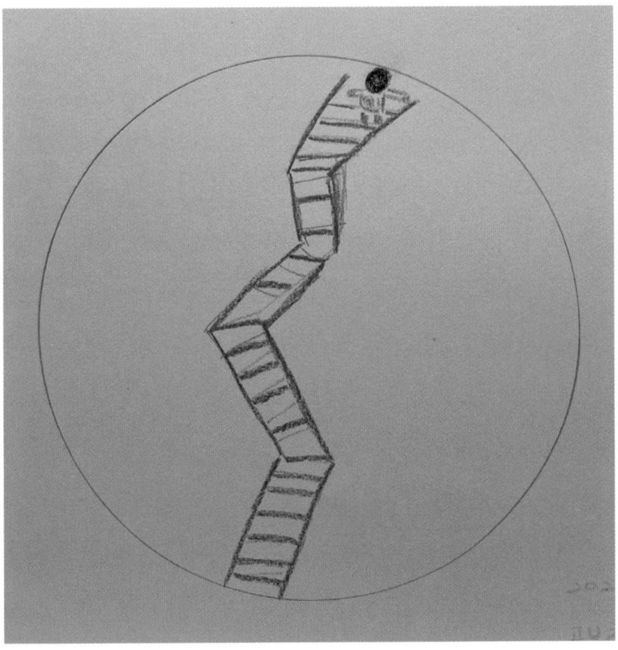

[그림 23] 공부로 가는 사다리

이 심상에 대해 J는 현재 남들로부터 크게 인정받고 있지는 않지만 15년 정도의 오랜 기간 열심히 공부하며 달려온 자신을 스스로 인정하고 칭찬해주고 싶은 마음이 들고, 또한 공부하면서 성취감, 만족감을 얻는 것만으로도 족한 것이라 말했다. 마지막으로 J는 박사 과정에 진학하려는 자신의 욕망은 '성취감과 자기 만족감을 얻기 위함'과 함께 '타인으로부터의 인정, 전공과 직업의 접목과 관련된 결핍을 채우기 위함'에서 기인하는 것을 알게 되었다고 했다. 그 결핍을 채우기 위해서라도 J는 꼭 박사 과정에 진학하고 졸업하여 남을 도우며 더불어 살고 싶다고 했다.

J가 그린 만다라 〈공부로 가는 사다리〉는 사다리를 타고 올라가 정상에 도달한 자신을 담았다. J는 이 사다리의 끝이 곧 '박사 과정 진학'이고 이 세션을 통해 그렇게 해야겠다는 확실한 결심이 섰다고 말했다.

17회기 | GIM session #10
<아들에 대한 부정적인 감정…… 알고 보니 내 문제였어>

J는 2회기(GIM 세션 2회기) 상담에서 막내아들에 대해 언급한 이후 지금까지 거의 그와 관련된 이야기는 하지 않았다. J는 평소 다른 자녀들에 대해서는 자랑스러워하며 가끔 이야기하는 편이었다. 무슨 이유에서였는지 이번 상담에서 J는 막내아들에 대해 이야기를 꺼냈다. 현재 J의 막내아들은 대학생인데 모친과 사이가 좋지 않아서 누나 집에서 거주하고 있다고 했다. J는 막내아들이 학습 능력, 사회성 등 여러 면에서 첫째 딸과 둘째 아들보다 부족해 보이고, 종교에 과도하게 의지하고 있다고 말했다. J의 눈에는 막내아들이 한심하고, 바보 같아서 늘 걱정스러운 마음과 함께 보기 싫고 미운 감정도 든다고 하였다. 엄마가 아들에 대해 이런 감정을 가진다는 점에서 막내아들에게 미안한 마음도 있지만 자신도 왜 그런지 모르겠다고 하며 본 세션에서 J는 막내아들에 대한 마음을 들여다보고 자신의 무엇과 심리적인 연관성이 있는지 알아보기로 하였다. 나는 지난 GIM 세션 2 회기에서 "남편과 뒤바뀐 생명이기 때문에 막내아들이 태어났을 때 미워했었다"라는 J의 말, J도 어린 시절 입양되어 자라면서 친어머니 및 양어머니와의 애착 관계가 잘 형성되지 못했던 점, J가 부모로부터 충분히 사

랑받은 느낌이 없다는 점 등으로 미루어 볼 때 이 이슈issue는 정서적 학대, 트라우마, 모성 콤플렉스 등과 연관성이 있을 것이라 예상하여 학대, 트라우마, 불안 등을 다룰 수 있고, 심리적 투쟁을 해결할 수 있는 음악프로그램인 abandonment to bonding을 사용하여 이 세션을 진행하기로 하였다.

이 세션에서 J가 경험한 심상과 그와 관련하여 이야기를 나눈 내용은 다음과 같다.

> [Sibelius: The swan of Tuonela] 6개월 정도 된 아기가 누워있는데 아기 엄마가 막 울고 있어요…… "너 때문에 내 인생을 망쳤다…… 네가 태어나지 않았으면 내 인생이 힘들지 않았을 텐데…… 네가 너무 미워…… 네가 태어나서 내 인생이 완전히 바뀌었다……"
>
> "아기가 예쁘지만 내 인생을 망쳐서 너무 미워요……" 아기를 옆에 눕혀 두고 엄마는 땅바닥에 앉아서 울며 손으로 가슴을 때리고 있어요…… "애를 낳지 말걸…… 후회가 들어요……" 아기 엄마는 자기 자신을 미워해요…… "저 아이를 쳐다보고 있으면 남편이 생각나요……"

J는 막내아들을 임신해 있을 때 무당으로부터 남편과 막내아들의 명이 바뀌었다고 들은 적이 있었다고 했다. 남편과의 사이가 무척 좋았던 터라 J는 낙태를 결심하고 몇 번 시도하였으나 낙태하기 위해 갈 때마다 일이 꼬여서 낙태하지 못했다고 했다. 막내아들이 태어나기 몇 달 전 전남편은 갑작스러운 교통사고로 사망하게 되었는데 막내아들이 태어나자 J는 아들의 출생에 대한 기쁨보다는 남편의 사망이 아들 때문이라는 생각에 막내아들을 원망하고 미워하게 되었다고 했다.

> [Bach: Air on G] 아기 엄마는 앞이 보이지 않아요…… 이 아이를 잘 키울 수 있을까……? 혼자 쪼그리고 앉아 있는 아기 엄마는 슬프고…… 희망이 안 보이고…… 눈물밖에 나지 않아요……

가장이었던 남편이 갑자기 사망했기 때문에 J는 앞으로 혼자서 세 명의 자식을 키우며 살아갈 것에 대한 심적 부담감이 매우 컸다고 했다. 그래서 남편을 사망하게 만든(그 당시 J는 무당의 말을 믿었다고 했다) 막내아들이 더 원망스러웠다고 했다.

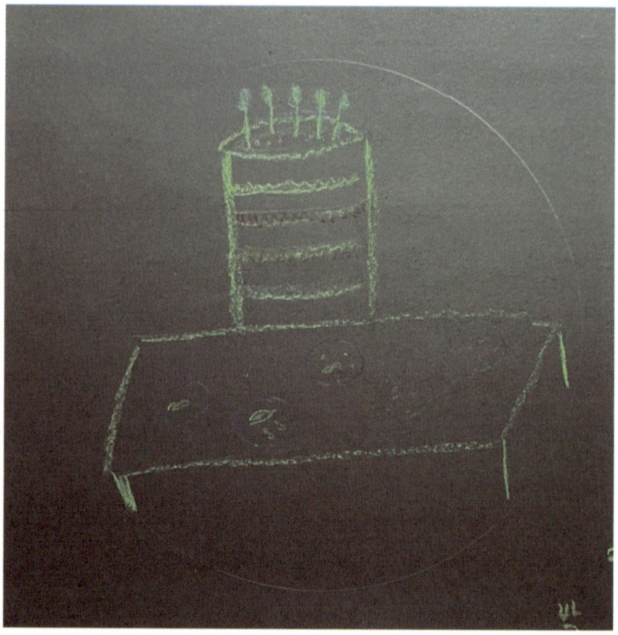

[그림 24] 생일

> [Schumann: Dreaming] 주위에서 큰아이와 작은딸이 함께 장난치고 놀고 있어요…… 애들이 자꾸 말을 걸어요…… 자기들을 봐달라고 해요…… 그 애들을 보면서 다시 살아야겠다는 마음이 들어요……

이 심상에 대해 J는 첫째, 둘째 자녀를 보며 살아내어야겠다는 마음을 굳게 다지면서 남편과의 사별에 대한 슬픔, 자녀 양육에 대한 부담감으로 힘들었던 그 시절을 버텨왔다고 했다. J에게 막내아들은 '절망, 슬픔, 원망의 대상'이었던 반면, 첫째와 둘째 자녀는 '삶의 원동력'이었으니 막내아들과 다른 두 자녀는 그 시작부터 의미가 다른 것이라고 했다. J는 결국 막내아들에 대한 부정적인 시각과 감정은 남편의 사망에 대한 충격, 자녀 양육에 대한 부담감, 잘못된 믿음(무당의 이야기)으로 생긴 원망 등 자신이 겪은 충격적 사건과 그로 인한 자신의 감정에서 오는 것이지 막내아들의 문제가 아니라는 것을 깨닫게 되었다고 했다. 또한 J는 생모와 양어머니가 자신에게 그랬던 것처럼 자신도 자녀들을 정서적으로 제대로 돌보지 못했다고 말하였고 특히 전남편

사망의 원인으로 생각하며 원망했던 막내아들에게 굉장히 미안하고, 엄마로부터 많은 사랑을 받지 못한 막내아들을 생각하니 너무 슬프다고 말하며 본 세션을 마무리하였다.

J는 〈생일〉이라는 제목으로 거창하게 차린 생일상을 그린 다음 며칠 후 막내아들의 생일인데 맛있는 음식을 가득 만들어서 이번에는 특별히 더 축하해주고 싶다고 했다. J는 막내아들이 이 세상에 태어난 순간부터 지금까지 제대로 해주지 못한 '축하와 축복'을 이번 생일 때 한꺼번에 모두 해주고 싶다고 했다.

18회기 | 언어적 상담

J는 요즘 졸업 논문 마지막 수정 작업에 박차를 가하고 있다고 했다. 논문을 쓰면서 자신과 성향이 완전히 다른 딸 생각이 많이 났다고 말하며 딸에 대해 이야기했다. J는 자신을 질리게 할 만큼 딸이 어릴 때부터 너무 똑똑하고 논리적이라고 말하면서 자신이 딸과 성격이 비슷했더라면 논문을 쓸 때 조금 더 쉽게 썼을 거라고 했다. 이 상담에서 J는 똑똑하고 야무진 딸을 키우면서 버겁고 힘들게 느껴졌던 에피소드들을 이야기하였는데 나는 그녀가 딸에 대한 자부심이 굉장하고 딸을 무척 사랑하고 있다는 것이 느낄 수 있었다. 상담 시간 동안 딸에 대한 버거움을 늘어놓는 J의 얼굴에서는 행복의 미소가 흐르고 있었다.

19회기 | GIM session #11
<선한 영향력을 미치는 삶: 청소년 상담센터 집을 짓다>

학위논문 작업이 모두 끝나서인지 J의 표정이 매우 밝고 활기차 보였다. 상담 종결을 2회기 앞둔 J는 오늘 상담실로 오면서 어떤 이슈issue를 다룰 것인지 고민했다고 했다. J는 졸업 후 앞으로의 방향성(진로)에 대해 자신의 마음을 들여다보고 싶다고 했다. 나는 J에게 어떤 사람이 되고 싶은지 묻자 J는 '선한 영향력을 줄 수 있는 사람'이 되고 싶다고 했다. 오늘 이 세션에서 J는 '타인에게 선한 영향력을 미치는 사람이 되기 위해 나는 앞으로 어떻게 살아가면 될까?'에 대한 답을 찾아보기로 하였다. 나는 이 세션에서 여행자traveler에게 긍정적인 영향을 주고, 성스러운 경험을 할 수 있도록 고안된 음악프로그램인 Positive Affect를 사용하기로 하였다. GIM세션으로는 오늘이 마지막 세션이었으므로 나는 J가 심상 안에서 타인에게 선한 영향력을 마음껏 펼치며 행복하고 의미 있는 여행을 할 수 있길 바랐다.

이 세션에서 J가 경험한 심상과 그와 관련하여 이야기를 나눈 내용은 다음과 같다.

> [Elga: Enigma Var #8] 많은 사람이 모여서 시끌벅적 떠들어요…… 주변에는 아이들이 뛰어놀고 있어요……
>
> 집을 새로 짓는 것에 대해 어떻게 지을지, 어떤 물건으로 어떻게 채울지, 아이들과 함께 무엇을 해야 할지에 대해 부모들과 이야기를 나누는데 기분이 매우 좋아요……
>
> 새로운 건물을 지어서 아이들에게 좋은 환경을 제공하기 위해 여러 사람과 모여서 이야기하는데 나는 기분이 좋아서 들떠 있어요…… 칠판 앞에 서서 사람들에게 설명하고 있는 내가 자랑스러워요…… 사람들과 악수를 하면서 희망에 차 있어요……

J는 과거에 청소년 상담센터에서 봉사활동을 한 경험이 있었는데 그때 만난 청소년들처럼 상처받은 아이들을 위한 집을 짓고, 그들을 위한 상담과 그 밖의 필요한 프로그램을 제공해주고 싶다고 했다. 자신이 주축이 되고 그 일에 동참할 부모님들, 선생님들, 봉사자들과 함께 논의하며 희망에 차 있는 이 심상에서 J는 너무나 행복했다고 한다.

> [Elga: Enigma Var #9] 아이들이 행복하길 바라고…… 학교 밖 청소년들이 부모에게 성폭력, 폭력을 당하지 않길 바라요…… 여자아이가 와서 상담 치료를 받고 행복해해요…… 아이들은 따뜻한 곳에서 있고 싶어 해요…… 아이들은 자기들의 말을 들어 줄 사람이 없대요…… 여자아이 한 명이 임신해서 왔어요…… 그 아이가 방에서 울고 있어요…… 난 아이의 등을 토닥거리며 "괜찮다"라고 말해주고 있어요…… 내 아이가 그런 일을 당한 것처럼 나는 속상해요…… 선생님들과 의논해서 아이가 쉴 수 있도록 해줘요……

이 심상에 대해 J는 향후 자신이 함께할 대상자들을 만난 것 같다고 했다. 심상 안에서 J는 임신한 청소년, 부모 또는 누군가로부터 폭력/성폭력을 당한 아이들, 따돌림을 당하는 아이들, 소외된 아이들과 함께하며 그들의 아픔에 공감하고 상처를 어루만져 주고 위로해주었다. J는 사회복지학, 교육학, 미술치료학 등 다양한 분야를 공부하며 준비해 온 모든 것들이 바로 상처받은 아이들과 청소년들을 위해 일하고 싶었기 때문인 것 같다고 말하며 자신이 인지하지 못한 내면 깊은 곳에서 오래전부터 이미 이러한 꿈이 자라고 있었을 거라고 했다.

> [Mozart Effect: Vesperae Solennes de confessore] 나는 앉아서 기도하고 있어요. '하느님, 아이들이 마음 아프지 않고 행복하게 해주세요'……

이 심상에서 J는 아동 청소년들의 행복을 위해 하느님께 기도하는 자기의 모습을 보았고 이 장면이 가장 기억에 남는다고 하였다. 실제 그녀는 무교였지만 심상 안에서 그렇게 기도함으로써 마음이 너그러워지고 충만해짐과 동시에 평온함을 느꼈다고 했다. 아마도 이것이 바로 그녀를 성스럽고 영적인 심상경험으로 이끈 음악의 힘일 것이다.

> [Barber: Adagio for strings] 맑은 가을 오후, 난 창가에 서서 밖을 보고 있어요. 파란 하늘, 푸른 들판, 가을바람이 신선하게 느껴져요……

> [Mozart: Ave Verum Corpus] 다 같이 노래를 부르고 있어요. 오늘 하루를 감사하며 찬송가를 불러요. 나도 함께 노래를 부르는데 너무 행복해요(환한 미소를 지음)……

세션 중 '하늘, 들판, 바람과 같은 자연을 만나고 감사의 찬송을 부르고 있다'라고 말하는 J의 목소리와 표정에서 행복함, 충만함, 거룩함이 느껴졌고 나는 그 순간을 방해하지 않기 위해 침묵 속에서 그녀의 심상과 함께해야만 했다. 그녀는 "이젠 확실하게 말할 수 있어요. 난 청소년 센터를 운영하며 그들에게 선한 영향력을 미치는 삶을 살 거예요"라고 말하며 앞으로 자신이 하고 싶은 일을 꿈꾸며 긍정적인 자아상을 만

[그림 25] 꿈꾸는 집

들어 나갔다.

만다라 〈꿈꾸는 집〉을 그리는 J의 표정은 사뭇 진지했다. 그림을 다 그린 후 "도심 외곽에 청소년 센터를 짓고 싶어요"라고 말하는 J의 반짝이는 눈망울은 마치 희망차고 행복한 꿈이 반짝이듯 보였다.

20회기 | 언어적 상담

낯빛이 환해진 J가 상담실로 들어서자마자 자신의 석사학위논문 한 권을 나에게 내밀며 고마움을 전했다. 사실 나는 그녀의 논문 작업에 기여를 한 것이 별로 없는데 이렇게 피땀으로 완성한 졸업 논문을 선물로 받고 고맙다는 인사까지 들으니 오히려 미안하고 감사한 마음이 들었다. 마지막 상담에서 J는 그동안 논문 작업으로 인해 문 닫는 날이 빈번했던 음식점을 다시 열심히 운영하고 있다고 하면서 빨리 돈을 모아야 청소년 센터를 지을 수 있다고 웃으며 얘기했다. 그리고 자주 앞으로 1년간의 자신의 계획(청소년 상담사 시험, 사회복지사 시험, 박사과정 진학)에 대해 들떠서 이야기했다. 어린아이처럼 조잘거리는 J를 보면서 나는 '원래 이렇게 맑고 경쾌한 사람이었구나'라고 느낌과 동시에 상담 초반에 '불안과 긴장이 높아서 상담받고 싶다'라며 피곤한 기색으로 상담실을 찾았던 J의 모습도 떠올랐다. 분명 J에게 긍정적인 변화가 일어난 것으로 보였다. 이것은 6개월여간 총 20회기의 상담을 받고 난 결과일까? 아니면 힘겨웠던 석사과정이 끝난 결과일까? 물론 그녀는 어떤 힘든 상황에서도 다시 일어날 힘이 있는 '오뚝이'이지만 그러한 자신의 내적 힘을 재발견하고 심리 조절mind-control을 하면서 논문 작업을 완성할 수 있도록 한 데는 BM-GIM 심리치료가 큰 도움이 되었으리라 생각한다. 감사하게도 J 또한 이 GIM심상음악치료를 통해 '자서전적 기술 탐구'를 성공적으로 마칠 수 있었다고 했다.

결론

지금까지 GIM심상음악치료를 통해 J가 자신의 이슈issue를 어떻게 작업하면서 의미를 찾고 통찰하여 모성 콤플렉스 문제 및 자아상을 회복시켜나가는지 그 과정을 살펴보았다. J가 가진 이슈는 출생 직후 입양, 초등학교 졸업 직후 취업, 전남편과의 사별, 한부모 자녀 양육, 재혼, 반복적으로 꾸는 '할아버지를 미는 꿈', 막내아들에 대한 원망, 만학도의 높은 학구열, 학업 과정에서의 긴장과 불안, 타인과의 관계 형성의 어려움 등으로 다양했으며 이것은 각각 다른 이슈처럼 보일 수도 있지만 사실은 다양한 이슈들이 서로 복잡하게 얽혀있는 가운데 대부분은 모성과 모성적인 것에 대해 반복적으로 경험해 온 것에서 비롯된 이슈 즉, '모성 콤플렉스' 문제가 핵심이라는 것을 알 수 있었다. 이는 총 11회의 GIM 세션 중 5회의 GIM 세션에서 '생모/양어머니와의 관계'를 다루거나 '엄마로의 자신과 막내아들과의 관계'를 직접적으로 다루었다는 점에서 알 수 있다(GIM 세션 5~8회기, 10회기).

J는 모성 콤플렉스 문제를 다루는 과정 중 GIM 세션 5회기에서 '양어머니에 대한 미움과 사랑'으로 양극화된 감정을 통합하는 동시에 불우했던 어린 시절과 가정 환경

을 수용해나갈 수 있었고, GIM 세션 6회기에서는 어린 시절 가졌던 '엄마로부터 사랑받지 못할 것에 대한 두려움'이 현재의 '교수님으로부터 인정받지 못할 것에 대한 두려움'으로 이어져 발표 불안이 생기게 되었음을 알게 되었다. 또한 J는 GIM 세션 7~8회기에서 출생 직후 입양된 내면아이의 감정(생모에 대한 그리움, 생이별에 대한 아픔, 상실감, 원망, 절망감, 충분히 사랑받지 못한 느낌 등)과 마주하게 되었는데 J는 스스로 생모와 양어머니가 되어 아기인 자신을 따뜻하게 안아주었고 사랑을 고백하고 진심으로 사과하며 '상처 입은 내면아이'를 위로하고 보듬어 주는 재양육reparenting의 경험을 할 수 있었다. 더불어 J는 현재의 삶에서 타인과의 관계 형성에 어려움을 겪는 것이 '어린 시절 성장 과정에서 모아간 애착 관계와 신뢰감 형성이 제대로 이루어지지 못한 것'과 깊은 관련이 있다는 것을 깨달았는데 이에 대해 J는 앞으로 자신이 먼저 사람들에게 다가가 관심과 사랑을 주다 보면 사람들과 감정 교류도 하게 되고 자연스럽게 관계가 깊어질 것이라고 통찰할 수 있었다. J가 가진 모성 콤플렉스 문제는 현재 자녀와의 관계에도 영향을 미치고 있었는데, 막내아들에 대한 감정을 다룬 GIM 세션 10회기에서 J는 생모와 양어머니가 자신에게 그랬던 것처럼 자신도 자녀들을 정서적으로 제대로 돌보지 못했다고 말하였고 특히 전남편 사망의 원인으로 생각하며 원망했던 막내아들에 대해 미안함과 슬픔을 표현하였다.

이렇듯 J는 '모성 콤플렉스'의 문제를 중점적으로 다루면서 통합과 통찰을 가지는 가운데 모성 콤플렉스가 조금씩 서서히 회복되어 나갔다. 더불어 J는 자신에게 긍정적인 에너지가 많음을 깨달았고, 어떠한 어려움을 극복할 수 있다는 자신감을 가질 수 있었으며 자신의 미래에 대한 이슈를 다루면서 '박사 과정 진학에 대한 결심', '학교 밖 청소년을 위한 센터 개소의 꿈', '타인에게 선한 영향력을 미치는 삶'을 이야기하는 등 자아상도 서서히 회복되어 나갔다. 그 밖에도 J는 '남편에 대한 복합적인 감정'을 다루며 남편과 자신을 용서하고 화해하는 시간을 가질 수 있었고, '사촌 동생의 극단적 선택'과 관련하여 사촌 동생의 죽음을 애도하는 시간을 가짐으로써 사촌 동생에 대한 죄책감과 마음의 짐을 내려놓는 등 심층적인 내면 작업을 하면서 통합적, 통찰적, 변형적인 본 GIM심상음악치료를 마무리하였다.

용어 설명

모성 콤플렉스(mother Complex): 모성 원형의 영향에 사로잡혀 있는 상태로 "어머니"라는 말을 들으면 평소와는 다른 정신적, 신체적 반응을 보이는 현상이다.

모성 원형(mother Archetype): 인류가 태초부터 모성과 모성적인 것에 대하여 계속해서 반복적으로 경험해온 모든 체험의 근원적 유형으로 인간의 무의식에 공통적으로 존재하면서 어릴 때는 개인적 어머니상과 같은 콤플렉스를 이룬다.

해결 중심 상담(solution-focused counselling): 1980년대에 개발되어 내담자의 문제변화와 해결에 중점을 두고 치료를 시도하는 접근 방법이다.

내면아이(inner child): 한 개인의 정신 속에서 하나의 독립된 인격체처럼 존재하는 아이의 모습이며 어린 시절의 주관적인 경험을 설명하는 용어로서 한 개인의 인생에서 어린 시절부터 지속적인 영향을 주는 존재다. 뇌 속에 저장된 어린 시기의 기억은 개인의 정서에 관련된 기억을 설명해 주는 중요한 경험적 자원이다. 내면아이의 발달은 부모의 양육 태도와 관련이 있다. 자녀의 성장과 성격 발달은 부모와의 상호작용의 산물이다.

재양육(reparenting): 안정적인 환경에서 과거에 충족 받지 못한 양육을 재경험하는 것을 말하며 Winnicott(1965)는 성숙 과정에서 '충분히 좋은' 환경의 중요성을 주장하였다. 특히, 안아주기(holding), 다루기(handling), 대상 제공하기(object providing), 반영하기(mirroring), 살아남기(surviving), 놀이하기(playing)와 같은 돌봄의 기술로 양육을 설명하였다. 이러한 개념들이 강조하는 바는, 이전에 경험한 대상과의 상실을 다루는 동시에 대상 경험을 변경하여 건강한 재양육 경험을 제공함으로써 안정적 애착 형성을 가능하게 한다는 것이다.

투사적 동일시(projective identification): 자신의 내적 세계를 외적 대상에게 쏟아놓고 그 대상을 재내면화하는 환상 과정으로 방어기제의 하나이다. 원하지 않는 자신의 일부분이나 원하지 않는 내부 대상을 분리시켜 투사하고, 해를 입히고, 조정하고, 소유하고자 하는 심리적 기제다.

참고문헌

김소진(2017). 17세 소녀의 유년 시절 트라우마에 대한 GIM심상음악치료. GIM한국심상음악치료협회 제14차 정기학술대회, 46-65.

김영숙, 정현주(2020). 음악심상기법을 이용한 애착트라우마 내담자의 회복과정에 대한 사례 연구. 한국예술치료학회지, 20(2), 65-85.

김정조, 김장회(2023). 교류분석 재양육 프로그램이 초등학생의 자아상태와 인생태도에 미치는 효과. 교류분석상담연구, 13(1), 189-208.

김진향(2007). 융의 분석심리학 관점에서 본 모성 콤플렉스에 대한 연구: 모성원형과 관련하여. 서울신학대학교 상담대학원 석사학위논문.

박방초(2017). 융 심리학으로 본 콤플렉스 이해: "착한아이 콤플렉스를 중심으로". 협성대학교 대학원 신학석사 학위논문.

박지윤, 이영호(2019). 보육교사 효능감 증진을 위한 TA 자기-재양육프로그램 개발 및 효과. 교류분석상담연구, 9(2), 27-50.

박진(2022). 융(C. G. jung)의 분석심리학으로 본 영화 〈크루엘라〉의 개성화(individuation) 과정과 신화적 상징성: '그림자'의 통합과 '모성 콤플렉스' 문제를 중심으로. 문학치료 연구, 65, 291-318.

심희옥(2018). 가정생활에서 마음이 자유로워지고 싶어하는 부정적인 모성콤플렉스를 지닌 여성의 모래놀이치료 사례연구. 대한가정학회, 56(4), 331-345.

이난복, 김소진 외(2020). 21인의 음악치료사가 들려주는 임상이야기. 서울: 학지사.

정문자, 이영분, 김유순, 김은영(2017). 해결중심 가족상담. 서울: 학지사.

정영지(2019). 한국설화 속 여성의 모성 콤플렉스 탐색과 문학치료적 접근. 건국대학교 대학원 석사학위논문.

정현주 외(2006). 음악치료 기법과 모델. 서울: 학지사.

Aigen, K (2005). 음악중심 음악치료. 이경숙, 류리 공역(2011). 서울: 학지사.

Birkhäuser-Oeri, S. (1977). 민담의 모성상. 이유경 역(2012). 서울: 분석심리학연구소.

Bruscia, K. E. (1998). 음악 심리치료의 역동성. 최병철, 김영신 외 공역(2016). 서울: 학지사.

Bruscia, K. E. (2012). GIM심상음악치료 사례연구. 김경혜, 정은주 공역(2018). 서울: 하나의학사.

Dave Mearns, Brian Thorne. (2007). 인간중심 상담의 임상적 적용. 주은선 역(2012). 서울: 학지사.

Denise Grocke, Tony Wigram. (2006). 음악치료 수용기법. 문소영, 이윤진 공역(2011). 서울: 학지사.

Insoo Kim Berg, Therese Steiner. (2003). 아동과 청소년을 위한 해결중심 상담. 유재성, 장은진 공역(2009). 서울: 학지사.

Susan Hadley. (2002). 정신역동 음악치료: 사례연구. 김성희 외 공역(2008). 서울: 학지사.

개인 GIM | 성인 | 성폭행 트라우마

10

쉼터 이용 내담자의 GIM적용 사례 : 트라우마로 인한 불안감 감소와 관계 회복을 위한 내면탐색

손훈희

개요

본 사례는 성폭행의 트라우마trauma가 있는 쉼터의 여성에게 GIM세션을 실시하여 불안감 감소 및 관계 회복을 해나가는 내면탐색 과정에 관한 것이다. 21세 P를 대상으로 2017년 8월14일부터 2017년 11월 13일까지 4개월 동안 총 11회의 개별 세션을 진행하였으며 이를 위해 Helen Bonny와 AMI 트레이너들에 의해 개발된 고전classical 음악프로그램과 현대contemporary 음악프로그램을 사용하였다. 11회기의 GIM세션을 통해 P는 다양한 시각적 이미지를 만났으며 세션을 통해 자신의 내면을 탐색해 나가고 트라우마trauma의 상처와 기억과 그리고 억압에서 자신을 해방하는 시간을 가졌으며 자신의 긍정적인 면을 바라보고 집중하는 변화를 경험하고 새로운 에너지를 찾는 시간을 가졌다. 회복을 상징하는 시각적인 이미지를 반복해서 접하면서 다시 일어날 수 있다는 내면의 메시지를 받고 P는 점차 밝아지고 예전의 모습을 점차 찾게 되었다. 특별히 변화transformation를 경험한 8회기 세션에서는 기억에 대한 심상의 재경험이 있었는데, P가 감당하기 어려워서 무의식 속에 묻어두었던 고통스러운 기억이 GIM

세션을 통해 다시 떠오르게 되었고 잊혔던 기억이 의식에 통합되는 경험이 일어났다. 이것은 무의식의 의식화 과정으로 설명될 수 있는데 이후로 P는 불안이 낮아지고 악몽에 시달리던 수면장애가 개선되었으며 가족과의 관계가 점차 회복되어 쉼터를 퇴소하여 다시 가정으로 돌아갔다.

배경정보

P는 당시 21세의 여성으로서 치료사를 만나기 2년 전 성폭행을 당한 트라우마trauma 경험으로 인해 힘들어하고 있었다. P의 가해자는 다음 날 자살을 계획하고 있는 상황에서 사망 전날 충동적으로 P를 성폭행한 것이었다. 사건 이후 P는 가해자의 죽음에 놀라 성폭행 사건을 주변에 알리지 않고 혼자만 알고 있으려고 했었다. 그러나 임신 6개월 정도 되었을 때 배가 나오자 어머니가 임신 상황을 인지하였고 P와 어머니는 상의하여 아이를 낳기로 하였다. 이후 쉼터에서 출산을 하였고 아기는 출생 후 타 기관으로 가게 되었고 해외 입양을 준비하게 되었다. 경찰수사는 가해자의 자살로 아무런 시작도 하지 못하고 종결되었기에 P는 이로 인해 억울한 마음이 많았다. P는 흉이 질 정도로 몸을 심하게 긁었는데 피부과에서 치료를 받아도 나아지지 않았다. 피부과 의사는 가려움의 특별한 이유를 찾을 수가 없어서 심리적 이유가 큰 것 같다는 말을 하였다고 한다. P는 불안감이 높고 불면증과 악몽이 계속되고 있었으며 현재 쉼터에 거주하고 있는 룸메이트와 갈등 상황에 있고 쉼터 외부에 있는 남자친구와도 다툼과 갈등이 있고 남자에 대해 피해의식으로 맘이 편하지 않은 상황이라고 하였다. 기관에서 실시한 '다면적 인성검사'의 결과에서는 불안과 우울감이 높게 나타났으며, 소외감, 고립감, 타인에 대한 경계적인 태도가 유의미하게 나타났다. 또한 애정과 의존에 대한 욕구가 높게 나타났다.

P가 심리치료에 의뢰된 이유는 불안감이 높고 불면증이 심해서였다. 이로 인해 낮에 멍한 상태로 있었는데 이것은 트라우마에 의한 대표적인 증상들로 보인다. 민은정(2019)은 외상 후 스트레스 장애가 있는 사람은 불안 민감성의 수준이 높으며, 활동을 위축시키고 관계를 제한한다고 하였다. 또 수면을 방해하는 불안과 공포가 있어서

대부분의 외상 경험자들이 불면증과 수면장애를 겪고 있다고 하였는데 P의 경우에도 불안과 수면장애의 증상을 보이고 있었다.

그 외에도 악몽에 시달리는것과 몸을 긁어 상처를 내고 있는 행동들로 심리적 육체적으로 불편한 상황에 있었다. 이와 관련하여 민은정(2019)은 심리적 고통은 신체화 증상의 핵심으로 의학적인 문제가 발견되지 않으면서 여러 신체증상을 호소한다는 보고를 하였는데 기관에서는 피부과에서 심리적 이유에 기인한 증상을 보인다고 했기에 심리치료를 통해 피부에 상처를 내는 증상이 호전되길 바란다고 하였다.

치료 방법

본 사례의 치료 방법은 Helen Bonny에 의해 개발된 GIM심상음악치료guided imagery and music(이하 GIM)의 전형적인 형태와 과정을 취하면서 적용되었다. 이것은 심층심리치료의 한 영역으로 무의식적 경험을 의식화하도록 돕는 치료 방법이다. 이 방법method을 통해 내담자는 자기 내면의 이슈issue에 대한 심상을 경험하고 점차적으로 변화를 경험하는 과정으로 나아간다. 또한 GIM은 통찰치료insight therapy의 한 방법으로써 정신과 신체, 정서, 영적 측면을 통합해 나가는 변화를 이끌어간다. 본 사례에서는 세션마다 다음의 과정으로 진행되었다.

1. 사전 상담(pre-session)

내담자는 자신의 다양한 이슈에 대해 탐색하고 그날의 치료목표인 인텐션intention과 관련하여 이야기를 나눈다. '전환된 의식 상태'를 유도하기 위한 이완 과정인 인덕션induction을 대략 5분에서 10분 정도 진행하였으며 호흡을 통해 긴장을 완화하여 신체의 이완은 물론 명상 상태를 유지하는 걸 도왔다.

2. 이완과 인덕션(induction)

'전환된 의식 상태'를 유도하기 위한 이완 과정인 인덕션induction을 대략 5분에서 10분 정도 진행하였으며, 호흡을 통해 긴장을 완화하여 신체의 이완은 물론 명상 상태를 유지하는 걸 도왔다.

3. 음악-심상 가이딩(Music & Imagery Guiding)

대략 15분에서 30분 정도의 시간 동안 3~4곡의 음악을 감상하면서 심상을 경험하는 과정이다. 그날의 이슈에 맞게 선곡된 음악프로그램을 사용하며 음악을 통한 내적 반응, 기억, 가정, 각성, 전이등을 경험하게 한다. 치료사와 대화를 하면서 내담자의 감정feeling과 에너지 레벨과 인텐션intention을 잘 지지하면서 진행한다. 특히 심리적으로 예민한 내담자를 고려하여 P의 이야기를 잘 감지하고 동감하고 경험하는 수용적 태도로 대화를 진행하였다.

4. 사후세션(post-session)

이 과정은 GIM경험에 대한 통합과정으로 음악-심상 과정에 대한 대화와 만다라 작업을 실시하였다. 음악 감상 후 일상적인 의식 상태로 돌아오게 한 다음 음악경험music journey에 대한 토의와 함께 심상을 구체화시키기 위해 4절 스케치북과 오일oil 파스텔, 크레파스 등으로 만다라mandala 작업을 하였다. 그 후 대화를 통해 음악적 심상에 대한 상징적 의미를 분석심리학적 관점에서 찾고 그날의 치료목표인 주제와 연관하여 통찰하는 시간을 가졌다.

치료 과정

1회기 | 행복한 가족

첫 번째 GIM세션을 실시하기 위해 첫 대면을 하였다. P는 조금은 분주해 보이고 눈 마주침이 적고 수줍어하고 말이 별로 없었으나 기타에 관심을 보이며 예전에 연주해 본 적이 있다고 하였다. P에게 세션의 절차를 안내하였고 첫 세션이라 인텐션intention을 정하는 것을 어려워하여 첫 세션에서 많이 다루는 인텐션의 몇 가지 예를 보여주었다. P는 "나의 기분을 알아보고 싶다"라는 것을 선택하였고 이에 대하여 Exploration 음악프로그램이 적용되었다.

음악이 시작되자 시각적인 이미지가 주로 나타났는데 예전에 행복했던 가족의 모습이 보인다고 하였다.

> 가족들과 함께 웃으며 식사를 하고 있어요…… 사다리를 타고 하늘나라로 올라가요… 그 위에서 손을 잡고 온 가족이 둥글게 돌고 있어요.

첫 세션에서 행복한 이미지를 보고 나서 눈물을 글썽였고 자신이 잊고 있었던 모습이고 오랜만에 보는 가족의 모습이라고 하였다. 최근 우울하고 힘들기만 했기에 어린 시절 행복했던 기억을 생각해 본 적이 없다고 했다. 오랜만에 느끼는 새롭고 반가운 따뜻한 느낌에 조금 더 편안해지는 듯 보였다. 음악이 끝난 후 예전에 자신에게 밝은 모습이 있었다고 하며 편안한 표정을 보였다. 초등학교 시절 글짓기와 그림, 음악을 잘했다고 했고 당시 글짓기상을 받은 적이 있고 미술, 음악도 좋아했다고 하였다. 특별히 피아노와 기타 연주를 조금 할 수 있다고 하였다.

P는 잊고 있었던 내면에 있는 긍정적인 자아상을 깨우고 내면으로 눈을 돌리는 경험을 하였다. 온 가족이 나온 것은 넓게 확장된 자신에 대한 이미지였고 하늘나라로 올라간 모습은 좀 더 영적이고 이상적이며 온전한 내면의 장소를 찾아낸 듯 보였다. 그곳에서 가족이 함께 손을 잡고 둥글게 서 있다고 하였는데 원형이라는 온전하고 완전함의 의미를 무의식이 보여주고 있었다. 그러나 실제 P의 가족은 이미지와는

전혀 다른 상황이었다. P의 가족들은 흩어져 살고 있어 다 함께 모이기가 어려운 상황이었다. 그럼에도 행복한 가족의 이미지가 첫 세션에 떠오른 것은 앞으로의 세션에서 P가 어린 시절부터 갖고 있던 마음의 상태를 기억해 내고 자신이 행복할 수 있음을 알고 온전함을 향해 회복해 나갈 것을 보여주는 것이 아닌가 하는 생각을 하였다.

2회기 | 기차와 분수대

P는 첫 번째 세션에서 GIM심상음악치료에 대해 좋은 느낌을 가졌기에 치료사의 두 번째 방문을 반가워하였다. 지난주에 자신의 기분 좋은 이미지를 만난 것이 좋았다고 하며 두 번째 세션에서도 자신에 대해 긍정적인 느낌을 받기를 원하여 인텐션을 "나의 이상적 모습을 보고 싶다"로 정하였다. 사용된 음악은 Reflection 1 음악프로그램이었다.

> "기차가 추운 눈밭을 지나가고 있어요… 추위는 고통스럽지만 운치가 있어요"라고 하였다.

포스트 세션post-session에서 모든 이미지를 자신이라고 느끼면서 자신과 연관 지어 보라고 말해주었다. P는 처음에는 갸우뚱했으나 "기차가 자신과 연관이 있다면 어떤 것일 것일까?"라는 질문에 잠시 생각을 하더니 이렇게 답하였다. "출산 같아요. 겨울 눈밭 같은 고통 속에서 어려움이 많았지만 끝까지 지켜내고 해냈어요. 그건 너무 잘한 일 같아요. 눈밭에 달리는 기차 풍경은 아름다웠어요." 아기를 끝까지 지켜냈다는 것이 너무 뿌듯하다는 말을 하면서 스스로 출산의 의미를 통찰하였다. 기차는 춥고 눈이 와도 가야 할 곳으로 이동해 가기에 그로부터 강한 힘을 떠올릴 수 있는데 이것도 자신과 어떤 연관이 있냐고 물으니 이번에는 의아해하며 답을 하지 못했고 생각해 보겠다고 하였다. 지금의 어려운 상황에서도 정서적으로는 꾸준하게 나아갈 수 있는 힘이 있음을 기차를 통해 보여주고 있는 것으로 보였다.

또 다른 이미지로는 고장 난 분수대가 나왔다.

> 분수대는 고장이 나서 물이 나오지 않아요… 예전에 그 분수대는 물을 뿜어내고 그 물이 옆으로 퍼져 주변의 식물에 물을 공급하고 식물을 키우고 있어요.
>
> (음악이 끝난 후 분수대에 대해 물으니)
>
> "분수대는 물을 뿜어서 주변을 살리고 키우는 역할을 해요"라고 하였다.

마음에 있는 것들이 이미지로 나온다고 말해주고 분수대처럼 살리고 키우는 모습이 자신 안에 있냐고 물으니 P는 학창 시절 자신의 모습이라고 하였다. 남을 돕는 것을 좋아했다는 것을 기억해 내며 목소리가 밝아졌다. 분수대가 고장 났다는 것은 현재 자신의 돌보는 성향을 제대로 밖으로 보여주고 있지 못하다는 것이라고 하였다. 분수대의 모습이 인상 깊었는지 물이 펑펑 쏟아져 식물을 푸르게 키우는 모습을 그림으로 그렸다. 그 이후로도 분수대의 이미지는 중요한 회복의 이미지가 되어 대부분의 세션에서 잠시라도 등장하여 자신을 성향을 드러내는 듯이 물을 뿜어내는 모습을 보이기 시작했다.

자신의 내면에 있는 아름다운 마음을 발견하자 또 다른 기억을 떠올렸고 교회에서 다른 나라로 봉사활동을 간 적이 있었는데 그때 어린이들과 함께 할 때 너무 좋았다고 하며 앞으로 회복하면 언젠가는 다시 봉사활동을 하고 싶다고 하였다

세션을 마치기 전에 최근 고민을 얘기했는데 SNS에 자신을 욕하는 사람들이 있다고 하였다. 예전에 다니던 학교의 아이들인 것 같고 잘 모르는 사람들인데도 계속 공격을 한다고 하였다. 자신이 왜 이런 일을 당하는지 모르겠다고 하였다. P가 이 말을 할 때 무표정이었는데 이 모습을 보고 감정을 너무 억제하고 있거나 대처하는 것을 포기한 것처럼 보여 괜찮은지 걱정이 되었다.

3회기 | 자라에게 뺨 맞음

P는 최근 SNS에서 친구들에게 공격을 받은 사건으로 자존감이 낮아졌다고 하였고

회복하고 싶다고 하였다. 그래서 인텐션intention을 "자존감을 회복하고 싶다"로 정하였다. 이에 따라 내면의 힘을 탐색하기 위해 Quiet music 음악프로그램을 사용하였다. 음악이 나오자 P는 초록들판을 떠올리기 시작했다.

> 커다란 나무가 하나 있는데… 자세히 보니 사람들이 나무에 색칠하고 있어요.

포스트 세션post session에서 P에게 현재의 상황과 연관된 것이 있냐고 물으니 잘 모르겠다고 하였다. 나무에 색칠을 하는 모습에서 자아를 개발하고 변화를 주고자 하는 마음도 보였고 한편으로는 살아있는 나무에 색칠을 할 필요가 없는데도 인위적인 조작을 하는 마음으로도 보여 상황이나 자신을 더 낫게 보이기 위해 꾸미고 변형시키려는 마음도 보이는 듯했다.

> 나비가 날아다니는 것이 보여요… 힘이 없는 나비라 날아다니기 어려워요… 점점 내려오고 있어요.

나비의 이미지에서 자유롭고 싶고 좀 더 나아지고 싶어 하는 마음을 보여주고 있다. 그러나 힘이 없는 나비가 더 이상 날아다니지 못하는 모습에서 아직은 충분한 힘이 없는 것 같아 보이기도 했다.

> 거울이 보여요. 그 안에 괴물의 모습이 보여요.

라는 말을 하였고 그 이미지는 빠르게 사라졌다. 자신의 모습을 마주하지 못하고 달아나는 듯한 면을 보여주고 있다. 내면에 감추어진 불안과 억압을 비춰 보여 주기도 하였다.

> 바닷가가 보여요… 모래사장에 자라가 보여요. 자라가 와서 뺨을 때려요… 그리고 어디론가 갔어요. 자라가 장난감을 떨어뜨리고 갔어요. 이걸 자라에게 가져다주어야 할지 말아야 할지 망설여져요.

포악한 이미지의 자라에게 이유 없이 뺨을 맞았는데 분노나 어떤 감정도 없이 말하였다. 오히려 위축되고 제대로 대응하지 못하는 모습을 보이고 있다. 자신을 돌보기보다는 자라를 걱정하고 도와주려는 듯 떨어뜨린 것을 가져다주려는 마음도 있다. 최근 SNS에서 끈질기게 공격하는 친구들에 대해서도 분노의 감정을 갖기보다 대응하지 못하고 자신이 무엇을 잘못했는지 살피는 모습과 연관되어서 나오는 이미지라고 보였다.

음악이 끝난 후에 나비가 날지 못하는 모습과 자라에게 뺨을 맞은 상황에 대한 이야기를 나누었다. 최근의 상황과 연관하여 자신이 제대로 대응하지 못하고 위축되었다는 것을 인지하기 시작하였다. 자라가 잘못했고 자신을 욕한 사람들이 잘못한 것인데 어떻게 대응해야 할지 모르고 겁도 나고 해서 참으면 나아질 것이라는 마음으로 무대응하고 있었던 상황을 보기 시작했고 마음은 어떠냐는 질문에 무기력하고 우울해졌다고 말하며 내면의 상태를 조금씩 알아차리는 모습도 보였다. 그런 말을 들으면 자존감이 많이 낮아진다고 하였다. 이야기를 나누면서 SNS로 공격하는 사람들이 근거 없이 '걸레' 등의 이상한 말로 자신을 공격하고 있고 가만히 있어도 멈추지 않고 있다고 하여 앞으로 어떻게 해야 할지 생각해 보겠다고 하였다.

4회기 | 권위 있는 여왕

다른 사람들이 자신을 대하는 태도나 시선으로 인해 스트레스를 받고 있는 상태를 이겨내기 위해 "내가 생각하는 나의 가치를 알고 싶다"라는 인텐션intention을 말하였다. 좀 더 깊이 있는 여행을 떠나기 위해 Depth Bach 음악프로그램을 사용하였다.

> 비가 와서 우산을 쓰고 있어요… 볼링장에 왔어요… 치고 있는데 스트라이크예요.

비가 오는 모습에서 우울한 감정을 보이고 있으나 우산이 있다는 것은 완전 우울감에 젖어있다기보다 스스로 방어하고 컨트롤하는 면을 보여준다. 스트라이크를 치는 모습에서 자신감과 성취감을 보여주는데 음악이 끝난 후 P에게 이런 느낌이 드는 것이 있냐고 질문하니 최근의 변화가 떠오른다고 말하였다. 평소 매우 자주 늦잠을 자고 시간약속을 잘못 지키는 편인데 아침 일찍 일어나겠다는 계획을 세웠고 최근 3일 동안 지키고 있다고 하며 매우 뿌듯해하고 성취감을 느끼는 모습을 보였다. 처음으로 긍정적인 행동 변화를 보이기 시작했다.

> 여왕이 나왔어요. 순수하고 맑고 권위가 있는 모습이에요.

여왕의 모습이 등장하며 자신 내면에 완벽한 모습이 있다는 것을 처음으로 생각하는 시간이 되었다. 음악이 끝난 후 내 안에 여왕이 있기에 이미지로 나올 수 있다고 말해주자 P는 조금은 얼떨떨하지만 놀라워하며 순수하고 맑고 권위 있는 여왕이 자신의 모습이기도 하다는 것을 처음으로 알게 된 시간이었다. P는 여왕의 모습을 매우 인상 깊게 생각하였으며 그림으로도 그렸다. P의 여왕의 이미지는 성숙한 자아가 나타나 성장을 인도하는 듯 보였고 더 깊은 내면에서 P의 의식에 힘을 주고 있음을 보여주는 듯했다.

> 자전거 경주를 하고 있어요. 달리다가 넘어졌어요. 다시 일어나서 달리고 있어요.

넘어져도 다시 일어나는 이미지를 보이는 것을 통해 지난주에 비해 내면에서 회복에 대한 힘을 내고 있다는 것을 알 수 있었다. 그 외에도 예전에는 고장 난 분수였는데 이젠 분수대에서 물이 쏟아져 나오는 모습, 색칠하지 않은 있는 그대로의 나무가 서 있는 모습, 예전에는 벼랑에서 떨어지는 이미지였는데 이번에는 벼랑에서 떨어지지 않고 날아가는 모습 등으로 빠르게 바뀌며 지나갔다. 좀 더 생기 있게 이미지들이 변화하며 회복해 나가는 모습을 보이고 있었다. 이런 이미지와 연관된 이야기나 상황이 있는지 물으니 P는 최근에 일어난 변화가 있다면서 악몽을 꾸지 않았다고 했다. 평소 사람들에게 쫓기는 악몽과 불면증으로 고생했는데 이번 주에는 악몽을 한 번도 꾸지 않았고 좀 더 잠을 잘 자고 있다고 하였다.

5회기 | 회복하는 나뭇잎

P는 좀 더 내면 작업을 깊이 할 준비가 된 듯하였고 "아픔을 들여다보고 싶다"라는 인텐션intention을 말하였다. 이에 따라 Childhood remember 음악프로그램이 사용되었다.

> 나무에 붙은 나뭇잎이 떨어져요… 다시 붙어요… 건강해지고 있어요.

시각적 이미지로 잎이 나무에서 떨어졌다가 다시 붙는데 이것은 심리적인 회복을 의미한다고 볼 수 있다.

> 박쥐가 굴뚝 가까이 가요… 들어가려다가 타 버렸어요.

'박쥐' 하면 떠오르는 것이 무엇이냐는 질문을 하니 싫어하는 사람이라고 대답하였다. 여기 붙었다 저기 붙었다 하는 사람을 박쥐 같다고 하는데 자신이 싫어하는 사람에게 자주 사용하는 단어라고 했다. 이제부터는 자신을 힘들게 하는 사람들을 멀리하고 싶다고 하였다. 아니 땐 굴뚝에 연기가 나겠냐며 소문을 쫓아 달려드는 박쥐 같은 친구들은 다 멀리하겠다는 의지를 보였다. 그 친구들을 고소할 수 있는지 알아봐야겠다고 하였다. 2주 전에 비해 자신을 지켜내려는 힘과 의지가 더 커지고 있는 것이 보였다.

> 작은 사람들이 나무를 쌓았다가 억지로 무너뜨리고 다시 쌓고 있어요… 구슬이 굴러가서 다음 구슬을 치고, 마지막 구슬이 바닥으로 떨어지는 장면이 반복되고 있어요.

이 이미지는 빠르게 변하면서 나타났다. 음악이 끝난 후 P는 이 이미지와 연관하여 자신을 돌아보니 끝없이 괴롭히는 상념과 상처들이 계속 떠오르는 것과 비슷하다고 하였다. 스스로 마음속의 상처를 반복해서 건드는 것을 알았다고 하였다. 쌓고 무너뜨리는 것을 계속하고 있어서 힘들다고 하였다.

> 작은 해바라기가 해를 보고 춤을 추고 있어요.

해바라기가 자신이라면 해는 하느님이라는 말을 하였다. 해바라기가 해를 바라보듯이 자신도 하느님의 사랑에 올인하는 사람이라고 하였다. 최근의 새로운 변화는 주말에 집에 다녀온 것이라고 한다. 그동안은 가족들을 만나지 않고 센터에만 있었는데 최근에는 가족들에게 연락을 더 자주 하게 되고 보고 싶어져서 집에 다녀왔다고 하였다. 가족들을 보고 나니 너무 기분이 좋다고 하였다.

6회기 | 상처 입은 새

이번 세션에서는 좀 더 깊은 작업으로 '아픔을 들여다보고 싶다'라고 하였다. 이 인텐션intention으로 Abundant to bonding 음악프로그램을 사용하였다.

> 큰 새가 작은 새를 공격하고 있어요… 작은 새가 다쳤어요.

시각적 이미지로 큰 새가 작은 새를 공격하여 작은 새가 다치는 것을 보았는데 포스트 세션에서 상처 입은 작은 새는 자신의 모습과 같다고 했다.

> 나무 다트판에 표적을 맞혔어요… 다트판에 피가 나요… 리본체조를 하고 있는데 리본이 몸에 감겼어요… 어떤 사람이 문을 두드려요. 문을 열자 눈을 찌르고 그 사람은 달아났어요.

공격을 당하는 여러 가지 이미지를 보고 나서 음악이 끝난 후 포스트 세션post-session에서는 중고등학교 시절을 떠올리며 아픈 과거를 이야기해 주었다. 그 당시 친구로부터 따돌림을 받았는데 단체로 자신을 산에 데려가서 폭행을 한 적도 있었기에 학교에 가기 싫어했다고 했다. 아빠와 사이가 안 좋아진 후 가출을 하였고 여러 가지 일을 겪은 후 전학을 가게 되었다고 한다. 그러나 학교를 옮긴 후에도 SNS를 통해 새

학교에서도 소문이 나서 따돌림을 당했다고 했다. 여러 번의 성추행, 성폭력이 있었고 그런 기억들이 P를 괴롭혔다고 하였다. 시간이 지나도 가끔 떠오르기도 하고 그 기간 동안 힘들었다고 하였다. 이 전에 비해 솔직하게 감정을 표현하며 이야기하였고 아직도 상처가 있어 지속적인 상담, 치료가 필요함을 보여주었다.

> 거꾸로 가는 시계가 보여요…

짧은 이미지였지만 이것에 대해 물으니 과거에 신경을 쓰고 과거로 돌아가는 자신의 모습과 비슷하다고 하였다. 시계의 원래 역할을 물으니 현재의 시간을 보여주는 것이라고 말하였고 이제는 현재를 보여주는 시계처럼 살고 싶다고 하였다. 앞으로 시간 약속도 더 잘 지키고 싶다고 하였다. 세션 중 자신의 아픔을 보고 난 뒤 기억들이 떠올라 힘들어하였지만 시계를 통해 현재에 집중하겠다는 통찰을 얻으며 과거에 고통에만 묻히지 않고 현재에 집중하려는 의지를 보이며 현실로 돌아오는 모습을 보였다.

7회기 | 지혜로운 할아버지

최근 부모님과 친구들과 사이도 좋아지고 안정되고 있는 과정인데 찜질방에서 성추행을 당하는 일이 있었다고 한다. 경찰에 신고를 하였는데 이런 일이 반복되는 편이라서 자신에 대한 가치가 흔들린다고 하였다. 자신이 중요한 사람인지 그렇지 않은 사람인지 헷갈린다고 하였다. 인텐션은 "내가 누구인지 살펴보고 싶다"로 정하였고 이에 따라 paradox 1 음악프로그램을 사용하였다.

> 자동차 경주를 하고 있어요… 내가 환호를 받으면서 축하를 받고 있어요… 구슬들이 레일을 따라 잘 굴러가고 있어요… 발레리나가 춤을 추고 있어요. 손발에 꽃이 피어나고 있어요… 아름다워요.

포스트 세션post-session에서 P는 경주에서 환호를 받는 것은 최근 아침에 잘 일어나고 있는데 이 일을 축하받는 것 같다고 하였다. 룸메이트와의 사이도 좋아졌는데 이 일도 잘한 일 중 하나로 떠오른다고 하였다. 발레리나가 춤을 추는 장면을 가장 인상 깊게 보았다고 하였고 이 이미지를 그림으로 그렸다. 꽃의 완전한 아름다움이 손에서 피어난다는 부분에서 P의 회복이 외부로도 드러나는 시기가 온 것을 알리는 듯 하였다.

> 새가 있는데 부리가 부러졌어요… 넝쿨이 창틀을 따라 자라나고 있어요. 꽃이 피었는데 아저씨가 꽃을 잘라버렸어요… 또 자랄 수 있을지 걱정이 돼요.

포스트 세션에서 심리적 연관성을 물으니 상처받은 부분들이 떠오른다고 하였다. 자책하는 모습도 떠오른다고 하였다.

> 다트판에 칼을 던졌어요. 칼이 구부러지면서 땅에 떨어졌어요…… 할아버지가 큰 종을 치고 있어요… 할아버지가 화를 내요… 화를 내자 새가 날아와서 줄을 끊어버리고 종은 바닥으로 떨어졌어요… 할아버지 발이 다쳤어요.

다트판 이미지는 이전에도 나온 적이 있는데 그때는 다트판이 피를 흘렸었다. 이번에는 칼이 공격해도 상처받지 않는 모습으로 좀 더 힘이 생긴 내면을 보여주는 듯했다. 조부에 대해 물으니 지혜로운 사람이라고 하였다. 종을 치는 장면은 평화로웠고 종소리가 울려 퍼졌다고 했다. 그러나 화를 내면 다치는 일이 생기는 것을 보니 화를 내면 안 된다는 생각이 든다고 하였다. 할아버지와의 연관성을 찾아내면서 화를 내면 지혜와 성장이 멈추는 것 같은데 최근의 자신도 그러했다고 하였다. 앞으로 화를 내는 것에 대해서 좀 더 생각해 보겠다고 하였다. 이미지들이 자신의 것임을 이해하기 시작하면서 자신에게도 할아버지의 지혜가 있다는 것을 알려주니 이전에 비해 더 잘 받아들이는 모습도 보였다. 화를 내면 그 지혜를 사용할 수 없다는 통찰을 스스로 알아가고 있다는 것도 놀라웠다. 이것은 P의 이미지이기도 하지만 나에게도 지혜를 주는 말이라 고맙고 P가 깨달아 가는 과정 또한 감동이 되었다.

8회기 | 잃어버린 기억을 찾다

여덟 번째 세션에서 "내 마음속 깊은 곳에는 무엇이 있을까?"라는 인텐션intention으로 Low symphony 음악프로그램를 사용하였다.

> 꽃 하나가 땅에 떨어져 찌그러졌어요… 꽃은 흙 속에 묻혔어요…… 다시 새 꽃으로 태어났어요…… 햇빛을 받아서 더 자라고 비가 오면 오므라들지만, 이전에 비해 10배 정도 커졌어요.
>
> 나비가 날아가다가 불꽃에 타버렸어요… 재가 되었어요… 그곳에서 새싹이 나고 점점 자라요. 하늘까지 자라났어요.

시각적 이미지로 꽃과 나비에 대한 부활의 이미지가 나타났다. 꽃과 나비가 자신이라면 어떠한 느낌이 드냐고 물으니 상처받았지만 다시 일어날 수 있을 것 같다는 희망적인 말을 하였다. 꽃과 나비가 죽음을 맞이할 때 안타깝지만 재가 되고 거름이 된 것이 끝이 아니라 또 다른 시작이 됨을 보여주고 있다. 다시 꽃으로 태어나고 자라서 하늘까지 이어져 높은 곳에 다다르는 이미지를 보면서 심리적인 죽음 뒤에는 다시 태어남이 있고 높은 곳으로 가는 영적인 길로 이어진다는 것을 알아가는 것 같아 감동적이었다.

> 손가락에 피가 났어요. 약을 발라도 피가 나요. 칼로 계속 찍혀 상처가 나요… 개미가 나타나 손으로 가져가 냇가에서 손을 씻어요. 물에 씻자 피가 멈추고 상처가 낫고 있어요. 개미가 다시 손을 주인에게 가져다주었어요.

P도 이 이미지를 신기하게 생각했다. 상처 난 손만 떼어내어 개미가 운반하고 가져다주는 부분이 여러 사람의 도움을 받아서 자신의 상처가 나아지고 있는 것과 연관된다고 하였다. 실제로도 요즘 마음이 많이 편해졌다고 한다.

포스트 세션post-session에서 성폭행 당한 것도 너무 억울하고 자신만 이렇게 힘든 일을 당하는 것 같으며 하소연할 수도 없어 힘들다고 하였다. 그리고 그것보다 큰 상처도 있다고 하며 그동안 기억상실증처럼 까맣게 잊고 있었던 것을 이번 주에 기억해

냈다고 하며 어렵게 말을 시작하였다. 학창 시절 왕따로 인해 겪은 여러 가지 사건들 때문에 아직 힘들다고 하였다. 당시에 학교를 그만두고 싶고 집에도 들어가기 싫어 가출을 한 적이 있었는데 가출팸에서 같이 살던 언니가 성매매를 강요하였고 어쩔 수 없이 끌려다니다가 도망치려고 했지만 실패하고 결국 성매매업소에 팔려 가게 되었다고 한다. 어느 날 경찰 단속이 이루어졌을 때 자신은 미성년자라서 그곳에서 풀려나와 집으로 돌아올 수 있었다고 하였다. 그때의 기억이 너무 고통스러웠고 충격이라고 하였다. 그때의 기억을 까맣게 잊고 있었는데 다 기억이 났다고 했다. P는 고통스러운 기억으로부터 자신을 보호하기 위해 잠시 기억을 분리하고 있었던 것으로 보였다. GIM세션과 주변사람들의 관계 회복과 상담으로 인해 자신의 내면이 감당할 만한 힘이 생기자 잃어버렸던 기억이 저절로 떠오르는 경험을 하게 된 것으로 보였다. 그 이야기를 하면서 힘들어하였지만 자신의 숨겨진 이야기가 비난받지 않고 받아들여지는 경험을 하면서 후련한 마음도 느끼는 듯 보였다. 부활하는 꽃과 나비를 본 이미지에 대해 이야기를 나누었고 회복의 상징이 가득한 자신의 내면은 다시 이 고통을 이겨낼 수 있을 것이라는 마음을 나누면서 세션을 마무리하였다.

9회기 | 오로라와 꽃

아홉 번째 GIM세션에서는 “복잡한 생각을 정리하고 싶다”라는 인텐션intention으로 Depth Bath 음악프로그램을 사용하였다.

지난주에 자신의 이야기를 하고 난 뒤 많이 힘들고 생각이 많아졌다고 했다. 악몽도 다시 꾸기 시작했다고 했다. 아빠가 어릴 때 매우 엄격하여 상처를 받았고 친구 관계도 어려워 집을 나가게 되었다고 했다. 남동생도 멀리 있어서 가족은 모일 수 없으며 가족 간의 상처가 있다고 했다.

> 꽃이 시들어가요… 뱀이 보여요… 머리가 밟혀서 피가 나고 죽었어요… 표지판이 보여요… 태풍이 불어와 표지판이 쓰러졌어요.

최근 심리적으로 힘든 상황에서 보인 이미지들이라 상처가 나고 쓰러지고 있는 모습이었다. 표지판이 쓰러져 방향을 상실한 마음도 표현하고 있었다.

> 열매를 자르다 손을 다쳤어요. 피가 나요… 손을 물로 씻어요… 손이 점점 나아지고 있어요.

가족 간의 어려운 상황에 스트레스를 받고 힘들어하는 모습이 손에 피가 나는 모습으로 보이는 듯했다. 그리고 죽음과 상처를 물로 씻어내고 정화하는 작업으로 다시 회복하는 이미지를 보여주고 있다.

> 오로라를 보고 있어요… 손을 뻗어서 잡았어요. 오로라를 주머니 속에 넣었어요.

포스트 세션post-session에서 P에게 오로라에 대해 질문하니 성령이 떠오른다고 하였다. 자신에게 성령이 있다는 것을 다시 상기하면서 성스러운 도움을 받고 있다고 하였다.

> 여자가 걷는 모습이 보여요. 발자국마다 꽃이 피어나고 있어요.

자신의 힘든 발걸음을 하나하나 내디딜 때 그곳에서 피어나는 꽃은 잘하고 있다고 앞으로 잘 나아가고 있다는 것을 보여주는 것 같다고 하였다. 힘들어도 한발 한발 나아가고 있는 중이라는 것을 알아가고 있었다.

10회기 | 아빠와 소통

열 번째 GIM세션에서 "아빠와 왜 말이 통하지 않을까?"라는 인텐션intention으로 Relationship 음악프로그램을 사용하였다.

> 돼지가 물을 마시려고 냇가로 나왔어요. 물을 마시다가 물고기에게 코를 물렸어요.

이 이미지와 연관된 것을 묻자 자신과 아버지와의 관계 같다고 하였다. 서로 필요로 하지만 가까이 가면 다치는 경우도 있다고 하였다. 아빠에게 가까이 가면 상처를 받을 때가 있다고 하였다.

> 뿌리 깊은 나무가 보여요…

포스트 세션post-session에서 나무가 자신의 모습이라면 어떤 면을 보여주는 것 같냐는 질문에 P는 자신이 뿌리 깊은 튼튼한 나무라면 넘어져도 다시 일어날 수 있는 힘이 있는 사람이라고 하였다.

> 새가 알을 품고 있어요. 알이 2개예요… 다람쥐가 큰 도토리로 만든 집에서 살고 있어요. 여러 마리가 함께 살고 있어요.

이 이미지에 떠오르는 상황이 있냐고 묻자 새가 알을 품듯이 자신은 꿈을 품을 것이라고 하였다. 다람쥐가 함께 사는 모습에서도 자신이 함께 어울려 잘 지낼 수 있는 사람이 될 것 같다고 하였다.

아빠를 생각하면 언젠가는 같이 살아야 하는 필요한 분인데 함께 사는 것이 걱정이 된다고 하였다. 불안해하는 P에게 다람쥐나 지금까지 보아온 회복의 이미지들을 나누었더니 앞으로는 아빠와의 관계가 너무 엉망이 되기보다 어쩌면 괜찮을 수도 있다는 마음이 들었다고 하였고 불안이 좀 낮아지는 듯 보였다. 앞으로 무엇을 하고 싶냐는 질문에 공부도 열심히 하고 싶고 외국에 나가는 기회도 갖고 싶다고 하였다.

11회기 | 나를 위한 여행

열한 번째 마지막 GIM세션으로 "나를 깨우기 위한 여행을 떠나보고 싶다"라는 인텐션intention을 위해 Nurturing 음악프로그램을 사용하였다. 처음에는 12회 세션을 계획하고 있었으나 아빠에게 전화를 하자 집으로 오라고 하여 예상보다 1주일 먼저 집에 가게 되어 11회기를 마지막 세션을 진행하게 되었다.

> 자동차를 보고 있어요. 자동차 바닥에서 물건을 찾고 있어요. 인형, 황금열쇠, 장갑을 찾고 있어요.

포스트 세션post-session에서 세 가지 물건에 대해 물으니 인형은 추억, 황금열쇠는 내가 쥐고 있는 것, 장갑은 손이 하는 일이라고 하였다. 인형은 아빠가 7살 때 사준 것이고 자신과 아빠의 추억이라고 하였다. 황금열쇠가 무엇을 풀 수 있는 열쇠 같냐는 질문에 P는 아빠와의 관계를 플 수 있는 열쇠라고 하였고 곰곰이 생각하다가 그 열쇠를 자신이 갖고 있었다고 하며 아빠와의 관계 회복에 대한 통찰을 얻는 듯 보였다. 장갑은 무엇을 연상하게 하는지 물으니 처음에는 대답하지 못하였으나 이야기를 나누면서 손으로 뭔가 할 일을 찾는 것 같다고 하였다.

> 배가 보여요. 파도가 높아지고 배가 불안해 보여요… 배는 잠수함이 되어서 바닷속으로 들어가요. 안전해요…

이 이미지에 대해 자신의 상황과 연관되어 생각나는 것을 물으니 자신이 불안할 때 안으로 들어가는 것이 오히려 안전해지는 것 같다고 하였다. 외부에서 찾기보다 내면에서 힘을 찾을 수 있다는 것을 알아가는 듯 보였다. 이미지들에서 본 아름다운 장면들과 힘을 주는 장면들을 기억하며 추진력 있게 사는 사람이 되고 싶다고 하였고 세션을 진행하면서 자신을 뒤돌아보게 되었고 안정감을 찾아가는 귀중한 시간이었다고 말하며 마무리를 하였다.

결론

성폭행과 출산으로 인해 쉼터에서 생활하면서 대인관계 문제와 불안과 불면증, 피부에 상처를 내는 증상, 악몽에 시달리고 있어 심리치료가 의뢰되었다. 11회기의 GIM 세션을 통해서 시각적 이미지로 내면을 탐색하고 자신의 긍정적인 면과 회복의 에너지를 만나게 되자 불안이 낮아지고 수면장애가 개선되었으며 피부를 긁는 것도 줄어들었다. 그 과정에서 완전히 잊고 있었던 고등학교 시절의 기억을 되찾았고 가족관계도 많이 회복하여 심리적 안정을 찾아갔다. 김소진(2011)은 '정신적 외상'과 같이 충격적인 사건을 당한 사람에게 우선적으로 제공해야 할 것은 정서적인 지지와 그 사건에 대해 함께 이야기를 나눌 수 있는 용기를 북돋는 것이라고 하였고 심상음악치료[GIM] 또한 외상후 스트레스 장애에 효과적인 방법으로 적용되어 오고 있다고 하였다. P의 사례에서도 외상후 스트레스 장애로 인한 불면증과 불안감 등이 GIM치료를 통해 점차 완화되어 가는 것을 볼 수 있었다.

세션 초반에는 자신 안에 있는 여왕, 나무, 하늘나라 등 온전하고 평화로운 내면의 세계를 알아가는 경험을 하였고 이후로 자라, 나뭇잎, 새 등의 시각적 이미지들을 만나면서 자신을 되돌아보는 시간도 가졌다. 분수, 해바라기 등의 긍정적 모습을 보여주는 이미지들을 경험하면서 앞으로 나아질 수 있다는 희망을 갖게 되고 점차 심리적인 안정을 찾아갔다.

세션 중기에는 좌절의 이미지들을 통해 학창시절 왕따 이슈가 등장했는데 이로 인해 중학교 때부터 학교를 제대로 다니지 못하고 가출이 반복된 기억들, 성폭행과 출산도 큰 충격이었지만 중고등학교 시절에 이어졌던 왕따와 폭행 등의 상처도 다루게 되었다. 이 기억들이 지금도 많이 힘들게 한다고 하여 앞으로 이 문제에 대해 더 다루어야 할 것임을 암시하기도 했다. 그러면서도 나비와 꽃 등 꾸준히 회복과 부활의 시각적 이미지들이 나와서 자신이 다시 일어설 수 있고 앞으로 회복할 수 있다는 의지를 갖게 해 주는 시간이 되었다.

특별히 8회기 세션에서 그동안 기억 속에서 사라졌던 가장 힘들었던 시절의 기억이 떠올랐다. 지우고 싶던 기억이라서 그런지 정말 까맣게 잊고 있었고 많이 울고 심리적으로 힘들어했다.

포스트 세션에서 이야기를 나누어 보면 언어적으로 그림으로도 잘 표현하는 편이었다. P는 이미지들을 자신의 현재 상황이나 심리적인 면과 연관하여 표현하는 것을 점차 이해하고 스스로 통찰하는 능력도 있었다. P의 이미지에서 나온 잠수함처럼 힘든 시기에 내면으로 여행을 떠나면서 그 안에서 힘과 지혜를 찾아 잘 회복해 나가는 모습을 보여주었다.

이 과정을 거치면서 점차 불안은 줄어들었고 악몽도 줄었다. 가족관계에서도 예전에는 갈등이 많아 교류가 적었는데 상담이 진행되면서 가족들과 자신의 감정을 나누고 잊었던 기억을 이야기하고 서로를 더 이해해 나가는 시간을 가지면서 부모님과의 관계가 점차 회복되어 갔다. 부모님은 P가 원한다면 당장 집에 와도 좋다고 하였고 P의 결정에 따라 예상보다 일주일 전에 퇴소하게 되어 세션을 마무리하게 되었다.

나는 11회기 동안 P에게 상담과 GIM치료를 하면서 치료사로서 P가 자신과 아이의 존재를 긍정하며 더욱 안정되고 편안한 삶을 유지하길 희망했다. 그러나 11회기의 세션은 변화를 충분하게 경험하기에는 길지 않았다. P의 앞으로의 삶의 여정에서 성인으로서 또 다른 시련을 만나게 될 수도 있다. 역경과 인생의 이야기가 오더라도 GIM세션에서의 회복의 경험을 떠올리며 P의 내면에 이겨낼 힘이 있음을 기억하길 바란다.

용어설명

기억상실증(amnesia): 의학용어, 머리 부분에 타박상과 같은 충격을 받거나 약물 중독 따위로 이전의 어느 기간 동안의 기억이 사라져 버리는 일, 또는 그런 병.

내면작업(inner work): 눈을 내면의 자기세계로 돌려 ‘나는 누구인가’에 대한 탐색을 하는 것으로, 꿈에 등장하는 상징과 이미지를 이해하거나 심리치료 혹은 적극적 명상 등을 통해 의식과 무의식 간의 관계를 활성화시키는 것.

전이(transference): 치료사와 내담자의 관계에 있어 내담자는 자신과 연관된 중요한 사람(주로 부모)에 대한 긍정적인 감정을 치료사에게 투사하면 긍정적 전이라 하고, 부정적 감정을 투사하면 부정적 전이라 일컬음.

참고문헌

김소진(2011). 정신적외상(trauma)에 대한 심상음악치료(GIM)의 적용사례. GIM한국심상음악치료협회 제8차 정기학술대회,

김소진(2017). 17세 소녀의 유년 시절 트라우마에 대한 GIM심상음악치료. GIM한국심상음악치료협회 제14차 정기학술대회, 46-65.

민은정(2019). 미술치료가 화재 트라우마 여성의 사건충격, 불안과 신체화 증상에 미치는 영향. 동국대학교 문화예술대학원.

이난복(2011). 심상유도음악치료(GIM) 과정에서 나타나는 내담자의 주관적 인식유형과 특성요인에 관한 연구. 숙명여자대학교 음악치료대학원.

이동준(2023). 성인기에 지각된 아동기 정서적 트라우마와 신체화 증상의 관계: 경험회피, 정서인식명확성, 정서표현어려움의 매개효과. 서강대학교 교육대학원.

Aigen, K (2005). 음악중심 음악치료. 이경숙, 류리 공역(2011). 서울: 학지사.

Bruscia, K. E. (1998). 음악 심리치료의 역동성. 최병철, 김영신 외 공역(2016). 서울: 학지사.

Bruscia, K. E. (2012). GIM심상음악치료 사례연구. 김경혜, 정은주 공역(2018). 서울: 하나의학사.

Denise Grocke, Tony Wigram. (2006). 음악치료 수용기법. 문소영, 이윤진 공역(2011). 서울: 학지사.

Susan Hadley. (2002). 정신역동 음악치료: 사례연구. 김성희 외 공역(2008). 서울: 학지사.

개인 GIM | 성인 | 번아웃

11

번아웃을 극복한 중년여성의 GIM사례

양윤정

개요

본 사례는 번아웃으로 직장에서 일을 지속할 수 없었던 40대 초반의 기혼여성 내담자의 정서적 치유와 변화에 대한 GIM심상음악치료 과정을 소개하고자 한다. 처음 음악치료를 찾아오게 된 계기는 직장생활에서의 번아웃을 이야기하였으나 GIM심상음악치료 과정을 지나며 내담자는 자신의 어려움은 내면에 깊이 있던 엄마와의 관계 문제에서 비롯되었으며 내면아이의 상처를 애써 외면하던 자신의 태도를 다시 조명하게 되었다. 심상경험은 자신의 내면의 문제를 탐색하게 하였고 진정으로 자신이 바라는 것을 찾을 수 있게 하였다.

이제까지 외면하던 자신의 문제를 객관적으로 바라보고 자신의 모습을 인정하기 시작하면서 항상 아이 같고 자신감 없는 부족한 모습이 아니라 진짜 자신이 원하는 모습을 찾게 되었다.

배경정보

2016년 3월부터 2016년 11월까지 9개월의 기간 동안 총 15회기의 GIM심상음악치료프로그램이 진행되었다.

GIM음악치료프로그램에서는 Helen Bonny Program과 Atlantis Institute에서 개발된 음악프로그램들이 사용되었다. 세션은 치료사의 개인 치료실에서 개별 세션의 형태로 진행되었으며 각 회기는 1시간 30분 동안 진행되었다.

처음 세션에서 만난 Y의 모습은 밝은 표정으로 키가 크고 날씬하며 스카프를 두르고 밝은 하늘색의 긴 스커트를 입은 모습으로 단정하고 우아한 모습이었다. 평소에 잘 웃으며 흥이 많다고 자신을 소개하였다.

자리에 앉자 자신의 가정에 대한 이야기를 담담하게 시작했다. 부모님과 언니와 오빠가 있는 가정의 삼 남매 중 막내로 자랐으며, 현재는 남편과 아들과 화목한 가정을 꾸리고 있는 40대 기혼여성이며 언어치료사의 직업을 가지고 있다.

Y는 언어치료사로서 10여 년 동안 활발하게 활동해 왔는데 약 2년 전부터 변화가 없는 대상자들을 만날 때마다 점차 무기력함을 느끼고 의욕이 상실되기 시작했는데, 최근 1년 전부터는 이러한 일이 빈번하게 일어나게 되었다. 내담자는 빈혈과 우울, 무기력증을 호소하였으며 스트레스가 극에 달한 최근에는 일을 잠시 쉬면서 (언어)치료사로서 자신의 부족함을 채우고 싶다는 생각이 들어 지인의 소개를 받아 GIM 세션을 찾아오게 되었다.

Y는 아버지의 반복된 재혼과 자신을 키워준 새어머니와의 관계에서 오는 정신적인 어려움에 대해 이야기하였고 심상을 통해 자신이 마음속에 느껴왔던 자신에 대한 부정적 감정과 자신 없음 등의 문제들을 해결하고 싶어 했다.

치료 방법

치료를 위해 사용된 방법은 Helen Bonny에 의해 창안된 심상음악치료guided imagery and music(유도된 심상과 음악: 이하 GIM)가 사용되었다.

GIM은 음악이 중심이 되는 심리치료 방법으로, 특별하게 프로그램화된 음악프로그램을 사용한다. 'GIM'은 의식이 확장된 상태에서 음악을 들으며 심상을 떠올리는 형식을 말한다(Kenneth E, Brucia, 2018).

내적 경험들의 역동적인 전개를 지지하고 자극하여 신체적, 정신적, 영적 통합을 제공하는 변형적transformative 치료 방법이다(김소진, 2020에서 재인용).

Y의 세션은 15회의 회기 동안 세 번의 변화과정을 거치게 되는데 초기의 1~6회 세션에서는 자신의 내면을 탐색하는 과정을 나타내었으며 중기 7~9회의 세션에서는 새엄마의 가시에 찔려 상처받은 내면아이의 심상과 마주한 후 상처받은 자신을 깊이 위로하게 된다. 내면에서 자신을 불편하게 했던 것이 무엇인지 알고 내면의 힘을 찾아 나서는 과정이다. 후기의 10~15회에서는 '이제는 나의 의지대로 해도 된다'라는 사실을 깨달으며 자신감을 얻고, 자기 내면의 긍정적인 자아상을 발견하고, 영적으로 성장을 하게 된다.

치료 과정

Y에게 세션을 진행하기 전에 GIM에 대한 이해와 전반적 진행 과정에 대해 설명하였다. GIM은 일상의 의식 상태가 아닌 꿈을 꾸는 것과 같은 전환된 의식 상태altered state of conscious에서의 깊은 내면의 심상경험을 하게 되는데 감정과 문제의 근원이 만나는 경험을 하게 되기도 한다. 깊은 내면세계의 탐색을 통해 자신을 이해하고, 자아를 찾고, 문제를 해결하도록 돕는다.

GIM세션의 진행 방법은 감상을 하기 전에 먼저 이슈에 대해 치료사와 이야기를 나누고 눕거나 기댄 상태에서 눈을 감고 음악을 감상하게 된다. 이때 눈을 감고 편안한 심호흡으로 시작하는데 이때 나눈 대화를 토대로 이완과 인덕션induction으로 인도하며 신체의 이완과 깊은 호흡을 통하여 더 깊은 자신의 내면으로 들어가게 된다.

이렇게 음악과 함께 내면세계를 여행하기 시작하는데 심상을 떠올리는 것을 돕도록 특별하게 프로그램화된 음악을 사용하게 되고 음악을 듣는 동안 내담자에 따라 시각적으로나 신체감각적으로나 직관적으로 각자의 방법으로 통찰을 얻게 된다.

치료사는 내담자의 곁에서 안내자 역할을 하는데, 심상의 과정 동안 지속적으로 대화를 하며 여정을 함께 한다. 심상경험을 마친 후 의식으로 돌아와 만다라를 그리고 치료사와의 대화와 토의의 과정을 통하여 내담자의 마음속에서는 내면 경험에 대한 자각이 일어나고 통찰을 얻게 된다. 이렇게 GIM에서는 심상경험을 하게 되는데 이때 여러 형태의 내면의 자아를 만나거나 카타르시스를 경험하거나 자신의 문제점을 스스로 찾고 해결해 가는 여정 등을 만날 수 있다.

GIM심상 경험 전에 이완과 호흡을 통하여 NOSnon ordinary state 상태로 들어가도록 돕는데 이는 앞에서 얘기한 변형된 의식 상태altered state of conscious라고 설명하였다.

NOS 상태는 생각이나 느낌, 감각, 직관이 상호연결되게 하며 감각의 생생함을 증가하게 한다. 보통 호흡이나 신체이완, 색채나 촉감, 빛 같은 다양한 인덕션을 사용한다.

인덕션은 내담자의 이슈나 신체적 상태에 따라 적용하는데 Y는 초반부에는 자신감이 없고 에너지가 없는 상태가 지속되어서 '호흡을 통한 신체이완'을 우선으로 하였고 중반부에는 '촉감, 색채를 통한 인덕션'을 사용하여 몰입할 수 있게 도왔으며 후반부에서는 영적인 경험을 하는 Y를 위해 '빛을 통한 인덕션'을 사용하였다. Y는 치료사에게 엄마같이 기대고 싶은 마음을 가지고 아이 같은 말투로, 의지하는 행동들에서 역전이가 일어나고 있음을 알 수 있었다.

Y의 GIM음악프로그램은 Helen Bonny Program과 Atlantis Institute에서 개발된 음악프로그램들을 세션에서의 개인적 이슈에 따라 적용하였다. 세션 장소는 치료사의 개인 치료실에서 개별 세션의 형태로 진행되었으며 각 회기는 1시간 30분 동안 진행되었다. 사전에 15회 세션에 참여하기로 약속하고 합의 후 시행하였는데 중간에 방학과 명절 기간의 3달의 휴식 기간을 제외하고 거의 주 1회씩 세션을 진행하였다. 각 세션은 GIM의 일반적으로 구조화된 세션 형식에 따라 프리 세션, 이완과 인덕션, 음악과 심상 가이딩, 만다라 그리기, 포스트 세션의 순으로 진행하였다. 세션을 마친 후에는 돌아가서 만다라를 그려서 보내도록 하였다.

Y는 일에 대한 무기력함과 자신감 부족, 자신에게 부족한 유능감 등으로 인해 일을 지속할 수 없는 어려움을 겪으며 일을 잠시 멈추고 자신에 대한 정리하는 시간을 갖고 싶어 하였다. Y는 첫 시간 심상경험에서 뜻밖에도 치료사에게 말하지 않았던 엄

마에 대한 심상을 만나게 된다. 첫 심상경험에서의 엄마의 심상을 통해 자신의 이야기를 시작하게 되었다.

Y의 정서적 변화과정을 살펴보기 위해 나타나는 주요 심상과 통찰을 중심으로 살펴보려 한다. 15회기의 세션이 진행되는 동안 심상의 변화는 클라이언트의 변화와 성장에 큰 역할을 하게 된다.

1. 변화과정

구분	정서적 변화 과정
초기(1~6회기)	엄마에 대한 초기 심상경험 후 자신의 내면을 탐색함
중기(7~9회기)	엄마에게 상처받은 나의 모습의 발견하고, 내면의 긍정적 힘을 찾기 시작함
후기(10~15회기)	자기 발견, 스스로의 인정, 자신감 회복, 영적 성장

2. 심상경험

1회기 심상경험: 내가 생각하는 '이상적인 엄마'

Intention	나 자신을 찾고 싶다. 그것을 통해 자신감을 얻고 싶다
Music program	Quiet Music
심상	빈 오두막집, 스카프, 이상적 엄마

GIM 첫 번째 세션에서 Y는 '일에 대한 무기력함'과 자신에 대해 '부족함'을 채우고 싶다. '나 자신에 대해 정리해 보고 싶다' 등에 대한 이슈를 이야기하고 '나 자신을 찾고 싶다'라는 주제를 정하였다.

Y는 도입 부분의 심상에서는 아무도 없는 빈 오두막집의 이미지를 떠올렸다. 빈 오두막집은 아무도 없어서 편안하면서도 외로운 자신의 상태를 말하였다. 자신을 떠

나거나 상처를 준 엄마, 언니, 오빠, 친구들에 대한 서운함을 떠올렸다. 4번째 곡 'Green sleeves' 음악에서는 플루트의 긴 첫 음을 따라 심상이 시각화되며 자신을 둘러싼 스카프로 변하였고 그것은 엄마의 이미지로 변하여 나타났다. "음악이 스카프처럼 감싸주며 길을 안내하는데 엄마가 생각났어…. 그런 엄마가 있었으면 좋겠는데…." 슬픈 목소리로 중얼거렸다.

심상에서 나타난 '엄마'는 현실에서의 엄마가 아닌 자신이 바라는 '이상적인 엄마'를 떠올린 것이며 그런 엄마가 있었으면 좋겠다고 하였다. Y의 아버지는 3번의 결혼하여 3명의 엄마를 거치게 되었는데 두 번째 엄마가 생활에서 실질적인 엄마의 역할을 하였다. 그러나 지금까지도 새엄마는 경제적 문제와 여러 가지 문제로 자신을 너무 힘들게 하고 있었다.

Y는 자신이 바라는 엄마에 대한 이상형을 떠올렸다. Y의 어머니들은 모두 어머니로서의 만족감을 주지 못했고 실망스러웠다. Y는 자신의 아들에게는 자신이 가져보지 못한 이상적인 어머니가 되고 싶었으나 마음속에서는 자신이 아직 어른이 되지 않은 것 같다고 이야기하였다. Y는 자신이 인간관계에서 언제나 자신이 '아이 같은 행동'을 한다고 표현하였다. 이야기를 하다 보니 처음 만난 인상이나 말투에서 느껴지는 느낌이 우아한 겉모습과는 달리 다소 유아적 말투로 치료사에게 의지하고 있다는 것을 느낄 수 있었다.

Y는 그림을 잘 그렸으며 자신의 심상경험을 그림으로 잘 표현하였다. 언어적 토

[그림 26]

의 시간이 길어지며 만다라는 집으로 돌아가서 그려서 보내도록 하였는데 늘 한 장보다 많은 그림을 그려서 보내었다. 한 번의 세션에서 여러 장의 만다라를 그릴 때도 있었다. Y의 여러 장의 만다라 덕분에 Y의 경험을 더욱 깊이 이해하고 공감할 수 있었다. 첫 세션에서 심상경험 후의 만다라는 핑크빛과 보랏빛이 도는 스카프 속에 한 여성을 그렸다. 실루엣으로 여성의 모습을 하고 있는데 자신이 바라는 '이상적인 어머니'의 심상을 나타내었다. 첫 세션의 심상을 통하여 엄마에 대한 이슈가 자신의 마음의 어려움의 원인이 되었으며 이 치료를 시작하게 된 계기라는 것을 알게 되었다.

첫 세션은 중요한 세션의 하나로, 여러 단계의 심상경험 중 첫 번째 경험에서 자연경관이나 풍경의 심상경험을 하기도 하지만 어려운 상황에 직면하고 있는 내담자들은 자신의 문제와 연결된 전조적 심상경험과 의미가 있는 분위기를 나타내는 경우를 보곤 한다(이난복 외 공저: 김소진, 2020). Y는 첫 세션에서 중요한 이슈인 엄마와 관련된 심상경험을 하는데 음악이 '스카프'의 심상을 이끌어냈고 그 '스카프'가 Y의 이상적인 엄마의 모습으로 이끌어지면서 앞으로 Y의 GIM여정에서 중요한 이슈로 등장하게 된다.

2회기 심상경험: 관객의 입장에서 보는 나의 모습

Intention	용서를 통해 마음의 평화를 얻고 싶다
Music program	Childhood Remembered 3곡
심상	무대 위의 의식, 전쟁 나가기 전 춤추는 사람들

두 번째 만남에서 자신의 '가정'에 대한 깊은 이야기를 꺼내었다. 이전 세션에서 언급된 '엄마'에 대한 이야기를 시작하였다. 이전에는 이야기를 꺼내는 것조차도 어려웠으나 이제는 용서하고 싶은 마음이 일어났다고 하였다. Y는 어릴 때부터 마음속에 걱정과 혼란스러움이 있었는데, 그것은 가족들 간에 신뢰가 없었기 때문이라고 생각했다. 자신은 엄마를 용서하고 마음의 평화를 얻고 싶은 마음이 있었지만, 자신과는 달리 엄마와 원만한 관계를 맺지 않은 친언니나 오빠에 대해 미안함을 느끼고 있었다. 왠지 자신만 마음의 평화를 얻는 것 같은 생각이 들어 엄마와 언니, 오빠의 사이에서

느껴지는 불편한 마음들로 인해 혼란스러워하였다. 치료사와의 대화에서 진정으로 자신이 원하는 것은 용서를 하고 마음의 평화를 얻는 것이라고 하였다.

두 번째 세션에서는 무대 위에서 전쟁을 나가기 전에 '의식'을 하고 있는 사람들이 춤을 추는 장면이 펼쳐진다. 이들은 표정이 없으며 경직된 모습이었다. 싸우러 가기 전 춤을 추는 모습을 보며 엄마와 언니, 오빠 그리고 Y 자신과의 관계가 떠올랐다. 춤을 추는 사람들은 무대 위에 있고 자신은 공연을 보듯 관객이 되어 바라보고 있었다. 무대의 공연을 보고 있는 모습의 심상은 자신의 일을 마치 남의 일인 듯 바라보는 '자신의 태도'라는 것을 알게 되었다. 상처받은 어린 시절의 자신이 그랬던 것처럼….

Y는 어린 시절 엄마와 언니, 오빠들 가족들이 자신의 진짜 마음을 알아주기를 간절히 바라고 있었으나 자신의 감정 표현을 마음껏 하지 못하면서 살아왔다. 심상은 그들 사이에서 버려지지 않기 위해, 자신답게 살지 못하고 그들이 바라는 모습으로 살아왔었던 자신의 모습을 깨닫게 하였다. 두 번째 세션을 통해 이제는 어린 시절에서 벗어나고 싶은 마음을 알게 되었으며, 자신이 무엇을 혼란스러워하는지 알게 되었다고 하였다.

여러 회기를 통하여 알 수 있었던 Y의 심상의 특징은 두 개의 상으로 자주 등장한다는 것이었다. 2회기 심상에서 보이는 장면도 가운데 불빛이 비치는 무대의 배경에서 오른쪽과 왼쪽이 거울처럼 나란히 대칭으로 나타난다. 표정이 없이 경직된 모습으로 춤을 춘다고 하였는데 만다라를 보면 이들은 로봇처럼 각진 팔다리의 동작과 화난

[그림 27]

표정으로 거울에서 마주 보고 있는 것처럼 움직이고 있다. 이런 사람들을 보고 있는 많은 관객이 있다. Y는 관객 속에서 자기 자신의 마음과 다르게 움직이는 경직된 자기의 모습을 마치 다른 사람의 일인 듯 바라보고 있었다.

3회기 심상경험: '진정한 나'를 찾고 싶다

Intention	나는 왜 내가 싫어하는 모습을 자꾸 반복하는가
Music program	Exploration
심상	독수리 같이 큰 새, 죽어서 엄숙한 사람들이 있는 곳

3회기의 심상에서 Y는 독수리같이 큰 새가 되어 날아가는데 오랜 시간 망망대해를 건너며 앉을 곳을 찾지 못해 점차 지쳐서 죽게 된다. 결국 죽어서 빛이 빛나고 하얀 옷을 입은 엄숙한 사람들이 있는 곳에 가는 영적 체험을 하게 된다. Y는 자신이 없고 자존감이 낮아서 남의 시선, 입장 등에 신경을 쓰며 살다 보니 정작 자기 자신은 휘청거리고 자기답게 살지 못하고 자신이 설 자리가 없어졌다고 이야기하였다. 이제는 다른 사람에게 휩쓸리지 않고 자신의 리듬에 맞춰 살고 싶다고 하였다. 이제까지 자신의 긍정적인 면보다 부정적인 면에 더 신경 쓰면서 살고 있다는 것을 알게 되었다. 이제는 자기 스스로의 진정한 모습으로 살고 싶다고 하였다.

4회기 심상경험: 반복적으로 확인하는 자아상

Intention	내 안의 어떤 것이 나의 자유분방한 표현을 불편해하는가
Music program	Reflection
심상	회전목마같이 돌고 있는 행성들, 우주공간

Y는 다른 사람들보다 튀는 아이디어와 자유분방한 성격을 가지고 있었다. 그러나 사회생활을 하며 만나는 사람들과의 관계 속에서는 자신을 잘 표현하지 못하고 뭔가 불편하게 생각하는 것이 여러 번 반복되어왔다. 이것을 주제로 심상경험을 하였다. Y는

원래의 자신은 감정을 풍부하게 표현하는 사람이라고 했다. 그리고 어린 시절 가정에서 엄마나 언니에게 받은 부정적인 피드백에 자주 상처를 받았던 것을 떠올렸다. 원래 내면에 가지고 있던 자유로운 감성적인 모습이 나오려고 하면, 언제나 엄마나 언니의 반응을 살피며 자신의 감정을 표출하고 싶은 자신의 본성을 누르며 살아왔다는 것을 알게 되었다. 결과적으로는 자신의 선택에 대해 늘 확신이 없었던 것을 알게 되었다. 이제는 객관적인 자세로 자신을 보아야겠다고 생각하게 되었다. 끝없는 우주의 공간에서 회전목마처럼 정해진 궤도를 도는 행성들을 볼 때 자유롭지도 않으면서 진지하게 자기 길을 돌고 있는 자신처럼 보인다고 하였다.

5회기 심상경험: 사람들과 관계 맺기 어려운 나

Intention	나는 왜 나의 부정적인 경험에 더 영향을 많이 받는가
Music program	Depth Bach
심상	우주의 공간, 무표정하고 지루한 모습의 사람들. 답답함

Y는 심심하고 지루하고 답답함, 막막한 감정을 깊이 느끼며 NOS 상태로 들어갔다.

무표정한 사람들, 큰 산, 큰 배에서의 지루함이 클라이언트가 일상생활에서 느끼는 무기력하고 답답한 현실을 반영하는 듯하다. Y가 느끼는 심심하고 지루하고 답답함, 막막한 감정은 부정적 경험이 내재된 감정이었다. 사람들과의 관계나 직업 생활 속에서 자신의 낮은 자존감, 낮은 존재감이 계속해서 어려움으로 다가왔다.

6회기 심상경험: 우울한 내면 상태

Intention	의욕적이고 싶은데 내 속에서 못하게 막는 것이 무엇인가
Music program	Sorrow
심상	흔들리는 촛불과 감정, 썰렁하고 생기없는 집, 의식없는 나

허전하고 썰렁하며 쓸쓸한 Y의 심리상태. 의식이 멈춰서 잠들어 있는 자신의 심상은

[그림 28]

감정이 메말라 있고 우울한 모습으로 클라이언트 내면을 나타내었다.

2회기부터 6회기에 이르기까지 계속해서 다양한 모습으로 자신의 내면을 탐색하였다. 어린 시절 자신이 원하는 대로 살지 못하고, 엄마와 언니 사이에서 다른 사람이 원하는 모습으로 살아왔던 모습, 낮은 자존감, 허전하고 지루함, 쓸쓸함과 답답함이 지루하게 이어졌다.

6회기의 심상은 떠다니면서, 소용돌이 속에서 정지된 나를 바라보는 자신의 모습을 경험하였다. 2회기 때처럼 하나의 자아가 다른 자아를 바라보고 있는 모습이다. 만다라는 Carol A. Bush의 ‘Circles of the Self’ 만다라 stage 3의 3A와 3B에서 나오는 소용돌이 같은 상태에 있었다(Carol, 2009). Y는 GIM의 여정에서 점차 변화의 단계에 들어갈 준비가 되어 가고 있었다.

7회기 심상경험: 새엄마에게 받은 상처: 엄마의 가시에 찔려 상처 난 나

Intention	엄마와의 관계에서 있는 그대로 받아들이기 힘들다. 이렇게 살고 싶지 않다. 평화롭고 싶다
Music program	Loss
심상	가시 돋은 새엄마, 가시에 찔린 나

부정적 모성 콤플렉스는 엄마가 아이의 요구를 들어주지 않았을 때 아이가 엄마로부터 거절당했다는 느낌을 갖게 되면서 형성된다(오진령, 2013, p. 57). 이때 아이는 엄마가 자신을 버린 것에 대한 절망감과 상실감을 가지게 되며 자신을 버린 엄마에 대한 증오 감정을 갖게 된다. 여성들은 부정적인 엄마의 체험을 통해 낮은 자존감을 가지게 된다. 이러한 딸은 자신의 운명이나 본능을 어머니에 대한 저항에만 집중하여 자신의 삶을 지키고 가꾸는 것이 서투르며 신체적인 저항으로는 생리불순이나 임신에 대한 어려움 등으로 나타나게 된다(오진령, 2013, p. 58).

융의 원형이론은 무의식의 의식화를 목표로 한다. 이런 콤플렉스의 정체가 드러나는 과정이 의식화인데 이는 복잡한 감정이 분화되어 그 모습을 드러내게 되며 혼돈 상태의 감정이 자신의 모습을 드러낼 때 부정적이고 파괴적인 힘은 사라지고 다른 인격과 조화를 이루게 된다. GIM은 이러한 경험을 심상으로 마주하게 한다.

7회기 세션에서 Y는 현실에서 엄마와 부딪히고 마음의 상처를 받은 상태에서 세션에 참여하였다. 서로 부딪히고 싶지 않은 마음도 있지만 다른 한편으로는 자신을 챙겨주려는 마음인 것을 알기에 밀려오는 불쌍함 등의 양가감정 사이에서 갈등하며 심리적 갈등이 폭발하기 직전의 상태에서 세션에 왔다. Loss program은 Y를 엄마의 화내고 몰아붙이는 모습과 어렸을 때 상처받은 모습의 심상으로 이끌었다. 마음속에는 분노와 슬픔, 자신에게 버거운 복잡한 감정이 있었다. 그 분노의 감정을 그대로 떠올리게 하였다. 인덕션에서 감정을 색으로 떠올려보라고 하니 '보라색과 갈색'이라고 하였다. 보라색shade red purple은 초기의 상처받았던 경험을 의미하며(Carol, 2009) 어머니와의 유대에서 양가감정에 갇힌 에너지일 수 있다. 갈색brown은 낮은 자존감을 의미하기도 한다(Carol, 2009).

Y의 심상은 엄마가 가시가 뾰족뾰족하게 난 구球 안에서 무언가 소중한 것을 안고 있다. 다가가려면 자신에게는 보여주지 않으려고 하며 화를 내는 엄마가 불쌍하기도 하고 안쓰러운 마음인데 자신은 엄마를 둘러싼 가시에 찔려 온몸에서 피가 맺히고 흐르는 장면을 생생하게 체험하게 되었다.

> 엄마에게 가까이 가고 싶은데 온몸에 가시가 있어요. 안쓰럽고 불쌍해보여…. 가시가 있어서 갈 수 없어요. 만지면 피가 날것 같아요…. 온몸에서 피가 나서 울어도 엄

> 마는 "그러게 왜 그렇게 했냐"라고 하며 "필요없어"라고 해요…. 나도 다가가고 싶지 않아요…. 아, 내 몸에 가시에 찔린 구멍들에서 피가 나요…. 너무 아파. 더 이상 찔리고 싶지 않아…. 내가 너무 불쌍해요. 내가 왜 이렇게 살아야 하는지 모르겠어요….
>
> 엄마는 변할 것 같지 않아요. 그렇게 있는 게 불쌍하고 안쓰러운데 자신은 모르는 것 같아요….

[그림 29]

심상 속에서 그대로 가시에 찔려 한참 동안 피를 흘리고 있던 Y는 자기 스스로가 너무 불쌍하고 자신도 더 이상은 찔리고 싶지 않다는 생각이 들었다. 가시에 찔려 온몸에 구멍이 나서 상처를 입었는데도 엄마는 표정의 변화가 없었다. 한참의 시간이 지나고 상처의 모든 구멍에서 피가 모두 다 나오고 나서야 맑은 물이 나와 씻겨져서 시원해진다. 몸에는 아직 빈 구멍의 자국이 남아있었는데 상처에서 맑은 물이 나와서 깨끗해지는 경험을 하며 비로소 상처에서 회복되는 느낌과 카타르시스를 경험하게 되었다.

우리는 Y의 만다라를 통하여 생생하게 그 감정을 전달받을 수 있다.

Y는 GIM세션의 심상을 통하여 엄마와의 관계에서 받은 상처를 은유적으로 재경험하였고 그것이 자신 속의 내면아이에게 얼마나 큰 상처를 주었는지 이제야 깨닫게

되었다. 심상을 경험하며 많이 울었으며 감정적으로 해소됨을 경험하였다. 자신 속에 있는 내면아이가 이제까지 엄마에게 상처를 정말 많이 받았고 이제는 상처받고 싶지 않다는 내면아이의 마음을 알게 되어 스스로 위로하고 다독이게 되었다. Y는 7회 세션 경험을 통해 자신의 상처를 객관적인 입장에서 바라볼 수 있게 되었다. 이제까지 수동적이며 순종적으로 엄마의 눈치를 보던 자신의 모습을 돌아보게 되었다. Y는 늘 강한 모습의 엄마에게 자신의 감정을 숨기고 사랑받기 위해 엄마가 원하는 순종적인 행동을 해왔다. 그것은 지금까지 엄마와의 불편한 관계의 갈등 속에서 살게 하였다. 이제야 Y는 자신의 내면 속에서 느끼고 힘들어하고 불편하게 하는 것이 무엇인지 확인하게 되었다. 상처받은 자신 안의 내면아이를 발견하고 스스로 슬프고 불쌍한 자신의 모습을 깊이 위로하였다.

8회기 심상경험: 자신 안의 내면의 힘의 발견

Intention	직업(언어치료)에 대한 나의 열정을 무엇으로 촉발시킬 수 있는가
Music program	Transition
심상	아들, 동굴 터널, 나를 둘러싼 빽빽한 숲, 동굴 앞의 예수님

언어치료사로서 누구보다 열정이 많은 Y이었지만 현재는 번아웃 상태로 자신감을 가지지 못하여 모든 일을 내려놓고 쉬는 상태에 있었다. Y는 다시 자신감을 가지고 언어치료사로서 자신의 열정을 쏟을 수 있는 원동력을 찾고 싶었다. 8회 세션 경험을 통하여 자기 스스로의 힘의 원동력을 확인하고 자기 안에 힘과 의지가 있다는 것을 알게 되었다. Y는 이제는 당당하게 헤쳐나가 자기 자신을 찾아야 한다는 것을 깨닫게 되었으며 자신의 힘을 발견하고 재충전하게 되었다.

Y의 만다라는 틈 없이 빽빽하게 둘러싼 숲 가운데 잔디밭에 서꾸로 누워 쉬고 있는 모습을 나타내었다.

9회기 심상경험: 숨겨져 있는 자신의 긍정적인 자아 탐색

Intention	내가 모르는 나의 모습을 알고 싶다
Music program	Abandonment to bonding
심상	하나가 된 폭포, 절벽에서 뛰어내리기, 키 큰 나무숲, 깊은 물

두 개의 폭포가 모아져 하나의 폭포가 된 것을 바라보며 절벽에서 용감하게 뛰어내리는 심상을 경험한다. 나눠어 있던 두 개의 상이 합쳐지며 하나의 폭포가 되는 것을 보며 마음에서 힘을 얻었다. 절벽 앞에서 보는 폭포는 장엄하고 멋졌으나 뛰어내리는 것이 두렵지 않았다.

Y는 압도하는 무서움을 극복하고 절벽에서 뛰어내린다. 대학 시절 용감하게 결정내리고 도전하던 기억을 떠올렸고 Y는 자신의 결정에 자랑스러워하며 자신에 대해 긍정적 마음을 갖게 되었다. 어린 시절 엄마와의 관계에서 수동적 태도 때문에 상처를 많이 받았고 스스로 자책하며 자신감을 상실하고 자존감이 낮아지게 되던 것을 '학습된 무기력'이라고 표현하였다. Y는 이제는 휩쓸리지 않고 자책하지 않고 당당하게 살겠다고 하며 자신의 내면아이를 돌봐주고 싶다고 하였다.

10회기 심상경험: '나의 의지대로 해도 되는구나'

Intention	나의 좀 더 깊은 내면의 모습을 보고 싶다
Music program	Paradox
심상	동굴, 활기찬 사람들, 나의 의지로 날기, 괜찮아

Paradox program의 첫 음악의 시작과 함께 창에 성에 낀 것 같은 모양의 가시 돋친 얼음꽃이 연상되며 가스 구름이 빙빙 도는 것으로 시작되면서 심상으로 빠져들었다.

이 만다라는 6회기의 만다라와 매우 비슷하고 Y에게 자주 나오는 심성이다. Y는 빙빙 도는 가운데의 자아와 밖에서 보는 자아 두 개의 상으로 나타난다. Carol의 'Circle of the Self'에서 만다라 Stage 3의 이미지를 반복하여 경험하는 듯하다.

Y의 일에 대한 번아웃은 2년을 조금 넘는 긴 기간 동안 지속되어 왔다. 아무리 애를 써도 변화 없는 내담자들이 자신의 무능력함 때문으로 느껴지고 점점 더 스스로 더 위축되어 더 이상 일을 할 수 없는 상태가 되어 쉬는 시간을 가져야겠다는 생각을 하게 되었다.

GIM세션을 통해 이제는 자신이 당당하게 걸어가고 싶다고 이야기하였다. 심상에서 하얗고 폭신한 것이 점점 커지는 것이 '치유로봇'같다고 하였다. '엄마'하고 부르며 안기고 싶었는데 금방 사라지고 주변으로 퍼져버렸다. 심상경험 후 토의 시간에 Y는 '이미지 속에서의 나'와 '보고 있는 나'가 합쳐졌으면 좋겠다고 말하였다. 자신이 하던 수동적 태도를 인정하고 나니 자신이 이제까지 회피하거나 혹은 귀찮다는 핑계로 '그냥 하던 대로 하는 태도'로 삶을 살아왔다는 것을 알게 되었다.

음악 감상을 하는데 음악이 Y에게 "하고 싶은 대로 해, 괜찮아"라고 하는 것 같다고 이야기하였다. 언제나 선택을 잘하지 못하는 이유에 대해 '선택에 대한 책임'을 지고 싶지 않아서라고 하였는데 이것은 자신의 수동적 태도가 원인이 되었음을 인정하게 되었다. 10회 세션에서는 늘 두 개로 분리되어 나타나던 이미지가 하나로 합쳐지며 이제는 자신의 의지로 날아다니게 되었다. 점차 내가 주도적으로 선택하고 나의 의지대로 할 수 있겠다는 생각으로 바뀌기 시작하였다. Y는 '내 의지대로 할 수 있구나', '나의 의지대로 해도 되는구나' 하는 자신감과 격려를 얻게 되었다. 언어치료사로서 대상자들의 변화하지 않는 모습을 보며 자신의 무능력함을 자책하던 Y는 이제는 누군가 다른 사람들이 원하는 대로 끌려가는 삶이 아니라 자신의 의지대로 삶을 살아갈 수 있음을 알게 되었다. 대상자들에게 자신이 영향을 받고 힘들어하고 있었는데 이제는 자신의 의지대로 할 수 있다는 자신감을 얻게 되었다.

11회기 심상경험: 나만의 색깔대로 살고 싶다

Intention	내적 동기를 찾고 싶다
Music program	Inner Odyssey
심상	맨발에서 신발을 신고, 자동차 운전을 하다

Y는 자신이 늘 수동적으로 움직였다고 하며 주로 자신의 아들을 의해 동기를 얻고 움직였다고 표현하였다. 10회의 GIM세션을 진행하며 이제는 서서히 내면에서 자신 속에 있는 내적 동기를 찾고 싶은 마음이 들었다. 10회기 심상에서는 발 담그고 싶지 않은 곳을 맨발로 가다 신발을 신는 경험을 하게 되었고, 용기를 내어 스스로 자동차를 운전하여 모르는 마을로 가는 경험을 하였다. 심상경험을 하며 이제는 자신이 힘을 가지게 되었다는 것을 알아차리게 되었다. 나만의 색을 찾고 내가 환경을 통제하고 싶다. 그것이 바로 자신이 찾는 '내적 동기'라는 것을 알게 되었다. 자신의 의지로 삶을 이끌어가는 것을 의미한다.

12회기 심상경험: 전문가(고수)가 되고 싶었던 나

Intention	내 안에 있는 나의 어두운 모습을 더 알고 싶다
Music program	Abandonment to bonding
심상	얼음산, 쇄빙선 운전, 조명받는 나

자신의 그림자를 찾고 싶은 Y에게 'Abandonment to bonding' 프로그램을 실시하였다. 오래된 중세시대에 얼음산을 지나가던 Y는 바다의 얼음들을 부수는 쇄빙선을 운전한다. 이 심상은 감정적으로 냉랭하며 자신을 잘 믿지 못하는 마음을 깨고자 하

[그림 30]

는 의지로 연결되었다. Y는 자신이 '진짜 고수(전문가)가 되고 싶다'라는 것을 알게 되었다. Y는 숙련된 언어치료 전문가가 되고 싶었다. 직장에서의 번아웃은 자신이 숙련된 전문가가 되지 못한 것에서 오는 좌절감, 위축감에서 시작되었다. 가족 내에서 특히 엄마와의 관계에서 '있는 그대로의 자신'을 인정받지 못하여 '무엇이라도 해야 했다'라고 Y는 표현하였다. 이전의 자신은 정말 최선을 다해서 치료작업을 하였는데도 불구하고 변화가 잘 이루어지지 않고 좀처럼 좋아지지 않는 내담자들을 보며 좌절감을 느꼈고 반복되며 번아웃으로 이어졌었다. 사실은 자신은 자신의 일을 잘하는 전문가가 되어 사람들에게 조명 받고 박수받고 싶어 한다는 것을 깨닫게 되었다.

13회기 심상경험: 모호함과 심리적 불편감

Intention	심리적 불편함을 견딜 수 있는 힘이 부족하게 하는 게 무엇인지 알고 싶다
Music program	Emotional Expression
심상	텅 빈 바다, 가짜 같은 백조, 산만하고 모호한 느낌, 이방인

Y는 물과 동굴, 바다, 우주로 심상이 이어지지만 산만하고 모호한 느낌이다. 무엇인지 잘 모르겠으나 심상경험은 계속 펼쳐진다.

짙은 색의 거대하고 쉽게 움직이지 않는 바다 위를 계속 날아가는데 백조가 보였다.

백조는 GIM심상에서 다양한 의미를 가진 것으로 해석한다. 그런데 심상에서 백조는 이상하게 가짜같이 보인다. 두 마리가 하트모양을 하고 있지만 흰 파도 거품같이 파도에 사라진다. 이후 2마리만 남았는데 가짜같이 보인다고 하였다. 물속에서 헤엄을 치는데 바닷속에는 아무것도 없다. 사람들이 나를 지나친다. 나는 이방인이다.

Y는 세션이 끝난 후의 토의에서 자신은 명확해야 하고 납득이 되어야 움직이는 사람인데 모호한 상황이 견디기 어려웠다고 하였다. Y는 자신이 심리적 불편감을 견디지 못하였는데 자신을 불편하게 느끼게 하는 것이 '모호함'이라는 걸 알게 되었다고 하였다.

14회기 심상경험: 아직은 힘들지만 아름다운 나의 모습

Intention	내 안에 있는 긍정적인 힘을 확인하고 싶다
Music program	Positive Affect
심상	바위섬을 떠받치고 있는 아저씨, 고뇌하는 전문가

Y는 바위섬 아래에 화산섬이 있는 심상을 경험하였고 바다에서 구球가 생겨 바닷속의 더러운 것을 빨아들이고 있었다. 물의 더러운 것을 다 빨아들여 맑은 물이 되었고 그 아래에는 바위섬을 힘겹게 떠받치고 있는 '아저씨'가 있었다. 이 남자는 고생을 많이 하여 힘들게 살았으며 인상을 쓰고 있었다.

어려움 속에서 힘겹게 살고있는 자신의 모습을 여러 가지의 모습으로 발견하였다. 그 구球는 힘들지만 아름다워 보이는, 내가 바라는 나의 모습이다. 다시 책상에 앉아 글을 쓰며 인생을 고뇌하는 전문가, 즉 작가 또한 자신의 모습이었다. Y는 자신에 대한 확신이 아직 없기 때문에 자신 속에 있는 긍정적인 힘을 끊임없이 확인하고자 하였다. 하늘에서의 밝은 빛, 모든 책임이 끝나는 저녁 6시, 구球를 통해 긍정적인 힘을 얻고 경험한다. 아직 자신은 전문치료사가 되기에는 좀 더 많은 준비가 필요하다고 생각한다. 이 세션을 통해 Y는 의식이 점차 변화되어 가는 과정을 나타내고 있었다. Y는

[그림 31]

지금 자신의 상태를 객관적으로 보기 시작했다. 자신이 바라는 전문가는 되지 않았지만 자신의 모습이 아름답게 보이는 것을 인정하였으며 받아들이기 시작하였다.

15회기 심상경험: 자신에 대한 인정과 영적 성장

Intention	영적 성장을 포함한 내 미래의 성장을 기대한다
Music program	Peak Experience
심상	기둥이 있는 성당 같은 종교적 장소, 탑, 예수님, 초가을

어려서부터 신앙을 가지고 있던 Y는 자신의 영적 성장과 함께 자신의 성장한 모습을 기대하는 심상경험을 경험하게 되었다. 심상을 통하여 하나님이 자신을 사랑하시는 것을 깊이 깨달았으며 이제는 직장에서 언어치료사로서 자신감을 가지고 일을 할 수 있으며 능동적으로 자유롭고 편안하게 살아야겠다며 자신의 결심을 이야기하였다. (직업적) 일을 하는 데 두려움이 없어졌다고 하며 자신이 아직은 자신이 바라는 고수(전문가)는 되지 못한 현실을 받아들이고 자신에 대해 너그러운 마음도 생겼다고 하였다. 앞으로는 편안하고 자유로운 자신의 모습으로 살기 바랐다. 내 안에 나를 가두지 않고 실수할까 두려워하지 않겠다고 말하였다. 지난 시간 이후 자신의 직업(언어치료)에 대한 두려움이 없어졌다고 하였다.

결론

Y는 무기력함과 번아웃의 상태에서 GIM세션을 통해 자기 자신에 대해 알고 진정한 자신을 찾고 싶어 하였다.

사람들과의 관계에서 자신 없음, 마음의 평화를 얻지 못함, 다른 사람에게 휩쓸리는 삶, 부정적 경험에 자주 영향받는 삶 등의 인텐션은 엄마와의 심리적 갈등에서 비롯됨을 알게 되었다. GIM세션에서의 심상경험을 통하여 자신을 오랫동안 괴롭혀온 엄마와의 관계에서 상처받은 자신의 내면아이를 만나게 되고 이제는 그 내면아이를 돌봐야겠다는 생각이 들었다.

엄마의 가시에 찔려 온몸에서 피가 나고 상처를 받은 아이는 자신의 상처는 보지 못한 채 언제나 엄마의 반응을 살피며 엄마가 원하는 선택을 해왔고, 자신을 탓하고 본성을 누르며 살아왔다는 것을 알게 되었다.

가족 내에서, 특히 엄마와의 관계에서 '있는 그대로의 자신'을 인정받지 못하여 '무엇이라도' 해야 했다고 이야기하던 Y는 직장에서 정말 최선을 다해서 치료작업을 하였는데도 불구하고 변화가 되지 않고 잘 나아지지 않는 내담자들을 보며 좌절감을 느끼며 자신감 없음과 위축됨이 반복되자 자기 자신을 원망하고 번아웃으로 이어지게 된 것이다. 내담자는 GIM여정을 통해 자신의 부정적인 내면의 실체를 만나고 자신이 진심으로 추구하는 것이 무엇인지 깨닫게 되었다. 자신과 엄마와의 관계, 자신과 아들과의 관계에서 오는 감정들을 자신의 내면에서 인식하고 수용하였으며 관계를 재정립하고 자신감을 회복하여 직업상에서의 번아웃 문제를 해결하고 다시 일을 시작하게 되었다.

스스로 생각하기에 자신은 자존감이 낮고 어린아이처럼 행동한다고 생각하였지만 본래 자신의 내면에는 Energy와 열정이 가득 차 있었다.

Y는 GIM세션에 기대를 가지고 열정적으로 세션에 참여하였다. 이러한 태도는 치료의 효과를 높이는 계기가 되었으며 또한 15회의 길지 않은 회기에도 많은 변화를 나타낼 수 있었다. 세션이 끝나고 만 7년이 지난 지금 시점까지 Y는 그때 GIM경험에서의 심상을 떠올리며 힘을 얻고 있으며 또한 번아웃을 극복하고 언어치료사로서 활발하게 활동하고 있으며 계속해서 성장하고자 노력하고 있었다.

오랜 시간이 지나 연락이 닿은 Y는 GIM세션을 통해 깊은 통찰을 얻었고 그를 통해 지금의 자신이 있음을 이야기하며 세션 이후에는 심상들이 가슴 깊은 울림이 되어 자신의 삶 속에서 때때로 떠올랐음을 이야기하였다. 또한 그 심상경험들은 마음 깊이 자리 잡고 생활에서 자신을 변화시키는 원동력이 되었으며 지금도 자신에게 지속적으로 통찰을 얻게 한다고 이야기하였다. 물론 Y가 치료사였기 때문에 심상경험을 깊이 적용하고 변화되기도 하였으나 40대 초반에서 50대로 향하여 가는 중년의 나이에 이르러 이러한 경험이 앞으로의 삶에까지 지속적으로 영향을 미치고 성숙해 나가고 있음을 알게 하였다.

용어 설명

번아웃증후군: 1970년대 미국의 정신분석의사 헤르베르트 프로이데베르거(Herbert Freudenberger)가 처음 사용한 용어이다. '탈진(소진) 증후군'으로 불리기도 한다(위키백과, 번아웃증후군). 세계보건기구(World Health Organization, WHO)에 의하면, 번아웃 증후군은 만성적 업무 스트레스에서 유래한 것으로, 에너지 고갈 혹은 소진의 느낌, 일에 대한 심리적 거리가 생기거나 일에 대한 부정적 생각(Negativism) 혹은 냉소(Cynicism), 직무 효능 감소 등을 특성으로 하는 증상이 동반된다. 번아웃은 건강에 영향을 끼치고 있지만 세계보건기구에서 번아웃 자체를 의학 증상이나 정신질환으로 분류하지는 않는다. 세계보건기구에서는 번아웃은 특히 직업에 관련하여 발생하는 것으로, 일상의 다른 영역에서의 경험을 설명하는 데에는 적용할 수 없다고 하였다(위키백과, 번아웃증후군).

번아웃의 증상은 어떤 일에 과도하게 몰두하다가 신체적, 정신적 스트레스가 누적되어 무기력증이나 불안감, 우울감, 분노, 의욕상실 등의 증상이 생기는 것을 뜻하며(박종석, 2020), 과도한 업무로 인한 심신의 에너지 고갈, 무관심 또는 냉소적, 업무 성과 저하의 증상들을 나타낸다. 직무의 과도한 요구는 물론 두통, 불면증, 화를 잘 냄, 폐쇄적 사고와 같은 신체증상에서 유래한 소진을 포함한 증상들로 정의하였다. 번아웃 증후군에 걸린 작업자들은 우울증에 걸린 것처럼 보이고 행동하고 실제 그러한 것처럼 느껴진다고 한다.

내면아이(inner Child): 한 개인의 정신 속에서 하나의 독립된 인격체처럼 존재하는 아이의 모습을 말한다. 어린 시절의 주관적인 경험을 설명하는 용어로서 한 개인의 인생에서 어린 시절부터 지속적인 영향을 주는 존재다. 뇌 속에 저장된 어린 시기의 기억은 개인의 정서에 관련된 기억을 설명해주는 중요한 경험적 자원이다. 내면아이의 발달은 부모의 양육 태도와 관련이 있다(김춘경 외, 1916).

참고문헌

김춘경, 이수연, 이윤주, 정종진, 최웅용(2016). 상담학 사전. 서울: 학지사.

박종석(2020). 우린, 조금 지쳤다(번아웃 심리학). 서울: 포르체.

오진령(2013). 콩쥐팥쥐와 모성콤플렉스. 파주: 한국학술정보.

이난복, 김소진 외(2020). 21인의 음악치료사가 들려주는 임상이야기. 서울: 학지사.

Birkhäuser-Oeri, S. (1977). 민담의 모성상. 이유경 역(2012). 서울: 분석심리학연구소.

Bruscia, K. E. (2012). GIM심상음악치료 사례연구. 김경혜, 정은주 공역(2018). 서울: 하나의학사.

Carol A. Bush. (2009). Circles of the Self: Training material.
John Bradshaw. (2013). 상처받은 내면아이 치유. 오제은 역(2006). 서울: 학지사.

개인 GIM | 성인 | 관계 회복

12

관계의 회복과 영적 경험에 대한 GIM사례 : 자유롭게 함께 걷는 길

이도연

개요

이 사례는 주변 사람들과의 관계에 어려움이 있는 마리아를 위한 GIM심상음악치료guided imagery and music(이하 GIM)로, 2014년 4월 11일부터 2015년 5월 15일까지 총 9회 세션에 대한 것이다. 특히, 가족과의 관계 때문에 힘들어하는 그녀는 GIM음악프로그램과 함께 그녀 자신의 감정과 내면을 탐색하면서 의식과 무의식의 심리적 배열들을 정리하였고, 그럼으로써 그녀와 그녀 주변의 관계를 새로운 시각으로 재인식하여 회복할 수 있었다. 갈등의 실체를 아는 것으로 새로운 탄생을 위한 여정에 서게 되는 것이다(Joson, 2006). 주님을 만나고 내적인 가치를 발견하는 영적인 경험은 어려움을 이겨내는 힘을 얻고 반복되는 갈등 상황을 푸는 열쇠가 되었으며, 이를 통해 더 이상 상대방을 원망하고 자신을 책망하지 않을 수 있었다. 마리아는 관계를 회복하고자 노력하면서 자신의 진실한 모습을 발견하게 되었고, 독립적이고 책임감 있는 모습으로 자유로운 관계의 첫걸음을 내디딜 수 있었다.

도입

1. 관계의 중요성

인간은 관계 안에서 태어나고 자라나고 성장하는 관계적 존재이며, 그런 관계 안에서 정서적인 유대가 맺어지게 되고 인간의 기본적인 욕구인 생존, 사랑과 소속, 인정, 자유와 즐거움의 욕구를 충족시킬 수 있다. 생산적이고 긍정적인 인간관계는 서로의 성장과 발전에 도움이 되며, 자기 존중감을 높여준다. 또한 위로와 즐거움을 주고, 소외를 극복해 주고, 삶의 질을 풍성하게 하며, 상대가 문제를 경험할 때 그 문제를 해결할 수 있도록 힘이 되어 주고, 궁극적으로 개인이 행복하게 살고 자기를 실현할 수 있도록 도와준다(최승희, 2004). 반면에 관계에 문제가 있을 때에는 서로에게 좋지 못한 영향을 주게 되고, 내적인 갈등과 심리적인 어려움이 유발하여 소외와 관계의 단절을 가져올 수 있다. 특히 가족과의 친밀하면서도 지나치게 의존적인 관계 안에서는 더 많은 복잡한 감정들이 얽히게 되고 역기능적인 상황에 놓이게 될 수 있다. 관계 문제는 주로 타인과의 상호 작용에 문제가 있는 경우를 의미하고, 개인이 타인에 대해 어떻게 지각하고 어떻게 생각하고 어떻게 느끼고 있으며, 타인에 대해 어떻게 행동하며 타인의 행동에 어떻게 반응하는 가와 관련된 모든 것을 의미한다고 할 수 있다(황은영, 2014). 그러므로 관계는 개인의 심리 정서적인 상태와 타인을 바라보는 관점, 나아가서 삶의 궁극적인 목적과 가치관에 따르는 태도에 의해서 다양하게 나타나고 변화할 수 있다. 결국 각자가 자기에 대한 이해를 바탕으로 자신이 원하는 삶을 주체적으로 살아갈 때 타인과 긍정적인 관계를 맺을 수 있다. 또한 힘들었던 관계가 원만하게 회복되고 그런 경험들이 축적되는 단단한 결속 안에서 서로의 삶이 안정적이고 행복하게 유지될 수 있을 것이다. 만족스러운 관계를 위해서는 우선 각자의 주어진 역할에 충실하고 서로의 존재를 독립적으로 인정하고 공감하면서 긍정적인 유대 관계를 지속하려는 마음과 노력이 필요하며, 관계에 갈등을 유발하거나 방해하는 개인의 심리 내적 · 외적 요인들을 구체적으로 살펴볼 필요가 있겠다.

2. GIM과 영적 경험

GIM은 심리치료와 상담환경에서 중요하게 사용될 수 있는데, 클라이언트의 정신적, 정서적, 신체적, 영적 건강을 통합할 뿐만 아니라 보다 넓은 초월적인 정체성을 인식할 수 있는 기회를 제공하여 클라이언트가 가지는 불안, 긴장감, 부정적 감정이나 피해의식 등을 감소시키거나 환경에 대한 적응력을 갖도록 돕는다(2014, 황은영). 특히, GIM에서 경험할 수 있는 초월적이며 신비적인 영적 세계는 현실적인 삶에서 쉽게 의식적으로 접근할 수 없고 직접적으로 경험하기는 어렵다. 그러나 GIM의 깊이 있는 음악들은 일상적인 의식으로 경험할 수 없는 자신의 깊은 내면의 세계를 경험할 수 있도록 인도할 수 있고, 심층적인 심리문제를 가진 사람들에게 치료적인 기제로 활용되어 문제의 근원을 찾아서 해방감과 치유의 에너지를 가져올 수 있게 도와준다. 즉, 자신의 내적 자원을 발견하고 존재할 수 있는 힘을 얻게 되면서 스스로 통찰할 수 있도록 이끌어진다. 외부의 물질적 세계만을 추구하여 내면과 단절된 현대인들에게 도외시 될 수밖에 없었던 삶의 심오한 내적, 영적 세계를 체험할 수 있는 것이다. GIM에서의 이러한 경험들은 '경험하는 자아와 더 높은 자아의 경합과 통합'을 통해 내담자의 의식을 더 높은 의식 수준으로 끌어올리는 수단으로 작용한다(김소진, 2020).

영spirit은 모든 존재, 모든 물질 속에 있는 생명력으로써 우리의 몸과 정신보다 더 큰 개념이고, 영성은 보다 실체적인 개념을 말한다. 영이 모든 물질 속에 있는 생명력으로 기능하고 작용하는 힘이라면 영성은 '영'의 작용이 생각, 감정, 판단, 태도 및 행위를 통해 외적으로 발현된 것이라고 볼 수 있다(오복자, 김경아, 2000). 영의 작용으로 인간은 영성적인 새로운 삶의 양식을 창조할 수 있다. 또한 영은 인간 내면에 선천적으로 내재하는 에너지로 초월적인 존재와 관계가 있으며, 자기발견, 자기 확장, 자기 성숙, 건전한 관계성의 가능성, 우주 및 타인과의 일체감 등 긍정적 인간의 내재적 자질로 개념화할 수 있다(이윤정, 박성연, 2018). 즉, 인간은 영적인 차원을 통하여 심리적, 환경적 상황과 제약으로부터 자기를 초월할 수 있으며, 자기훈련을 통해 특수한 존재로서 의미와 가치를 경험하고 실천할 수 있게 된다(김용환, 최금주, 김승돈, 2009).

이와 같이 영은 자신과 타인, 자연, 그리고 절대자와의 연결된 깊은 차원의 큰 힘이며, 이런 영적 경험은 우리의 마음에 변화를 불러일으키고 인생의 의미와 목적을 다시 찾아 자신만의 온전한 삶을 영위할 수 있도록 도와준다.

배경 정보

마리아는 미취학 아들 둘을 키우고 있는 주부로서 가족들과 사이가 좋지 않았으며, 특히 큰아들의 육아를 제일 힘들어하였다. 최근 들어 감정이 조절되지 않아 많이 울게 된다고 하였다. 그녀는 과거에 우울증 치료를 받은 적이 있었으나, 그때 복용했던 우울증 약이 좋지 않았고, 지금은 증상이 많이 심하지 않으니 정신과 진료를 받는 것은 원하지 않았다. 그녀는 결혼 후 아이들의 육아를 전적으로 담당하고 있었고, 남편은 회사 일로 바빠 가정에 신경을 잘 못 썼으며, 부부는 육아에 대한 의견 차이와 가족 문제 때문에 자주 다투고 소통이 잘되지 않았다. 마리아의 엄마는 마리아가 초등학교 때 이혼하였으며 혼자 딸 둘을 키웠다. 엄마는 그녀와 가족들에게 과거에 혼자서 아이를 키우면서 힘들었던 것과 그로 인해 현재 몸과 마음이 아픈 것이라는 하소연을 자주 하였다. 엄마는 현재 혼자 지내고 있었고, 허리 디스크와 우울증 증상으로 마음이 불안정하고 가족들과 사이가 좋지 않았다. 엄마는 마리아가 결혼하여 독립적으로 가정을 이루었지만 딸의 육아와 살림에 많은 간섭을 하고 못마땅해하였다. 마리아는 첫째 딸로서 그런 엄마와 가까이 살고 빈번하게 왕래하면서 돌봐드리고 있었다. 마리아는 자신도 엄마와 같은 삶을 살게 되는 것은 아닌지 걱정을 하곤 했다.

마리아는 현재 가족의 관계 안에서 여러 가지 사건들로 인해 심한 갈등 상황을 겪고 있었고, 가족들에게 부정적인 감정을 지속적으로 느꼈다. 이런 상황에서 그녀는 자신이 해야 할 주부의 역할과 기능에 한계를 느끼고 그것을 만족스럽게 수행할 수 없었으며, 가족들과 함께하는 삶 안에서 즐거움, 만족감, 행복감, 등의 긍정적인 감정을 거의 경험하지 못하고 있었다. 그녀의 우울한 기분에는 아이들에 대한 불안함, 가족들에 대한 미움과 분노가 있었다. 때때로 관계 안에서 심하게 치닫게 되는 극한 감정과 거기에서 비롯되는 과격한 행동들이 그녀에게로 하여금 죄책감을 느끼게 하였다. 그녀가 내적인 안정감을 가지고 자녀를 양육하기 어려운 상황이었음을 짐작할 수 있었다. 마리아는 성당에 다니고 기도하면서 자신을 돌아보고 성찰하는 시간을 갖기도 하였다. 그녀는 기도하면서 아이들을 잘 키우고 가족들과 잘 지내보려고 다짐하지만 결국에는 한계를 느끼고 답답해하였다. 우울한 감정이 일상생활에 영향을 미치면서 가족관계는 더욱더 역기능적인 상황에 놓이게 되었고, 예민하고 위축되어 전반적인 대인관계를 어려워하였다.

치료 방법

마리아를 치료하기 위해서 사용한 GIM은 Helen Bonny가 개발한 심리치료모델이다. GIM은 내담자가 변형된 의식 상태에서 특별하게 구성된 음악프로그램에 따라 심상을 경험하면서 치료사와 대화하는 것(Bruscia, 2006)으로, 치료사는 주요한 구성요소에 따라 순서대로 프로그램을 진행하였다. 언어적 상담을 통해 주제를 정하고(도입), 주제에 맞는 GIM의 음악프로그램을 선정한 이후에 25~35분 정도의 음악세션(음악과 함께 하는 심상경험)이 진행되었으며, 음악 경험 이후에는 즉각적으로 만다라를 그리게 하여 경험한 내용을 형상화하고 통합(종결)하도록 하였다. 한 세션의 모든 과정은 평균 2시간이 소요되었다. 치료사는 글쓰기를 좋아하는 그녀에게 치료 내용을 기억하여 통찰하고, 삶에서 실천할 수 있도록 자유로운 형식의 일기를 쓰게 하였다. 그녀는 음악을 좋아하였고 음악을 이용하여 치료하는 GIM심상음악치료에 호의적이었으며 적극적인 태도로 참여하였다. 첫 세션 이후 두 번째 만남까지 몇 개월의 긴 휴지기를 가졌으며, 이후 평균 2주에 한 번씩 총 9회의 치료 세션을 진행하였다.

치료 과정

1. 첫 만남

마리아는 첫 만남에서 가족들과의 관계에서 크고 작은 이야기를 토로하면서 힘들어하였고, 육아를 하면서 가끔씩 그녀 자신의 어렸을 때를 생각하게 된다고 하였다. 그녀는 '유년 시절'로 다시 되돌아가 보고 싶어 하였고, 음악과 함께 과거의 기억 속으로 들어갈 수 있었다.

진단적인 음악프로그램인 'Three doors'의 음악적 특성에 따라 3가지로 구분되는 기억들이 떠올려졌다. 첫 번째는 뿌듯하고 즐겁고 설레고 따듯한 기억들, 두 번째는 슬픈 기억으로 마리아의 친구들이 그녀에게 지우개 가루를 던지고 괴롭히면서 왕따를 시켰던 것과 엄마에게 매를 맞고 소리 지르고 문을 '쾅' 닫고 나갔던 일, 그리고 할머니의 병과 죽음이었고, 세 번째는 엄마, 동생과 함께 여자 셋이서 드라이브하는 행복했던 시간이었다.

그녀는 과거 기억과 감정들을 만날 수 있었는데, 특히 어린 시절의 슬픔 감정들이 크게 다가왔다고 하였다. 부모님의 이혼 이후 엄마는 직장생활로 고되고 바빴으며 자식에 대한 교육열로 마리아를 힘들게 하였고, 엄마를 대신해서 외할머니가 그녀를 돌보아주셨다. 돌아가신 할머니에 대한 슬픔은 아직도 그녀의 마음에 해결되지 않은 채 남아 있는 것 같다고 하였다.

음악은 유년 시절 기억들의 중요한 부분을 회상할 수 있게 하였으며, 이후 자신의 경험을 색깔로 나타내고 그림과 글로 표현하면서 산만했던 그녀의 마음을 차분하게 정리할 수 있었다.

[그림 32]

2. 두 번째 만남

마리아는 첫 번째 상담과 음악 경험만으로 다시 일상을 살아갈 에너지를 얻은 듯했고, 이후 아이들을 키우면서 집안일과 종교 활동으로 바쁘게 일상을 보냈다고 하였다. 그러나 몇 개월이 지난 지금 그녀는 아이들을 돌보는 데 많이 지쳤으며, 다른 가족들은 도움이 되지 않고 오히려 그녀를 더 힘들게 한다고 하였다. 그녀는 다시 음악치료를 받아보고 싶어 하였으며, 부드럽게 내면의 이슈를 발견하도록 하는 'Reflection' 음악프로그램으로 자신이 '가족들에게 느끼는 갑갑하고 답답한 마음'을 탐색해 보았다.

음악은 그녀의 답답한 마음을 과거 유년 시절로 다시 연결해주었고, 할머니와 아빠, 전학한 곳의 무서운 ○○○ 친구, 나 대신 따져주는 동생, 바빠서 집에 항상 없었던 엄마를 만나게 해주었다. 마리아는 '엄마에게 말해봤자 소용없다'라고 생각하면서, 아무 말도 하지 못하고 서 있는 어렸을 때의 자신을 마주했다. 그녀는 자신을 바보 취급하고, 강하지 못하다고 비난하고, 귀찮아하면서 무시하고 있는 엄마를 만날 수 있었다. 마리아가 탐색하고자 하는 답답하고 갑갑한 마음은 과거 엄마와 그녀와의 관계에서 그녀가 느꼈던 감정과 연결되었으며, 현재 그녀가 아이들을 돌보는 상황에서 지속적으로 경험하게 되는 마음과 같은 것임을 알 수 있었다. 과거 기억과 정서들이 현재 상황에 연결되어 간섭하고 작동하고 있었던 것이다. 그녀는 자식과 가족에게 투사되는 답답함 마음을 자신의 과거에서부터 찾아 일깨우고 있었다. 내담자들이 과거의 사건들을 재경험하여 감정적으로 해소하고 통찰하는 것은 커다란 치유와 바람직한 변화를 가져오게 한다(이난복, 2014).

마리아는 음악 세션이 끝나고 가족 이외의 사람들과의 관계에 대한 어려움에 대해서도 이야기를 이어 갔는데, 가족관계뿐만 아니라 결혼 전 직장 사람들과의 관계에도 문제가 있었다고 하였다. 그녀는 사내에서 직원들에게 놀림감이 되면서 소외감을 느꼈고, 결국 공황장애까지 왔다고 하였다. 직장에서 사람들과 불거진 문제를 엄마와 함께 해결하고 퇴사하였지만 한동안 사람들에게 해코지당할 것 같은 두려운 마음이 있었다고 하였다. 그녀는 과거에서 현재까지 사람들과의 관계 맺음에 있어 여러 번의 실패를 경험했고, 그것 때문에 지금 자신의 삶을 성공적으로 살아내지 못할 수밖에 없다고 생각하고 있었다. Bowlby(1979)는 인간에게 특정한 개인과 강한 애정적 결속을 만드는 경향이 있으며 이것을 강조하며 개념화하였는데, 특정한 개인과의 관계는 이후 다양한 정서적 문제나 성격, 인간관계 등에 영향을 준다고 하였다(정진선, 문미란, 2011). 그녀의 내면에는 어린 시절 가장 중요한 엄마와의 관계에서 부정적 정서와 불안정한 자아 개념이 크게 자리 잡고 있었으며, 이후에 친구들, 직장에서의 관계 등의 전반적인 인간관계에 영향을 주게 되었던 것 같았다. 마리아는 전반적인 관계 맺음을 어려워하였으며, 주체적으로 관계를 만들어 갈 자신이 없었다.

그녀는 이번 세션을 통해 자신이 느끼는 답답한 마음은 현재 가족들 때문이 아니라 이미 자신의 내면에 자리 잡고 있었고 그런 마음이 아이들에게 전가(투사)되었음을 느낄 수 있었다. 그녀는 이번 세션에서 감정을 탐색하면서 답답한 마음과 함께 아이들이 자신과 같은 두려움과 상처를 갖게 될까 봐 걱정되는 마음이 함께 있다는 것도 알게 되었다. 치료 이후 마리아는 일상생활에서 자신이 느꼈던 과거의 감정을 아이들에게서 분리시키면서 이전보다는 덜 감정적으로 아이들을 대할 수 있었고 크게 부딪치지 않으면서 지낼 수 있었다고 하였다.

3. 세 번째 만남

지난번 세션에서 관계에서 느끼는 마음이 '갑갑함, 답답함'이었다면, 이번 세션에서는 지난 세션에서 경험한 두려움에 대해 이야기를 나눌 수 있었다. 다른 사람보다 두려움이 많은 자신에 대해, 특히 '아이들에게서 더 크게 느끼는 두려움'이었다. 첼로의 깊고 무거운 선율로 무의식의 어둡고 깊은 감정을 만날 수 있는 'Sorrow' 음악프로그램으로 마리아의 여러 가지 두려운 감정을 경험할 수 있었다.

마리아는 엄마가 방문을 닫고 나갔을 때 쭈그리고 혼자 앉아 있는 자신의 어린 시절 모습을 보았고 그때의 슬프고 두려운 마음을 만날 수 있었다. 그녀는 어린 자신의 모습을 보면서 엄마를 야속하게 느꼈고, 그 당시 엄마가 어린 자신에게 너무 했었다는 것을 깨달을 수 있었다. 마리아는 자신의 어린 시절 모습에 이어서 현재 그녀의 아이들의 모습도 보았는데, 자신도 그녀의 엄마와 마찬가지로 아이들을 문밖으로 내쫓았고 아이들은 울면서 무섭다고 이야기하고 있었다. 그녀의 진심은 아이들에게 무섭게 하려는 것이 아니라 용기를 가지게 하고 싶고 강하게 키우려던 것이었지만, 이제 마리아는 아이들이 그녀를 미워하고 마음의 문을 닫게 될까 봐 무섭고 불편해졌다. 아이들을 문밖에 서 있게 함으로써 나쁜 사람이 데려갈까 봐 오히려 더 두려워지고, 이전에 돌봐 주시던 할머니가 떠난 것처럼 아이들이 떠날까 봐 두려웠다. 할머니가 떠난 것에 대한 두려움과 아이들이 떠날 것에 대한 두려운 감정이 혼란스럽게 함께하고 있었다. 마리아는 이제 "문을 열어주고 싶다"라고 하였다. 그녀는 자신의 모습을 본 이후에 아이들에게 자신이 무슨 짓을 하고 있는 것인지… 더욱 더 두려워지는 마음을 깊게 느낄 수 있었다. 이어서 경험하는 두려운 감정은 그녀가 아래로 한없이 떨어지는 것이었는데, 그녀에게 이런 경험은 인간이 누구나 가지고 있는 근원적인 불안에서 오는 두려움 같이 느껴진다고 하였다. 마지막에 두려운 감정과 머물러 있던 그녀는 "네가 무엇이 무섭고 두려운지 안다"라는 예수님의 음성을 들을 수 있었다. 그녀는 자신에게는 떠난 할머니를 대신하는 하느님이 함께 계시기 때문에 괜찮다고 했고… 기도하면서 마음을 진정시키고 안도하였다.

음악 세션 이후에 마리아는 엄마와의 관계에서 분리 불안이 있었고 그것으로부터 두려운 마음이 시작되었다는 것과 엄마 없이 보았던 TV 미디어들이 잔인했고 어린 자신에게 좋지 않은 영향을 주었음을 스스로 깨달았다. 지난 시간과 마찬가지로 그녀의 감정은 어렸을 때의 양육환경에서 비롯되었음을 알 수 있었고, 혼란하고 불안정한 자아가 형성되었음을 알 수 있었다. 부모와의 분리된 경험에는 공허한 느낌이나 버려짐에 대한 두려움 있고, 관계에서 의도적으로 거부되지 않았다고 하더라고 자신이 버려질 것을 감지하면 반발하고 분노의 느낌이 일어나게 된다(남명자, 2004). 마리아는 엄마와의 관계에서 시작한 두려운 마음을 다양하게 경험하고 관찰하면서 두려움의 실체를 파악할 수 있었다. 이는 모성의 부정적인 영향력에 의한 신경증의 형태로, 우울, 두려움 혹은 쫓기는 관념에 사로잡히게 될 수 있는 것이다(Oeri, 2012). 그녀는 두려웠던 외상적 정서를 경험하고 난 후 기도하였는데, 이것은 그녀의 두려운 감정 이면의 혼란스럽고 무섭고 불안한 부정적인 정서가 하느님을 만나 기도하는 종교적 신성한 행위의 초개인적인 에너지와 연결되면서 보호하고 위로하는 긍정적인 정서로 통합되는 과정이었다. 종교적인 의식과 관련된 표현방식들은 초개인적 정신의 배경의 힘들이 갖는 의미를 제공하고 정서를 해방시키는 작용으로 삶을 충족시킨다(Neumann, 2000).

음악 경험 이후 그녀는 만다라에서 두려운 자신의 모습을 '아기곰' 동물의 형상으로 그렸고, 정서적인 충동에 사로잡혀서 아무것도 제대로 할 수 없는 상태를 구체적으로 표현할 수 있었다.

마리아는 엄습해오는 '두려움'이라는 감정의 근원에 용감하게 직면함으로써 응집된 오래된 감정들이 해소되었고, 이제는 이를 내 안의 감정으로 수용할 수 있었다. 그녀는 아직도 화내는 엄마가 두렵고 조심스러운 대상이지만, 경험에서처럼 그렇게 크게 두려운 존재로 느껴지지는 않았다고 하였다. 그리고 왜 그렇게 아이들에게 큰 두려움이 느껴지는지를 이해할 수 있었다. GIM의 역동적인 경험으로 정서적인 환기가 일어나고 의식의 내용이 정서적으로 달리 조정됨으로써 의식의 내용도 그에 따라 변하게 된다. 관심을 끌던 것에 무관심하게 되고 욕망하던 것이 거부감을 주는 것이 되면서, 도달할 수 없던 것이 과제로 다가오는 방식으로 변하게 된다(Neumann, 2000). 마리아는 두려운 감정의 실체를 알았고 자신의 두려운 마음에는 기도가 필요했던 것임을 확인할 수 있었다.

그녀는 음악치료를 받으며 관련된 심리 서적을 읽기도 하면서 자신을 이해하려고 노력하고 있었다. 치료사는 그녀가 일상생활에서 지속적으로 스스로를 통찰하고 실

[그림 33]

천할 수 있도록 음악치료의 경험이나 만다라의 느낌, 중요하게 느껴지는 생각과 감정, 꿈들을 자유롭게 기록하도록 권하였다.

4. 네 번째 만남

A는 부정적인 감정과 기억들을 경험하고 심리적인 문제를 해결한 이후에 자연스럽게 '관계 안에서 긍정적인 것들'도 경험하고 싶어 하였다. 개인적인 상태 너머를 인식하고 의식을 확장시키는 'Expanded awareness' 음악프로그램으로 긍정적인 과거 기억과 엄마에 대한 상징적인 이미지를 경험할 수 있었다.

> 저를 위해 음식 준비를 했어요… 기쁘고, 뿌듯하고, 자랑하고 싶고… 엄마가 어린아이를 안고 노래하고 있어요… 따듯하고 좋아요… 어릴 때 나를 안고 있는 엄마의 사진들… 아주 아기 때의 사진들.

> 수영 선생님과 같이 밥 먹으러 갔었을 때…

> 엄마가 친구들과 같이 달리기 연습하고 놀아주고 있어요… 즐겁고 뿌듯하고 다정하게 놀아주고… 우리 엄마가 젤 이쁘고 자랑하고 싶어요… 학교에서 해오라는 것도 도와주고 반장이 되어서 엄마가 전화로 자랑을 하고 있고… 이제 많은 것을 할 수 있을 것 같아요.

> 목욕탕에서 목욕하고… 매 맞은 엉덩이에 약도 발라주고…

> 엄마는 장미꽃이에요… 만지고 싶지만 뾰족한 가시 때문에… 나를 조금 더 자랑하고 사랑해 주었으면… 잘 기억하지 못해서 미안한 마음이 들어요… 엄마랑 뮤지컬도 보고 휴가도 가고… 아빠가 없어도 좋구나…

마리아는 과거의 기억이 떠오르고 많은 사진이 보였지만, 생동감이 크게 느껴지

[그림 34]

지 않아 조금 아쉬워하였다. 아주 오래전의 일들이고 안개와 구름같이 흐릿한 기억들은 전학 가기 전 3학년 때까지의 기억이라고 하였다. 3학년 이후에 엄마가 불면증으로 예민해져서 힘들어 하셨고, 그녀를 위해 노력하는 엄마에게는 기쁨이 있었지만 야단을 치고 꼭 무엇을 잘해야만 좋아하는 엄마였다고 기억하였다. 그녀의 엄마는 과도한 교육열이 있었고 자식을 위해서 열심히 살았지만 예민하고 감정적이었다. "너희들 때문에 이렇게 살고, 너희들 때문에 이렇게 살게 되었다"라고 자주 말씀하셨다고 하였다. 기본적으로 엄마의 모성이란 본능적으로, 보호가 필요한 성장 과정에 있는 이들에게 안전한 피난처를 제공하고 그 성장을 돕는다. 그러나 부정적인 측면으로 더 이상 필요하지 않은 근심 걱정과 보살핌은 상대방의 자립심을 막으며, 오직 어머니로서의 보람만으로 사는 사람은 자신이 이루지 못한 한을 자식을 통해 풀고자 함으로써 그들의 장래를 망칠 수 있다(이부영, 2001). 자신의 어린 시절은 안정되고 지지 받는 환경이 아니었음을 그녀 자신도 알고 있었고, 그런 자신에게 자기 연민, 상처, 되풀이되는 화풀이 식의 육아의 모습이 있다고 하였다. 성당을 다니고 기도하지만 변하지 않는 자신, 이웃과의 관계에서도 피해의식, 조롱당함, 민감함이 있고 이런 자신이 유치하고 성숙하지 못하다고 느끼고 있었다.

그러나 음악 경험에서 선명하진 않았지만 긍정적이고 기뻤던 것들과 '장미꽃'의 상징적인 이미지는 마리아로 하여금 새로운 시각으로 엄마의 존재를 바라볼 수 있도록 인식을 넓혀 주었다. 활짝 핀 꽃은 전체성의 상징이며, 여성성과 연관된 사랑의 표현이다(이부영, 2001). 예쁘지만 뾰족한 가시가 있는 장미꽃은 엄마의 아름다운 모습과 까칠하고 모난 성격으로 상징되었다. 마리아는 엄마가 자신을 사랑하고 자신 또한 엄마를 사랑한다는 걸 알지만 가시가 있기 때문에 엄마에게 가까이 갈 수 없었다. 가시는 엄마와의 관계에서 일어날 수밖에 없었던 불쾌한 감정의 원인임을 알 수 있었다. 음악과 함께 하는 작업을 통해 불쾌한 감정이 어떤 식으로든 구체적인 상징으로 다시 묘사되어 표현됨으로써 충족되는 기분을 느낄 수 있었다. 이러한 불쾌한 감정들은 인지하지 못했던 무의식의 달갑지 않은 간섭으로 갑작스럽게 나타나곤 하는데, 이제 이런 감정에 호응해 줌으로써 말로 표현된 관념이 생기게 되고, 감정에 영향력을 행사할 수 있는 새로운 상황이 만들어질 수 있다(이유경, 2008). 그녀를 힘들게 하는 엄마가 아니라 '예쁘지만 가시가 있을 수밖에 없는 엄마'였다. 그녀는 만다라에서 소녀(지난 시간에는 곰으로 표현)로 그려진 자신의 모습과 꽃을 응시하였다. 마리아는 엄마를 원망하거나 더 이상 그에 얽매이지 않아야 할 것 같다고 이야기하였고, 엄마를 '장미꽃 엄마'라는 새로운 존재로 인식하고 받아들이면서 엄마와의 새로운 관계를 시작할 수 있었다.

5. 다섯 번째 만남

엄마와의 어려움에 대한 경험을 한 후에 신랑과의 어려움, 특히 '성'에 대한 주제로 이야기를 나눌 수 있었다. 다소 환상적이고 현실적이지 않은 영화의 이야기에서 그동안 언급하지 않았던 아빠의 성격을 이야기하고 생각해 볼 수 있었다. 신랑과 아빠로 대표되는 남자와의 관계에 있어 느끼는 어려움을 이야기하였고, 그녀가 느끼고 있는 '아빠와 남자들에 대한 애증의 마음'을 이면의 어두운 부분의 역설을 경험하게 되는 'Paradox' 음악프로그램으로 탐색해보았다.

> 발을 절고 있어요, 불쌍한 아빠… 어지럽고 무서운 느낌이 들기도 하고… 손이 이상해요. 손으로 무언가를 쓰고 있어요… 아빠에 대한 이야기에 욕을 쓰면서 울고 있어

[그림 35]

요… 고등학생이고 내가 바꿀 수는 없다고… 멍청한 나를 때리고 싶어요… 가족사진에 아빠 얼굴이 없어요… 엄마가 없애 버렸어요… 무서워요… 징그럽고… 아빠의 사진을 태우고 싶어요… 불이 많은 곳에 사진을 집어넣었고 태웠어요… 아빠의 기억을 지우고 싶고, 가두고 싶어요… 나는 당신들하고 관계가 없잖아. 나오지 마…! 헤엄치고 있어요, 조금 즐거운 표정이고, 반대 방향의 문으로 즐거운 감정으로… 헤엄치고 있어요… 이제 조금 편안해졌어요… 못질을 해요.

마리아는 부모님의 이혼 이후 아빠와 왕래하고 있지 않고 그에 대한 기억이 많이 없었지만, 아빠를 닮았다는 이야기를 많이 듣는다고 하였다. 음악과 함께 아빠에 대한 과거의 기억을 경험할 수 있었다. 세션 이후에 아빠에 대한 기억들을 구체적으로 언급하지 않았고, 아빠 이외의 남자들에 대한 좋지 않았던 기억들을 이야기할 수 있었다. 음악 경험 이후 그녀는 홀가분한 느낌이 들고 남자들과의 일들을 대수롭지 않게 무시해도 좋을 것 같은 느낌이 든다고 하였다. 그렇게 부끄럽고 슬퍼할 것도 없고, 이제는 가둬 두어도 될 것 같고 그렇게 될 수 있는 것임을 확인할 수 있었다. 그것은 마리아 자신의 몫이라는 것을 깨닫는 것 같았다. 그녀는 늘 남자와의 관계에서 사랑과 친밀감을 원한다고 생각했는데, 혼자만의 자유로운 생활을 영위하고 싶은 마음도 있음을 알게 되었다. 엄마와도 정서적으로 거리를 두고 독립적인 생활을 해보고자 하였다.

마리아는 음악 세션에서 자신의 의지를 가지고 자신이 원하는 방향으로 수영할 수 있었고, 남자와의 관계에 있어서도 본인의 의지로 능동적인 선택을 할 수 있다는 생각을 하게 되었다. 그녀는 남자들에 대한 부정적인 경험에서 온 선입견과 의존적인 마음을 통찰할 수 있었고, 이후 남편과의 관계도 좀 나아진 것 같다고 하였다.

6. 여섯 번째 만남

마리아는 가족관계뿐만 아니라 전반적인 대인관계에 어려움을 느끼곤 하였는데, 이번에는 아이들이 친구들과의 관계에서 여러 가지 사건들이 있었고, 그로 인해 사람들을 만나고 문제를 해결하는 것으로 인해 지쳐있었다. 그녀는 '관계에 있어서 만족스러운 감정들'을 원하였고, 초월적 단계의 긍정적 측면을 경험할 수 있는 'Peak experience' 프로그램으로 관계에 대한 만족스러운 기억들을 떠올리고 소진된 마음을 채울 수 있었다.

> 할머니와의 시장 구경, 임신했을 때 남편과의 시장 구경… 교회에서 반주 연습할 때 설레고 즐거웠던 일… 대학교 때 야외무대 자리에서의 함성… 한강에서의 슬프기도 하지만 시원한 느낌… 버스 타고 여행하면서 시원한 바람맞기… 아들을 낳을 때 엄마가 '힘내'라고 말을 해주고… 묵주 팔지를 돌리면서 안심이 되었던 순간… 엄마와 주님이 함께 계신다는 느낌… 내가 만든 책을 인쇄소에서 가져와서 뿌듯하고 즐거운 마음… 영화관에서 「사이보그는 괜찮아」 영화를 보고 있고… 존재의 목적은 '사랑'이에요.

음악은 마리아를 사람들과 함께 만족감을 느꼈던 즐거운 상황으로 이끌었고, 그때 경험했던 순간들이 정말 행복했었다고 되새길 수 있었다. 또한 이전에 인상 깊게 보았던 영화를 통해 그녀가 소중하게 여겼지만 잊고 있었던 '사랑'의 가치를 다시 기억할 수 있도록 해주었다. 영화를 통해 그녀가 그 당시 좋아했던 '상대방을 전적으로 이해하고 공감하는 사랑의 가치'를 다시 생각했다. 진정한 사랑의 주요 특징은 언제나 자신과 타인의 구별이 유지되고 보존되며, 상대를 나와는 다른 정체성을 가진 사람으로 인지하고 개별성을 존중하는 것이다(Peck. M. S.). 그녀의 내면은 아름답고 신성한 음악으로 일깨워졌고 생각지 못했던 과거 만족스러운 기억의 보물들로 채워졌으며 긍정적인 자신을 새롭게 인식하고 있었다. 그녀는 음악 경험 이후 "아이들이 크면서 조금씩 나아지고 있는 것도 있고, 앞으로도 더 좋아질 수 있을 거예요"라고 말하였다, 육아가 걱정되고 막막하게 느껴졌던 이전의 그녀의 모습과는 다르게 긍정적으로 변화된 태도를 보여주었다.

7. 일곱 번째 만남

마리아는 지난 몇 주 동안도 역시 아이들과 많은 일이 있었는데, 이야기하는 것만으로도 맘이 조금 풀어진 느낌이었다. 이전보다 그렇게 많이 힘든 모습은 아니었지만, 평소에 생각이 많고 꿈도 많이 꾸기에 잠을 잘 자지 못한다고 하였다. 신랑과의 관계는 어느 정도 편해졌지만, 아직 아이들을 훈육할 때 감정적인 폭발로 이어지는 경우가 있다고 하였다. 아들을 키우는 엄마들이 어느 정도의 감정적인 반응을 보이는 것은 흔히 있는 일이지만, 그녀는 물건을 던지거나, 아이들에게 엄마가 죽을 수도 있다는 위협적인 말들까지 하게 된다고 하였다. 상황에 대한 적절한 인지와 감정 조절이 되지 않아 소란스러운 사건들이 발생하고 안정적이고 일관된 훈육이 되지 않고 있었다. 모성의 에너지와 연결되어 있는 사람은 모든 종류의 정서와 격정으로 인해 조절할 수 없는 폭발의 위협을 당할 수 있으며, 이런 분노 발작은 불처럼 드러나서 가장 가치 있는 관계를 무효화 할 수 있는 것이다(Oeri, 2012).

그녀는 마음먹은 대로 자신의 감정을 터트리지 않고 조절하는 것이 실천되지 않아 아이들에게 크게 화를 내는 자신의 모습에 신앙적으로 죄의식을 느끼고 있었다. 신체적인 불편감도 있고, 여러 가지 사건들로 스트레스까지 받고 있었다. 그녀는 위로와 쉼이 필요한 상태였으며, 슬프고 피곤한 상태에서 '잡생각들을 떨쳐 버리고' 싶어 하였다. 부드럽게 깊은 슬픔을 달래는 'Solace' 음악프로그램과 함께하면서 그녀는 깊이 몰입하였고 많은 말을 하지 않았다.

> 강가에서… 울고 난 다음의 후련함과 답답함이 있어요… 비가 오는 것 같고… 슬프다… 불쌍한 할머니… 나는 불쌍하지 않고… 아무 일도 생기지 않을 거야… 슬픈 마음이 들어요… 그렇게 슬픈 것은 아니잖아… 좋았던 일도 많았잖아… 누구와 함께한다는 느낌이 들어요… 목소리가 들리고… 끝이 보이지 않는 길… 기찻길을 걸어가고… 있어요.

마리아는 세션 이후에 좋은 일도 있고 나쁜 일도 있는 것이니 앞으로 잘 걸어갈 것이라고 하였다. 아주 희미한 십자가가 보였고 괜찮을 것이라는 할머니의 목소리와 그녀를 지켜주는 예수님의 목소리를 들을 수 있었다. 그녀는 이제 어려운 상황들이 당연하게 느껴지고 받아들여진다고 하였다. 그녀가 경험한 십자가 상징은 기독교 전통에서뿐만 아니라 데카르트 좌표를 다루는 과학에서도 질서의 구축 또는 유지를 나타내는 상징으로 알려져 있다(Theodor Abt). 그녀는 정서적인 혼란에서 질서와 안정감을 가져다주고, 주님을 따르게 하는 십자가를 향하면서 의식을 통합할 수 있었다. 십자가로 상징되는 집단 무의식의 가치가 정신적인 균형을 보상하였고, 이런 새로운 연결로 위기가 극복될 수 있었다(Neumann, 2000).

슬프고 지친 그녀에게 예수님의 목소리가 함께하고 그녀는 새로운 길로 인도되었다. 나라는 작은 우주에서 출발해서 더 큰 우주로 들어가는 영적 성장을 향한 여행은 하느님의 보이지 않는 손과 상상할 수 없는 지혜를 따라 바른길로 인도되고, 하느님을 알아가는 교감 속에서 그 관계가 점점 밀접해지고 의식이 성숙해짐에 따라서 우리가 삶을 지탱할 수 있게 도와준다(Peck. M.S).

그녀는 슬픔과 잡생각으로 무거웠던 마음이 덜 무겁게 느껴진다고 하였고, 편안하게 낮잠을 자고 난 것처럼 개운한 마음을 가지고 집으로 돌아갈 수 있었다. 마리아의 자아와 무의식의 심혼과의 융합은 지극한 평화와 희열을 일으키고 해탈, 전일의 경지, 깊은 기도 끝에 찾아오는 일치감과도 같은 것을 느끼게 할 수 있었다(이부영, 2001).

[그림 36]

8. 여덟 번째 만남

마리아는 노력하고 있지만 여전히 친정엄마와 아이들과의 관계를 힘들어하였다. 그녀는 '관계에 있어서 자유'롭고 싶었으며, 관계에 대한 물음에 대해 대화하고 다양하게 탐험하면서 확장하게 하는 'Relationship' 음악프로그램으로 관계에 대한 이슈를 부드럽게 해결할 수 있었다.

> 창문 너머에 꽃이 많이 있어요, '목련'이에요… 쓸쓸하기도 하고 외롭기도 하고, 목련이 질 때 그냥 툭 떨어지는 느낌이고… 관계도 그렇게 떨어지는 것이에요, 관계가 변하기도 하고 '서운함'을 잊어버리고 싶어요…

마리아는 엄마의 상징인 빨갛게 활짝 핀 장미꽃과는 대조적으로 자신을 흰색 목련꽃의 상징으로 경험하였다. 흰색의 꽃은 그녀의 모습을 나타내었는데, 흰색은 순진무구함을 상징하는 순결함의 색이고 순수한, 즉 아직 어떤 것에도 물들지 않은 감정, 어쩌면 어린 소녀시기에 갖는 성숙하지 않은 초기의 감정일 수 있다(Oeri, 2012). 흰색이었던 꽃은 지저분하게 지고 있었고, 그녀는 지는 꽃의 덧없음과 허무함을 느꼈다. 그녀는 꽃이 지는 것을 관계에 대한 헤어짐, 이별로 생각하였고 그녀가 순진하게 믿

[그림 37]

고 원하던 관계가 점점 생명력을 잃어 가고 있는 것을 경험하였다. 관계가 지속되지 못하고 끊어지거나 변하게 되고, 그녀는 떨어진 꽃잎들처럼 서운한 감정을 느끼게 된다고 하였다. 이때, 음악은 떨어지는 꽃잎을 지우개 가루의 이미지로 변환시키고, 그녀가 자신의 감정에 잠기는 것이 아니라 지우는 능동적인 작업으로 전환시켜 극복할 수 있도록 인도하였다. GIM에서 음악의 초월적인 힘은 변형을 일으키는 경험으로 이끌어지고 의식을 변화시킨다(김소진, 2017). 그녀는 서운했던 감정들을 지우는 작업이 필요한 것을 알았고, 그녀 스스로 그런 감정들을 극복하고 조절할 수 있음을 깨달았다. 그녀에게 지우는 작업은 책 읽기, 음악 듣기, 편하게 앉아 있는 것이라고 하였다. 그녀는 그동안 기도를 통해 수동적으로 위로받기만을 원했다면, 능동적으로 지우는 작업을 하는 것, 즉 자신에게 필요하고 원하는 것들을 하는 시간을 가지면서 쉬는 것이 관계에서의 자유로움을 얻고 꼭 필요함 일임을 깨달을 수 있었다. 이러한 상징의 변환은 현재 삶에서 고착되어 있던 문제들을 회피하는 것이 아니라, 조용하게 쉴 수 있는 시간 동안 숙고하고 조정하여 해결하는 것이며 그녀가 다시 함께 하는 삶 속으로 들어가도록 이끌어 주었다. 이는 그녀를 아이들의 계속되는 요구와 다양한 스트레스 상황이 아닌 쉼의 '자유로운' 공간으로 초대하고 있었다.

9. 마지막 만남

마리아는 그동안의 세션에서 관계가 회복되는 경험을 했고, 관계에 있어서 무엇보다도 자신의 심리상태가 중요하다고 생각하였다. 그녀는 관계에서 감정적으로 되는 부분이 오히려 아이들의 양육을 잘하고 싶은 과도한 책임감에서 기인하는 것은 아닌지 궁금해하였다. 주어진 역할과 책임감에 그녀의 어깨가 무거워 보이기도 하였다. 그녀는 지난 세션에서처럼 '다시 한번 자유롭게' 되고 싶어 하였다. 그녀가 아이들과의 관계에서 빈번하게 감정적으로 되는 부분은 그녀의 어린 시절 양육 환경에서의 감정을 다시 다뤄보아야 할 것 같았고, 어린 시절의 감정과 이슈를 깊이 있게 다루는 'Abandonment bonding' 음악프로그램과 함께 그녀는 엄마를 만나고 치유와 연대를 경험할 수 있었다.

> 엄마가 아이를 안았는데… 나를 싫어하는 표정과 느낌, 외롭고… 나는 없는 느낌… "왜 낳았어?" 물어보는 목소리… "그냥 태어났고, 엄마가 됐고, 잘 몰랐고…" 태어났으니까 책임이 있고 아이에 대한 책임이 있어요… 엄마를 보고 있어요… 엄마에게 물어보니… "몰랐어, 사랑하니까… 태어나면 책임이 있는 거다."

그녀가 경험하고자 한 것은 과도하게 느껴지는 책임감으로부터의 자유였고, 엄마와 자신과의 대화를 통해 자유는 책임으로부터 회피하는 것이 아니라 책임을 갖고 사랑하는 것이고, 그렇게 함으로써 자유로운 관계가 형성될 수 있다는 것을 깨달을 수 있었다. 진정한 사랑의 관계라면 그 안에는 언제나 책임감이 내재해 있다. 신경증 환자들은 일반적으로 책임감의 본질에 대해서는 알고 있으나 책임감을 가져야 한다는 사실에 공포감을 느껴 마비되고 두려워하게 된다고 한다. 책임감을 회피하는 것이 아니라 책임에 대한 더 근본적인 통찰과 만족스러운 경험을 하게 될 경우에 심리적 어려움은 극복될 수 있다(Peck. M. S.). 마리아는 엄마에게 따듯한 느낌을 받지는 못하였지만, 엄마가 엄마로서 자식에 대한 책임감을 가지고 있었다는 것을 인정할 수 있었다. 그녀는 이제 엄마와 진정으로 화해해야 할 것 같은 생각이 든다고 하였다. 마지막 세션 이후 그녀는 나에게 집에서 쓴 자신의 일기장을 보여주었다.

> … 원하든 원치 안든 세상에 태어났으므로 짊어질 수밖에 없는 모든 행위의 책임감.
> 너를 세웠으니 네가 그 일을 해라.
> 슬프지만 너무 무겁지 않게 지고 가야 할…

일기장에 그려진 그녀는 불어오는 바람을 맞으면서 평화롭게 벌린 양팔과 한쪽 다리를 다쳤지만 양쪽 다리로 당당하게 서서 삶을 받아들이고 있었다. 바람의 기운을 받으면서 중심을 잡고 자신감 있게 서 있는 그녀의 모습은 평화롭고 안정적으로 느껴졌다. 나는 그녀와 함께한 소중한 시간들과 변화된 그녀의 모습에 감사했고, 마리아가 관계 안에서 자유롭고 행복한 삶을 만들어갈 수 있기를 마음속으로 응원하고 기도하였다.

결론

마리아는 결혼 이후 엄마와 딸, 아내로서의 역할에 충실하고 관계 안에서 행복한 가정을 만들어가려고 했지만, 오히려 우울한 자신의 감정에 사로잡히고 방향성을 상실하게 되면서 관계에 많은 어려움을 가지게 되었다. 특히, 그녀가 자기 자신보다는 엄마로서 살아가야 하는 상황은 주어진 역할의 페르소나에 동일시되고 자신의 근원적 정신에 대한 고려 없이 일방적 태도를 가지게 되기 쉽다. 이런 태도는 정신의 전체적 균형을 깨트리고 내면에 갈등을 불러일으키게 된다(이유경, 2008). 또한 어릴 때 불안정한 양육환경에서 성장한 그녀는 엄마로서의 역할을 더 힘들게 느끼고, 아이들과 함께 있을 때 더 불안하고 의존적인 자신의 정서 상태를 경험하게 된다. 이런 혼란과 갈등 상황은 매우 고통스럽고 혼자만의 노력으로는 해결하기 어려운 경우가 많다. 단기간의 언어적 상담만으로 그녀의 부정적인 감정들과 깊이 자리 잡은 근본적인 문제들을 찾아내고 해결하는 것은 어려웠을 것이다. 그러나 GIM의 음악프로그램은 빠르게 그녀의 감정과 문제들에 직접적으로 닿아 경험하게 하였으며, 내면의 심상들을 만나게 해주었다. 이런 심상들은 그녀 스스로가 능동적으로 발견하고 체험한 신뢰할 수 있는 창조적인 에너지이다. 그녀에게 음악과 심상은 어렴풋이 알 것 같지만, 논리적인 사고를 통해서는 접근할 수 없는 내면의 인식에 닿을 수 있는 통로가 되어 주었다(Bruscia, 2018). 그녀의 의식은 이제 필요한 심상을 갖게 되었고 그것으로 자신의 시야를 넓힘으로써 악화되는 관계에 있어서 새로운 해결책을 배열하게 된 것이다. 단지 개인적이기만 하던 자료들은 초개인적인 관점과 연결되어 새롭게 발전하고 생동감 있게 변하기 시작함으로써 경직된 인격에 새로운 통찰과 삶의 가능성이 자라나게 할 수 있었다(이유경, 2000).

또한 마리아가 음악과 함께 만난 하느님은 어린 시절 꼭 필요했던 보호하고 이끌어주는 손길의 소중한 체험이 될 수 있겠다. 하느님과 밀접하게 연결되어 있다는 깨달음으로 진정한 힘을 얻는 사람은 '제 뜻이 아니라 당신 뜻이 이루어지게 하소서, 저를 당신 도구로 써 주소서'를 통해 자아의 축소를 경험하고 순종하게 되며, 영적 존재와의 소통으로 외로움이 사라지는 것을 경험하게 된다(Peck. M. S.). 이와 같은 자아의식의 무한한 상태와의 접촉은 인간의 모든 차이를 사소해 보이게 하기 때문에 개인적인 편견과 콤플렉스가 줄어들게 된다(박미라, 2020). 그녀는 더 큰 존재로부터 자신의 뿌리를 찾았고, 자신이 직접 발견한 영적인 삶의 길을 새롭게 걸어가게 되었다. 그녀는 영적 관계의 체험으로 자신의 존재감을 확인하고 마땅한 소명으로의 '사랑의 책임감'이라는 신성한 감정도 느낄 수 있었다. 이것은 살아가는 데 원동력이 되어 절망과 좌절로부터 자신을 일으켜 세우는 큰 힘이 될 것이다.

마지막으로 마리아는 치료에 대한 믿음과 노력으로 자신의 내적 지혜를 빠르게 찾고 당장의 삶에 실천할 수 있었다. 그녀는 현재의 상황을 포기하지 않고 새롭게 인식된 자신의 중심을 가지고 타인과 관계 맺음을 시도하였다. 즉, 그녀는 의식되는 나와 의식하지 못하고 살고 있던 나와의 관계, 나아가서 영적인 관계로까지 확장하였고 또 다른 나의 모습의 투영인 타인과의 관계를 이해하고 그들을 인정하면서 주변의 관계를 긍정적으로 회복할 수 있었다. 이번 GIM 치료를 통한 경험들은 앞으로 그녀가 원하는 자유로운 관계의 삶을 영위하는 데 든든한 밑바탕이 될 수 있을 것이라고 생각된다.

용어 설명

상징(symbol): 추상적인 사물이나 관념 또는 사상을 구체적인 사물로 나타내는 일.

융합(syngamy): 자기 분열적 상태에서 대극적인 정신의 이중 구조가 다시 하나로 결합되는 현상.

재인식(new understanding): 본래의 인식을 고쳐서 새롭게 인식함.

전체성(allness): 부분적인 것(정신)에서 모든 것을 포괄하면서 통합하는 중심성.

통찰(insight): 자신이 처한 상황 또는 자기 문제의 본질을 이해하는 능력이나 행위.

투사(projection): 내면의 충동이나 생각을 외부 세계로 옮겨 놓는 정신과정.

초월적(transcendental): 인간의 존재를 다차원적으로 보았을 때 한 차원에서 더 넓은 차원으로 진행하는 의식의 방향성.

참고문헌

김소진(2017). 17세 소녀의 유년 시절 트라우마에 대한 GIM심상음악치료. GIM한국심상음악치료협회 제14차 정기학술대회, 46-65.

남명자(2004). 부모의 양육태도와 아동의 성격장애. 서울: 학지사.

박미라(2020). 심리학자는 왜 차크라를 공부할까. 서울: 나무를 심는 사람들.

박종수(2013). 융심리학과 정서. 서울: 학지사.

오복자, 강경화(2000). 영성(Spirituality)개념분석. 대한 간호학회지 Vol.30, No5.

이난복(2014). Trauma 치유 및 정신건강 회복에 영향을 미치는 과거회상 경험의 치료적 기능: 심상음악치료(GIM) 접근을 중심으로. 한국 음악치료학회. vol.16.

이난복, 김소진 외(2020). 21인의 음악치료사가 들려주는 임상 이야기. 서울: 학지사.

이부영(2001). 아니마와 아니무스. 서울: 도서출판 한길사.

이유경(2008). 원형과 신화. 서울: 분석심리학 연구소.

이윤정, 박성현(2018). 예술치료의 전일적 치유성 영적인 성장을 촉진하는 예술치료의 치료 기제를 중심으로. 상담학연구. 19(6), 359-376.

정재원(2022). MZ세대 청년의 관계성 회복을 위한 융의'개성화 과정'연구: 기독교교육 관점에서, 신학논단 제109집, 221-227.

정진선, 문미란. (2005). 인간관계의 심리-이론과 실제(제3판). 서울: 시그마프레스.

정진희, 이미나. (2022). 전문직 여성의 대인관계 회복을 위한 모래상자치료 사례연구. 모래상자치료 연구, 제12권(1), 22-40.

황은영, 정은주, 이유진(2014). 음악심리치료-이론과 실제. 서울: 학지사.
Abt, T. (2005). 융 심리학적 그림해석. 이유경 역(2008). 서울: 분석심리학 연구소.
Bevere, J. (2014). 비비어의 관계. 우수명 역(2022). 경기도: 도서출판 NCD.
Bruscia, K. E. (1998). 음악 심리치료의 역동성. 최병철, 김영신 외 공역(2016). 서울: 학지사.
Bruscia, K. E. (2012). GIM심상음악치료 사례연구. 김경혜, 정은주 공역(2018). 서울: 하나의학사.
Jonson, R. A. (1976). 신화로 읽는 여성성 She. 고혜경 역(2006). 서울: 동연.
Neumann, E. (1949). 의식의 기원사. 이유경 역(2000). 서울: 분석심리학 연구소.
Oeri, S. B. (1977). 민담의 모성성. 이유경 역(2012). 서울: 분석심리학 연구소.
Peck, M. S. (2003). 아직도 가야 할 길, 최미양 역(2023). 서울: 율리시즈.
Wilber, K. (2000). 켄 윌버의 통합심리학. 조옥경 역(2008). 서울: 학지사.

개인 GIM | 성인 | 학대

13

가정폭력 피해 여성에 대한 GIM적용 사례
: 인생 후반부를 위한 주체성 회복의 과정 중심으로

이수진

개요

본 사례연구는 가정폭력을 경험한 내담자가 GIM심상음악치료guided imagery and music를 통해 자신의 슬픔과 분노를 표현하고, 독립된 주체로서 자신의 삶을 재정립해 나가는 과정을 다룬 것이다. 내담자는 50세 여성으로 2016년 10월 6일부터 2017년 1월 26일까지 4개월간 총 14회 개별 세션으로 진행되었다. 초반 1~5회기는 자신의 혼란스러운 감정이 표현되고 지지되는 과정이었으며, 중반 6~11회기는 결혼, 원가족과 관련된 이슈를 다루며 자신의 과거와 삶의 패턴을 돌아보는 경험이었다. 후반 12~14회기는 삶에 대한 주체성을 내재화하고 그에 따른 현실적 계획을 세워나가는 과정이었다. 내담자는 음악과 함께 자기 내면의 심상을 바라보며 내면아이를 만나고, 성장하지 못한 청소년기의 특성이 자신의 행동 양상에 영향을 주고 있음을 자각하여 감각 추구적이고 의존적인 태도에 더 이상 머물지 않겠다고 결단하였다. GIM세션의 결과로 자신감을 회복하고 주거와 직업적 독립을 실행하며 이전과 다른 패턴의 삶을 시작하게 되었다.

도입

가정폭력은 사회의 가장 기본적인 집단인 가정에서 일어나는 폭력이라는 점에서 사회에 미치는 영향이 크다고 하겠다. 포괄적으로 보면 가정폭력은 가족 내에서 행해지는 모든 폭력, 즉 가해자가 피해자에게 의도적으로 고통을 주기 위해 행해지는 폭력으로 신체적, 정신적 학대를 포함한다(Gelles, 1989). 우리나라의 「가정폭력 방지 및 피해자 보호에 관한 법률」(가정폭력방지법) 또한 "가정 구성원 사이의 신체적 · 정신적 피해 또는 재산상의 피해를 수반하는 행위"(2조1항)로써 포괄적 개념으로 규정한다. 그러나 가정 내에서 발생하는 폭력 중 배우자 간의 폭력이 70% 이상이고 피해자의 성별은 여성이 대부분으로, 남성 배우자에 의한 여성 배우자에 대한 폭력 양상이 지배적으로 나타난다. 실제로 2019년 여성가족부의 가정폭력 실태조사에서 가정폭력 피해자의 성별은 여성이 81.6%로 피해자는 주로 여성이었다. 폭력피해가 가장 큰 유형은 통제 유형이며, 정서적 폭력, 성적 폭력, 신체적 폭력, 경제적 폭력 순으로 피해를 입은 것으로 나타났다(여성가족부, 2019). 어떠한 폭력도 용납될 수 없지만 아내폭력은 가부장적인 사회제도 속에서 아내를 남편의 소유물로 생각하는 잘못된 가치에서 비롯되었다. 남편의 아내에 대한 분노는 합리적인 분노의 표현이라기보다는 충동적이다. 남편은 자신의 분노를 타인에게 즉 가장 가까운 부인에게 분출하는 투사행위를 하기도 한다(J. M. Kim, 2006).

가정폭력 피해 여성은 외상 후 스트레스 장애(post-traumatic stress disorder, PTSD), 우울, 불안, 분노, 무기력 및 낮은 자존감 등 정신적으로 심한 고통을 당하고 있는 것으로 보고되고 있다. 가정폭력 피해자의 외상 후 스트레스 장애 유병률은 31~84.4%로 보고되며, 이는 다른 외상에 의한 PTSD의 유병률과 비교해볼 때 상당히 높은 수준이다. 이러한 비율의 차이는 가정폭력이 인간관계에서 발생하는 외상이라는 특성에서 그 원인을 찾아볼 수 있는데, 특히 가정폭력은 낯선 사람이 아닌 가깝고 친밀한 관계여야 할 가족의 고의적인 행위에 의한 것이기 때문에 다른 종류의 외상이나 대인간 외상보다 더 해롭고 파괴적인 결과를 초래하게 된다(서희주 외, 2015).

가정폭력 피해 여성이 폭력에서 벗어날 수 있는 방안은 자립 의지와 관련되어 있다. 자립 의지와 관련된 요인으로는 성평등 의식, 사회적 지지(긴급임시조치와 피해자보호명령제도 등), 인구사회학적 요인(성장기 가정폭력 경험 유무, 연령, 교육수준, 직업의 유무 등)이 있다. 성평등 의식이 있을수록, 사회적 지지를 인식하고 실질적 지원을 받을수록, 직업이 있고 교육수준이 높을수록 자립 의지 수준이 높았다(정춘숙, 2015). 이에 실질적 지원과 함께 성평등 인식과 심리적 지지를 위한 치료 프로그램의 필요성이 높아지고 있다.

가정폭력 피해 여성을 대상으로 한 연구에서도 빠른 결정으로 미래에 대한 계획을 해야 하는 가정폭력 피해 여성들에게 GIM은 내적 성장을 통해 어려움에 처한 현실을 극복하도록 도움을 주는 것으로 나타났다(이난복, 2010). 또한 쉼터에 입소한 가정폭력 피해 여성을 대상으로 한 음악심리치료 연구에서도 모든 개념 간의 관계를 통합적으로 설명하는 핵심범주는 '자기 돌봄의 자원획득'으로 밝혀졌다. 가정폭력 피해 여성은 음악심리치료를 통해 참자기를 발견하고 수용함으로써 자기 돌봄의 자원을 획득하게 된 것으로 나타났다(김다소망, 강경선, 2015).

특히 GIM에서 음악 경험을 통해 개인에게서 산출된 심상image은 과거에 대한 정보, 그것과 연관된 정서를 파악하게 하고 현재 내담자가 가진 정신건강의 장애물을 이해하는 데 사용되며 정신변화를 꾀하기 위해 체계적으로 사용된다. 상상하는 과정을 체계적으로 사용하는 것은 감정적인 반응이나 근본적인 행동을 이끌어내는 데 도움을 줄 수 있고, 사람은 감정을 탐색할 수 있을 뿐 아니라 상상력을 동원해 더 많은 적응 행동을 만들어 낼 수 있다(김소진, 2011).

또한 GIM은 초의식 영역의 경험들을 통해 내면의 갈등을 치료하는 데 유용하며 이 경험들은 경험하는 자아와 더 높은 자아의 경합을 통해 더 높은 의식 수준으로 끌어올리는 수단으로 작용한다(Bonny, 1978).

대상 정보

A는 50세의 여성으로 1남 2녀 중 장녀로 태어나 매우 풍요롭지는 않았으나, 학업과 일상생활에 어려움을 느끼지는 않는 정도의 경제적 지원을 받으며 성장한 것으로 보고했다. A에게 아버지는 매사 엄격하고 단호하여 따뜻한 대화를 주고받은 기억이 거

의 없었으며, 중2 때까지 자신을 씻겨주었던 어머니는 남편에게 순종적이고 자식에게는 헌신적이었으나 다소 허용적인 모습이었다. A는 고등학교를 졸업한 후 21세에 결혼하였으나 10년 후 아들의 양육권을 전남편에게 주고 이혼하였다. 이후 주거지를 자주 이동하고 외국인들과 연애하는 등 자유로운 삶을 살다가 3년 전부터 한국인 남자와 사실혼 관계로 동거를 시작하였다. A는 그의 반복된 폭력으로 인해 쉼터를 찾게 되었으며, 거주 중인 쉼터를 통해 사례가 연결되었다.

A는 쉼터의 생활에 안도감을 느끼기도 하지만 예전으로 돌아갈지 모른다는 불안감이 있었으며, 현재 자신의 모습을 자신감 없이 불행한 상태로 인식하였다. 이혼, 동거 등 삶의 중요한 결정에 대한 어려움과 실패를 담담하게 이야기하였으며, 밉지만 지워지지 않는 가해자 M에 대한 혼란한 양가감정도 드러내었다.

HTP 검사를 통해 살펴본 A의 모습은 필압이 매우 약하고 생략된 부분이 다수 나타나며, 전반적으로 내용이 풍부하지 않았다. 집 그리기에서 문은 문고리 없이 닫힌 상태였으며, 창문도 생략되어 있었다. 사람 그리기에서는 상체를 크게 그린 후 자리가 부족해 새로운 종이에 하체를 작게 그려 넣었으며, 손발도 작게 뭉뚱그려져 있었다. 이는 A의 불안감과 두려움, 위축, 애정 욕구, 의존성, 과장성 등의 상태를 설명해주며, 큰 눈과 희미한 코는 정서적 교류에 대한 갈등 상황과 예민함, 남성적인 것의 거부 등의 상태를 반영한 것으로 볼 수 있겠다. GIM에 대한 기대로는 현명하고 자신 있는 모습으로 변화하고 싶은 마음을 표현하였다.

치료 과정

1. 초반 세션: 불신과 슬픔

첫 세션은 '나의 마음 바라보기'를 intention으로 Secret garden-short를 사용하였다. A는 GIM환경에 대한 낯섦으로 매트에 눕고 안대를 하는 것에 대해 거부감을 보였다. 라포 형성 전의 치료사와 안대를 하고 누워서 참여하는 GIM의 세팅은 가정폭력에 노출된 채 GIM에 대한 정보 없이 참여하게 된 A의 불안을 가중시키는 측면도 있을 것이다. 이에 그러한 마음을 공감하며, 수용할 수 있는 세팅을 논의하였다. A는 소파에 기대어 스스로 눈을 감고 진행하는 것을 선택하였으며, 심리적으로 불안이나 공포감에 압도된다면 눈을 뜨고 일어나도 된다고 설명하여 자신에 대한 통제감을 갖고 불안을 낮추도록 하였다. 이후 충분한 이완과 안정적인 담요 인덕션을 통해 음악과 심상 가이딩을 제공하였다.

포스트 세션에서 음악을 들을 때 흐릿하게 꿈을 꾸는 것 같았다고 이야기하였으며, 다양한 심상경험에 대해 담담하게 이야기를 나누었다. 멋지게 차려입은 거리의 남자 악사의 심상에서 "음악은 잘하는지는 몰라도 어떤 사람인지 알 수 없어요"라며 경계하였고, 며칠 전 꿈과 유사하게 가해자 M과 친구들이 산에서 잣을 따다가 나무를 잘라 끌고 오는 장면을 경험하였다. 질질 끌려가는 나무에 대해 자신과 관련하여 통찰하기보다는 감정을 차단하고 힘없이 이야기하는 모습이었다. 가정폭력에서 나타난 무력감과 공포, 우울감이 그녀의 심상과 태도에서 느껴졌다. 이후 공연장에서 보낸 행복한 시간의 이미지를 만다라로 표현하였으나 3사분면, 즉 성인기에 검은색 커다란 피아노가 놓여 있어 정체성 없이 아무런 역할을 하지 못하는 어두운 현재를 반영하는 것으로 보였다.

첫 세션 후의 기분은 잘 모르겠으며, 집중도는 중하 정도로 보고하였다. 현재 삶

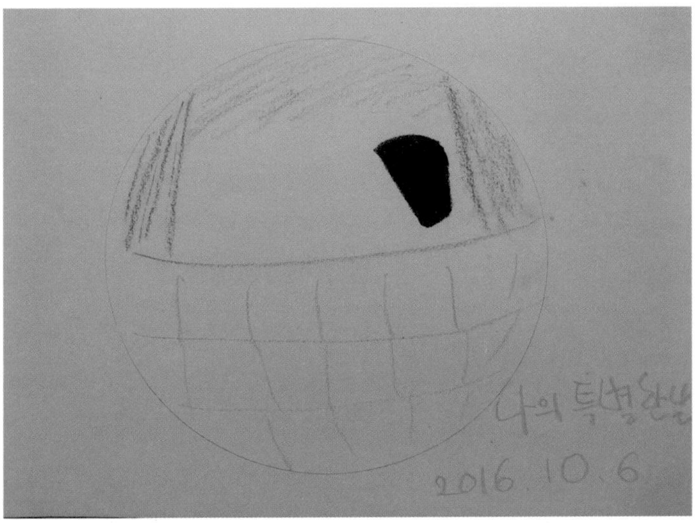

[그림 38]

의 패턴과 마찬가지로 GIM에 대해서도 의문을 갖고 경계하는 모습이었으며, 이전에 심리치료 경험이 전무한 것 역시 치료에 대한 이해와 관계 형성에 영향을 주었을 것으로 보인다. Secret garden-short 음악의 사용은 비교적 널리 알려지고 길지 않은 음악의 사용을 통해 상실감과 애도를 도우며 첫 세션의 경험을 안정적으로 제시하고자 하는 의도가 있었다.

세션 2에서는 "그동안 알아주지 못한 나의 감정과 몸을 돌보고 싶다"를 intention으로 위로와 지지를 받으면서도 부드럽게 내면을 바라보도록 Nurturing 음악프로그램을 사용하였다. 첫 세션과 달리 세션 2부터는 매트에 누워 안대를 하는 것을 허용하였다. A는 음악과 함께 긴장감이 몸으로 느껴졌다고 보고했으며 가해자 M의 이름을 이야기하였는데, 여전히 그의 마음에 대한 궁금증을 표현하며 의존적인 태도를 드러내었다. 이후 자신의 마음과 이야기하는 상황에서는 미안함과 위로를 표현하고 누군가 안아주면 좋겠다고 하여 부드러운 솜인형을 제시하였으며, 인형을 안은 채 눈물을 흘리며 외로움과 슬픔을 표현하였다. 포스트 세션에서는 사실 남자보다 친구가 필요하고, 이혼 후 20여 년의 지친 삶을 이야기하였다. 첫 만남에서는 이혼 후 상황을 감정 표현 없이 회피하듯 이야기하였으나, 본 세션에서는 후회와 슬픔 등의 감정을 표현하며 자신에 대해 한층 개방적인 모습을 보였다.

세션 3에서는 "내 마음을 알아주는 이해, 공감, 지지가 필요하다"를 intention으로 하여 음악은 Melancholy를 사용하였다. 음악이 주는 메시지를 묻자 잘 모르겠고 알고 싶지 않다고 하였으며, 전반적으로 회피와 저항을 나타냈다. 때로 자신의 내면을 바라보기 어려워하는 저항이 자신을 보호하는 도구로 사용될 수 있다고 설명해주며, 내담자의 필요를 고려하며 기다려주는 것이 그 순간 필요한 것이라고 판단했다. 이에 포스트 세션에서는 경험한 심상에 초점을 맞추기보다 A의 선택대로 그녀가 좋아하는 노래 '잊혀진 계절'을 함께 듣고 함께 노래하였다. 초기 세션에서는 해석이나 내적 탐구의 제안이 받아들여지지 않을 수 있고 지난 회기의 자기개방과 감정 노출에 대한 반작용일 수도 있을 것이다. 저항과 혼란 또한 치료의 과정임을 받아들이며, 수용적 침묵과 노래가 그 순간 우리와 함께 있었다.

세션 4에서는 쉼터 사람들과의 관계의 어려움과 가해자 M과의 금전 문제로 인한 심리적 혼란을 이야기하며, "쉼터에 가만히 있는 것이 좋은 방법인가?"를 intention

으로 정했다. 아직 확장된 의식 상태에 깊이 머물지 못하며, 내적 탐구에 대한 경험 및 이해도가 높지 않은 A의 특성을 반영하여 보다 명료하게 음악에 투사하고 이해하도록 Three doors를 제시하였다. 심상으로 경험한 까만 문은 두려움과 불안한 마음이라고 표현했으며, 첫눈과 어두워 보이지 않는 공간 등은 막연하고 억압된 심리상태를 드러내 주었다. 세션 후 비밀을 털어놓아 후련하다고 이야기하고, 쉼터에 있는 것이 나쁜 것이 아니니 좀 더 버텨보자는 통찰을 받아들이며 마무리하였다.

세션 5에서는 '나의 외로움에 귀 기울이다'를 위해 Unforgetting heart를 사용하였다. 신체적인 심상으로 목의 기침과 간지러움을 통해 억압된 상태를 경험하였으며, 무언가 하지 못하는 말이 있는 것은 아닌지 A 스스로 의문을 품는 모습이었다. 외로움과 대화하는 과정을 통해 자신을 돌보지 못하고 그저 흘러가듯 살아온 인생에 대한 아쉬움을 표현하였다. 외로움을 창밖으로 떠나보내는 의식을 통해 감정을 흘려보내고, 다른 감정과 삶의 선택을 위한 심리적 공간을 마련하는 것으로 본 세션을 마무리했다.

세션 3~5의 A는 낯선 GIM에 적응하며 전반적으로 회피와 저항의 모습을 보였다. 세션 2에 나타난 자기개방과 감정 표현 외에는 감정을 차단하고, 깊이 가려다 깨는 것을 반복하며 저항하는 모습이 나타났다. 심리치료와 클래식 음악 경험이 거의 없고 불안이 높은 A에게 음악적 정보량이 많은 프로그램보다는 구조화된 contemporary 음악을 주로 제시하였다.

2. 중반 세션: 가슴과 함께하다(진정한 나의 가슴과 만나다)

세션 6에서는 "몸과 마음에 에너지를 주고 싶다"를 위해 Going home again을 사용하였다. 나비 심상에 대해서는 예쁘고 자유로운 존재이나 가족이 없다고 이야기하며 자신의 삶과 비유하여 아쉬움을 표현했다. 30~40대의 자신의 결정을 돌아보고 지난 삶을 조망하며, 함께 살지 못한 아들에 대해 미안함과 축복하는 마음을 표현하였다. 이미지 중 단풍은 아름다운 후반을 의미하며, 자신도 아름다운 인생의 후반을 맞고 싶다고 이야기하였다. 본 회기의 나비는 변환의 상징으로 볼 수 있겠으며, 이후의 세션에서 자기 이해와 돌봄의 과정으로 연결되는 중요한 상징이었다.

세션 7은 "전 남편을 따라 광주로 도망갔을 때 21세의 나와 대화하고 싶다!"를 intention으로 음악프로그램은 Childhood remember를 사용하였다. A는 아버지의 과도한 억압, 대화 없이 삭막한 원가족과 그것에서 벗어나려 감정에 따라 우발적으로 행동했던 젊은 시절의 자신의 모습을 심상으로 바라보았다. 자신에게 "이젠 성급하게 결정하지 말아, 지난 일에 연연하지 말고 너의 삶을 살아~"라고 이야기하며 과거에 사로잡혀 있는 자신의 모습을 보다 객관적으로 바라보며 자기 이해의 폭을 넓혀갔다. 이 세션을 통해 자신의 삶에서 중요한 결정은 충분히 숙고되지 않았고 감정이 늘 먼저였다는 것을 통찰하고, 이제는 그 감정에 휩쓸리지 않는 지혜로운 판단이 필요함을 인식하였다.

세션 8에서는 "반복된 기침, 간질간질한 내 목이 진정으로 하고 싶었던 것은 무엇일까?"를 intention으로 정하고, 세션의 흐름에 따라 Beethoven piano concerto를 제시한 후 Relationship으로 음악을 변경하였다. 등산로 계단을 오르락내리락하는 자신의 이미지가 방향성 없고 끝까지 해내지 못하는 나약한 자신의 모습과 같은 것 같다고 이야기하였으며, 차 시간표를 열심히 바라보는 자신의 이미지를 통해 계획적이며 의지적으로 움직여 보겠다는 결심을 확고히 하였다.

세션 9에서는 "내가 잘하고 있나? 나에게 묻고 싶다"를 intention으로 정하고 음

[그림 39]

악은 Depth Bach를 사용하였다. 당시 거주했던 쉼터 소장님의 이미지를 통해 따뜻한 마음이 있는 베푸는 존재가 내 곁에 있고, 나도 그렇게 되고 싶다며 새로운 모델링에 대해 인식하였다. 또한 72세의 여인이 추운 날씨에 안쓰럽게 일하는 이미지를 통해 미래에 대한 준비 없이 그러한 삶을 살까 두렵기도 하다며, 현재 삶의 태도에 대한 변화가 필요함을 강하게 인식하였다. 음악에 대해서는 음악이 나를 포근히 안아주고 위로해 주었다며 하프와 목관악기의 지지적 위로의 소리를 긍정적으로 내재화하며 이전 세션보다 집중 정도를 높게 보고하였다. Picardy third(피카르디 3도)에서 희망의 발견을 이야기하고, 심박수와 유사한 박과 물결치듯 지지적인 음악의 마무리가 통합과 안정감에 도움이 된 것으로 보인다.

세션 10의 intention은 "내 속에 남아있는 화를 다루고 싶다"로 정하고 음악은 Emotional expression을 사용하였다. 꽉 차 있는 냉장고 속 이미지로 과거에 대한 후회와 묵은 감정, 분노를 바라보았으며 가해자 M에게 "가~ 저리 가~ 나한테 왜 그랬어?"라고 강한 어조로 표현하고, 스스로에게 "씩씩해져라!"라는 말을 하였다. post session에서는 나의 화를 알아주고 달래줘야 한다며 자기 돌봄의 필요성을 인식하였다.

자신이 차린 음식을 사람들이 맛있게 먹는 심상을 통해서는 인정받는 것에 대한 욕구, 자신이 무언가 할 수 있는 존재라는 기쁨과 연결하여 바라보았다. 심상에서 경험한 음식을 만들고 먹는 과정은 자양분의 보충, 변화의 상징으로 볼 수 있겠으며, 자신의 경험들을 통합하는 과정으로 볼 수 있겠다. 일주일 후 이번 회기의 경험을 되새기며 어둠에서 빛을 받는 느낌이었다고 보고하였다. Emotional expression은 분노의 표출과 카타르시스를 도울 수 있는 프로그램이다. 복잡한 갈등과 상충, 반전과 일치를 반복하며 깊은 정신역동으로 이끄는 음악이 가해자에게 자신의 감정을 표출하고 당당히 맞서도록 지지해주었으며, A에게 삶의 에너지와 주체성 회복으로 가는 여정을 도운 것으로 보인다.

세션 11에서는 며칠 후 자궁 시술이 예정되어있는 상황이어서 안정감, 편안함을 경험하기 위해 음악 Solace를 사용하였다. 집 마당에서 엄마가 아이의 머리를 잘라주는 심상을 통해 시술이 그리 걱정할 일이 아닌 가볍게 다가왔으며, 편안함을 느꼈다고 이야기했다. 이에 이 장면을 실제 시술 전에 상기해 보도록 제안하며 안도감을 지지했다. 또한 산속 샘물과 설명할 수 없지만 좋은 느낌을 가득 준 메시지들이 자신의 마음에 담기는 심상을 통해서는 이 시간에 경험한 안정감, 든든함이 자신 안에 차곡차곡 쌓이는 것 같은 느낌이었다며 감사함을 표현하였다.

3. 후반 세션: 발 앞에 싹이 피어나다

시술이 잘 마무리되고 한 달 후 다시 만난 A는 세션 12에서 “전보다 건강함과 현명함이 씨앗으로 심긴 듯하다. 이러한 지혜가 지속되기 위해 필요한 것은?”을 intention으로 정하였다. 음악은 의식의 확장과 다층적인 삶의 조망하기 위해 Expanded awareness를 사용하였다. 자신의 발 앞에 싹이 피어나는 이미지를 생생하고 강렬한 경험으로 보고하며 “발 앞에서 싹이 피어나요~ 양쪽으로 하나씩… 초록색, 연두색 싹이 예쁘게 쭉 뻗어나가요~”라고 표현하였다. 그 장면을 그린 후 스스로도 신기해하며 사진으로 찍어 간직했다. 이후 백화점에서 물건들을 구경만 할 뿐 돈을 모아 꼭 필요한 것을 사겠다고 다짐하는 이미지에서는 특히 선글라스를 사지 않은 자신에게 만족함을 표현하였다. 절제와 계획이 내면에 자리 잡고, 자신을 가리는 검은 선글라스는 더 이상 A에게 필요한 것이 아니었다. 주체적인 삶의 모습과 절제에 대한 다짐이 더

[그림 40]

욱 견고해지는 순간이었다. 환경에 휩쓸리지 않고 자신의 삶을 살겠다는 통찰은 그녀의 표정과 태도에서 더욱 결연하게 드러났다.

세션 13에서는 “경제적 독립을 잘해나가도록 지혜를 얻고 싶다”를 위해 Inner odyssey를 사용하였다. 미로와 동굴을 헤매다 맨홀에서 빠져나오는 심상을 통해 길이 열리는 듯 자신감을 경험했다고 보고하였으며, 분리수거장이 깨끗하게 정돈되어있는 심상을 통해 이제 잘해나갈 수 있을 것 같다고 이야기하였다. 고기를 구워 맛있게 먹는 이미지는 세션 10과 마찬가지로 음식물을 통해 에너지를 채우고 통합하는 과정으로 설명될 수 있겠다. 또한 자신이 스스로 차를 운전하는 장면은 더 이상 가해자 M에 대한 이야기 없이 회기 전체에 자신이 주체로 등장하는 A의 변화와도 맥락을 같이 하고 있었다. 그녀의 목소리는 더욱 명료하였고 표정 또한 한층 밝아진 상태였다.

마지막 세션 14는 “내 삶의 주인공은 나! 그동안의 긍정적인 이미지를 내 마음 깊이 각인하고 싶다”를 intention으로 하여 Peak experience를 사용하였다. “내가 연장을 가지고 만들고 있어요…. 나름대로 열심히 준비하고 내 손으로…”라며 A가 작은 가게에서 그릇과 액세서리를 스스로 만드는 이미지를 경험했다. 이후 뮤지컬 장면에서 밝고 멋진 분위기와 음악이 주는 해피엔딩의 메시지를 통해 자신의 삶에 대한 희망을 더욱 지지 받게 되었다. A는 그동안 GIM에 참여하며 느꼈던 통찰들에 대해 정리하며 의미 있게 받아들이고, 마지막의 아쉬움을 표현하며 전체 세션을 마무리하였다.

후반 세션에서는 초반과 달리 음악 역동성과 다층성이 드러난 프로그램 위주로 제시되었고, A 또한 음악의 도움으로 심상의 경험과 인식을 확장해 나갔다. 또한 안대를 쓰고 누워서 진행하는 것에 거부감을 보이던 초반 모습과 달리 점차 익숙함과 안정감 속에 세션을 시작하였다. 심상에 대한 심리적 의미를 다각도로 고찰해보는 모습과 함께 저항과 불안은 점차 감소하는 것으로 보였고, 의존적이고 무기력한 태도에서 점차 주도적이고 신중한 태도로 자신의 삶을 바라보았다.

결론

A는 가정폭력 피해자로 첫 만남에서 불안, 분노, 우울, 낮은 자존감 등을 호소하였다.

심리 사회적으로 성취감을 느끼고, 자아통합을 이뤄나가야 할 시기에 가장 가까운 사람으로부터 신체적, 정신적 외상을 입게 된 것이다.

A의 이러한 상태로 인해 초기 회기에서는 치료 자체에 대한 의문과 저항이 반복적으로 나타났다. 하지만 부유하는 이미지와 감정을 차단하는 모습은 자신을 보호하려는 시도로 볼 수 있어 이에 대해 안심하도록 설명하고, GIM세션 외에도 자신이 선정한 노래를 감상하고 부르는 등 지지적이며 안정적인 분위기를 제공하려 하였다. 음악 선곡 또한 가정폭력의 피해자라는 상황과 연령, 치료경력, 학력 등이 고려되어 조심스럽게 이루어졌다. A가 드러낸 다양한 음악 요소 변화의 어려움을 고려하여 치료과정 중 contemporary 음악이 많이 제시되었으며, 초기 induction 또한 빛, 담요, 안전한 공간, 힐링 에너지 등을 통해 안정감에 초점을 맞춰 제시되었다.

세션 6 이후부터는 '원가족, 젊은 시절의 자신과 아들의 이미지'와 만나며 자신에 대해 이해하고 애도하는 경험을 하였다. 또한 '방향성 없이 등산로를 왔다 갔다 하는 이미지, 오래된 것으로 꽉 차 있는 냉장고의 이미지'를 통해서 현재 자신의 상태를 자각하고 계획과 인내의 필요성을 인식하였다. 세션 6의 나비는 변환의 상징으로 치료참여에 보다 적극적이며 자신의 삶을 조망하는 전환점으로 보였다. 세션 10의 잘 차려진 음식물을 섭취하는 것 역시 자양분과 변화의 상징으로써 A가 자신을 이해하고 돌보는 과정임을 드러내었다. 후에 A는 이러한 경험을 어둠에서 빛을 받는 느낌으로 보고하였다.

후반 세션 12~14에서는 '자신의 발 앞에 싹이 피어난 심상, 맨홀에서 빠져나오고, 분리수거가 잘 된 심상'을 통해 자신의 삶을 주체적으로 살아갈 내적 자원을 마련하였다. 쉼터 생활 중 관계의 어려움도 있었으나, 감정대로 바로 떠나버리는 것이 아니라 그곳의 생활상에 주어진 규칙대로 자신의 역할을 해나간 경험은 A의 삶에 긍정적으로 작용하였다. 이것은 자립을 위한 현실적 지원과 의료비 지원으로 이어지며 A에게 자신감과 희망을 주었다. 자신의 청년기 삶을 성찰하며 그때 자신의 반응과 선택, 삶에 대한 태도를 바라보는 것은 A에게 중요한 심리적 과제로 여겨졌다. A는 수많은 삶의 결정 앞에 숙고하고 지혜로운 결정을 내리는 것이 매우 중요함을 인식하였으며, 새로운 삶의 방향을 설정한 것은 발 앞에 피어난 싹처럼 A의 삶에 희망을 상징해 주었다.

치료 만남이 종결된 후에도 A는 두 번 연락을 해왔다. 국가 지원을 통해 자신의 독립된 주거를 마련하였고, 식당에서 일하며 바쁘게 보내고 있는 현재를 만족스럽게 이야기하였다. 더 이상 이전처럼 의존적이며 충동적으로 삶을 살아가지 않고 계획적이며 주도적으로 자신의 삶을 지켜나가겠다는 다짐과 실행을 하게 된 것이다.

용어 설명

원가족(family of origin): 개인이 태어나서 자라온 가정, 혹은 입양되어 자라온 가족을 말하며 근원가족 또는 방위가족이라고도 함.

내면아이(inner child): 한 개인의 정신 속에서 하나의 독립된 인격체처럼 존재하는 아이의 모습. 내면아이 치료를 통해 각 발달단계의 해결 욕구와 미해결 상태를 발견하도록 해줌.

외상 후 스트레스 장애(post traumatic stress disorder): 사람이 전쟁, 고문, 자연재해, 사고 등의 심각한 사건을 경험한 후 그 사건에 공포감을 느끼고 사건 후에도 계속적인 재경험을 통해 고통을 느끼며 그로부터 벗어나기 위해 에너지를 소비하게 되는 질환으로, 정상적인 사회생활에 부정적인 영향을 끼침.

HTP검사(house-tree-person test): 벅(Buck, 1948)이 고안한 투사적 그림검사로써 집, 나무, 사람을 각각 그리게 하여 내담자의 성격, 행동 양식 및 대인관계를 파악할 수 있음.

피카르디 3도(picardy third): 단조의 곡을 단3화음으로 마치지 않고 장3화음으로 마치는 것.

참고문헌

김다소망, 강경선(2015). 쉼터에 입소한 가정폭력 피해여성의 음악심리치료 경험에 대한 근거. 한국예술심리치료학회, 11(1), 97-116.

김소진(2011). 정신적 외상에 대한 심상음악치료(GIM)의 적용사례: 30년 전의 정신적 외상에 대한 재경험 중심으로. 한국심상음악치료협회, 워크숍, 8차 10-22.

서주희 외(2015). 가정폭력 피해여성들의 사건 충격과 정서 그리고 삶의 질에 대한 M&L 트라우마 심리치료의 효과에 대한 임상연구. 동의신경정신과학회, 26(2), 79-88.

여성가족부(2019). 2019년 가정폭력 실태조사 연구. 여성가족부.

이난복(2010). 침잠에서 성숙의 시기로: 가정폭력여성의 그룹 심사유도음악치료(GIM) 경험에 대한상학적 연구. 한국음악치료학회, 12(1), 43-45.

정춘숙(2015). 가정폭력 피해여성의 자립의지에 영향을 미치는 요인에 관한 연구. 미간행 박사학위논문. 강남대학교.

Bonny, H, L. (1978/2002). The role of taped music programs in the guided imagery and music process. In L. Summer (Ed.), Music and consciousness: The evolution of guided imagery and music (pp. 299-324). Gilsum, NH: Barcelona Publishers.

Gelles, R. J. (1989). "Violence and the Family". Journal of Marriage and the Family 42(4), 873-885.

J. M. Kim. (2006). A Study on the Institutional Improvement Polocoes for the Effective Intervention into the Domestic Violence-Focusing in the Police Officers's Crisis Intervention. Police Studies, 6(3), 9-35.

개인 GIM | 성인 | 내면아이

14
상처 입은 내면아이를 치유하며

정은주

개요

내면아이는 우리의 본능적인 부분으로 '마음으로 느끼는 감정'을 의미하며 우리의 핵심감정을 형성하는 데 중요한 요인으로 작용한다. 상처 입은 내면아이는 계속 숨기면 숨길수록 자신을 알아주고 받아들여 주지 않는 사실에 대항하여 삶에 부정적인 영향을 준다. Nathaniel Branden은 어린 시절의 해결되지 않은 감정들을 다시 확인하고 치유하며 통합하는 과정을 통해 자존감을 높일 수 있다고 한다.

내면아이의 어린 시절 정서적 특징인 낮은 자존감, 수치심, 죄책감, 분노, 열등감, 우울, 두려움, 감정의 억압으로 인해 우리는 왜곡된 사고나 자기애성 성격 장애 등의 모습을 보일 수 있다. Missildine은 환자들의 치료 경험을 분석한 결과 어린 시절 겪었던 사건들이 그들에게 계속 남아 부정적 영향을 미치고 있다고 말했다. 그는 '상처 입은 내면아이'가 미치는 영향에 대해 다음과 같이 설명하고 있다.

완전주의: 물질적, 지적, 사회적 성공을 향한 끝없는 지나친 몰두.

강압: 빈둥거리기, 공상, 늑장 부리기, 기타 반항들.

유약: 충동적 행위, 발끈하는 기질, 타인의 권리에 대한 존중심 결여.

과보호: 권태감, 끈기 부족, 노력하기 어려움.

심기증: 활동하지 않고 불참하는 구실을 만드는 건강에 대한 지나친 걱정.

징벌: 어른이 되어서도 보복하고자 하는 강한 복수심으로 생활.

방임: 불안, 고독, 타인에게 친근감 느끼기 어려움.

거부: 타인에게 받아들여지지 않는다고 느낌.

성적 자극: 성의 인격적인 관계에는 불만족하며 육체적인 측면만 강조함.

Whitfield는 그의 저서 『Healing the child Within』에서 성장하면서 적절한 욕구 충족이 이루어지지 못할 때 건강한 자아를 발전시킬 수가 없고, 과장된 자아 또는 상호의존적 자아를 발전시키게 된다고 설명하고 있다.

GIM심상음악치료guided imagery and music(이하 GIM)는 음악중심적, 정신역동적인 치료법으로서 '상처 입은 내면아이'의 치유에 효과적이다. GIM에서는 음악프로그램을 들으며 치료사와 함께 클라이언트가 자신의 어린 시절을 떠올리며 상처 입은 내면아이를 만나게 한다. 그 가운데 막혔던 슬픔과 여러 감정을 쏟아내며 내면아이와 이야기를 나누고 서로 부둥켜안는 과정을 통해 치유가 일어나게 한다. 이 모든 것이 자연스럽게 일어날 수 있는 것은 음악의 힘이고, 클라이언트가 적극적으로 행동할 수 있도록 안전감을 제공하는 치료사가 있기 때문이다.

GIM이 어떻게 내면의 아이와의 만남을 돕고 치유와 내면을 통합하게 했는지를 중년여성 A(가명) 씨의 사례를 통해 살펴보고자 한다. 20회의 세션에서 GIM은 A 씨가 자신의 깊숙이 숨겨져 있던 묵은 감정들을 쏟아내며 내면아이를 만나 통합하여 새로운 삶을 살 수 있게 하였다.

대상 정보

우리가 처음 만났을 때 A 씨(38세)는 남매를 둔 어머니로, 작은아이 문제로 많은 걱정을 하고 있었다. 큰딸은 초등학교 6학년으로 학교생활을 잘하고 있었으나, 아들은 초등학교 3학년으로 학교에서 크고 작은 문제를 일으켜 선생님과 자주 면담을 해야 하는 상황에 있었기 때문이다. 아들은 친구들과도 잘 어울리지 못했고, 학교생활에도 잘 적응하지 못하고 있었다. A 씨는 아들의 문제에 대해 어떻게 대해야 할지 혼란스러워하고 있었고 남편과 이 문제에 대해 의논하였으나, 남편은 A 씨에게 모든 걸 알아서 하라고 맡기고 있었다. A 씨는 스스로 이 문제를 해결해야 하는 것에 대해 많이 불안해하였고, 어떻게 해야 할지 모르겠다는 말만 되풀이하였다. 이야기를 계속해나가는 과정에서 우울, 불안, 무기력감, 감정조절 등의 문제를 호소하였다. 또한 경제적인 어려움으로 인해 A 씨도 취업을 해야 하는 상황이었는데, 직장 다니는 것에 대해서도 많이 불안해하고 있었다. 지금도 아들이 학교생활을 잘해나가지 못하고 있는데 자신이 직장을 다니게 되면 아들의 문제가 더 커질까 봐 두려워하고 있었다.

A 씨는 생후 12개월 이전에 부모와 분리되어 할아버지와 할머니 밑에서 자랐다. 그런데 5살에 자신을 많이 사랑해주던 할머니가 돌아가셨고, 그 후 1년간 할아버지와 살다가 7살이 되어서야 가족들과 함께 살게 된 경험을 가지고 있었다.

그리하여 나는 GIM을 권하게 되었고 GIM이 어떻게 진행되는지 설명하였다. “침대(매트)에 누워 최대한 이완되고 편안해진 상태가 된 후 이슈와 관련된 음악프로그램을 듣는 동안 A 씨는 자신의 신체감각, 시각, 느낌, 기억, 환상 등의 다양한 내적 체험을 하며 그 과정을 저와 함께 나누며 경험들을 더 확장해 나갈 것입니다. 저는 계속 대화를 나누며 내용을 기록할 것이며 원하는 방식으로 자신의 내면세계를 탐색하실 수 있도록 도울 것입니다.” 나는 A 씨가 두려워하는 이미지가 나올 가능성에 대해 이야기하고 그것을 직면하고 극복할 필요가 있다는 것과 함께 치료사인 내가 끝까지 곁에 있을 것임을 이야기했다. A 씨는 내가 함께한다면 충분히 그 과정을 버틸 수 있을 것이라고 말했고, 지금의 상태에서 벗어날 수 있다면 치료에 응하겠다고 했다.

치료 과정

1. 심상에 들어가기

치료실에서 만나서 A 씨의 마음이 편안해질 수 있도록 근황 이야기를 나누었다. 그리고 오늘 어떤 주제를 가지고 자신의 내면으로 들어가 답을 찾고 싶은지 정하였다. A 씨는 침대에 누웠고 나는 A 씨가 눈을 감고 심호흡을 하게 했다. 나는 이완과 인덕션을 시작했고, 그 과정은 빛이 A 씨의 몸을 통과해 온몸에 퍼지는 심상을 갖게 하여 몸에 긴장된 부분이 있으면 풀어지도록 하였다.

클라이언트가 자신의 경험을 전달하기 위해 치료사가 인도하는 감각 경로의 순서를 그대로 따라가면 치료사를 신뢰할 수 있는 라포 형성에 도움이 된다. 그리고 의식이 확장되어 좀 더 자유롭게 자신의 심상에 적극적으로 참여하여 다양한 체험을 시도하게 된다.

2. 내면아이의 치유와 감정의 회복

상처 입은 내면아이 치유는 내담자의 어린 시절에 '아직 미처 해결하지 못했던 슬픔'을 걷어낼 수 있도록 도와 내면의 통합이 이루어지게 한다. 이는 자신이 그동안 가지고 있던 패러다임의 전환을 가져오게 하여 새롭게 삶을 시작할 수 있게 한다. 상처 입은 내면아이를 발견하고 몸에 갇혀있던 억눌려진 슬픔을 걷어 내고 만남을 갖게 되면 놀라운 창조적 에너지를 갖게 되기 때문이다. 내담자 스스로가 자기 자신의 성숙한 힘을 사용하여 자신의 내면아이를 돌보고 치유할 수 있게 되는 것이다.

GIM심상음악치료는 음악 중심적, 변형적인 치료법으로써 한 개인의 내적인 경험을 탐색하여 역동적으로 표출하는 과정을 통해 육체적, 정신적, 영적 통합에 도움을 준다. GIM에서 '상처 입은 내면아이'와의 만남과 치유, 통합을 통해 내담자의 새로운 삶이 시작되는 경우가 많이 나타난다. 특히 내면아이의 치유작업의 핵심인 '상처 입은 내면아이의 슬픔과의 동일시' 작업은 GIM심상음악치료가 가장 큰 힘을 발휘하게 되는 부분이기도 하다.

A 씨의 사례는 특별히 Grawiz와 Bowden의 상처 입은 알콜중독 가정에서 자란 성인아이의 회복을 위한 6가지의 치료단계 중 3단계인 '감정을 회복하는 단계'(내면아이 치유)와 연결하여 정리할 수 있었다. 이 단계는 다음과 같이 이루어진다.

1단계: 감정이 그동안 차단되었음.
2단계: 감정에 대해 탐색하기 시작함.
3단계: 깊고 내밀한 수준의 감정을 탐구하고 경험하기 시작함. 그 감정을 다른 사람에게 이야기하기 시작함. 정신적, 영적 성장이 시작됨. 친밀감의 증진이 경험됨.
4단계: 감정의 나눔. 완전한 자아노출 단계(안전하고 지지적인 환경 안에서).
5단계: 감정의 전환(슬퍼함과 애통함의 과정을 통해 이루어짐).

3. 감정의 차단 인식(세션 1~2)

첫 번째 세션에서는 일반적으로 사용하는 GIM음악프로그램을 선택했다. 이것은 총 4곡으로 구성되었고 30분이 소요된다. 각 곡은 분위기와 악기 편성, 스타일이 다르기 때문에 클라이언트가 심상의 여러 영역과 다양한 심상 스타일(시각, 신체적, 감각적, 감정 등)을 경험하게 할 수 있고, 임상 평가에도 유용하다. 또한 같은 음악프로그램임에도 불구하고 클라이언트의 내면 상태에 따라 다 다르게 이미지가 나타나므로 클라이언트가 GIM에 대한 확신을 갖게 되고 신뢰하게 한다. 세션 1, 2회기 동안 A 씨는 '탐색'을 통해 자신의 감정이 차단되어 몸에 갇혀있었음을 인식하기 시작했다.

1회 세션에서 '두려움이 어디서 오는가?'의 주제로 탐색할 때(Music: Exploration), A 씨는 음악을 듣자마자 곧 울기 시작하였다.

> 어린아이였을 때 모습이 떠올라요… 3살인 것 같아요… (A 씨는 계속 슬프게 울었다) 가슴이 먹먹해요… 그 시절 혼자 자주 울었던 것 같아요… 그런데 이 정도로 많이 운

> 줄은 몰랐어요… 모든 걸 혼자 감당하고 혼자 해결해야 했던 것 같아요… 그래서 너무 슬퍼요…

세션이 끝나고 A 씨는 5살 때 할머니가 돌아가셨고, 그때 느꼈던 감정은 엄마가 없을 때 느꼈던 먹먹함과 비슷했다고 말했다.

2회 세션에서는 '현재 내 마음은 어떤가?'의 주제로 이루어졌는데(Music: Reflection), 세션을 시작하면서는 '온몸이 감싸지는 따뜻한 느낌'이 든다고 했다. 그러나 곧 머리와 가슴이 서로 다른 이야기를 하며 충돌하는 것을 느끼며 자신의 어린 시절 슬프고 두려웠던 느낌들을 재경험하였다. 가슴으로 아린 것 같다는 느낌을 가졌다. A 씨는 어린 시절에 그렇게 힘들었기에 현재의 내가 이렇게 된 것을 알게 되었다고 말했다.

4. 감정 탐색의 시작(세션 3~7)

A 씨는 세션 3회기에서 7회기 동안 자신의 감정들을 탐색하기 시작했다. 주로 머리, 가슴의 아픔을 호소하면서 몸 전체가 작은 조각조각으로 나뉘어 아픔을 느끼고 있는 것 같다고 말했다. 어린 시절을 경험하면서 슬픔과 두려움을 만나기 시작했다.

3회 세션은 '지금 몸에서 느끼는 슬픔과 먹먹함이 무엇인가?'를 주제로 시작되었다(Music: Melancholy).

> 가슴이 많이 저려요… (A 씨는 울음을 터뜨렸다) 머리가 아파요… 가슴이 저리네요… 얼굴도 저린 것 같아요… 추워요… 가슴이 여전히 저려요… 몸 전체가 조각조각처럼 반씩 나누어져 아픔을 느끼고 있는 것 같아요… **익숙한 느낌인가요?** 익숙한 것 같은데 익숙지 않아 혼란스러워요… **어떤 느낌이 드시나요?** 억눌려 있던 감정들이 조금씩 열리는 것 같아요…

4회 세션에서 A 씨는 "껄끄러움이 무엇인지 알고 싶다"라고 했고(Music: Reflecti

on), 여전히 가슴이 저미고 머리가 많이 아팠으나 전보다는 적게 느껴진다고 말했다. 또한 "가슴 아닌 다른 부분까지도 아프다"라고 말했고, 두통과 함께 머리가 들릴 정도로 기침을 하였다. 또한 "여러 감정이 나가고 들어오는 것 같다"라고 말했다.

5회 세션에서는 "'하기 싫다'와 '해보자' 중 어떤 느낌이 큰지 알고 싶다"라고 했다(Music: Grieving/Depth Bach 4, 5번).

> 떨려요… 뱃속이 울릴 정도로 떨리고 있어요… **그 느낌이 어떤가요?** 기분 나쁘지는 않아요… 신기해서 보게 되네요… (심상의 변화가 느껴져 중간에 음악을 바꿈) 머리가 부분부분 나눠진 것 같아요… 서로 갈등하는 것 같아요… 그런데 나머지 신체는 평온해요… 머리와 몸이 따로 노는 것 같아요… 두 가지를 다 보기는 힘들 것 같아요…

6회 세션에서는 '붕 떠 있는 느낌/슬픔이 무엇인지 알고 싶다'로 진행되었는데(Music: Loss), A 씨는 자신의 슬픔 뒤에 두려움이 있음을 알게 되었다. "슬픔은 익숙해져 있는데, 그것을 넘어서 두려움을 바라보기가 너무 힘들다"라고 말했다. 아픔과 슬픔이 아닌, 평온함 가운데 두려움이 있어서 견딜 수 있는 것 같다고도 했다.

7회 세션에서는 A 씨가 좀 더 직면할 수 있는 힘이 생겨서 "두려움이 뭔지 알고 싶다"라고 했다(Music: Abandonment to Bonding).

> 두려움을 만난 것 같아요… CD 두께만큼 두꺼워진 두려움이 씩 웃고 있는 것 같아요… 머리가 아파요… 생니를 뽑는 것같이 아프네요… 그런데 몸은 편안한 것 같아요… **두려움과 이야기를 나눠볼 수 있을까요?** 계속 두려움에게 무슨 생각을 갖고 있는지 물어보고 있어요… 그런데 그럴 때마다 도망갔어요… 등 뒤에 숨어있는 느낌이 들어요… 자꾸 도망가고 숨어있어서 그냥 잡고 있기만 하고 있어요… 저민 듯한 아픔은 없어진 것 같아요… 신체 앞면의 감정들은 어느 정도 해소된 것 같아요…

세션이 끝나고 A 씨는 차곡차곡 쌓아둔 두려움이 넘실넘실 나오는 것 같았으며, 어릴 때 앉아서 많이 울었던 것 같다고 말했다.

5. 깊은 수준의 감정의 경험 시작: 정신적, 영적 성장, 친밀감의 증진 경험(세션 8~12)

A 씨는 세션 8~12 동안 더욱 깊숙이 감춰져 있던 감정들과 만나게 되었다. 내면의 아이와도 잠시 만남을 가졌으나, 내면 깊이 있던 두려움과 무서움을 직면하였고 그 대상이 누구인지에 대해서도 성찰하는 과정을 가졌다.

8회 세션은 A 씨가 7회 세션에서 보았던 "연못에 대해 알고 싶다"라고 했다(Music: Relationship 1~2, Life Blood 1, 3). A 씨는 연못에서 한 아이를 만났다.

> 나는 이끼가 끼고 꽃이 피어있는, 우물 느낌의 연못에 있어요… 거기에 한 아이가 있어요… 아이는 땅을 파면서 계속 울고 있어요… **그 아이를 보니 마음이 어떤가요?** 나도 눈물이 나요. 너무 슬퍼요… **어떻게 하고 있나요?** 아이의 등 뒤에 손을 대고 있어요… **그 아이에게 어떻게 해주고 싶나요?** 아이를 안아주고 토닥거려주고 싶어요… 아이가 대성통곡을 하네요… 나도 그 옆에서 아이의 느낌을 그대로 느끼고 함께 하고 있어요… 아이가 울음을 그쳤네요… **음악이 끝나가고 있습니다. 아이에게 무슨 말을 하고 싶나요?** 다시 찾아오겠다고 아이에게 말했어요…

이런 경험들에 대해 이야기 나누면서 A 씨는 어린 시절의 기억, 감정을 느끼게 되어서 힘들기도 했지만, 혼자가 아닌 느낌이 좋았다고 말했다. 그러나 아이와의 만남에 대해 등이 너무 아파서 신체가 거부하는 것같이 느껴졌다고 했다.

9회 세션에서는 '무엇 때문에 그렇게 등이 아팠는지 알고 싶다'로 시작하게 되었고(Music: Loss) A 씨는 '몸 전체가 마치 생니를 뽑는 듯한 아픔과 구토할 것 같은 어지러움'을 느낀다고 말했다. 동시에 "몸 전체가 자기 소리를 들어 달라고 아우성치는 것 같았으나 너무 아파서 들여다보지 못했다"라고 했다. 다 들어주기에는 힘들고 너무 아파서 내려놓았는데 그렇게 그냥 놔버림으로 편해졌다고 말했다.

10회 세션은 '두려움의 끝이 무언지 보고 싶다'를 주제로 하기로 했다(Music: Grieving).

> 두려움을 만난 것 같아요… 뭔가 어려웠던 것 같아요… 내 안의 두려움과 만나는 게

서로 상처를 줄까 봐… 어려워하는 게 있었던 것 같아요… **두려움에게 뭐라고 이야기 하고 싶으신가요?** 고맙다… 두려움이 사라졌어요… 기다릴게… **그렇게 말하고 나니 느낌이 어떠신가요?** 따뜻하고 좋아요.

11회 세션에서는 A 씨는 "아버지에 대해 알고 싶다"라고 했고(Music: Peak Experience 2, 5번), '무서움과의 만남'을 가졌다. 목이 부러질 것처럼 숨이 넘어가고 호흡이 힘들 정도로 너무 무서웠다고 말했다. "무서움에 다가서려고 했으나 그림자도 밟지 못했다"라고 했다. 지금 아버지를 대하면 분노가 있고 가슴이 답답하고 떨리고 무서움이 있는데, 어린 시절 아버지가 잘해주다가도 '욱' 하실 때에는 체벌을 하셨고 그 후에 달래주셨다고 한다. '나무에 가서 쉬는' 이미지를 가졌는데, 나무는 어린 시절에 울 때마다 위안이 되어주었다고 했다. 따뜻함과 공포감이 공존하는 것을 느꼈고, 두려움과 무서움 모두 '또 다른 나'인 것 같다고 했다. 너무 멀리 있어서 실체에 비해 그림자가 너무 크게 느껴진 건 아닌가 하는 말에 A 씨는 크게 공감하고 위로받는 것으로 보였다.

12회 세션에서는 '무서움, 그 두 번째 만남'을 가지기로 했고(Music: Depth Bach), A 씨는 무서움과 두 번째 만남을 가졌다. 다가가기는 했으나 온몸이 다 아팠고 계속 걸어는 갔으나 제자리걸음을 하였다. 점점 몸이 추워졌고 그러는 가운데 무서움과 마주하게 되었다. "너무 무서워서 배까지 아팠다"라고 말했다. 처음 만났을 때는 무겁고 어둡고 침체되고 가라앉는 느낌으로, 낯설지만 "어둡구나" 하고 수용할 수 있었다고 했다. 그 무서움을 수용하고 인정한 느낌이 들었다고 말했다. 무서움의 대상은 할아버지, 아버지였던 것 같다고 했다. 무서움 때문에 내 속에 들어가서 울다 만 느낌을 경험했다. 이 모든 게 지나가면 수용하고 통합할 수 있을 것 같다고 말했다.

6. 감정의 나눔: 완전한 자아노출 단계(세션 13~16)

A 씨는 13~16회 세션 동안 상처받은 내면아이와의 만남을 가졌다. 저미는 슬픔, 타인에 대한 감정, 자신의 문제 직면, 머리와 몸의 충돌 등을 통해 자신을 완전하게 노

출하는 과정을 가졌다. 특히 16회 세션에서 머리가 2살 이전의 나로 돌아가 웅얼거리는 경험을 통해 내면아이의 아픔을 동일시하여 치유로 나아가는 과정을 가졌다.

13회 세션에서 A 씨는 "저미는 슬픔이 무엇인지 알고 싶다"라고 했다(Music: Sorrow).

> 계속 몸이 가라앉는 것 같아요… 몸이 춥네요… 머리와 가슴이 다 아파요… 저미는 슬픔이 느껴져요… **뭐라고 말하는 것 같나요?** 너무 아파서 말을 못 했어요… 아이와 만났어요… 아이 손은 잡았는데 머리가 방해해서 손잡은 아이를 볼 수 없어요… 아이 표정이 너무 궁금해요… 그래도 끝까지 아이 손을 놓지 않고 있어요…

대화를 나누면서 A 씨는 세션이 진행되는 동안 온몸이 아팠는데 그동안의 느낌과는 또 다른 느낌이어서 생뚱맞고 익숙하지 않다고 했다. 머리가 방해하는 것을 잘 달래서 없애면 자연스럽게 아이를 만날 수 있을 것으로 기대했다.

14회 세션에서는 '타인을 만날 때 낯섦이 몰려오는 이유를 알고 싶다'라는 주제로 시작하였고(Music: Depth Bach), A 씨는 온몸이 다 아프다고 말하며 특히 배가 아픈 것 같다고 말했다. 배의 아픔에 집중하면서 한 아이를 만났고 그 아이는 어린 시절의 자신이라고 말했다. 보는 것만으로도 아픔을 느꼈는데 머리가 방해하였고 그럴 때마다 아이가 도망가는 것이 느껴졌다고 했다. 머리, 몸 모두 봐달라고 해서 힘들었다고 말했다. 어릴 때 혼자 놀던 자신을 보게 되었고, 보는 것만으로도 힘들었다고 했다. 같이 놀자고 하고 싶었다고 했다. 타인과의 만남이 낯선 것은 어린 시절의 기억 때문인 것 같다는 통찰을 가졌다.

15회 세션은 "무엇 때문에 머리와 몸이 대립하는 걸까?"라는 의문으로 시작되었고(Music: Inner Oddessay), A 씨는 조각조각 머리가 아우성치며 죽을 것처럼 아프다는 것으로 세션을 시작하였다.

> 숨어있는 것 같아요… 나와도 괜찮다고 말해주고 있어요… 계속 기다리고 있어요… 또 다른 내가 나를 보호하고 있네요… 머리가 계속 아파요… (A 씨는 기침을 하였다) 까마득하게 높았던 담이 있어요… 그런데 2/3 정도 무너졌어요… 서로 얼굴을 보고 있어요… 몸이 밝은 표정으로 바라보고, 머리는 난처해하는 것 같아요…

A 씨는 GIM 경험이 끝나고 이야기를 나누는 가운데, 담을 허무는 것 자체가 무섭고 난처하고 당황스럽고 낯설었다고 말했다. '밝은 모습의 나'와 '아파하고 힘들어하는 나' 모두 자신이라는 통찰을 가졌고 얼마 안 남은 느낌이 든다고 말했다.

16회 세션은 '나에겐 뭐가 어려운 걸까?'라는 주제로 시작했는데(Music: Grieving), A 씨는 머리와 가슴이 아픈 것을 경험하고 있었다.

> 머리가 아파요… **머리에 집중해 보시겠어요?** … (A 씨가 웅얼거리는 소리를 내기 시작했다) … (한참 동안 알아들을 수 없는 소리를 계속 내고 있다) … 아기를 토닥이고 있어요… 머리가 할 이야기가 많은 것 같아요… **머리가 뭐라고 얘기하는 것 같나요?** '그렇게 아팠구나'라고 느껴주길 원하는 것 같아요… 머리가 소리를 더 내지 못해 아쉬워하는 것 같아요… 그 아픔을 알아주는 사람에게 얘기하고 싶었던 것 같아요… 출렁거리는 것처럼 잔잔한 아픔이 많았던 것 같네요… **어떻게 하면 좋을까요?** 머리와 가슴의 소통이 이루어지도록 좀 더 기다리면 될 것 같아요…

세션이 끝난 후 A 씨는 머리가 하는 웅얼거림이 2살 이전의 '나'가 알아들을 수 없는 소리로 얘기하는 것 같았다고 말했다.

7. 감정의 전환: 슬퍼함과 애통함의 과정을 통해 이루어짐(세션 17~20)

A 씨는 17~20회 세션 동안 상처 입은 내면아이와 통합해가는 과정을 가졌다. 특히 17, 18세션에서는 상처 입은 내면아이와 합쳐지는 심상을 통해 내면아이의 슬픔과 아픔을 고스란히 경험했다. 그리하여 19, 20세션에서는 전체적인 나를 경험하고 상처 입은 내면아이를 스스로 보호하여 함께 하는 심상으로 마무리되었다.

17회 세션의 주제는 '숨어버린 나를 찾고 싶다'였다(Music: Quiet Music). A 씨는 울음으로 세션을 시작하였다.

> 아이가 있어요… 탑 안에 갇혀 있는 것 같아요… 밖을 동경하고 있는데 탑 안에 갇혀 있는 것 같아요… **아이는 무엇을 하고 싶어 하나요?** 나가고 싶은데 못 나가고, 이러지

도 저러지도 못하는 것 같아요… **아이의 감정은 어떤 것 같아요?** 애절함이 느껴져요… 아… 그런데 아이와 내가 겹쳐지고 있어요… 가슴이 답답하고 허리가 아파요… (A 씨는 기침을 했다) 혼란스러워요… **둘이 합쳐지니까 어떤가요?** 둘이 합쳐져서 당황스럽긴 한데, 이제는 함께 있어요.

18회 세션은 '아픈 반쪽'을 찾고 싶다'로 시작했다(Music: Inner Oddessay). A 씨는 '우는 나', '바라보는 나'를 경험하면서 다시금 슬픔을 느낀다고 말했다. 아픔을 느끼다가 '우는 어린 나'와 '바라보는 나'가 다시 합쳐지는 경험을 했고 가슴이 답답함을 느꼈다. 호흡으로 내보내면서 기침을 하고 계속 울음을 보였다. '우는 어린 나'와 '바라보는 나'가 통합되면서 '어린 나'의 감정을 그대로 경험하는 시간을 가졌다. 너무 울어서 말을 웅얼거리고, 방바닥을 치면서 우는 경험을 하느라 손이 아픈 것을 느꼈고, 울다 지쳐서 시체처럼 쓰러져 잤던 것까지 모두 경험하였다. 떠나보내고 떠나는 경험을 많이 했던 것 같다고 했다. 체력적으로 많이 소모되어 몽롱한 느낌과 함께 애잔함이 남는다고 했다.

19회 세션은 '나 자신을 알자'라는 주제로 시작되었다(Music: Transcendence).

처음이에요… 온몸이 하나 된 느낌이 들어요… 붕 떠 있는 기분이에요… 근데 어디론가 가는 것 같아요… **느낌이 어떤가요?** 2호선 전철처럼 약간 빠르게 머리, 팔, 다리, 머리로 순환하는 것 같아요… 하나로 연결됐다는 느낌이 들어요… 덜컹거리면서 순환하고 있어요… 가슴, 목, 머리가 답답해할 때마다 달래주며 계속 나아갈 수 있게 하고 있어요… **기분은 어떤가요?** 전과는 좀 다르게 느껴져요. 담담한 슬픔인 것 같아요. 눈물이 나요… 그래도 "내가 슬프구나" 공감해 주고 있어요… (A 씨는 자신의 몸을 토닥여주었다) 안아주고 달래고 있어요… 나 자신을 돌보고 있어요.

세션이 끝나고 A 씨는 몸은 피곤했으나 머리는 개운해졌고 유쾌하고 재미있기도 하며 그냥 좋은 느낌이었다고 했다. '전체적인 나'를 알게 된 것 같았고, 그 느낌이 실생활에서 덜컹거리면서도 멈추지 않고 계속 순환하는 느낌이 실생활에서도 도움이 될 것 같다는 insight를 가졌다.

20회 세션은 "따뜻한 나의 마음을 느끼고 싶다"라고 했다(Music: Peak Experience).

A 씨는 손을 모으고 있는 모습으로 세션을 시작하였다.

> 어린아이가 새처럼 있어요… 처음부터 손을 잡고 함께 있어요… 지독하게 혼자 있는 느낌이었는데… 누군가 위로해 줘서 따뜻한 느낌이 들어요… '함께'라는 걸 느껴서 좋아요… (A 씨는 잠시 기침을 했다) 처음 만났던 그 아픔들이 조금씩 나오는 것 같아요… 자꾸 눈물이 나요… 여전히 너무 아프지만, 답답한 게 다 빠져나가는 것 같아요…

세션이 끝나고 A 씨는 멍한 상태로 잠시 머물러 있었고 복합적인 느낌을 가졌으나 따뜻함을 느꼈다고 말했다. 스스로에게 "애썼다"라고 말하고 싶다고 했다.

마무리

세션을 마무리하면서 A 씨는 자신의 어린 시절의 경험들로 인해 생겨난 부정적 감정들이 해결되지 못한 채 몸 안에 갇혀있었음을 알게 되었고, 이 감정들을 탐색하는 가운데 상처받은 내면의 아이를 경험하고 치유하고 통합하는 과정을 통해 자신의 삶을 스스로 볼 수 있는 힘들을 얻게 되었다. A 씨는 더 이상 자녀들의 문제로 크게 불안해하지 않으며 그들을 지켜볼 수 있는 힘을 갖게 되었고, 타인들과의 관계도 잘해 나갈 수 있게 되었다고 말했다. A 씨는 GIM세션들이 다 끝나고 얼마 지나지 않아 취업을 하게 되었으며 안정적인 생활을 해나가게 되었다.

논의와 결론

심상과 음악

GIM에서 심상imagery은 중요한 역할을 한다. 심상은 A 씨가 두려운 문제를 직면하여 의식에 통합할 수 있도록 했다. 심상은 감정과 그와 연결된 에너지를 담고 있으므로 A 씨가 어린 시절 내면 깊이 묻어 놓았던 슬픔과 절망, 두려움을 인정하고 풀어놓을 수 있게 도와주었다.

A 씨가 GIM심상음악치료로 경험한 심상들은 Grawiz와 Bowden의 '감정을 회복하는 단계'와 연결하여 어떻게 상처 입은 내면아이를 치유했는지를 잘 보여주고 있다.

1단계 '감정의 차단 인식'에서는 세션 1, 2회 기간 동안 A 씨가 '탐색하는 경험으로 자신의 감정이 차단되어 몸에 갇혀있었음'을 인식하는 것으로 이루어졌다. 2단계 '감정의 탐색의 시작'에서는 3~7회 기간 동안 자신의 감정 탐색을 통해 아픔과 슬픔, 두려움을 만나기 시작했다. 3단계 '깊은 수준의 감정의 경험 시작, 정신적, 영적 성장, 친밀감의 증진 경험'에서는 8~12세션 동안 더욱 깊숙이 감춰져있던 감정들과의 만남을 가졌다. 내면의 아이와도 잠시 만남을 가졌으나, 내면 깊이 있던 두려움과 무서움을 직면하였고 그 대상이 누구인지에 대해서도 성찰하는 시간을 가졌다. 4단계 '감정의 나눔'에서는 13~16세션 동안 상처 받은 내면아이와의 만남을 통해 자신을 완전하게 노출하는 과정을 가졌다. 특히 16세션에서 머리가 '2살 이전의 나'로 돌아가 의미를 알 수 없는 소리를 웅얼거리는 경험을 통해 내면아이의 아픔을 동일시하여 치유로 나아가는 과정이 있었다. 5단계 '감정의 전환'에서는 17~20회기 동안 상처 입은 내면아이와 통합해가는 과정을 가졌다. 특히 17, 18세션에서는 상처 입은 내면아이와 합쳐지는 심상을 통해 내면아이의 슬픔과 아픔을 고스란히 경험했다. 그리하여 19, 20세션에서는 전체적인 나를 경험하고 상처 받은 내면아이를 스스로 보호하여 함께 하는 심상으로 마무리되었다.

A 씨가 주로 경험했던 심상으로는 머리와 몸의 갈등이 있었는데, 이는 프로이드 해석을 따르면, 초자아superego와 이드id의 갈등이라고 할 수 있다. 우리는 본능적인 것을 억압하고 사는 경우가 많다. 그로 인해 신체적인 문제가 발생하거나 두려움, 불안, 우울 등의 심리적 장애를 가질 수 있다. 나 자신의 자아ego가 건강해져서 초자아와 이드의 갈등을 조정할 수 있어야 한다. A 씨 역시 상징적으로 나타나는 머리와 몸의 이야기를 들어주며 둘을 조정하고 통합하여 내면 깊숙이 숨겨진 감정들을 표출하면서 내면아이와 진정한 만남을 이룰 수 있었다. 또한 기침을 하는 것은 오래된 묵은 감정들을 토해내는 것으로 A 씨가 얼마나 오랫동안 힘들어했는지를 보여주었다. 특

히 16회기에서 머리가 '2살 이전의 나'로 돌아가 의미를 알 수 없는 소리를 웅얼거리는 심상은 GIM이 말을 할 수 없는 어린 시절의 트라우마도 다룰 수 있음을 보여준다.

이러한 경험을 할 수 있었던 것에는 음악의 역할이 중요했다. 주제에 맞게 선정된 음악프로그램은 치료 과정에서 중요한 A 씨의 심상들을 풍성하게 만들어주었고, 그 경험을 확장하여 생산적으로 만들어주었으며, 심상을 변형시키는 데 큰 역할을 하였다. 음악은 A 씨를 더 깊은 수준의 의식으로 데려가 주었고 그와 동시에 그 과정에 필요한 지지와 안정감을 제공해주었다. A 씨는 음악의 다양한 요소와 그 안의 변화에 민감하였고 감정적으로나 신체적으로 반응을 보였다.

A 씨는 부모와의 애착이 제대로 형성되지 못한 채 조부모에 의해 양육되었고, 5살에 자신을 보살펴주던 할머니의 죽음을 경험하는 트라우마가 있었다. 그리고 그러한 사별의 아픔을 제대로 위로받지 못한 채 할아버지와 1년을 더 보내야 했다. 이러한 어린 시절은 언어 발달이 이루어지기 이전의 경험들을 포함하고 있어 자연적으로 울거나 기침 등 신체감각적 이미지로 표현하는 것들이 더 많았던 것으로 보인다.

치료목적에 따라 선택된 음악프로그램들을 통해 만나는 심상들은 내담자에게 의미 있게 다가와 상처받은 내면아이와 보다 직접적으로 관계를 맺고 심도 있는 경험을 하도록 도울 수 있었다. 상처 입은 내면아이와 동일시하여 내면아이의 감정을 내담자가 진실되게 고스란히 함께 느끼며 '아직 미처 해결하지 못했던 슬픔'을 표출하도록 도왔다. 이러한 감정의 동일시를 통해 몸에 갇혀있던 억눌린 감정들을 분출하는 과정은 카타르시스를 가져오게 하여 진정한 치유를 가져오게 한다.

상처 입은 내면아이를 스스로 돌보고 함께 하는 심상을 통해 내담자는 내면아이와 통합하는 가운데 놀라운 창조적 에너지를 갖게 되었다. 이는 내담자 스스로가 자기 자신의 성숙한 힘을 사용하여 자신의 내면아이를 돌보고 치유할 수 있게 된다는 것을 의미한다. 이러한 과정을 통해 새로운 삶을 개척해 나갈 수 있는 힘을 얻게 하는 것이다.

결론

A 씨의 사례를 통해 GIM이 음악 중심적, 변형적인 치료법으로서 한 개인의 내적인 경험을 탐색하여 역동적으로 표출하는 과정을 통해 육체적, 정신적, 영적 통합에 도움을 준다는 것을 보게 된다. 또한 GIM이 음악과 치료사가 안전하고 지지적인 환경을 제공하여 내담자의 변형된 의식 상태에서 스스로 자신의 여정을 깊이 있게 해나갈 수 있도록 도우므로, 내담자는 심상들을 경험하여 내면의 통합을 이룸으로 가치체계의 핵심요소를 직접적으로 치유하게 되는 것도 볼 수 있었다.

내담자가 경험하는 심상에는 '상처 입은 내면아이'도 포함되어 있으며, '상처 입은 내면아이'와의 만남과 치유, 통합을 통해 내담자의 새로운 삶이 시작되는 경우가 많이 나타난다. 특히 내면아이의 치유작업의 핵심인 '상처 입은 내면아이의 슬픔과의 동일시' 작업은 GIM심상음악치료가 가장 큰 힘을 발휘하게 되는 부분이라는 것을 확인하는 시간이 되었다.

용기 내어 자신의 내면을 탐색하여 내면아이와의 통합을 이루고 새로운 삶의 여정을 시작한 A 씨와 함께 한 시간에 감사하며, 내 마음속 내면아이와 만나고 사랑하고 함께 하는 시간들이 우리 모두에게 일어나길 소망해본다.

용어 설명

내면아이(inner child): 한 개인의 정신 속에서 하나의 독립된 인격체처럼 존재하는 아이의 모습이며 어린 시절의 주관적인 경험을 설명하는 용어로서, 한 개인의 인생에서 어린 시절부터 지속적인 영향을 주는 존재다. 뇌 속에 저장된 어린 시기의 기억은 개인의 정서에 관련된 기억을 설명해 주는 중요한 경험적 자원이다. 내면아이의 발달은 부모의 양육태도와 관련이 있으며 자녀의 성장과 성격 발달은 부모와의 상호작용의 산물이라 할 수 있음.

자아노출(self-disclosure): 자아노출 혹은 자기노출, 자기개방은 자신의 정보에 대하여 타인에게 노출하는 방식의 의사소통 과정이다. 정보는 묘사하거나 평가하는 것일 수 있다. 사고, 감정, 포부, 목적, 실패, 성공, 두려움, 꿈뿐만 아니라 호불호나 가장 좋아하는 것 등도 포함된다.

초자아(superego)와 이드(id): 프로이트(Freud)가 1923년 출판한 『자아와 이드(The Ego and the Id)』에서 제시한 삼원적(자아, 이드, 초자아) 구조모형 개념이다. 상위적 자아라고도 불리는 초자아는 개인이 성장하는 동안 부모에게 영향을 받은 전통적인 가치관, 사회규범과 이상, 그리고 도덕과 양심이 자리 잡고 있는 부분이며 이드는 완전히 무의식적인 정신 내적 요소로 긴장을 방출하는 데 관심이 있으며 자아의 무의식적인 면과 초자아에 의해 조절된다.

참고문헌

김소진(2011). 정신적 외상에 대한 심상음악치료(GIM)의 적용사례. GIM한국심상음악치료협회 학술대회 자료, 10-23.

김영미(2007). John Bradshaw의 상처받은 내면아이 치유에 근거한 한국목회상담적 적용. 장로회 신학대학교 대학원 석사학위논문.

김영신(2008). 부모의 양육태도와 내면아이의 상관관계성 및 이유방안 연구. 상명대학교 정치경영대학원 석사학위논문.

신차선(2010). 알코올 중독자에 대한 한국형 내면아이 치유프로그램의 개발 및 효과. 자기수용, 대인관계 및 사회적 문제해결능력 중심으로. 명지대학교 대학원 박사학위논문.

오재은(2006). 영성과 내면아이 치유. 가족치유연구소.

오제은(2009). 내면아이 치료와 주요 인물들과의 관계 재구성 경험의 해석학적 연구: 실존주의적 관점에서의 논의. 한국상담학회지, 10, 1305-1325.

오제은(2011). 내면아이 치료와 목회상담. 정기학술세미나, Vol.2011, No.1.

이부영(2000). 분석심리학: C.G. Jung의 인간심성론. 서울: 일조각.

Chopich, Erika & Paul, Margaret. (1990). 내안의 어린아이. 이세진 역(2011). 서울: 교양인.

John Bradshaw. (1990). Healing The Shame That Binds you. Deerfield Beach, Fla: Health Communication.

John Bradshaw. (2013). 상처받은 내면아이 치유. 오제은 역(2006). 서울: 학지사.

Jung, C, G. (1964). 인간과 무의식의 상징. 이부영 역(2000). 서울: 집문당.

Missildin, Hugh. (1963). 몸에 밴 어린시절. 이종범 외 공역(1987). 카톨릭교리신학원.

Whitfield, Charles. (1987). 잃어버린 자아의 발견과 치유. 김용교 외 공역(1995). 인천: 글샘.

그룹 GIM | 청소년 | 우울

15

우울감을 동반한 결손가정 청소년들의 그룹 GIM

김소진

개요

본 연구는 그룹 GIM심상음악치료guided imagery and music(이하 그룹 GIM) 시행에 관한 것으로 학교에서 '우울증 자가진단 테스트'를 통해 선정된 우울감 성향의 결손가정 15세 청소년 10명을 대상으로 실시한 것이며 치료기간은 2011년 9월 6일부터 12월 7일까지 총 9회기로 실시되었다. 학생들의 전반적인 문제 행동들은 학교부적응과 우울감, 불안감, 산만한 행동, 학습목적의식의 결여, 학업 스트레스, 청소년 시기의 정서 문제, 또래 동료들과의 감정적 문제, 결손가족관계에서 오는 낮은 자존감, 미래의 고민들을 보고하였다. 9회기 동안 진행된 그룹 GIM을 통해 자신 내면과의 만남, 우울한 감정의 공감, 감정표출, 카타르시스를 경험했으며 이 경험들은 post-session에서 만다라 그리기, 그룹 발표 및 토의로 진행되었다. 결론적으로 학생들은 자신의 마음을 재조명하고 자신에 대한 이해, 긍정적인 마음 상태, 미래의 희망과 꿈 찾기 등 내적 성장의 계기를 맞이하게 되었다.

내담자 배경 정보

○○지역의 중학교 위클래스wee class 프로그램 시행의 일환으로 그룹 GIM을 제공하게 되었으며 참여 대상자는 총 10명의 남학생으로 학교 담당교사를 통해 선정된 결손가정 상태의 청소년들이다. 부모가 이혼 및 별거 중이거나 조모와 생활하는 상태였고 보호자가 기초생활수급자인 경우도 이에 해당되었다. 또한 우울증 자가진단 테스트 점수가 9~10점 이상으로 상담과 치료 관리가 필요한 우울감을 동반한 청소년들이 세션에 참가하였으며 결석 시에는 결석으로 표기되었다. 학생들은 첫 시간 교실에 입실하여 동료들과 거칠게 장난을 치며 떠드는 행동을 보였으나 치료사의 지시에 따라 착석하여 새로운 수업에 호기심을 나타냈고 치료 참여 방법을 소개하는 오리엔테이션 시간에 전반적으로 집중하는 모습을 보였다. 이 시간의 참여소감을 묻는 치료사의 질문에는 "싫구요! 아니 좋구요!"라며 부정적, 긍정적 대답을 번갈아 하며 자신의 의사를 번복하기도 하고 동료를 따라 하거나 치료사의 관심을 끄는 행동을 나타냈다. 특이한 학생들의 행동은 동료들이 서로 각자의 이름을 부르는 대신 욕설을 그룹의 언어로 일반화하여 호칭으로 사용하였고 서로가 그 행동을 자연스럽게 받아들이고 공유하고 있었다.

치료 방법

15세 학생들의 치료를 위해 사용한 그룹 GIM 세션 형식은 '프리세션 → 이완과 인덕션 → 음악-심상 → 포스트 세션'의 기본적 형태로 음악-심상 과정에서 치료사와의 대화(언어중재) 없이 진행되었으며 그룹 환경에서 학생들은 각 개인의 문제에 접근하거나 심리적, 정서적 지원, 교육과 훈련, 자기계발 등을 위한 의식 탐색을 목적으로 활동에 참여하게 되었다.

1. 그룹 GIM의 induction 설정

본 활동에서의 인덕션induction은 명확하고 간결하게 제시되었고 그룹의 특성과 목적에 따른 induction이 제시되었다. 그룹 GIM에서의 가장 효과적인 induction은 학생들의 목적과 목표의 실현을 잘 이끌고 공통 주제를 정하기 위한 확실한 방향성이 있어야 한다(Blake & Bishop, 1994). 치료사는 전체 그룹의 목적과 주제에 부합한 1분에서 2분 정도의 명료하고 간결한 창의적 인덕션을 사용하며 이것은 효과적인 방법이 될 수 있다(Bonny & Salvary,1990). 그룹 세션을 제공할 때는 그룹의 주제와 각자 개인의 문제를 잘 인식하여 공통점을 찾을 수 있도록 돕고 또래 동질 집단의 정신역동을 통해 그룹 GIM의 효과를 더 극대화하는 것이 중요하다.

2. 그룹 GIM에서의 청소년 음악

내담자들은 음악이 제시되는 환경 속에서 적극적 감상에 몰입하게 되면 음악의 조성tonality, 멜로디, 리듬, 음악적 분위기mood와 패턴pattern의 변화 과정을 받아들이게 된다. 이 경험은 자발적인 심상의 촉발을 도우며 음악과 심상의 교차상태에서 내적 체험을 만들어 낸다. GIM에서 변화의 매체로 음악이 일관되게 사용될 때 클라이언트들에게 정신의 변화 과정이 일어나며 통과되고 경험이 완성된다(Bunt, 2000).

청소년 클라이언트와 함께 일하는 음악치료사는 트랜스trance 음악 및 재즈jazz 음악을 선호하는 것으로도 보고되었는데 트랜스trance 음악은 청소년 그룹을 위하여 이완의 도구로 적용되기도 한다. 신디사이저synthesizer, 전자공학의 합성된 소리, 악절의 상행 및 하행으로 구성된 음악 형식에 크레센도crescendos 등이 어우러지거나 거기에 보컬이 첨가된다(Grocke & Wigram, 2011). 본 사례에서 적용된 트랜스trance 음악의 예로는 'Migration program'이 있으며 15세 청소년 그룹을 위한 음악의 선택과 설정은 그들의 정신역동psycho dynamic과 동질그룹homogeneous group(문정표, 2013)의 특성을 고려한 음악이 선정되었다. 학생들은 입실하여 끊임없이 떠들고 움직이고 동료들과 장난을 치며 산만한 행동을 보였으나 '음악-심상' 과정에는 눈을 감고 적극적으로 참여하는 모습을 보였다. 이 과정 또한 클라이언트 중심방법을 적용하였으며 사용한 음악들은 트랜스trance 음악뿐만 아니라 장르에 상관없이 두 곡 이상의 음악을 사용하였다. 각 음악의 요소(Pitch, Rhythm & Tempo, Vocal and/or Instrumental mode, Melody, Harmony, Timbre) 들 중 특히 청소년들에게 가장 중요하게 작용하는 음악적 요소는 음악의 리듬rhythm과 비트beat이다. 성장기의 청소년들은 성인들보다 빠른 심장박동수를 나타내기 때문에 (Paral Kohli, M.D., FACC, 2021) 다소 빠른 리듬과 비트로 구성된 현대음악contemporary music을 사용하였고 그룹 GIM이 방과 후 활동으로 진행되어 약간의 피곤함을 호소하는 학생들에게는 생체리듬circadian rhythm을 고려한 편안한 무드mood의 지원적 음악이 제공되었다. 또한 음악의 선정에 있어 더 고려된 점은 청소년들의 정신에 적합한 음악의 사용이며 음악의 Container와 구조에 대한 것이다. 복잡한 구성으로 정보가 많고 광대한 범위의 음악은 학생들에게 잘 맞질 않아 집중하지 못하거나 심상이 떠돌고 주제와 관련 없는 이탈, 수면 등을 유발할 수 있다. 본 사례에서는 음악이 15분 정도의 길이로 도입-전개-해결로 진행되어 주제가 방향성을 가지고 긍정적인 귀결로 이어지도록 하였다. 사용된 음악프로그램들은 '치료 과정'에서 논의하였다.

3. 만다라(mandala) 그리기

그룹 GIM의 포스트 세션post-session에서 만다라를 그리는 것은 심상경험에 대한 언어적 토의와 함께 클라이언트의 경험에 대한 중요한 단서를 제공한다. 학생들은 자신의 경험을 다양한 색깔의 오일 파스텔을 사용하여 원이 그려져 있는 도화지에 표현했고 만다라에 대한 설명을 하였다. 학생들의 특징적인 만다라는 치료 과정에 서술되었다.

치료 과정

1. 그룹 GIM 치료의 목적과 목표

치료 시행 전, 담당 교사와 학생들의 전반적인 치료목적이 의논되었으며 우울감, 불안 및 짜증, 스트레스 등의 관리를 주목적으로 하였다. 또한 학교생활이나 학업에서 발생하는 부적응, 목적의식의 결여 등에 대한 내적 성찰을 돕고 긍정적인 마음 상태의 활성화, 미래의 희망과 꿈 갖기 등을 목표를 설정하였다.

2. 치료절차 설계

회기: 총 9회기 **세션 진행시간:** 1시간 30분	
1회기	오리엔테이션: 그룹 GIM 소개, 라포(rapport) 형성, 자신의 두뇌 속에는 어떤 생각들이 들어있는지 적어보기-그룹 GIM 세션
2회기	라포(rapport) 형성, 자신의 감정 경험하기: 우울감 및 다양한 정서와 감정상태 확인, 자신의 감정과 일치하는 감정 낱말 카드 뽑기-그룹 GIM 세션
3회기	자신의 양가적 감정들 경험하기, 버리고 싶은 혹은 가지고 싶은 마음-그룹 GIM 세션
4회기	마음의 다양한 어려움과 문제탐색 (1): 다양한 이슈(issue)가 들어있는 box에서 자신과 관련된 문제 선택하기-그룹 GIM 세션
5회기	마음의 다양한 문제탐색 (2): Three doors experience (1)
6회기	마음의 다양한 문제탐색 (3): Three doors experience (2)
7회기	마음의 다양한 문제탐색 (4): 스트레스와 관리-그룹 GIM 세션
8회기	긍정에너지의 활성화: 내면 성찰을 통한 긍정 마음 찾기-그룹 GIM 세션
9회기	자신의 마음을 대표하는 좌우명 또는 긍정적인 단어를 통해 자신의 미래 꿈 찾기/통합 및 새로운 시작-그룹 GIM 세션

3. 치료 참여 학생 수

총 9회기 그룹 GIM에 참여한 학생들은 총 10명으로 선정되었으나 학생의 결석이 발생되는 경우 결석으로 표기되고 서술에서 제외되었다. 회기마다 활동에 참여한 학생의 수는 다음과 같다.

회기	인원
1회기	총 6명
2회기	총 5명
3회기	총 6명
4회기	총 8명
5회기	총 8명
6회기	총 6명
7회기	총 8명
8회기	총 7명
9회기	총 7명

4. 치료 진행

본 연구의 치료 과정에 대한 설명은 사춘기(15세) 청소년들의 동질그룹homogeneous group의 역동을 고려하여 각 회기마다 출석하여 GIM세션 활동에 참여한 학생들의 경험을 그룹으로 묶어서 서술하였다.

1회기

1회기 세션은 그룹 GIM소개를 위한 오리엔테이션이 진행되었으며 학생들과의 라포rapport 형성에 중점을 두었다. 학생들은 자신의 두뇌 속에는 어떤 생각들이 들어있는지 적어보고 사로 발표를 통해 토의를 진행하였으며 GIM세션으로 연결되었다.

1회기 세션에서 사용한 음악은 Adagio(2:51) → Sigma(3:05) → Serenade to Spring(3:17)이다.

A 학생	**pre-session:** 학생은 자신의 기분은 평소와 같은 기분이고 음악치료를 처음 접해서 무엇을 하는 것인지 알고 싶고 '우선 경험해 보고 싶다'라고 하였으며 머리에 있는 생각들은 '게임, 장래희망, 돈, 먹을 것에 대한 생각'이 들어있다고 보고하였다. 음악-심상 과정에는 집중하지 못하고 움직이는 반복행동이 치료사에게 관찰되었음. **post-session:** A는 음악을 들었지만 아무것도 없는 것 같았고 자신의 마음에 혼돈되고 복잡한 마음이었다고 하였다. 만다라는 '아무것도 없는 무 행성'이라는 제목으로 혼돈, 복잡한 원을 그리며 그림으로 표현.
B 학생	**pre-session:** 기분과 일상을 묻는 치료사의 질문에 긍정적, 부정적 대답을 번갈아 하며 치료사의 관심을 끄는 행동을 보였고 음악을 통해 자신의 꿈을 찾아 떠나는 여행 경험을 원했다. B의 머릿속에는 돈, 가족, 공부에 대한 생각이 들어있다. **post-session:** 음악을 들으니 자신의 온몸이 편안하고 시각적 반응으로는 눈앞에 한 가지의 색이 떠올랐는데 그것은 '자신만의 하늘'이며 편안함을 상징하는 파란색의 하늘이라고 보고하였다. 원 안에 진한 푸른색으로 자신의 내면을 표현하는 만다라를 표현.
C 학생	**pre-session:** 기분과 감정, 학교활동에 대한 질문에 빠르고 간단하게 대답을 하였으며 좋은 기분, 몸의 피곤함, 음악치료를 경험하고 싶음. 자신의 머릿속에는 고교생활 60%, 게임, 만화, 여자, 타고 싶은 것 등이 들어있다. **post-session:** 음악의 아름다운 선율이 좋은 감정을 주었으며 '나선의 운하'가 떠올랐다. 신비한 기분을 경험할 수 있는 좋은 시간을 가졌고 만다라는 하얀색의 운하를 나선으로 표현.
D 학생	**pre-session:** 자신에 대한 언어적 표현이 부족함. 음악치료가 우선 어떤 것인지 경험하고 싶음. 자신의 머릿속에는 게임 40%, 돈, 노래, 잠, 생활, 약간의 공부와 여자 생각이 있음. **post-session:** 음악을 들으니 '나만의 집'이 떠올랐는데 편안했고 산과 구름, 태양, 집 나무의 심상이 '오버랩' 되면서 조용하고 평화롭고 마음이 잔잔했다고 심상 경험을 설명하였다. 푸른색을 사용한 구름, 산과 나무, 집을 그림으로 표현.

E 학생	**pre-session:** 지치고 긴장되지만 재미있을 것 같고 음악치료가 어떤 것인지 경험하고 싶음. 머릿속에는 게임, 휴식, 좋아하는 책, 쏘우(청소년 관람 불가의 범죄, 스릴러 영화), 주온(15세 관람가의 공포영화), 부모 공경, 초등학교 시절이 들어있음. **post-session:** 음악을 들으면서 편안했고 '숲'이 생각났는데, 숲의 상쾌함, 시원함 그리고 신비로운 느낌과 몽환적 느낌이 교차하였고 '자신의 꿈'이 떠오른 것 같았다고 보고하였다. 숲, 동물들, 산, 태양을 만다라 원 안에 그림으로 표현.
F 학생	결석
G 학생	**pre-session:** 주변의 일들을 도우며 밝은 표정으로 적극적인 행동을 하는 학생. 첫날이라서 그룹 GIM 경험이 궁금하다고 하였으며 자신의 머릿속에는 게임, 장래의 희망, 돈, 공부 등이 들어있음. **post-session:** 음악을 들으며 처음에는 심상에서 떠오르는 것은 '검은 바다'이다. 검은 바다는 자신의 마음 같아서 아무런 희망이 없는 것 같고 힘들어서 포기하려다가 바다의 색깔이 서서히 푸른색으로 바뀌면서 더욱더 희망이 생겼다고 보고함. 결국 "좋아 다시 해보자"라는 희망이 생겼고 만다라의 그림은 검은 하늘과 검은 바다에서 푸른 하늘과 푸른 바다로의 변화를 그림을 표현.

치료효과 세션 활동의 첫 시간은 학생들이 입실하여 전체적으로 동료와 장난을 치며 산만한 행동을 하고 착석을 해서도 큰 소리로 떠드는 행동을 보였으며 일부 학생은 책상에 엎드려 있기도 했다. 그러나 오리엔테이션을 위한 강의 시간에 집중하거나 새로 만난 치료사를 관찰하고 GIM 활동 또한 탐색하는 모습을 나타냈다. 활동 시간을 방해하거나 이탈하는 학생은 없었으며 학생들은 의식 상황에서 자신의 생각들을 정리하고 그룹 GIM세션을 위한 치료사의 지시를 잘 따라 주었으며 오리엔테이션과 함께 첫 세션 활동이 자연스럽게 진행되었다.

2회기

2회기 세션은 학생들과의 라포rapport 형성을 지속적으로 유지하며 학생들이 자신의 감정 상태를 알아보고 경험하는 시간이 마련되었으며 학생들의 주 감정인 우울감을 비롯해 다양한 정서와 감정 상태를 확인하도록 도왔다. 이때 학생들은 자신의 감정과 일치하는 감정 낱말 카드를 뽑고 그룹 GIM세션에 적용하였다. 사용한 음악은 Sigma(3:05) → Heartstrings(3:27) → Papillon(3:31)이다.

A 학생	결석
B 학생	**pre-session:** 짜증 난 감정 카드를 선정하였듯이 자신의 기분은 '짜증 난' 기분이 많다. 음악을 통해 자신의 감정을 더 알고 싶다. **post-session:** 음악을 들으며 온통 비가 내리는 장면이 떠올랐다고 했다. 마음에 비가 내렸고 시원하면서 짜증도 났음. 음악이 진행되면서 이후에 짜증이 사라지고 기분이 좋아졌다. 만다라는 비 내리는 장면을 그림으로 표현.
C 학생	**pre-session:** 잘 지냈다고 표현. 말을 아끼며 치료사의 지시에 따라 행동함. '외로운' 낱말 카드를 선택. 자신의 감정은 외로움이며 외로움이 2배의 감정으로 느껴짐. **post-session:** 음악을 들으니 자신이 혼자 들판에서 별을 보며 외로운 시간을 보내는 심상이 떠올랐고 들판에서 혼자서 별을 보고 있는 장면을 그림으로 표현.
D 학생	**pre-session:** 자신의 감정 카드를 잘 선택하지 못하고 망설이는 모습. 현재의 감정은 부정적, 짜증 난 감정이라고 표현. **post-session:** 음악을 들으니 '지루한 일생'이 떠올랐다고 함. 마음이 지루해서 밤이 되길 기다리고 잠만 자는 자신이 떠올랐으며 잠만 자는 지루한 하루가 지나감. 만다라는 밤하늘, 창문, 달과 별을 그림으로 표현.
E 학생	**pre-session:** 감정은 편안하면서도 긴장됨. 학교에서 반장을 할 것임. 교실 주변의 일들을 솔선수범하여 도우며 밝은 표정을 보임. 자신은 게임, 장래 희망, 시험 공부에 대한 생각을 많이 하고 있으며 마음은 긍정적, 부정적, 편안한 마음이 공존하고 있음. **post-session:** 음악을 들으면서 겨울나무가 떠올랐으며 '나무에게 잎을 소중하게 생각하는지' 묻고 봄, 여름, 가을에 잎이 함께 했던 소중한 시간의 추억을 기억하고 자신의 소중한 추억이 자신의 잎을 지키게 할 수 있는 힘의 원천이라는 직감을 경험하였다고 했다고 보고함. 만다라는 겨울나무를 원 안에 그림.

F 학생	**pre-session:** 자신의 머릿속에는 게임 생각이 많이 들어있음. 기분은 '무기력한' 기분이 많이 들고 기분이 전환되어야 될 것 같음. **post-session:** 음악을 들으니 안개가 갠 뒤의 느낌이 들었고 한 편의 소설과 같은 스토리와 심상이 마음속에 떠올랐음을 설명. 심상으로 경험된 그 스토리는 "한 남자가 트럭을 타고 자신의 고향 마을로 왔을 때, 과거의 마을에 불이 났으며 그때 딸을 구해내지 못했음을 기억하고 심리적으로 어려움을 겪는 스토리"였다고 함. 그 남자와 자신의 모습을 보며 '무기력함'이 느껴져 싫었고 마을에 안개가 사라지면서 과거의 고통이 하나씩 지워지고 남자는 깨달음을 얻었고 다시 얼굴에 생기가 돌았다며 감정의 변화를 보고함. 만다라는 검은색으로 원 전체를 덮어버린 그림을 표현.

치료효과 지속적인 라포rapport 형성과 지지하는 활동의 진행으로 학생들은 2회기의 그룹 GIM활동에 자연스럽게 적응하는 모습을 보였다. 학생들은 자신의 감정과 일치하는 감정 낱말 카드를 뽑고 음악-심상Music-imagery 과정을 통해 자신의 감정을 공감하는 경험을 하였으며 자발적이며 적극적 심상경험에 참여하였다.

3회기

3회기 세션에서 학생들은 자신의 양가적 감정들에 대해 알아보고 버리고 싶은 마음과 가지고 싶은 마음에 대해 토의하며 이 주제들을 그룹 GIM세션과 연결하였다. 음악은 상반되는 분위기의 음악이 선정되어 Mars(7:01) → Green Room(4:22)이 사용되었는데 강함과 편안한 분위기의 이 두 가지 음악의 제시는 학생들이 음악을 통해 반대되는 자신의 감정을 인식하고 나아가서는 스스로 자신의 다양한 감정들을 의식하여 이해하고 통찰할 수 있다.

A 학생	**pre-session:** 자신의 버리고 싶은 마음은 108가지의 욕, 짜증, 많이 먹는 것, 가지고 싶은 마음은 '돈'이라 제시된 종이에 적었으나 자신의 표현을 다시 지워버리는 행동을 하고 음악을 들으면서 다시 마음을 정리하고 싶다고 함. **post-session:** 음악을 들으며 '자연재해' 느낌이 상상되었고 자신을 짜증 나게 하는 사람들이 번개를 맞고 죽는 것이 떠올랐으며 마음이 후련했음. 이것은 음악을 통해 학생 자신의 그림자가 대상자에게 투사된 것으로 한편으로는 위험한 심상 경험이 될 수 있어 주의를 요함. 자신을 짜증 나게 하는 사람들이 번개를 맞는 장면을 그림으로 표현.
B 학생	**pre-session:** 자신의 버리고 싶은 마음은 불행이고 늘 가지고 싶은 마음은 행복이며 그것이 중요한 바람이며 "행복은 중요한 것!" **post-session:** 음악을 들으며 처음에는 전쟁이 떠올랐으며 사람들이 전쟁으로 인해 서로 죽이고 피를 흘리는 것 같았으며 후에 점점 음악이 바뀌면서 자신의 심상은 전쟁이 끝나고 편안한 기분이 들었음. 만다라는 전쟁과 붉은 피를 그림으로 표현.
C 학생	**pre-session:** 자신은 가지고 싶은 마음이 많으며 돈, 여자, 탈것, 집, 밥, 운동, 게임 등이 그것이며 버리고 싶은 마음은 그 외에 모든 것이라고 말하였는데 어른이 되어 결혼을 일찍 하고 싶음. 친구들은 이 학생이 야동에 빠져있다고 놀리듯 말하였는데, 본인은 자신이 그런 행동을 조절하고 있다고 했다. **post-session:** 첫 번째 음악을 들으면서 긴장감이 들었으며 두 번째 음악에서도 자신은 긴장감이 들었음. 그 이유는 처음에는 마음속에서 한 남자를 죽였고 두 번째 음악에서는 그 사람이 스스로 자신의 죄를 뉘우치는 장면이 떠올라 죄책감이 들었음. 만다라는 총과 사람, 과녁을 그림을 표현.
D 학생	**pre-session:** 친구와 장난을 치거나 수다를 떨며 활동에 집중하지 못하는 행동을 보임. 자신이 버리고 싶은 마음은 게임하는 습관과 소심함이라고 하였으며 갖고 싶은 마음은 돈과 집. **post-session:** 음악을 들으니 천둥 치는 밤이 떠올랐으며 음악의 큰 소리에 자신 마음의 강인함을 느꼈고 더욱 음악이 진행되면서 천둥과 번개가 지나가고 하늘이 갠 것처럼 햇빛이 보이고 밤 동안 있었던 일이 없었던 것과 같이 평화로운 느낌을 느낌. 자신의 마음에 강인함과 평화로움을 담고 싶다고 하였는데 만다라는 천둥과 번개의 그림.

E 학생	**pre-session:** 일주일 동안 잘 지냈으며 자신의 머릿속에는 아직도 게임이 많이 들어있으며 게임이 머리에서 잘 떠나지 않고 자신은 가지고 싶은 마음은 없으나 버리고 싶은 마음은 미래에 대한 걱정이라 보고함. **post-session:** 음악을 들으며 자신의 마음에서 가장 중요한 것은 "잘 선택해야 하는 것!"이라는 통찰력을 얻었는데 한 아이가 서로의 감정을 솔직하게 말하지만 서로 숨겨야 할 것을 숨기지 않아 상처를 받고 있는 것과 감정을 숨긴 채 가식적인 가면을 쓴 사람들이 서로에 대한 증오를 가지고 살아가는 세상 중 어디에서 살아야 할지 고민하였음. 음악이 진행되면서 마음이 편안해졌으며 '마음의 쉼터'가 떠올랐음. 만다라는 '벚꽃과 호수', '마음의 쉼터'를 그림으로 표현.
F 학생	**pre-session:** 솔선수범하여 세션을 위해 필요한 일을 돕는 행동이 관찰됨. 집에 가고 싶은 마음이 많다고 하였는데 오늘의 주제와 관련하여 가지고 싶은 마음은 없고 버리고 싶은 마음은 '짜증 나는 마음'. **post-session:** 음악을 들으며 '두 사람, 즉 두 마음'이 떠올랐다고 함. 한 사람의 마음 안에 두 가지의 마음이 들어있음. 우울한 마음이 있을 때는 잠시 악마가 될 수도 있으며 그때는 짜증이 극도로 높아질 수 있으며 기분이 좋을 때는 잠시 천사가 되어 행복한 느낌이 들었음. 늘 행복하게 지내는 것이 중요함. 만다라의 그림은 검은색이 칠해진 빈 원(empty circle).

치료효과 3회기 세션에서 학생들은 산만한 행동과 지시를 따르는 행동을 동시에 보이며 세팅에 필요한 작은 도움을 주는 등, 치료사에게 친근함을 보여주었다. 학생들은 자신의 양가적 감정, 버리고 싶은 마음, 가지고 싶은 마음에 대해 토의를 하면서 자신의 감정과 마음을 인식하고 두 가지의 상반된 분위기의 음악을 통해 다양한 무의식적 감정 상태를 의식화하는 경험을 하게 되었다.

4회기

4회기 세션은 마음의 다양한 어려움과 문제탐색의 첫 번째 시간으로 학생들은 다양한 이슈가 적혀 들어있는 Box에서 자신과 관련된 문제를 선택하고 그룹 GIM 세션에 적용하였다. 사용한 음악은 Migration #2(4:07) → #5(4:52) → Serenade to Spri ng(3:17)이다. 여기에서 사용된 Migration 음악은 음악의 자유로운 구조와 형식, 유동적 박자와 진행, 다양한 악기의 사용 그리고 #5의 음악에서 사용된 사람의 목소리(합창) 등이 청소년의 정신psyche을 투사하게 하여 자신의 장 · 단점을 의식화하는 상황에 노출되어 있더라도 그들을 자유로운 경험 안으로 이끌어 간다.

A 학생	결석
B 학생	**pre-session:** 본인의 장점은 가족을 아끼는 마음, 수업 시간에 집중하기, 참을성이 많은 점. 고치고 싶은 단점으로는 공부를 못하고 운동을 못하는 것이나 음악을 들으며 자신의 잘 알고 고쳐야 할 것은 고쳐나가길 원함. **post-session:** 음악을 들으며 두 개의 바다를 경험했는데, 단점은 파도가 심할 때 흔들리는 마음과 같은 것이고 장점은 파도가 잔잔한 바다와 같이 편안한 마음을 주는 것. 장점은 많이 만들고 싶고 단점은 없애고 싶은 것이 자신의 마음. 만다라는 잔잔한 바다와 거칠게 파도치는 상반되는 두 장면의 바다를 그림으로 표현.
C 학생	**pre-session:** 자신의 장점은 하면 다 된다는 생각, 가족이 있다는 것, 미남, 여자에게 인기 있음, 운동을 잘함. 단점은 "마음에서 사람을 못 믿는 것!". 단점은 고치는 것이 좋은 것이라서 음악을 들으며 한번 고민해 보기. **post-session:** 자신의 최대의 단점인 친구를 믿지 못하는 마음이 음악을 들으면서 떠올랐으며 믿으려 하나 잘되지 않으며 그것은 자신의 최대의 단점. 친구와 관련된 싫은(부정적) 경험이 친구를 믿지 못하게 하는 부적절한 마음을 갖게 한 것. 만다라는 "난 친구라는 것을 믿지 않는다!"라며 친구와 자신의 모습을 표현.
D 학생	**pre-session:** 장점은 자신을 돌보아 줄 가족이 있고 잘 웃음, 머리를 잘 사용하는 것. 단점은 공부를 못하고 말이 많은 것이며 게임을 많이 한다는 것. 음악을 들으면서 잘못된 것에 대해 반성하고 싶다. **post-session:** '태양의 빛'에 대한 경험을 하였는데 음악을 들으니 마음에서 태양이 떠올랐으며 태양의 따스함에 마음이 따뜻했고 좋은 느낌과 에너지를 경험. 또한 단점은 없애버리면 좋겠고 장점은 점점 많아졌으면 좋겠음. 만다라는 빛나는 따스한 태양을 노란색을 사용하여 표현.
E 학생	결석

F 학생	**pre-session:** 자신의 장점은 긍정적인 사람이며 남을 잘 돕고 집중력이 있고 집안일을 잘하며 동생을 잘 돌보아주는 것. 단점은 놀기를 좋아하며 거짓말을 하고 친구를 놀리고 괴롭히는 것. 음악을 들으며 자기의 마음과 만나고 싶음. **post-session:** '추억을 생각하는 사람'에 대한 경험. 즉 어떤 한 사람이 있었는데 자신의 소중한 사람이 죽어서 가을날 단풍을 보면서 그 사람과 함께 했던 기억을 떠올렸고 다시 소중한 추억이 있던 그 사람의 장례식이 떠오르며 눈물을 흘리며 서러워하는 심상을 경험. 좋은 사람이 있을 때 잘하듯이 단점을 장점으로 좋게 고치고 싶다고 했으며 만다라는 사람과 사물 등 파란색을 사용하여 잘 알 수 없는 패턴을 그렸지만, 그 그림을 검은색으로 다시 덮어버리고 검은색의 만다라를 표현.
G 학생	**pre-session:** 장점은 성실함, 남을 잘 배려함, 인내심, 비행기에 대해서 잘 알고 있고 시키는 일을 잘하는 것. 단점은 운동을 못하고 나대는 면이 있음. 음악이 주는 경험을 하고 싶음. **post-session:** 음악을 들으면서 마음이 편해지고 바다가 떠올랐는데 바다는 잔잔했고 시원한 느낌을 주었으며 평화로움이 좋았음. 그 느낌처럼 장점은 더 키우고 단점은 줄이고 싶음. 만다라는 푸른 바다를 표현.
H 학생	**pre-session:** 자신의 장점은 참을성이 많고, 이야기를 잘 들어주는 것, 친구가 많다는 것 등이며 단점은 말이 험한 것, 집중력이 부족한 점. 음악을 들으며 쉬고 싶음. **post-session:** 음악을 들으면서 편안하고 평화롭고 조용한 느낌이 들어서 좋았음. 단점은 고치고 장점이 많아졌으면 좋겠음. 만다라는 푸른 하늘과 푸른 들판을 그렸으며 "편안하다!"라고 적음.
I 학생	**pre-session:** 음악치료를 경험하고 싶고 잘하고 싶고 자신의 장점은 운동을 잘하는 것. 잘 먹고 심부름을 잘하고 남을 웃기며 나댄다는 장점도 있음. 단점은 공부에 대한 것, 부정적 생각, 집중력 부족, 오버액션. 음악을 들으며 장점을 더 찾고 싶음. **post-session:** 음악을 들으니 자신이 서 있는 축구장이 떠올랐으며 자신이 축구를 잘하고 좋아하는 것을 알았으며 더 잘하고 싶음. 단점은 고쳐야 함. 만다라는 자신이 서 있는 축구장을 그림으로 표현.

J 학생	**pre-session:** 자신의 장점은 착함, 진지함, 만화를 잘 그리는 것, 게임을 잘하는 것, 핸드폰을 다양하게 사용하며 설명할 수 있는 것이며 자신의 단점은 공부를 싫어함, 심성이 나쁜 것 같음. 학생은 '욕'이라고 글로 남겼고 음악을 들으며 마음을 정리하고 싶고 좋은 것은 키우고 싶다고 보고함. **post-session:** 음악을 들으며 집이 떠올랐는데 편안한 마음이 들고 안도감이 들었음. 장점은 유지하고 싶고 단점은 고치고 싶은 마음. 만다라는 커다란 건물의 집을 그렸고 '커다란 집'이라는 제목으로 자신의 꿈을 표현.

치료효과 4회기 세션에서 마음의 다양한 스토리story 및 어려움과 불편함 등을 찾고 알아보는 '문제탐색'의 첫 번째 시간으로 학생들은 자신의 장, 단점과 관련하여 '내 머릿속'의 내용들을 글로 적어보고 자신에 대한 이해와 경험된 심상을 확인하여 새로운 의식 확장 경험에 접근하게 되었다. 이와 같이 청소년들을 위한 그룹 GIM 활동에서는 구조와 주제를 구체적으로 제시하여 그들이 자신의 문제에 대한 막연한 느낌에서 벗어나 구체적인 주제를 탐색하고 그 경험에 자유롭게 접근할 수 있었다.

5회기

마음의 다양한 이슈issue를 탐색할 수 있는 시간으로 'Three doors experience'를 통해 자신의 문제를 인식하고 해결을 돕는 세션이 진행되었다. 토의를 통해 학생들의 현재 심리상태와 정서 상태를 확인하고 음악과 심상의 정신역동 경험을 통해 의식 확장의 경험을 돕는다.

The three doors experience 예시 떠올려지는 심상의 문을 통해 이슈issue를 발견하고 해결을 돕는 진행으로 특별한 경험이 안내된다. 총 3개의 문을 만나고 통과하게 되는데 3개의 문을 통해 이끌어지는 심상경험은 자신의 문제를 살펴보도록 돕고 이것은 다양한 문제를 하나로 함축시키는 과정이다. 문의 심상을 떠올리고 문에 적을 수 있는 단어를 발견한다. 문을 열고 들여다보면서 커다란 의미를 파악할 수 있다. 즉 먼저 문제를 가져오고 → 문제를 함축시키고 → 자세히 들여다보고 → 한 가지 단어를 찾아 문에 적는다. 3개의 문이 각각 다르다는 것은 상징적인 의미가 있다. 세션 후 클라이언트는 문을 열고 들어감에 따라 자신의 '문을 열어야만 하는 것'에 대한 저항과 거부 반응에 대해서도 알 수 있다.

다음은 3개의 문에 대한 역할을 알려준다.

첫 번째 문: 처음 대면하게 되는 문은 내면의 큰 그림을 전달하는 역할을 한다. 현재의 문제를 결정한 후 음악과 함께 첫 번째 문을 바라보며 문제의 단어를 문에 적는다. 그 단어와 문의 내용(모양, 크기, 재질, 색깔 등…)을 확인한 후 열고 들어간다.

두 번째 문: 자신의 감정적인 면, 겉으로 드러나지 않는 숨겨져 있는 이슈issue와 내용을 발견하게 한다.

세 번째 문: 영적인 요소, 영적인 문을 발견하고 해결책과 관련된 것을 발견하게 된다. 이 방법은 클라이언트가 특정한 주제에 몰입하는 데 도움을 줄 수 있고 처음 심상을 경험하는 클라이언트에게도 마음을 열게 하는 데 도움을 줄 수 있다. 사용된 음악은 각각의 문에 다른 음악을 사용하며 주로 경험을 지지해주는 음악을 사용하는데 경험자의 경험과 어떤 관계가 있는지 이해와 방향을 알려줄 수 있다.

그룹 GIM에서의 Three doors experience: 'induction' 지금 그 자리에서 편안하게 그리고 바르게 앉아 주세요. 눈을 감고, 깊은 호흡을 느끼면서 호흡에 집중합니다. 호흡은 점점 편안해집니다(3~4회의 호흡)…. 지금 자신의 생활에 문제가 있는 것에 집중해 보세요. 또는 인간관계나 다른 문제가 있는지… 살펴보고 문제를 차분하고 조용한 얼굴로 마주하며 함께 해보세요. 지금 당신 앞에 하나의 문이 있다고 상상해 보세요. 문의 크기나 재질, 모양 등의 내용을 살펴보세요. 이제 자신의 문제와 연결된 단어를 떠올려 그 문에 당신의 단어를 적어봅니다. 이제 그 문을 열고 경험의 초대를 받아들이고 음악과 함께 들어가 보세요…. 같은 방식으로 세 번째 문까지 도달하여 경험을 지속하도록 돕는다.

첫 번째 음악은 걸어가듯이andante 부드럽게 진행되는 빠르기tempo의 음악으로 구성되어 클라이언트를 심상경험으로 부드럽게 초대하여 마음을 열도록 격려하며 어떻게 이슈issue와 연결해야 하는지 이끌어준다(Sun singer #Cuts 1 and 2).

두 번째 음악은 감정을 잘 전달해 주는 느낌이 풍부한 곡으로 깊게 숨겨진 문제와 관련하여 좀 더 내면으로 들어가도록 음악이 도울 수 있다(Sun singer #Cut 4).

세 번째 음악은 통합을 이루고 지지해주는 밝은 분위기로 진행되며 긍정적이며 확고한 느낌을 줄 수 있는 곡이다. 음악의 시작 부분의 선율melody은 큰 도약을 가지고 시작되며 전반적으로 어떻게 이슈issue를 해결하는지를 볼 수 있게 한다(Sun singer #Cut 3).

소개된 이 음악들은 자주 사용되는 음악일 것이며 본 사례의 경우에도 위와 같은 음악을 적용하였다. 그러나 Paul Winter의 섹스텟sextet 음악들은 그룹 GIM에서 다양하게 다른 곡들을 선택하여 사용할 수 있으며 'Three doors 세션 경험'에서 클라이언트의 심상에 따라 적절한 다른 음악을 선택할 수 있다.

A 학생	결석
B 학생	**pre-session:** 학생은 초등학교 시절에 정신과를 내원하였으며 의사에게 우울증을 진단받음. 약 복용에 대한 질문에는 무응답. **post-session:** 첫 번째 문에는 "자신의 문제는 공부를 못함"이라고 적고 두 번째 문에서 "성적이 오르지 않음"이라고 적음. 음악을 들을 때, 문 안에 어둠이 있었으며 세 번째 문에서 '밝음'을 느꼈음. 만다라는 어두운 두 개의 장소를 지나 세 번째 밝은 장소로 들어가 다시 나갈 수 있는 문을 경험한 그림을 표현.
C 학생	**pre-session:** 자신의 문제를 성찰해 보았는데 학생은 "깝친다, 정서가 불안하다, 장난이 심하다" 등을 보고함. **post-session:** 첫 번째 문의 경험에서는 '깝치다'가 얻어맞을 수 있고 두 번째 문에서는 너무 많이 맞아 죽음을 경험, 세 번째 문에서는 자신의 성적을 보고 절규하는 심상을 경험. 이런 일이 일어나지 않도록 해야 한다고 보고함. 만다라는 '제3의 그래프'란 제목의 그림을 표현.

D 학생	**pre-session:** 자신의 문제는 '습관, 성적, 말이 많음, 욕을 많이 함, 게임을 많이 함, 거짓말을 많이 함'. 음악과 함께 성찰하기를 원함. **post-session:** 첫 번째 문에 성적, 습관, 게임을 적고 성적과 관련된 심상을 경험하였으며 성적이 떨어져 그것을 확인하고 공부하자는 마음을 가짐. 두 번째 문에서는 '절망적인 마음'에서 새로운 마음을 갖고 싶었음. 세 번째 문에서 '습관'을 적었는데 그것은 습관이 사라지기를 바라는 것이었고 게임을 너무 심하게 해서 부모님이 자신을 혼내는 정면이 떠올랐음. 자신의 게임 중독과 조절 문제를 상담받길 희망함. 만다라는 세 개의 문을 그림으로 표현.
E 학생	**pre-session:** 약간 짜증 나고 피곤함. 자신의 문제를 성찰하는데 자신은 성적이 많이 떨어졌고 안 좋은 버릇이 있다고 함. CD를 사고 싶은데 돈이 없음. **post-session:** 첫 번째 문에는 '학교 가기 싫음'을 적고, '도움도 안 되고 지루한 시험' 모두 태워버림. 두 번째 문에도 '학교 가기 싫음'이라고 적었으나 음악을 들으면서 '그러나 안 가면 안 됨!'이라 표현함. 지루한 감옥 같아 시간이 빨리 지나갔으면 좋겠고 그것이 자신의 바람. 세 번째 문에는 '너무 피곤함'이라고 적었고 가는 길이 너무 멀고 험해서 머리와 다리가 아프고 쉬고 싶고 온몸이 쑤시는 경험. 시험 점수는 잘하려 노력해도 잘 안 나오고 그것에 대한 자신의 마음은 "모두 짜증 난다!"라고 보고함. 말을 많이 하고 싶지 않음. 만다라는 세 개의 문을 그림으로 표현.
F 학생	**pre-session:** 자신의 고쳐야 할 점, 즉 문제는 "집중력이 떨어짐, 게임을 오래 함, 노력을 잘하지 못함". **post-session:** 세 개의 문에 적은 단어는 들판, 어두움, 안 좋은 추억. 각 단어와 관련하여 신비로움, 주변이 어두워서 절망적인 마음, 안 좋은 추억으로 인해 많이 힘들고 어두움을 경험. 만다라는 집을 그렸으나 바로 검은색으로 전체를 덮어 칠하고 만다라 오른쪽에 다시 희미한 흰색의 작은 원을 표현.
G 학생	**pre-session:** 자신의 고쳐야 할 점과 문제를 성찰하였는데 자신은 수학을 못하고 깊은 생각이 없음. **post-session:** 첫 번째 문에 적은 단어는 하늘, 두 번째 문의 단어는 전생, 세 번째 문에는 어두움(더러움)을 적고 각각 단어와 관련하여 어두운 하늘(불안함), 전생(여자 주부로 나타난 전생 경험), 학교생활의 어려움을 보고하고 문제를 인식함. 만다라는 천둥, 번개 치는 어두운 하늘을 그림으로 표현.
H 학생	결석

I 학생	**pre-session:** 옆의 동료와 장난을 치며 끊임없이 떠드는 행동이 관찰되었으며 학생이 성찰한 자신의 문제는 "부상당하는 것, 욕하는 것, 불만이 많은 것". **post-session:** 첫 번째 문에서 '부상'이라는 단어를 적었고 조심하지 않고 운동을 하다가 경기장에서 다치고 병원에 입원하고 있는 심상을 경험. 두 번째 문에는 욕을 하다가 친구들에게 맞는 심상을 경험, 세 번째 문에는 불만이 많음을 적었는데 불만을 많이 하다가 모든 것을 빼앗기는 자신의 모습을 경험했고 얻은 통찰은 불만을 많이 하면 안 될 것 같다고 보고함. 만다라는 세 개의 문에 대한 경험 중에 자신이 병원에 누워있는 경험을 표현. "조심해서 행동을 해야 한다"라고 자신의 정신이 경고했다고 보고함.
J 학생	**pre-session:** 자신의 고쳐야 할 점과 문제를 성찰했는데 그것은 "말이 많음, 싸움이 많음, 성적이 안 오름, 장난을 많이 침" 등이라 보고함. **post-session:** 음악을 듣기 전에 세 개의 문에 자신이 생각하는 단어 "웅장함, 밝은 세상, 평화로움"을 적고 문을 열어보니 들판, 푸른 하늘, 모든 사람이 편안한 세상이 펼쳐지는 것을 보았으며 자신은 그것을 진심으로 바라고 있다고 보고함. 만다라는 푸른 하늘과 푸른 들, 길을 바라보고 서 있는 자신을 그림으로 표현.

치료효과 5회기의 'Three doors'의 세션 경험을 통해 학생들은 자신의 이슈를 바라보고 성찰, 해결할 수 있는 힘과 많은 가능성을 나타냈다. 학업에 임하는 태도가 너무 부족하고 힘이 들지만 학생의 본분을 되새기고 학업에 대해 중요성을 인식하며 자신의 태도에 대한 내면 성찰, 친구 관계에 대한 통찰을 하고 있다.

6회기

6회기 또한 마음의 다양한 문제를 탐색하는 시간으로 자신의 이슈를 바라보는 세션이 진행되었으며 이는 5회기 세션과 연결된 두 번째 'Three doors experience'가 진행되었다. 5회기 세션에 이어서 연결되는 심화 과정을 통해 학생들은 더 깊은 자신의 현재 문제, 심리 및 정서 상태뿐만 아니라 집단 전체에서 발생하는 역동과 친구 관계에서 문제를 성찰하였다.

첫 번째 문의 경험에 사용된 음악은 'Sun singer #1 and #2', 두 번째 문의 경험에 사용한 음악은 'Sun singer #4'이며 세 번째 문의 경험을 위해 사용한 음악은 'Sun singer #3 & #8'으로 두 개의 음악이 사용되었다. 학생들은 세 번째 문에 자신의 문제를 해결할 수 있는 단어를 적게 되는데 이 음악들은 심리적 해결을 위한 깊은 성찰로 안내하고 편안한 종결을 돕는다.

A 학생	결석
B 학생	**pre-session:** 'A'라는 친구 때문에 많이 화가 난 상태이며 때리고 싶음. 학생이 선택하는 문제의 단어는 공부, 친구, 가족의 문제였는데 음악을 들으면 다른 무엇이 떠오를지도 모르겠다고 보고함. **post-session:** 3개의 심리적 문에 자신을 분노하게 한 친구를 지속적으로 떠올렸는데 그때 떠오른 단어들은 '때린다, 절망, 죽인다' 등의 아주 부정적인 단어였음을 보고함. 그러나 음악을 들으면서 결국 이런 부정적인 마음은 버려야겠다는 마음이 들었으며 그래서 결국 다시 행복해질 수 있었다고 보고함. 만다라는 자신 마음의 3개의 문을 그림.
C 학생	**pre-session:** 조용한 모습으로 활동을 수행하는 모습. 자신이 머리에 떠올리고 싶은 단어나 문제의 성찰은 고교생활 50%, 게임 10%, 탈것 20%, 여자 5%, 애니메이션. 3개의 문에 적을 단어를 고민해 본다고 보고함. **post-session:** 첫 번째 문에서는 '고요하게 공부하는 자신의 모습'이 떠올랐고 공부를 열심히 하는 모습을 보았음. 두 번째 문에서는 미래 자신의 고등학생 생활이 떠올랐으며 고등학교를 열심히 다닐 것 같음. 세 번째 문에서는 탈것 '자전거'가 떠올랐는데 그냥 음악을 들으면서 힘이 빠질 때까지 달리면서 후련함을 느꼈다고 보고함. 만다라는 자신의 경험을 3개의 그림으로 표현.
D 학생	결석

E 학생	**pre-session:** 웃는 얼굴로 일주일을 잘 지냈다고 보고함. 문제의 성찰과 관련하여 선택한 단어 3가지는 나의 꿈, 공부 열심히, 살을 빼는 것! **post-session:** 심리적인 첫 번째 문에 '나의 꿈'이라는 단어를 적고 심상경험을 하였는데 자신은 공기 좋고 경치 좋은 시골에서 자신의 일을 열심히 하는 모습을 경험했으며 두 번째 문에는 '공부 열심히'를 적었는데 공부도 열심히 하며 놀기도 잘하는 학생이 되고 싶다고 보고함. 세 번째 문에는 '살을 빼자!, 운동을 열심히 해서 살을 빼고 건강하게 살자! 그렇지 않으면 건강을 버려 죽을지도 모른다'라고 보고함. 만다라는 3가지의 심상을 그림으로 표현.
F 학생	결석
G 학생	**pre-session:** 동료나 치료사를 돕는 행동을 보이며 지시를 잘 따르며 활동에 집중하는 모습. 떠올리고 싶은 문제 성찰과 관련된 단어는 '비행기, 욕, 스마트폰 수집'이며 음악을 들으면서 더 성찰하고 싶음. **post-session:** 떠오르는 3개의 문에 적은 단어는 '건물, 평범한 나무, 텃밭'이었으며 '건물'에 대해서는 넓은 평야에 아무도 없는데 건물 한 채가 보였고 썰렁한 느낌이 들었음. 두 번째 문에서 평범한 나무를 보았으나 평화롭게 보여서 부러웠고 자신의 마음에 희망이 들었다고 함. 세 번째 문에서는 '텃밭'과 관련하여 새싹이 자라는 것이 신기했으며 신비로운 느낌이 들었음. 만다라는 '텃밭'과 '새싹'을 그림으로 표현.
H 학생	**pre-session:** 자신의 문제와 관련하여 떠오르는 3가지의 단어는 '웹툰, 게임, 영어'. **post-session:** 첫 번째 문 단어는 '웹툰'이고 아주 재미있는 기분을 느낌, 두 번째 문의 단어는 '게임'이었는데 게임을 오래 하면 자신의 장래가 어두워질 수 있다고 보고함. 세 번째 문의 단어는 '영어단어'. 영어단어를 외우지 않는 것은 결국 선생님과 자기 사이에 목숨을 건 도박이라는 알았으며 영어단어 외우기를 열심히 해야겠다고 보고함. 만다라는 웹툰, 게임, 영어단어를 적음.
I 학생	**pre-session:** 옆의 동료와 장난을 치는 행동이 관찰되었으나 치료사의 지시를 따르며 활동에 집중함. 자신이 머리에 떠올린 문제 성찰의 단어는 '축구, PC방, 욕일 것'이라고 보고함. **post-session:** 첫 번째 문에 적은 선택 단어는 '행복'. 바다의 떠다니는 유람선을 보니 너무 행복해 보임.
J 학생	결석

치료효과 학생들은 6회기 세션에서 더 깊은 자신만의 심화된 경험 속으로 자신을 초대하고 있다. 중학교 2학년 학생의 시기는 청소년의 질풍노도의 시기이다. 그들은 에너지와 심리가 좌충우돌하고 있지만 지금의 학업에 대한 어려움이 미래의 가능성을 주는 희망으로 변하고 있다. 힘든 상황도 긍정적인 상황으로 변할 수 있다는 것을 직감하며 자신만의 밝은 미래지향적인 통찰을 해내고 있다.

7회기

7회기는 마음의 다양한 문제를 바라보는 네 번째의 시간으로 청소년들의 스트레스의 원인 및 스트레스 관리를 위한 시간이 진행되었다. 사용된 음악들은 White stones, 01_#10(Escape) → 02_#01(Steps) → 03_#14(Illumination)이다. 이 음악들은 청소년들에게 적합한 리듬 진행이 있으며 음향sound이 가벼운 듯 경쾌하다. 마지막에 사용된 곡 #14(Illumination)은 풍성한 악기 소리의 색채와 다양한 음향, 음악의 컨테이너가 비교적 넓고 자유로우며 감상자로 하여금 클라이막스climax의 종결을 경험하게 한다. 이 음악 또한 청소년의 에너지와 잘 맞는다.

A 학생	결석
B 학생	**pre-session:** 스트레스는 집에 빨리 못 돌아가는 것, 배고픔, 짜증, 기분이 나쁜 것, 피곤함. 음악을 들으면서 스트레스를 풀고 싶음. **post-session:** 음악을 들으며 진짜 자는 것은 아닌데 자는 것 같은 기분이 들었으며 잘 쉬는 것 같았음. 잘 쉬어서 스트레스도 풀고 좋았으며 만다라는 자는 것과 같은 경험에 대한 그림.
C 학생	**pre-session:** 자신의 스트레스는 남아서 수학 공부를 하는 것. 그것은 아주 기분이 안 좋은 것이며 자신의 머리에는 여자에 대한 생각이 있고 음악을 들으며 정리해야겠다고 보고함. **post-session:** 음악을 들으니 도시의 붉은 노을이 떠올랐는데 사람들이 저녁에 퇴근하는 이미지(image)였음. 느낌은 상쾌했고 그 장면은 자신의 미래 같고 열심히 일을 한 뒤에 사람들이 퇴근하는 모습이라 좋았다고 보고함. 만다라는 도시의 풍경과 퇴근하는 사람의 그림.

D 학생	**pre-session:** 자신의 스트레스는 짜증, 집에 가고 싶은데 못 가는 것, 피곤함, 게임이 하고 싶음, 국어 선생님이 보기 싫은 것이라 고백. 음악을 들으며 스트레스를 풀고 마음을 정리하고 싶음. **post-session:** 음악을 들으니 아주 편안했으며 '농촌과 밤하늘의 별' 심상이 떠올랐음. 농촌에서 밤하늘을 보았는데 별이 무수히 많아서 신기했으며 마음이 편안해짐을 느꼈다고 보고함. 만다라에 농촌의 밤하늘과 별을 그림으로 표현.
E 학생	**pre-session:** 자신의 머리에는 새로 구매하고 싶은 CD, 집에 가고 싶음, 내일 놀고 싶은 생각 등이 들어있으며 스트레스에 대한 짜증, 피곤함이 음악을 들으면 어떨지 기대되고 들뜸. **post-session:** 첫 번째 음악에서 단풍이 물든 들판과 단풍잎이 둥실둥실 떠다니는 투명한 연못을 보았고, 두 번째 음악에서는 으스스한 고성이 떠올랐기에 더 가보고 싶은 마음이 들었으며, 세 번째 음악에서는 가장 잘 쉴 수 있는 장면이 떠올라 집안의 따스한 방에서 자신이 낮잠을 자며 스트레스를 푸는 것을 경험했다고 보고함. 만다라는 낮잠을 자는 자신의 모습을 그림으로 표현.
F 학생	**pre-session:** 기분이 약간 안 좋은 상태. 자신의 머리에는 공부, 게임, 장래희망, 공부, 감기에 대한 생각이 있으며 스트레스를 잘 관리하고 싶다고 보고함. **post-session:** 음악을 들으면서 어딘가의 밤하늘의 별을 경험했으며 그 내용은 "한 남자가 숲속에서 길을 찾다가 목이 말랐지만 결국 우물을 발견했는데 단풍나무 잎이 우물에 떨어지는 것을 보고 그 남자는 우물에 빠지게 되었으며 깜짝 놀라서 일어나니 그것은 꿈이었다"라고 보고함. 만다라는 아주 어두운 원안에 여러 가지의 사물이 있었으나 검은색으로 덮어버리고 한 사람만(자기 자신)이 앉아 있는 모습을 나타내는 그림으로 그렸다. 이것은 자신의 내면에 큰 변화(transformation)가 구체적으로 시작되었음을 알려주고 있다.
G 학생	**pre-session:** 잡담을 즐기나 동료를 도와주는 행동 관찰되었고 자신의 스트레스는 생각이 나질 않으며 집에 빨리 가고 싶고, 먹을 것과 여행이 떠오른다고 보고함. **post-session:** 음악을 들으니 해변이 떠올랐으며 해변에 자신이 놀러 갔고 스트레스가 해소되어 행복함을 느꼈음. 바다는 파도치고 파도 소리가 들리는 것 같았다고 보고함. 만다라는 바다, 모래밭, 두 그루의 야자수를 그림으로 표현.

H 학생	**pre-session:** 스트레스는 빨리 끝나고 싶은 마음, 피곤함과 지루함이라고 보고하였고 학생은 활동에 잘 집중하지 못하는 산만한 모습이 관찰됨. **post-session:** 음악을 들으며 PC방에 아이들과 놀러 가는 장면을 보았으며 자기가 하고 싶은 일을 다 한 것 같아서 기분이 좋고 스트레스가 풀렸다고 보고함. 만다라는 PC방을 그림.
I 학생	**pre-session:** 기분이 많이 좋아졌으며 자신의 머릿속에는 축구, PC방, 음식에 대한 레시피 개발하기, 여행에 대한 생각이 있다고 함. 남아있는 스트레스를 음악을 들으며 풀고 싶음. **post-session:** 음악을 들으며 비바람이 부는 평야가 떠올랐고 먹구름이 낀 평야를 보면서 외로움을 느꼈고 다시 음악이 진행되면서 잔잔하고 평화로운 평야 지대를 경험하게 되어 행복한 느낌이 들었음. 앞으로 스트레스를 만들지 않도록 노력할 것이고 기분이 어두웠다가 좋아졌고 두 가지의 평야를 만다라에 옮겼다.
J 학생	결석

치료효과 7회기의 세션은 학생들의 학업 스트레스 및 일상에서 발생하는 스트레스의 원인과 문제에 대해 이해를 돕고 자신의 현재 정서, 심리상태를 음악적 정신역동을 통해 반영하고 창의적이며 새로운 통찰에 접근하는 계기가 되었다.

8회기

8회기 세션은 학생들의 내적 변화transformation의 경험과 새로운 긍정적인 에너지를 활성화하는 시기로 긍정적인 의미를 제공하는 글과 긍정적인 느낌의 시를 사용하여 학생들이 자신의 의식과 연결하도록 도왔다. 8회기 사용한 음악은 Joanne Shenandoah의 #4(Path of beauty)-#5(Song of union)-#3(When eyes meet)이다. 아주 포근하고 긍정적인 에너지를 주는 여성의 음성과 drum beat가 청소년들의 주의를 집중시키고 심신을 안정시키는 역할을 한다.

A 학생	결석
B 학생	**pre-session:** '끝까지 해보라'라는 시를 선택하고 자신의 시를 낭독하고 중요한 구절을 기억함. 몸의 컨디션이 전반적으로 좋아졌다고 보고하며 기분은 좋은 상태. 치료사의 지시에 협력하는 행동을 보이며 시의 좋은 내용을 강화하고 싶다고 보고함. **post-session:** 한 사람이 서 있는 장면을 만다라에 표현하였으며 두 눈을 강하게 뜨고 있는 상태를 표현. 음악과 시를 통해 '무슨 일을 해도 포기하지 말고 끝까지 해보자'라는 마음의 직감을 얻었다며 자신의 굳은 의지를 밝힘.
C 학생	결석
D 학생	**pre-session:** '순수를 꿈꾸며'라는 시를 소리 내서 읽고 중요한 부분에 대해 음악을 들으며 생각해 보겠다고 보고함. **post-session:** 음악을 들으니 마음이 편했으며 "무한을 거머쥐고 편하게 살자, 꿈을 갖고…"라는 직감이 떠올랐다고 보고하였다. 만다라는 다섯 사람(가족)이 빌딩 앞에 서 있으며 파란색 자동차와 초록색 돈 묶음을 그림으로 표현하고 자신의 미래의 꿈이라고 보고함.
E 학생	**pre-session:** '하늘에 모든 햇빛만 가득하다면'이라는 시를 읽으며 다시 생각해 보겠다고 표현하였으나 세션에 집중하지 못하거나 동료에게 말을 거는 행동이 자주 관찰되었고 치료사와 눈이 마주치자 집중하는 모습을 보임. **post-session:** 음악을 들으니 어두움이 사라진 것 같다고 표현하고 만다라는 '하늘의 햇빛, 밝아지는 희망'이라고 글을 남겼다.
F 학생	**pre-session:** '위대한 사람들'이라는 시를 발표하듯이 읽고 시가 좋다고 표현하였으며 음악을 들으며 더 중요한 부분을 찾고 음미하고 싶다고 보고함. **post-session:** '친구들과의 기념사진'을 찍었으며 "많이 웃고 행복하게 살자!"라고 하며 "친구들! 어른이 되어 다시 만나자. 이것이 위대한 사람이다!"라고 발표함. 만다라는 검은색 바탕에 빨간색의 큰 하트를 그렸다.

G 학생	**pre-session:** '무엇이 되든지 최고가 되어라'라는 시를 읽으며 자신이 최고가 되어야 하는 부분에 대해서 음악을 들으며 답을 찾아보겠다고 표현함. **post-session:** '국가 대표' 선수라는 제목으로 '하○○' 선수가 스키 경기를 하는 장면을 만다라로 표현하였는데 "이것이 바로 본받을 점"이라고 하고 자신은 영어로 'go!'라는 표현을 함.
H 학생	**pre-session:** '지식'이라는 시를 큰소리로 읽고 차분한 모습으로 세션에 임하는 모습이 관찰됨. 자신의 마음을 음악을 듣고 정리해 보겠다고 발표함. **post-session:** 음악을 들으며 PC방에 아이들과 놀러 가는 장면을 보았으며 자기가 하고 싶은 일을 한 것 같아서 기분이 좋고 스트레스가 풀림. 만다라는 PC방을 그림.
I 학생	결석
J 학생	**pre-session:** 아주 잦은 결석이 있었던 학생으로 '동화'라는 시를 음미하고 활동에 임하였으나, 집중하지 못하고 자주 동료와 잡담하는 행동이 관찰됨. 치료사의 격려에 반응하여 집중하는 모습을 보임. **post-session:** '부자를 꿈꾸다'라는 음악을 들으며 시와 관련하여 꿈이 자라는 것 같고 자신은 부자가 되고 싶다고 표현함. 벽돌같이 쌓여있는 노란색의 금을 그림으로 표현하고 한 사람이 그것을 만지는 것을 그림으로 표현함.

치료효과 8회기의 세션에서 학생들은 그룹 GIM 활동을 통해 점차적으로 차분한 태도를 취하며 집중하는 모습을 나타냈다. 주제를 가지고 학생들에게 긍정적인 내용의 '시'를 제공하는 구조적 그룹 GIM세션은 청소년들의 긍정적 의식을 활성화하고 집단을 긍정의 힘으로 묶어주는 역할을 하게 된다. 학생들은 8회기의 경험 속에서 자신의 구체적인 희망과 미래의 꿈을 발견하고 그것을 의식화하였다.

9회기

9회기는 마지막 세션으로 자신의 마음을 대표하는 좌우명 또는 긍정적인 단어를 통해 자신의 미래 꿈 찾기, 통합 및 새로운 시작을 주제로 진행되었다. 사용한 음악은 Secret Garden의 White stones #2(Poeme)-#14(Illumination)-#12(Celebration)이다. 학생들은 잘 선정된 음악을 감상하고 음악과 심상의 교차상태에서 자신의 긍정적인 의식을 더욱 확고하게 하며 강화할 수 있고 마지막 음악인 'Celebration'은 그들을 더 격려하고 지금까지의 과정을 축하하고 칭찬한다.

A 학생	결석
B 학생	결석
C 학생	**pre-session:** 학생이 선택한 긍정적인 단어는 '노력'이다. 이 단어를 선택하고 음악을 들으며 더 강화하고 싶다고 보고하였다. **post-session:** 학생은 음악-심상 시간에 "자신이 더 부족한 부분에 대해 더 노력해야겠다!"라는 마음을 먹었다고 했다. 만다라는 책상 앞에 앉아 "노력을 해야겠어"라는 말을 하며 공부를 하는 자신의 모습을 그림으로 표현.
D 학생	**pre-session:** 학생의 중요한 한 단어는 '소원'. 자신은 소원을 꼭 이루고 싶고 음악을 들으며 어느 부분에 필요한지 더 느껴보고 싶다고 보고하였다. **post-session:** 학생의 미래에 대한 꿈과 통찰은 다음과 같다. "나의 소원이자 꿈은 요리사이며 많은 사람이 나의 요리를 먹고 즐기는 것이 나의 소원이다!" 확실한 미래의 꿈을 통찰하여 그려진 만다라는 자신이 요리한 커다란 스테이크를 검은색 라인으로 강화해서 그림으로 표현.
E 학생	결석
F 학생	**pre-session:** '희망'이라는 단어를 자신의 대표 단어로 선택하고 음악을 통해 '희망'에 대해 더 많은 생각을 하고 싶다고 보고하였다. **post-session:** 음악을 들으며 '희망'에 대해 느낀 것은 "희망을 통해 목표를 가질 수 있고 그 목표를 이룰 수 있다"라는 것을 깨달았다고 보고하였다. 만다라는 노란색을 사용하여 온통 햇빛이 비추어지는 밝은 그림을 그렸고 앞으로 미래의 자신만의 '희망'을 표현.

G 학생	**pre-session:** 현재 자신을 대표하는 중요한 단어 한 가지는 '용기'라고 표명. 음악을 들으며 어느 부분에서 용기가 필요한지 더 느껴보고 싶다고 보고함. **post-session:** 음악을 들으며 떠오른 것은 '새로운 일에 도전하는 용기'라는 자신의 통찰을 보고함. 만다라는 진한 하늘색과 초록색, 갈색을 사용하여 무언가를 쌓아놓은 언덕의 곡선을 표현했으며 그림의 선을 강한 선으로 표현하고 만다라의 제목은 '용기'이다.
H 학생	**pre-session:** '최선'이라는 단어를 선택했으며 음악을 들으며 최선이 필요한 부분을 상기하겠다고 보고함. **post-session:** 음악을 들으며 '최선을 다하며 살자'라는 문장이 떠올랐고 축하를 받는 느낌이 든다고 보고함. 만다라는 아직 촛불을 켜지 않았지만 축하를 위한 초가 여러 개 꽂혀 있는 축하 케이크를 그림으로 표현.
I 학생	**pre-session:** 자신에게 필요한 단어는 '기쁨'이라는 단어이고 자신이 기쁨을 느껴야 할 부분에 대해서는 음악을 감상하며 알아보고 싶다고 보고함. **post-session:** 음악을 듣는 사람들의 '기쁨 지수'를 사람마다 표현하였는데 사람들은 각기 다른 자신만의 기쁨 지수를 가지고 있으며 학생 자신은 "자신의 기쁨을 일상생활에서 활성화해야겠다"라고 보고하였다. 만다라는 모든 사람이 웃는 얼굴을 하고 있으나 각자 다른 기쁨 갖고 있으며 기쁨의 수치를 20, 30, 60%… 등의 다양한 숫자들로 가진 얼굴들을 그림으로 표현하였다.
J 학생	**pre-session:** 자신에게 필요한 긍정적인 한 단어는 '즐겨라'이며 어느 부분에 즐거움이 있어야 하는지 음악을 통해 더 느껴보겠다고 보고함. **post-session:** 자신이 즐겨야 하는 부분이 많이 있으며 운동을 즐기고 공부를 즐기고 인생을 즐기고 싶다고 보고하였다. 만다라의 그림은 아빠가 엎드려 있는 아들에게 "네 인생을 즐겨"라고 말하는 장면을 그림으로 표현하였다.

치료효과 9회기는 마지막 세션으로 학생들은 자신의 마음을 대표하는 좌우명 또는 긍정적인 단어('노력, 소원, 희망, 용기, 최선, 기쁨, 즐겨라')를 선택하였고 음악-심상 과정을 통해 자신의 미래 꿈 찾기 및 정서의 회복과 새로운 시작을 마음에 간직하였다. 9회기 세션의 보고를 통해 알 수 있듯이 학생들은 어려운 상황에 처해 있지만 자신의

우울한 상황과 현실적 문제에 대해 스스로 내면을 인식하고 긍정적인 힘을 활성화하였으며 성숙한 통찰력을 나타냈다.

만다라(mandala)와 토의

1. 의식의 변화(transformation)를 나타내주는 F ○○ 학생의 만다라 변화과정

만다라 소개를 위해 선정된 F ○○ 결손가족 상태로 조모와 단둘이 생활하고 있었으며 초반 활동 시 위축된 행동이 관찰되었으나 내면의 힘을 끌어내며 외유내강한 모습을 보여준 학생이다. 그는 총 일곱 차례 세션에 참여했으나 그의 만다라는 자기의식의 변화를 분명하게 보여주고 있다. 초반부 2~4회기 세션의 만다라에서 볼 수 있듯이 F ○○학생은 자신의 만다라 바탕에 그림을 그렸다가도 드러내지 않고 다시 온통 검은색으로 칠하며 바탕의 그림을 덮어버리기를 반복했다. 그러나 5회기 만다라에서 드러난 오른편의 '작은 빛의 출현'을 시작으로 7회기 '앉아 있는 자기 자신 모습'의 출현과 8회기의 '붉은 하트', 9회기의 노란색의 '빛으로 가득 채워져 밝아진 만다라'를 선보이고 자신만의 우울한 과거에서 현재 그리고 미래로 나아가는 '희망'을 통찰하며 긍정적인 에너지를 활성화하였다. F ○○ 학생은 그룹 GIM세션 경험을 통해 어려운 환경 속에 처해있어 불안함과 우울한 감정에 노출되었던 자신을 희망의 감정으로 의식의 변화transformation를 이루며 자신의 미래에 힘을 주고 있다.

[그림 41] 2회기: 검은색의 빈(empty) 만다라

[그림 42] 3회기: 반복적으로 나타난 검은색의 빈(empty) 만다라

[그림 43] 4회기: 지속적인 검은색의 빈(empty) 만다라

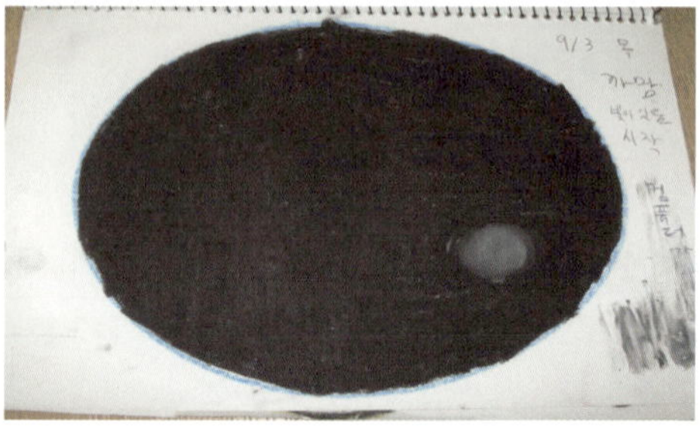

[그림 44] 5회기: 오른쪽 하단(만다라 4사분면)에 흰색의 점이 나타난 만다라

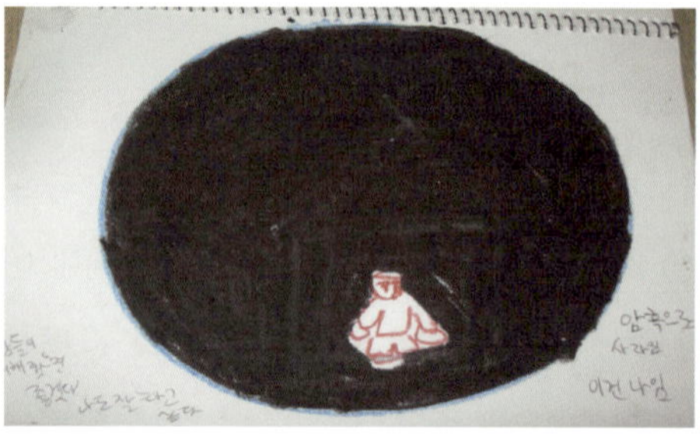

[그림 45] 7회기: 앉아 있는 자기 자신의 모습(정체성)이 드러난 만다라

[그림 46] 8회기: 원 아래 하단에 하트(사랑의 마음)가 그려진 만다라

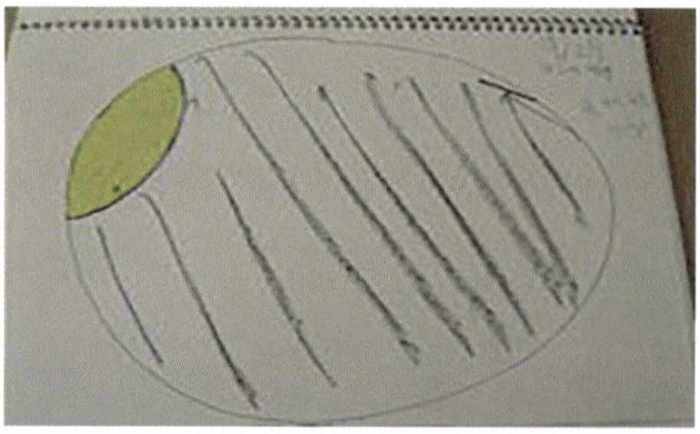

[그림 47] 9회기: 원의 위 왼쪽(2사분면)에 노란색의 빛이 나타난 희망의 만다라

2. 청소년 그룹의 정신역동과 동질성을 보여주는 초기성장단계 만다라

3회기 세션에서 학생들은 자신의 양가적 감정에 대해 음악-심상 과정을 경험하고 아래의 만다라들을 그렸는데 이것은 만다라를 반으로 나누어서 그린 형태이다. 이와 같이 원을 반으로 잘라서 만다라를 그린 경우는 만다라 그레이트 라운드great round의 원형단계에서 인간의 초기성장단계early growth(Joan kellogg, 1978)를 보여주는 패턴이다. 만다라에 공통적으로 나타난 이 패턴은 청소년 시기를 대변해 주는 전의식preconscious 단계를 나타내주고 있으며 전의식preconscious은 즉각적으로 유효하지 않지만 충분한 자극이 주어진다면 의식으로 소생될 수 있는 정신영역이다(경춘경, 2016). 본 사례의 청소년 그룹은 같은 학교에 소속된 15세 동질 집단으로 post-session 시간에 청소년 시기를 대변하는 동일한 패턴의 만다라를 그렸다.

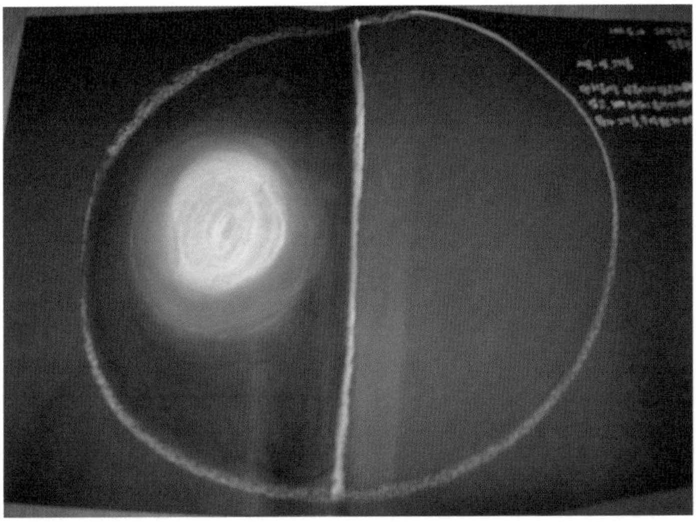

[그림 48]

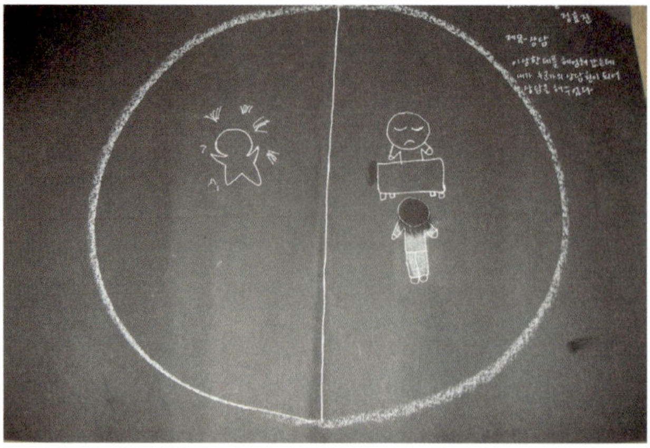

[그림 49]

[그림 50]

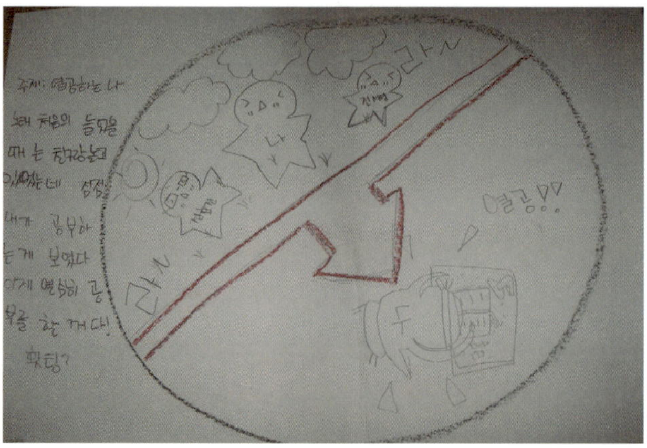

[그림 51]

[그림 52]

[그림 53]

마무리

본 사례연구는 우울성향을 나타내는 결손가정 청소년(15세) 학생들이 참여한 그룹 GIM세션에 대한 내용이다. 학생들은 정규 수업이 끝난 후에 치료 세션에 참석했어야 했으므로 잦은 결석이 발생하였고 잦은 결석은 치료 과정에 다소 어려움을 주기도 했다. 이 결석현상은 사례를 정리하는 데 있어 학생들의 경험을 있는 그대로 나열하여 집필하도록 이끌었고 학생들의 심상경험과 통찰 내용이 사실적으로 전달될 수 있었다. 치료 세션이 회기를 더 하면서 학생들의 다소 침울한 표정과 피곤해하는 모습, 떠들고 장난을 치며 친구의 호칭을 '욕'으로 일관해서 부르던 모습들은 점차 감소하고 한편으로는 어른 같은 내면적 통찰을 나타내기도 했다. 치료사를 돕는 등의 의젓한 행동이 자주 관찰되었으며 학생들이 결손가족 상태의 어려운 상황에 처해 있음에도 불구하고 희망과 미래의 꿈을 다시 확인하고 내재화하는 과정을 경험하였다.

1회기 경험에서 학생들은 '아무것도 없는 무 행성', 혼돈, 복잡한 원, 신비한 나선 운하의 경험, 신비롭고 몽환적 느낌의 교차경험, 자신의 꿈과 희망이 생길 것 같은 심상을 경험하였고 2회기는 자신의 짜증, 들판에서 혼자서 별 보기, 소중한 시간의 추억을 기억하고 지키기, 겨울나무, 검은 만다라를 표현하였다.

3회기에서는 문제를 더 드러내는 세션 시기로 자신을 짜증 나게 하는 사람들이 번개를 맞는 심상, 심상 속의 사람이 스스로 자신의 죄를 뉘우치는 장면, 죄책감에 대한 경험 등을 만다라에 표현하였고 자신의 마음에 강인함과 평화로움을 담고 싶지만 천둥과 번개가 치고 있어 행복하게 지내는 것이 중요하다고 생각했지만, 만다라의 원 안은 온통 검은색으로 칠해져 학생 자신의 우울함을 나타내기도 했다.

4회기 세션에서는 단점(거짓말, 남을 괴롭힘, 집중력 부족, 게임 중독, 공부와 운동을 못하는 것, 말이 많음, 사람을 못 믿는 것, 오버액션, 부정적인 생각)들은 고쳐나가길 원하고 없애버렸으면 좋겠고 장점(공부, 운동을 열심히 하는 것, 성실함, 인내심, 참을성, 배려심, 착함, 진지함, 편안한 마음을 주는 것, 좋은 사람이 있을 때 잘하기)들도 점차 많아졌으면 좋겠다는 학생 각자의 성숙한 통찰을 보고하였다.

5회기, 6회기 세션은 마음의 다양한 문제issue를 더 탐색할 수 있는 시간으로 'Three doors experience'를 통해 자신의 문제를 인식하고 해결을 돕는 세션이 진행되었고 제3문에서 자신의 문제를 해결할 수 있는 단어를 쓰도록 하였는데 학생들은 '노력, 밝음, 게임 중독과 조절 문제, 조심해서 행동하기, 변화무쌍한 바다, 고요함, 영어 단어, 부정적인 마음 없애기, 달리면서 후련함을 느낌, 건강 챙기기, 희망, 텃밭 새싹' 등의 단어들을 보고하였으며 검은 만다라 안에 생긴 흰색의 점, 하늘, 전생의 어두움을 적기도 하였다.

7회기 세션은 학생들이 내면의 긍정적인 힘을 발견하고 찾아나갈 수 있도록 돕는 세션이 진행되었으며 그에 대한 통찰로는 잘 쉬어서 스트레스도 풀기, 자는 경험, 도시의 풍경과 퇴근하는 사람, 농촌에서 바라보는 무수한 별의 밤하늘, 마음이 편안해지다! 등을 보고하였다. 또한 '노력, 소원, 희망, 용기, 최선, 기쁨, 즐겨라' 등의 단어가 경험 후에 토의되면서 나타난 학생들의 의미 있는 통찰의 단어들이다.

8회기 세션의 긍정적인 통찰 경험은 '부자를 꿈꾸다, 스트레스 풀기, Go! 하기, 이것이 위대한 사람이다(많이 웃고 행복하게 어른이 되어서 다시 만나자), 하늘의 햇빛, 밝아지는 희망, 포기하지 말고 끝까지 해보기!' 등의 경험을 보고하였다.

9회기는 통합과 자신의 미래의 꿈을 찾기 위한 세션으로 학생들은 '공부를 해야겠다, 노력을 해야겠다, 나의 소원은 요리사(많은 사람이 나의 요리를 먹고 즐기고 있음), 자신만의 희망과 용기, 온통 햇빛이 쏟아지는 만다라, 무언가를 쌓아놓은 언덕, 너의 인생을 즐겨라!' 등의 자신만의 통찰을 토의하고 대표적인 만다라로 축하하는 '축하 케이크'를 원에 그렸다.

결론

본 사례연구를 통해 보고된 바와 같이 학생들의 우울성향은 반드시 우울한 감정만을 국소적으로 나타내지 않는다. 청소년들은 그들 자신이 해결할 수 없는 상황의 발생, 가족에게 충분하게 인정받지 못하고 보호받지 못하는 어려운 상황 또는 또래집단에서의 문제, 사춘기의 성향, 학업의 어려움들을 겪는데, 이는 학생들에게 우울감과 더불어 공격적인 행동과 반사회적 행동, 그리고 불안과 스트레스를 발생시킨다. 그럼에도 불구하고 9회기의 그룹 GIM세션을 통해 발견된 중학교 2학년 학생들의 문제 해결 능력과 성찰, 자신의 진실한 내적 자기inner self에 다가가는 능력은 치료사의 기대 이상의 수준이었음을 알 수 있다.

본 사례는 2011년도에 세션이 진행되었으므로 지금(2025년) 이 학생들은 의젓한 사회인으로 혹은 긴 공부를 위하여 노력하는 성인으로 자신만의 길을 가고 있을 것이다. 15세 청소년 시기에 자신의 마음을 바라보도록 도왔던 이 그룹 GIM세션 경험이 그들에게 좋은 성찰과 통합의 경험으로 작용하여 성장의 밑거름으로 작용하였기를, 그리고 지금 현재 그들의 삶에 긍정적인 결과를 주는 힘이 되었길 희망해 본다.

용어 설명

결손가정: 부모의 한쪽 또는 양쪽이 사망하거나 이혼하거나 따로 살아서 미성년인 자녀를 제대로 돌보지 못하는 가정.

기초생활수급자: 소득 인정액이 중위소득 30~50% 이하로 최저 생계비에 못 미치는 사람.

생체리듬(circadian rhythm): 하루 24시간을 주기로 일어나는 생체 내 과정을 의미하며 24시간 주기의 리듬을 가진 생체시계에 의해 조절되는 모든 생명체에서 발견되는 현상.

만다라(mandala): 산스크리트어에서 유래, 영원을 나타내는 상징, 사람의 무의식적 과정의 시각적 형태로 개인적인 투사를 알 수 있음. 만다라의 원 안은 자아를 상징, 원의 중심은 자아의 핵을 상징, 원 밖은 외부 세계와 관계를 맺는 것.

위클래스(wee class): 위(wee)는 학교, 교육청, 지역사회가 연계하여 학생들의 건강하고 즐거운 학교생활을 지원하는 다중의 통합지원 서비스망을 지칭함.

트랜스 음악(trance): 1990년대에 발전한 전자댄스 음악의 한 스타일.

참고문헌

김춘경 외(2016). 상담학 사전. 서울: 학지사.

문정표(2013). GIM한국심상음악치료협회 정기학술대회, 19-24.

Blake, R. L., & Bishop, S. R. (1994) The bonny method of guided imagery and music in the tr eatment of post-traumatic stress disorder(PTSD) with adults in the psychiatric setting. Music therapy perspectives, 12, 125-129.

Bonny. H. (2002). Music and Consciousness: The Evolution of Guided Imagery and Music Gil sum. NH: Barcelona Publishers.

Bonny. H. L., & Salvary, L. (1990). Music & your mind. Barrytown, NY: Station Hill Press.

Bunt. L. (2000). Transformational processes in Guided Imagey and Music. Journal of the Ass ociation for Music and Imagery. 7. 44-58.

Denise Grocke & Tony Wigram. (2011). Receptive Methods in Music Therapy. 서울: 학지사.

Joan kellogg(1978). 일원상에 나타난 만다라의 원형단계들.

Paral Kohli, M.D., FACC. (2021). Medically reviewed-Written by Anna Smith-Updated on Nov ember 29, 2021.

그룹 GIM | 청소년 | 분노

16

청소년 분노와 그룹 GIM

김소진

개요

본 연구는 그룹 GIMguided imagery and music(이하 그룹 GIM) 시행에 관한 것으로 학교에서 '분노조절장애 자가진단 테스트'를 통해 분노조절장애로 의심(자가진단 테스트 6개 이상 및 학교의 관찰대상)된 청소년(만 13~15세) 10명을 대상으로 실시된 것이며 치료 기간은 2011년 11월 4일부터 11월 29일까지 총 7회기로 실시되었다. 학생들의 전반적인 문제 행동들은 이탈 행동(예: 수업 시간에 이탈하여 운동장에 누워있는 행동 등) 및 학교 부적응, 학업부진, 학습목적의식의 결여, 청소년 폭력 관여, 공격행동, 심각한 이성교제, 학교의 징계 처분과 관련한 불안한 감정을 드러내는 특징을 나타냈으며 복잡한 가족 역동과 그로 인한 가족 관계의 어려움, 미래에 대한 불확실성 등을 보고하였다. 7회기 동안 진행된 음악-심상 교차경험을 통해 자신 마음과의 만남, 심리적 문제와 관련된 분노감정 알아보기, 우울한 감정의 공감, 카타르시스를 경험했으며 이 경험들은 만다라 그리기, 그룹 발표 및 토의로 진행되었다. 결론적으로 학생들은 음악의 힘을 통해 자신에 대한 이해와 마음을 재조명하게 되어 분노라는 감정의 표현보다는 자신의 의견을 언어로 잘 표현하게 되었으며 긍정적인 마음 상태의 경험, 희망 찾기와 미래를 꿈꾸는 내적 성장의 계기를 마련하게 되었다. 그룹 GIM의 활동은 학생들이 각 개인의 문제에 잘 접근할 수 있도록 도울 뿐만 아니라 자신을 더 잘 인식하고 자기 계발 등을 위한 의식 탐색의 새로운 문을 열어주는 계기가 되었다(Bonny, 2002).

도입

1. 청소년의 분노

성장기 청소년의 특징 중의 한 부분이 심리적 동요와 정서적 격렬함과 관련된 것이라면 이에 따른 공격행동 역시 정서 표현의 한 부분일 것이다. 이러한 행동의 개인적 요인으로 분노를 포함한 부정적 정서를 통제하지 못하는 경우는 적응 문제를 야기하는데 이는 심리의 기저에 통제되지 않은 분노가 있기 때문이다(Larson, 1992). Feindler(1989)에 의하면 청소년의 비행에는 반드시 분노가 수반되는 것은 아니지만 분노가 공격행동 및 비행의 주요 유발인자라고 보고 있으며 Novaco(1979)는 분노를 정서적 스트레스 반응으로, Rothenberg(1971)는 일종의 의사소통 방식으로 보고 있다. Sharkin(1988)은 분노에 대해 다양한 정도의 생리적, 인지적, 운동적, 정서적 그리고 언어적 요소 간의 상호작용을 포함하는 내적 상태의 다차원적 정의를 내리고 있으며 Frijda(1986)는 분노를 행동경향성과 관련된 정서라 하였다.

이은순(1998)은 청년기의 분노는 아동기에 비해 훨씬 더 오래 지속되는 경향이 있으며 사회적 욕구의 저지와 도덕적인 원인, 즉 자기 발전에 방해를 받거나 자기주장을 못할 때, 간섭과 압박, 이유 없이 듣는 꾸중, 불공평한 취급, 흥미 없는 충고, 무시, 자유의 속박과 관련된 일들로 분노를 느끼며 실패의 원인을 자기에게서 찾고 자신의 무능력에 대해 분노를 느끼는 것이 특징이라 하였다. 분노의 표출 방식으로 남자의 경우는 충돌, 구타, 음주 등 직접 행동으로 분노를 표현하며 여자의 경우는 우는 행동을 하거나 언어적인 반응을 보인다고 하였다. 또한 권혜진(1995)은 성장 기간 중 주로 물리적, 생리적 자극에 의해 분노가 발생하는 유아기와 아동기에 비해 청소년기에는 분노의 주된 원인이 사회적 요인, 즉 대인관계로 옮겨지는 변화가 일어난다고 보고하였으며 청소년기는 대인관계에 따른 분노 해결의 학습기라며 그 중요성을 강조했다. 중고생을 대상으로 한 김청자(1993)의 연구에서는 억울함, 배신, 무시당함, 차별대우, 이유 없이 매 맞음, 힘으로 내 것을 빼앗거나 파괴하는 상황, 이기적 행동, 잘난 체하거나 아첨하는 사람을 보는 상황에서 90%가 공격심을 느낀다고 답하였으며 그중 남학생은 생리적 요인(성 충동을 느낄 때나 배가 고플 때)이 크고 여학생의 경우는 여자라고 업신 여김 받을 때, 자신의 판단을 부모가 반대할 때, 인정받지 못할 때 등 사회적 요인이 더 크게 작용하는 것으로 나타났다.

또한 분노조절장애는 행동장애의 일종으로 외부의 작은 도발과 스트레스에 무의식적으로 충동적 공격성을 보이며 불규칙적으로 폭력성을 나타내거나 격하게 화를 내어 자신의 감정을 표출하는 특징이 있다. 결손 가족 상황에서 발생된 불안전한 양육 경험과 낮은 자존감 및 열등감, 어린 시절의 학대 등의 정신적 외상, 과도한 스트레스에 장시간 노출될 경우 또는 특권 의식이나 피해의식, 감정조절 기능 저하 등 복합적인 요인이 분노조절장애의 원인이 되기도 한다.

한편 분노에 대한 진단은 MMPI(정신 병리의 표준화된 분노도구)의 하위 척도로 진단하여 살펴볼 수 있고, Spielberger(1999)는 분노 기질 특성과 분노 표현 유형을 평가하기 위해 상태 특성 분노 표현 척도state-trait anger expression inventory를 진단적으로 적용하였다. DSM-Ⅳ, ICD-10에의 분노는 반사회성 및 편집성 성격장애, 간헐적 폭발장애, 경계선 인격장애, 정신분열증, 품행장애, 뚜렛증후군 등을 진단할 때 경미하게 취급되고 분노장애의 진단은 명시화되어 있지 않다. 그리하여 채규만(2011)은 분노의 영역만을 독립적으로 진단하기를 제안하기도 하는데 내담자의 분노경험을 더 잘 이해하기 위해서는 내담자의 자기 관찰과 언어적 보고, 주위 사람의 내담자에 대한 반응 관찰, 언어적 보고, 표준화된 분노 척도 등을 종합적으로 살펴볼 수 있다.

2. 그룹 GIM에서의 분노 작업

그룹 GIM 상황에서 다루어지는 청소년들의 분노 작업은 일상에서 느껴지는 정서 상태로서 보통 건강하고 정상적인 인간의 감정 상태이고 조절되고 다루어질 수 있는 적응적인 반응이라고 할 수 있다. 과도한 분노 반응은 그 에너지가 파괴적이고, 억압되었을 때 몸과 마음에 저장될 수 있어 그룹 GIM을 적용하기에는 적합하지 않다. 인간은 태어날 때 불편한 것을 표현하는 본능이 있다는 것에 근거를 둔 Izard(1971)의 이론은 분노의 원인을 불편함이라는 단어로 재정립하고 성장 과정에서 안전하지 못한 갈등 상황에 노출된 아이는 자신의 욕구를 자연스럽게 발산할 수 없게 되어 바람직한 관계를 형성하지 못하고 대인관계에서 융통성이 없거나 강박적인 특징을 나타낸다고 하였다. 결국 분노 감정 유발의 한 원인으로는 어린 시절의 양육환경이 그 영향을 미친다고 할 수 있는데 본 사례연구의 청소년 그룹의 경우 또한 어린 시절 결손가정의 환경에 처했거나 일상적인 생활 속에서 자신이 바라던 것을 심리적, 육체적으로 제지당했을 때 발생한 불편함과 불만이 분노의 특징으로 나타난 경우라 할 수 있다. 정현주(2006)는 GIM 치료에서 내담자의 내면에 저장되어 있는 분노를 그 감정과 관련된 음악들을 사용하여 경험 및 환기시키고 음악이 자율신경계를 자극하여 각성을 유도하며 내담자의 주 감정을 자극한다고 하였다. 분노에 대해 개인 GIM을 적용한 이도연(2021)의 연구는 내담자가 대인관계에서 나타내는 파괴적이며 문제시되는 분노감정의 근원을 찾을 수 있도록 돕고 그 감정을 해방시켜 분노를 유발하는 사건들에 대해 수용과 통찰을 얻고 현재 개인 삶에 대한 집중력, 긍정적인 삶의 태도의 변화를 경험하게 되었다고 보고하였다. 개인 GIM 세션에서의 분노작업은 그 감정에 적합한 음악의 사용과 치료사의 언어중재verbal intervention 그리고 필요에 따른 신체적 중재physical intervention를 적용하여 역동적 경험을 이끌어낼 수 있으며 후에는 안정된 정서와 감정 상태로의 변화transformation를 이끌어야 한다. 그러나 여기에서 중요한 점은 분노 감정을 다루는 방법에 있어 개인 GIM 세션과 그룹 GIM 세션에는 분명한 차이가 있음을 인식하고 적용해야 한다는 것이다. 그룹 GIM에서 적용되는 분노작업은 치료사의 적극적 중재와 개입이 없고 개개인의 경험을 보고 받을 수 없기 때문에 안전한 상황과 구조가 중요하고 음악-심상 과정에서 직접적인 분노 표출이 이루어지지 않으며 위험하거나 통제할 수 없는 상황은 발생되지 않도록 주의를 기울여 안전하게 세션이 진행되어야 한다.

본 사례연구의 경우는 청소년 그룹이 자신들의 주 이슈issue인 분노의 감정을 직접적으로 표출하거나 표현하기보다는 그 원인과 감정 상태를 의식화하여 분노감정을 다루는 방법을 토의하고 해결을 찾아나가는 긍정적 의식 상태로의 변화transformation를 그 목적으로 하였다.

배경정보

본 사례연구는 위 클래스wee class 프로그램 시행으로 ○○ 지역의 총 10명의 남녀중학교 학생들을 대상으로 그룹 GIM이 제공되었으며 학생들은 담당교사를 통해 선정된 분노조절장애로 의심되는 청소년들이었다. 특히 세션에 참여한 학생들은 적응 문제가 있는 타 지역에서 본 ○○학교로 전학을 온 상태이며 부적응과 이탈, 징계, 그로 인한 분노와 불만, 불안함을 드러내는 청소년들로서 결석도 자주 발생하였다. 남학생들은 전반적으로 큰 신장과 건장한 육체를 갖고 있었으며 첫 시간에 입실하여 행동을 크게 하고 호탕한 목소리로 떠들고 "분노를 조절하는 방법은 익히 들어 많이 알고 있다!"라고 보고하였다. 분노를 조절하는 방법에는 '호흡 조절과 벽 때리기, 좋아하는 것을 떠올리기' 등이 있다며 '인지행동치료' 방법의 일부를 소개하기도 하였다. 한 학생은 "화가 났을 때 화를 유발시킨 상대방을 때려서는 안 된다!"라고 보고하기도 하고 치료 방법을 소개하는 오리엔테이션 시간에는 전반적으로 호기심을 갖고 집중하는 모습을 보였다. 그러나 그룹 GIM세션 활동이 시작되자 책상에 엎드리는 행동, 잡담, 지시를 따르지 않는 행동 등이 일부 관찰되었으며 동료들과 장난을 치는 행동도 나타났다.

본 사례연구의 진행은 각 회기마다 학생 그룹의 전반적인 그룹 정신역동psycho dynamic을 중심으로 서술되었으며 그들은 그룹 내에서 자신의 행동과 의견을 나누고 성찰, 보완, 수정하며 통합해 나가는 과정을 보여주고 있다.

치료 방법

분노장애를 경험하는 학생들의 치료를 위해 사용된 방법은 기존의 그룹 GIM형식의 진행 방식으로 세션이 제공되었고 내담자의 분노 경험을 더 잘 이해하기 위해서 프리세션pre-session에서 학생들의 자기관찰에 대한 언어적 보고와 그들의 행동 및 반응 관찰, 교사가 제시한 보고서 등을 주의 깊게 반영하였고 세션 시작 전에 표준화된 분노 척도 검사 결과를 종합적으로 살펴보았다. 그룹 GIM에서는 음악-심상music-imagery과정에서 치료사와 내담자들과의 대화가 이루어지지 않는 방식의 활동이 진행되기 때문에 특이 상황 발생(학생이 일방적으로 눈을 뜨고 활동에 집중하지 못하거나 옆 좌석 동료에게 잡담을 하거나 장난을 치는 경우) 시 치료사와 학생 간의 짧은 개인적인 언어적 지시만이 이루어졌다.

1. 청소년 그룹 GIM의 induction

본 활동의 그룹 GIM induction 제시는 기존의 그룹 GIM과정과 같이 간결하고 명확한 구조를 가진 induction이 제공되었으며 이때 치료사가 학생들에 대한 통제력을 가지고(Bonny & Salvary, 1990) 학생들에게 어떤 움직이나 동작이 어느 정도 허락된다는 것을 안내해 주었으며 학생들이 음악활동 중 자신의 표현을 충분히 경험하도록 격려하고, 불편한 상황 때문에 심상에 집중하지 못하는 경우가 발생하지 않도록 배려하는 자연스러운 진행이 제공되었다. 청소년 그룹은 산만할 수 있으며 활동 시 친구에 대한 동질적 행동을 할 수 있기 때문에 그룹 전체에 대한 주의가 필요하다. 학생들은 활동이 진행되는 동안 책상에 엎드려 있기도 하고 자리가 허락되는 경우 눕기도 하였으며(이런 경우 치료사의 눈치를 보는 학생에게 괜찮은 행동이라는 것을 알리고 더 잘 이완될 수도 있다고 설명해 주었다) 잠을 자는 경우는 발생하지 않았다.

다음은 음악-심상 과정이 시작되기 전에 제시되는 induction(2012)의 예시이다.

… 가만히… 앉아 있거나 누워있는 상태에서 조용히 눈을 감아봅니다… 눈을 감으면 마음이 점점 고요해진다는 것을 느낄 수 있어요…… (여유 시간을 5초 정도 주도록 한다)… 지금 이 순간 어떤 생각이나 장면들이 떠오를 수도 있어요…… 좋은 느낌, 혹은 피곤함, 긴장, 두려움에 대한 느낌들이 떠오를 수도 있습니다… 그러나 그 느낌의 에너지들이 파도와 같이 움직이면서 흘러가는 대로 자연스럽게 흘러가도록 허락해 줍니다…… 이젠, 여러분이 숨을 쉬고 있다는 것을 인식해 보세요. 숨을 들이마시고 내쉬고… 들이마시고 내쉬고… 호흡에만 집중해 보세요… 무엇이 일어나고 있는지 느껴보세요…… 숨이 들어올 때… 해변에 몰려오는 파도의 느낌을 가져보세요… 소리가 들린다면 그것도 인식하세요… 지금 여러분에게 새로운 에너지가 들어온다는 것을 받아들입니다. 이젠 숨을 내쉬고 바다의 파도가 밀려 나가는 것을 느껴보세요. 이때 불필요한 여러분의 느낌들… 부정적인 에너지가 쓸려나가고 있다고 느껴보세요… 반복적으로 여러분의 몸에 들어왔다 나가는 파도와 같은 숨결을 느껴보세요. 호흡을 내보내면서 여러분은 점점 더 편안하고 이완되는 것을 경험합니다… 자…! 이 이완의 느낌이 점점 더 깊어지도록 하세요… 해변의 모래를 씻어 주는 파도처럼 모든 긴장이 씻겨 나갈 거예요…… 지금 여러분은 좀 더 가볍고 부드러운 호흡을 느낄 것입니다. 아주 편안합니다… 편안한 상태를 조용한 마음으로 느껴봅니다…… 곧 음악이 시작됩니다… 음악이 마음의 여행을 하도록 이끌어줍니다. 마음의 여행을 떠나보세요.

2. 청소년 그룹 GIM음악

본 그룹 GIM에서 사용된 음악의 길이는 10~15분 이내로 제공되었으며 학생 그룹의 토의를 통해 그들의 감정이나 기분을 반영할 수 있는 음악이 적용되었는데 이는 동질성의 원리ISO principle를 고려한 음악의 사용으로 음악의 선정과 제공에 있어 가장 기본이 되는 것이라 할 수 있다. 보편적으로 그룹 GIM상황에서는 음악의 셈여림dynamic이 강하고 구조가 복잡한 음악, 즉 두려움이나 불안함을 일으키는 음악을 지양하고 단순하면서도 긍정적인 감정과 기분을 느낄 수 있는 음악을 선곡하는 것(Bonny & Salvary, 1990)을 기본으로 하지만 개인 GIM환경이든 그룹 GIM환경이든 음악을 선택할 때 내담자의 정서와 기분을 고려한 동질성의 원리를 적용하는 것은 같다(Summer,

1981). 본 활동의 학생들은 분노조절장애 의심 청소년들로서 그들의 감정과 기분에 적합한 다양한 음악들이 적용되었는데 그것은 서구의 전통적인 고전음악classical music 뿐만 아니라 트랜스trance 음악, 즉 전자음악 또는 명상 음악 등의 현대음악contemporary music도 사용되었다.

다음은 그룹 GIM에서 음악-심상의 과정이 끝난 후에 심상경험을 마무리하고 학생들이 경험 전의 의식 상태로 돌아오는 과정에 관한 것이다. 자…! 이제 음악이 모두 끝났습니다! 지금… 여러분 몸의 상태를 천천히 느껴보세요. 의자에 앉아있는 느낌… 누워있는 느낌…… 주위의 소리도 느끼면서…… 천천히 숨을 쉬면서 호흡도 느껴봅니다(10초 정도 내담자 자신의 경험이 내면화될 수 있도록 여유를 준다)…… 준비가 다 되었으면 눈을 뜨고 천천히 다시 이 장소로 돌아옵니다(2012).

3. 만다라(mandala)와 토의(discussion)

그룹 GIM에서는 치료사와 내담자 간에 1:1로 서로 말을 주고받는 언어적 중재가 발생하지 않기 때문에 치료사는 음악-심상 과정이 진행되는 동안 학생들이 어떤 경험을 하는지 알 수가 없다. 그러므로 음악활동 후에 진행되는 포스트 세션post-session에서 심상에 대한 만다라 그리기와 언어적 토의는 경험에 대한 중요한 단서를 제공한다. 이는 그룹 GIM경험 후에 반드시 이어지는 과정이며 학생들의 만다라는 개인적으로 그리거나 커다란 켄트kent지에 함께 공동 작업하여 그림 그리기를 실시하였다.

치료 과정

1. 그룹 GIM치료의 목적과 목표

기관 또는 학교에서는 치료 활동이 진행되기 전 학생들의 공통적인 치료 목적과 목표를 제시하고 치료사와 의논하였다. 본 활동에 참가한 학생들은 대부분 학교 폭력이나 잦은 결석으로 징계를 받은 상태이고 가정환경이 불안전한 상황에 노출되어 있어 반항심, 불만, 반사회적 행동, 징계에 대해 분노의 감정을 가지고 있었다. 특히 이들은 학교의 규칙과 규율을 따르는 것에 대한 불만을 나타내며 수업 시간에 반사회적 이탈 행동(수업 시간에 이탈하여 운동장 한가운데 누워서 소리를 지르는 행동, 공개적인 이성교제 행동) 등을 보여주기도 했다. 이에 대해 청소년들을 위한 그룹 GIM활동의 구조화된 계획이 적용되었으며 진행한 활동 계획은 다음과 같다.

2. 분노 조절을 위한 그룹 GIM 진행과정

세션 진행 회기: 총 7회기	
1회기	그룹 GIM의 소개 오리엔테이션-그룹 GIM 첫 경험: 라포(rapport) 형성의 시작
2회기	다양한 정서와 감정 만나보기-그룹 GIM 경험: 라포(rapport) 형성
3회기	다양한 감정 상태(스트레스, 우울, 짜증, 공격행동, 분노)에 대한 원인과 상황 인식하기-그룹 GIM 경험: 라포(rapport) 형성
4회기	분노 유발 관련 감정과 행동의 다양한 문제 확인 (1)-그룹 GIM 경험: 버리고 싶은 마음과 가지고 싶은 마음 확인하기
5회기	분노 유발 관련 감정과 행동의 다양한 문제 확인 (2)-그룹 GIM 경험: 학생들 각자만의 분노 감정 조절 및 처리방법에 대한 토의 및 스트레스 인식과 성찰, 이완하기
6회기	긍정마음 만들기 및 마음에 좋은 것 담기-그룹 GIM 경험
7회기	청소년기의 행복 만들기, 새로운 마음, 새 출발-그룹 GIM 경험

1회기

9명의 학생이 활동에 참여였으며 그룹 GIM소개 오리엔테이션이 제공되었다. 학생들의 생각을 더 구체적으로 알아보기 위한 작업으로 '내 머릿속 그리기'가 수행되었으며 라포rapport 형성을 위해 치료사는 학생들의 이름을 잘 기억하고 지지하는 대화 형식의 진행과 상호작용이 이루어졌다. 사용한 그룹 GIM음악은 Crow & whistle, Green Room이다. Crow & whistle 음악은 음악에서 지속적으로 나타나는 Whistle의 멜로디melody와 드럼을 사용하여 연주되는 리듬rhythm이 어우러지면서 학생들을 첫 시간 활동에 집중시키는 데 큰 역할을 한다. Green Room 음악은 음악의 반주 부분으로 진행되는 완전4도의 씨 퀀스sequence 위에 음악의 선율melody이 더해지면서 진행되는 형식으로 전자음의 맑은 소리가 불만이 많고 처음 음악을 경험하는 학생들에게 돌봐주는 느낌과 편안함을 주며 아주 안전한 음악적 컨테이너container를 제공한다. 학생들의 경험은 그룹 전체의 동질성을 고려하였고 아래에 개인별로 세션 전pre-session과 세션 후post session에 대한 내용을 자세하게 서술하였다.

A 학생	**pre-session:** 기분은 나쁘지 않음. 음악심리치료를 알고 싶고 우선 경험해 보고 싶음. 자신의 관심은 수행평가, 학업, 친구, 변리사, 게임, 웹툰에 대한 생각이 있음. **post-session:** 자신의 마음과 상관없이 음악을 들으니 몽골인이 이목하는 심상이 보임. 느낌은 따뜻했으며 입에서는 커피 맛이 났고 이물감이 느껴짐. 만다라는 3개의 산봉우리 밑에서 이목하고 있는 자신과 가축.
B 학생	**pre-session:** 장난과 산만한 행동 관찰. 친구에게 반복적으로 말을 시킴. 자신의 머리에 든 생각은 게임, 자신의 장래 희망, 친구, 돈에 대한 생각, 호기심. 음악심리치료를 경험하고 싶음. **post-session:** 음악을 들으니 자신의 온몸이 편안함. 초원의 큰 나무 밑에서 누워서 쉬고 있음. 만다라는 언덕 위에 서 있는 열매가 달려있는 큰 나무 밑에서 누워 있는 자신.
C 학생	**pre-session:** 좋은 기분이 듦. 조용하며 다소 위축된 행동을 보임. 자신의 머리에는 게임, TV, 돈, 공부가 들어있음. **post-session:** 음악 감상 시 편안했으며 숲이 보였고 자신은 숲을 걷고 있었음. 신비로운 느낌. 만다라는 푸른 하늘과 구름, 나무 세 그루.

D 학생	**pre-session:** 반항적인 행동과 언어를 사용. "이런 것을 왜 해?" 하면서 질문을 함. 지시를 따르나 심통 난 표정으로 일관. 자신의 머릿속에는 남자, 친구, 공주, 화장, ○○ 언니가 들어있다고 말함. **post-session:** 음악을 들으면서 어딘가를 가는 느낌이고 편안했으며 두 번째 음악에서 조용한 숲이 떠올랐음. 만다라는 푸른색을 사용한 언덕과 나무를 그림으로 표현. 학생이 표현한 숲의 모양은 사람 눈동자의 형상.
E 학생	**pre-session:** 조용한 모습의 행동 관찰. 친구, 컴퓨터, 공부에 대한 생각이 많고 학원에 가기 싫음. 처음이라 무엇을 하는지 알고 싶음. **post-session:** 음악을 들으며 편안했으며 밤하늘이 떠올랐음. 밤하늘은 어두웠으나 하늘의 별은 빛을 내고 있었음. 만다라는 밤하늘의 별.
F 학생	**pre-session:** 호의적인 얼굴로 치료사와 대화를 나누었으나 주변의 친구와 멈추지 않고 잡담을 함. 자신 머릿속의 생각들은 게임, 친구, 우정, 특공대. **post-session:** 음악 감상 시 들판에서 누군가와 기분이 좋게 앉아 있었고 느낌은 편안함. 만다라는 언덕 위에 앉아 있는 두 사람과 노란 태양.
G 학생	**pre-session:** 차분한 모습과 태도로 수업을 따르나 자신은 이 그룹과 상관없이 '스페셜'하다는 말을 하며 아르바이트의 문제로 일찍 돌아가야 한다고 보고함. 자신을 포함한 친구들은 1~2학년 3월까지 심리치료를 받은 적이 있으나 효과는 별로 없었으며 요번에 또 받게 되었는데 어떨지 궁금하다고 보고함. **post-session:** 음악을 들으며 많은 생각이 떠올랐으며 지하철에서 내렸는데 누군가가 자신을 쫓아 왔고 골목을 지나 집으로 도망을 쳤으며, 집에서 다시 나올 때는 칼을 들고나왔고 골목길에서 자신을 기다리던 사람이 자신의 배에 무언가를 가져다 대려고 해서 자신이 먼저 그 사람을 칼로 찔렀으며, 두 번째 음악을 들으면서 과거로 돌아가 그 사람을 죽이기 전의 자신의 삶을 회상했음. 만다라는 검은색으로 그린 자신의 집과 골목길의 그림.
H 학생	**pre-session:** 언어적 표현을 잘하지 않으며 동료와 장난을 치는 행동 관찰. 학생의 머릿속에 생각은 돈, PC방, 담배, 친구. **post-session:** 자신의 경험에 대한 언어적 표현 부족. 질문에도 대답을 하지 못함. 막연한 표정과 태도. 만다라는 빈 원(empty circle)으로 남김.

I 학생	**pre-session:** 첫 시간이라서 어떤 것인지 알고 싶고 머릿속의 생각들은 공부, TV, 운동, 친구가 들어있으며 아마도 그중에 한 가지가 중요할 것! **post-session:** 음악을 들으니 옛날 집이 떠올랐으며 그 집은 자신이 초등학교 5학교 말에 살던 집이었고 옛날 생각이 나서 기분이 좋았음. 만다라는 검은 도화지에 자신의 과거에 살던 집.

분석 **pre-session:** 학생들은 처음 시간이라서 새로운 것을 경험하고 싶어 했으며 그룹 GIM활동에 대한 호기심을 나타냈고 반갑게 인사를 하는 학생도 있었다. 한 학생은 이 기회를 이용해서 자신에 대해 꼼꼼히 생각해 보겠다고 했으며 담배를 태우고 싶어 했다. 2~3명의 학생들은 심하게 장난을 치며 산만한 행동을 일관하거나 옆 좌석에 있는 친구가 활동에 집중하지 못하도록 방해하는 행동을 했다. 일상에서의 분노를 드러내거나 화를 내는 행동들은 다소 관찰되지 않았으나 위의 내용처럼 이때가 치료사의 적절한 통제가 필요한 순간이다. 학생들은 자신의 머리 안에는 학업, 수행평가, 게임, 웹툰, 컴퓨터, 돈, 남자, 우정, 장래의 희망, 변리사, 특공대, 친구, TV, 운동, 공부, 화장, PC방, 담배 생각 등의 다양한 생각이 들어있다고 보고하였으며 특히 주의가 기울여지는 G 학생의 경우는 다른 심리치료를 경험한 학생으로 차분한 모습과 태도로 수업에 임하는 자세를 보여주었으나 "자신은 이 그룹과 상관이 없고 '스페셜'하다!"라고 언어적 표현을 하며 "전에 경험한 다른 심리치료가 있었으나 자신에게 별로 효과는 없었다!"라고 보고하였다. pre-session에서의 그녀의 보고와는 다르게 G 학생의 경우는 큰 주의를 요하는 위험한 심상을 보고하였다.

post-session: 학생들은 전반적으로 음악을 들으니 느낌이 좋았고 나쁘지 않다고 했다. 심상에 대한 보고로는 몽골인이 이목 하는 심상, 따뜻한 느낌과 입에서는 커피맛과 이물감이 느껴짐, 초원의 큰 나무에서 누워있는 느낌, 숲을 걷고 있었고 신비로운 느낌. 조용한 숲의 경험, 어두운 밤하늘의 빛나는 별, 초등학교 5학교 말에 살던 그리운 집 등의 경험들을 보고하였고 이 심상들은 학생들의 마음을 이끈 심상들이다.

특히 세션 후 보고된 G 학생의 심상은 위험한 심상의 표출로 "지하철 하차 후 누군가가 자신을 쫓아와서 골목을 지나 집으로 도망을 쳤으며 집에서 칼을 들고 나왔고 골목길에서 자신을 기다리던 사람이 자신의 배에 무언가를 가져다 대려고 해서 자신이 먼저 그 사람을 칼로 찔렀다"라는 심상경험을 보고했다. 두 번째 음악을 들으면서 G 학생은 과거로 돌아가 그 사람을 죽이기 전의 자신의 삶을 회상했다고 보고하였는데 학생은 첫 시간 세션에서 자신의 정신psyche에 내재된 피해의식과 이에 따른 공격적 행동의 그림자를 투사하고 있다. 이런 경우는 그룹 GIM의 제공에서 그녀에 대한 큰 주의와 관심이 요구되며 다소 어려움이 있을 수 있다.

만다라mandala는 3개의 산봉우리 밑에서 이목하고 있는 자신과 가축을 그림으로 표현하거나 열매가 달려있는 나무 밑에 누워있는 자신, 푸른 하늘과 구름, 나무 세 그루, 푸른색의 언덕과 나무, 사람 눈동자 형상의 숲의 풍경, 밤하늘의 별, 언덕 위에 앉아 있는 두 사람, 노란 태양, 빈 원empty circle, 자신의 과거에 살던 집 등을 그림으로 표현하였다. 주의를 기울여야 하는 G 학생의 만다라는 검은색으로 자신의 집과 골목길을 그림으로 남겼다.

치료효과 GIM의 1회기 음악 경험을 통해 자신만의 심상을 경험한 학생들은 새로운 의식 확장의 경험에 접근하는 계기를 갖게 되었으며 현재 자신의 정서 심리상태를 환기하고 심상경험의 토의를 통해 자신에 대한 이해가 시작되었다.

2회기

다양한 정서와 감정 만나보기 위한 2번째 그룹 GIM세션은 10명의 학생이 참석했으며 학생들과 라포rapport 형성을 유지하며 의식 확장을 돕고 특히 분노와 관련된 자신의 감정과 그에 대한 이해와 행동 패턴을 확인하는 시간이 제공되었다.

사용한 음악은 Cello song과 Sun singer #5(Dancing particles)이다. Cello song은 A-B-A 구조로 이루어져 음악적 패턴이 반복되는 안전한 음악적 컨테이너를 제공하고 사람의 음성과도 흡사한 Cello의 차분한 Bass 음역의 멜로디melody는 학생들의 신체에 진동을 전하며 내면의 감정들을 끌어내도록 도울 수 있다. 또한 음악의 도입부에서 시작을 알리는 종소리는 감상자의 감각을 일깨워 주의를 끌며 음악적 배경 안에 머물도록 지지한다. 두 번째 음악으로 사용된 Sun singer #5(Dancing particles)은 섹스텟sextet 연주가 아주 다채롭다. 아주 빠른 작은 드럼 소리의 도입에 이어서 피아노 소리 그리고 빠른 템포의 반주와 색소폰의 선율이 청소년들의 심상 초대를 위한 호기심을 유발하기에 충분하다. 다소 빠른 음악 템포는 도전하는 청소년 시기의 기질과 잘 맞고 정신을 반영할 수 있다.

A 학생	**pre-session:** 일주일을 잘 지냈으며 감정은 기분 좋음과 불쾌함이 공존. 자신의 에너지를 좋은 것에 사용해야만 성공함. **post-session:** 마음이 편안했으며 음악을 들으며 천사가 떠올랐는데 이 천사는 못생긴 천사. 이상한 천사가 노래하고 사람들이 바이올린을 연주하는데 천사가 못생겨서 이상함. 만다라는 십자가에 달려있는 못생긴 천사. 그러나 그 천사는 웃고 있고 사람들은 바이올린을 연주하고 있음. 천사는 무언가에 의해 십자가에 달려있어 희생을 당했음.
B 학생	**pre-session:** '게임, 공부, 성, 현금, 먹는 것' 등의 생각이 있음. '행복한, 불안한' 감정에 대해 음악을 통해 알아보고 싶어 함. **post-session:** '비밀 창고'라는 경험을 했으며 자신만의 비밀 창고에 들어갔는데 거기에는 책 한 권이 있었음. 그 책은 만화책. 만다라는 자신만의 어두운 비밀 창고에 들어가 있는 자신.
C 학생	**pre-session:** 조용한 모습. 의사 결정을 어려워하는 행동. 다른 학생들의 행동과 말을 모방하는 행동. 자신의 감정에 대해 친구를 따라 하거나 상의함. **post-session:** 황량한 느낌. 주위에 나무 하나를 제외하곤 아무도 없어서 외로움을 느낌. 만다라는 갈색으로 황량한 나무와 자신을 그림으로 표현.
D 학생	**pre-session:** 지각행동. 자신의 머릿속에는 남자, 친구, 잠, ○○ 언니가 들어있음. 거친 말투와 행동과 태도. 자신의 외로운 감정에 대해 알아보고 싶음. **post-session:** 외로운 느낌. 오직 검은 배경에 하얀 연기가 피어오르고 있었음. 만다라는 검은 도화지에 흰색의 피어오르는 연기를 그림으로 표현함.

E 학생	**pre-session:** 잠에 대한 생각이 많고 들어가서 자고 싶으며 학원도 가야 해서 힘이 듦. 음악을 통해 외로운 마음을 만나고 싶음. **post-session:** 편안함. 어두운 것을 좋아해서 그런지 '어두운 밤'이 떠올랐으며 별은 보이지 않았음. 느낌은 외로움. 만다라로 밤하늘을 그림.
F 학생	**pre-session:** 동료들과 장난을 치며 산만한 행동을 보임. 본인은 차분하게 행동하려 하나 주위 동료들의 잡담에 휩쓸리는 행동, PC방, 게임, 친구에 대한 생각이 많고 집중하지 못함. **post-session:** 음악을 들으니 가족과 함께 있는 장면이 떠올랐으며 부모와 형과 자신을 만나는 경험을 해서 기분이 상쾌했음. 엄마가 보고 싶음. 만다라는 검은 도화지에 자신과 가족을 그림으로 표현.
G 학생	**pre-session:** 자신의 머리에는 아르바이트와 시험 생각이 들어있으며 감정은 무기력함. 일찍 가야 한다고 말하고 산만한 행동과 이탈을 하려는 행동 반복. **post-session:** 음악을 들으며 많은 생각이 떠올랐고, 요번에는 검은색이 떠올랐으며 어둡고 무서웠음. 무엇이 무서운지는 복잡해서 다 말할 수 없으나 그것은 자신의 감정 상태를 표현. 만다라는 검은색으로 칠한 빈 원(Empty circle).
H 학생	**pre-session:** 치료사의 지시에 대답은 하지만 동료들과 지속적 장난을 치고 산만하며 집중하지 못함. 자신은 돈, 게임, 로또, PC방, 성에 대한 호기심이 있으며 자신의 감정은 '행복함'이라고 보고함. **post-session:** 음악을 들으니 그저 컴퓨터가 떠올랐다고 보고함. 만다라는 컴퓨터를 그림.
I 학생	**pre-session:** 자신의 머리에서는 더 놀고 싶고, 감정은 짜증 나고, 빼빼로에 대한 생각과 음악을 통해 짜증 난 마음을 해소하고 싶음. **post-session:** 음악과 함께 편안함. 바다에서 수영을 하고 튜브를 가지고 놀던 기억. 다른 심상은 자신이 무대에서 무언가를 연주하는 경험을 했음. 만다라는 바다에 있는 자신과 무대에 있는 자신을 그림을 표현.

J 학생	**pre-session:** 웃는 얼굴로 입실. 머리에는 '학원' 생각이 있으며 학원이 너무 가기 싫음. 앞에 앉아 있는 학생을 웃는 얼굴로 지속적으로 응시하며 관심을 끄는 행동을 지속함. 마음 안에 가장 남아있는 감정은 짜증 남. **post-session:** 학원이 가기 싫어서 짜증이 나는 경험을 했음. 만다라는 자신의 짜증 난 얼굴.

분석 **pre-session:** 2회기 세션에서도 학생들은 장난을 치고 산만한 행동을 지속하며 치료사의 치료용 음악 CD를 감추곤 했다. 의견을 나누는 시간에도 친구와 두서없이 말하는 행동들이 관찰되었고 보편적으로 학업과 친구 관계, 가족에 대해 드러나지 않은 불만을 가지고 있었다. 자신들의 감정표현을 솔직하게 드러내는 것이 싫고 머리에는 에너지, 성, 학원 가기 싫음, 만화책. 현금, 아르바이트, 먹는 것, 시험, 게임, 공부 등이 들어있다고 보고하였다.

학생들이 가지고 있는 주된 감정들은 외로움, 화남, 짜증, 불만과 행복한 느낌과 불안함이 공존하는 이중적인 감정 상태를 보고하였으며 치료사와 함께 하는 세션 시간에는 화 또는 분노를 표출하기보다는 불만과 자신의 불안전한 상태에 대한 보고가 많았고 그들은 자신의 감정과 기분을 더 확인해 보고 싶음을 보고했다.

post session: 학생들은 일상의 많은 짜증, 화남, 불만과 달리 음악을 들으니 다양한 감정이 들었고 음악-심상의 과정에서 나타난 심상들은 '못생긴 천사의 이상한 심상, 자신의 비밀 창고에서 발견된 만화책 한 권, 나무 한 그루와 황량함, 외로운 느낌, 흰색의 연기와 외로움, 어두운 밤과 별, 바다에서 수영하기, 자신이 무대에서 무언가를 연주하는 장면, 학원이 가기 싫어서 짜증이 난 자신' 등을 경험하는 심상 등이 보고되었다. 학생들은 경험된 심상에 대해 자신의 이슈issue에 대한 통찰보다는 현재 자신의 감정(편안함, 희생됨, 화남, 외로움, 어둡고 무서움, 그리움, 짜증)에 대한 정신역동적인 경험을 보고하였다.

만다라mandala는 A 학생의 경우 십자가에 달려있는 못생긴 천사를 그리고 십자가에 매달려 있어 희생당하는 것 같다고 보고했다. B 학생의 만다라는 자신만의 어두운 비밀 창고에 들어가 있는 자신이며 그 외에 갈색의 황량한 나무와 자신. 검은 도화지에 흰색의 피어오르는 연기, 자신과 가족, 검은색으로 칠한 빈 원empty circle, 바다에 있는 자신과 무대에 있는 자신의 두 개의 심상, 짜증 난 얼굴 등이 표현됨으로써 자신의 상황과 감정, 다양한 이슈 등을 심상을 통해 투사하고 있음을 알 수 있다.

치료효과 2회기 세션은 학생들이 서서히 자신에 대한 이해를 갖기 시작하였고 마음과 만나는 경험 속으로 자신을 초대했다. 내면에 감추어졌던 희생됨, 그리움, 외로움, 무서움, 화남, 짜증 등의 감정들에 대해 느끼고 공감하는 시간을 가졌으며 이 경험들은 학생들의 내면에 투사된 정신역동에 대한 표현으로써 자신의 감정을 새롭게 환기하고 감각을 열게 하는 통찰 경험으로 이어질 수 있다.

3회기

3회기는 총 7명의 학생이 참여하였으며 지속적인 라포rapport 형성이 필요했고 GIM 활동을 통해 학생들은 스트레스 감소와 자기 자신의 공격행동, 분노가 일어날 때의 원인과 상황, 짜증 등의 감정 상태를 확인하고 통찰하는 시간을 가졌다.

음악은 Migration #2과 #5이 사용되었다. Migration 음반의 #2과 #5 음악은 트랜스trance 음악 형태로 음악에 다양한 전자악기 사용과 휘슬whistle 또는 현악기 및 피아노 연주, vocal(독창 또는 합창) 등이 다채로운 조화를 이루면서 진행된다. 학생들은 화, 분노, 짜증의 감정 외에도 자존감 상실, 두려움, 피해의식의 심리를 나타냈으며 음악은 학생들의 이러한 불안전한 심리를 고려하여 선정되고 제공되었다.

A 학생	**pre-session:** 잔소리를 들을 때 짜증이 나며 욕을 들으면 분노가 나고 시비가 붙을 때 화가 남. 그와 반대의 상황은 마음이 편안하고 걱정이 없음. 다행스러운 마음. 오늘도 음악이 어떻게 자신의 마음에 다가오는지 경험하고 싶음. **post-session:** 첫 번째 음악을 들으면서 자신은 악마를 보았으며 느낌은 멋있었음. 두 번째 음악에서 요정들이 숲을 날아다니는 장면을 보았으며 느낌은 깨끗함. 만다라는 근육질의 강한 붉은 악마의 심상을 그림으로 표현함.

B 학생	**pre-session:** 주제에 대해 잘 성찰하지 못하고 짜증, 화에 대해서 잘 모르겠다고 대답함. 주위의 문제나 동료에 관심을 보이며 산만하게 장난을 치거나 잡담을 하며 돌아다님. **post-session:** 활동 중 이탈을 하였다가 교실로 돌아와서 자신은 활동에 집중하지 못했고 할 말이 없다고 보고함.
C 학생	**pre-session:** B 학생이 욕을 하며 산만한 행동을 보이자 부적절한 행동에 대해 모방행동을 하며 자신의 위치를 찾지 못하고 휩쓸려 행동하는 모습이 관찰됨. 학생 자신이 화, 짜증, 분노가 나는 상황은 게임에서 졌을 때, 해킹당할 때, 컴퓨터에 렉이 걸렸을 때라고 보고하고, 자신이 기쁠 때는 게임에서 이겼을 때라고 표현함. **post-session:** 첫 번째 음악에서 콘서트장에서 연주를 하는 장면이 떠올랐으며 웅장한 느낌. 두 번째 음악에서 숲이 떠올라 편안했고 편안한 마음을 유지하는 것이 중요함. 만다라는 콘서트장을 그림으로 표현함.
D 학생	**pre-session:** 자신의 머리에는 '남자'가 있으며 짜증이 남. 화의 원인도 남자고 오직 지금은 남자만 생각남. 음악을 들으면서 더 성찰하고 싶다고 함. **post-session:** 첫 번째 음악에서 마음의 경계선까지 다다르는 경험을 했고 느낌은 불안했으며 두 번째 음악에서 한적한 숲의 장면을 보았고 느낌은 안심이 되었음. 만다라는 검은 도화지에 흰색의 피어오르는 연기와 나무들이 일렬로 들어선 숲의 가로수 길을 표현함.
E 학생	**pre-session:** GIM 활동 시간 전에 친구와의 문제가 발생했으며 우울한 표정으로 입실. 학생은 동료의 폭언에 주눅 들어있는 행동을 보임. 자신은 잘 때가 가장 편하며 화날 때가 화를 느끼는 때라고 보고함. **post-session:** 마음이 검은색 같았으며 음악을 들으면서도 자신의 마음이 내내 검은 색깔이었음. 기분이 별로 좋지 않았음. 만다라는 검은색으로 원을 색칠함.
F 학생	**pre-session:** 화, 짜증, 분노를 생각하니 발끈한 마음이 들며 자신은 잔소리를 듣거나, 게임에서 욕을 들을 때 최고로 짜증 남. **post-session:** 음악을 들으니 스토리가 떠올랐는데 자신의 마음에 있는 근육맨이 누군가를 죽였으며, 기분은 칙칙했고 다시 장면이 바뀌면서 한 여자가 떠올랐는데 그 여자의 모든 행동이 다 예뻐서 자신은 그 여자와 놀았으나 도중에 자신을 계속 못 만났고 헤매다가 죽었고, 더 만났으면 좋았을 터라는 안쓰러운 마음이 들었음. 만다라는 검은 도화지에 근육맨의 죽음과 예쁜 여자와의 만남을 표현함.

G 학생	**pre-session:** 웃는 얼굴로 입실. 머리에는 '학원' 생각이 있으며 학원이 너무 가기 싫음. 앞에 앉아 있는 학생을 웃는 얼굴로 지속적으로 응시하며 관심을 끄는 행동을 지속함. 마음 안에 가장 남아있는 감정은 짜증 남. **post-session:** 학원이 가기 싫어서 짜증이 나는 경험을 했음. 만다라는 자신의 짜증 난 얼굴.
H 학생	**pre-session:** 분노, 화, 짜증에 대해서는 게임에서 질 때, 돈이 없을 때, 컴퓨터가 늦을 때 화가 나고 스트레스받고 짜증이 남. 음악을 들으며 더 알아보고 싶음. **post-session:** 처음에는 자신의 마음에서 '좀비'가 떠올랐으며 느낌은 무서웠음. 두 번째 음악을 들으면서 좋은 느낌이 들었으며 편안해졌고 좋았음. "한 사람의 마음에 이런 다른 마음이 있을 수 있다!"라며 통찰을 보고함. 만다라는 수십 명의 '좀비'를 그림으로 표현함.
I 학생	결석
J 학생	결석

분석 **pre-session:** 학생들은 3회기 세션에 참가했을 시 또래집단 동료와 서로 관심을 보이며 많은 영향을 주고받는 행동을 나타냈고 착석하지 못하고 장난을 치거나 잡담, 산만하게 돌아다니는 행동이 관찰되었다. 특히 B 학생이 동료에게 욕을 하며 산만한 행동을 보이자 동료들은 부적절한 행동에 대해 모방행동을 하며 자신의 위치를 찾지 못하고 휩쓸려 행동하며 활동의 주제인 다양한 감정(짜증, 분노, 화) 등에 대해서 잘 모르겠다고 대답하거나 이탈을 하는 학생도 관찰되었다. 학생 그룹의 역동이 학생들의 전체 행동과 감정 상태에 많은 영향을 미쳤으며 학생들은 짜증과 분노의 감정은 "잔소리에 대한 짜증, 욕을 들었을 때의 분노, 시비가 붙을 때의 화, 게임에서 졌을 때, 해킹당할 때, 컴퓨터에 렉이 걸렸을 때"라고 보고했다. 또한 한 여학생은 자신의 머리에는 '남자'가 들어있으며 짜증과 화의 원인도 남자고 오직 남자만 생각난다고 보고하였다. 이 여학생의 경우 개인적인 언어적 상담이 더 요구되는 상황이며 개인 GIM세션도 고려된다. 또한 학생들은 '이성 관계, 친구 관계 문제, 시험 스트레스, 돈이 없을 때의 상황'이 짜증을 유발하고, 분노, 화의 감정을 불러일으킨다고 보고하였다.

post-session: 음악 감상 후 A 학생은 두 곡의 음악을 통해 '악마와 숲을 날아다니는 요정'의 장면을 보았는데 이 이중적인 장면이 자신의 마음에 있으며 심지어 "악마가 멋이 있었다!"라고 보고하였다. C 학생의 경우는 '콘서트장에서 연주를 하는 심상과 숲'이 떠올라 편안했고 편안한 마음을 유지하는 것이 중요하다는 자신의 통찰을 보고했다.

"자신의 생각 속에는 오직 남자 생각만이 있고 남자가 짜증과 화의 원인이다"라고 보고한 D 여학생은 첫 번째 음악에서 마음의 경계선까지 다다르는 경험은 불안을 느끼게 했으나 두 번째 음악에서 '한적한 숲의 장면'을 보았고 안심되는 느낌으로의 변화transformation를 보고하였다.

F 학생의 경우 음악을 들으며 스토리가 떠오르기도 했는데 "근육질의 남자가 누군가를 죽였으며 기분은 칙칙했고 한 여자가 떠올라 자신은 그 여자와 놀았으나 헤매다가 그녀가 죽었고 더 만났으면 좋았을 텐데 안쓰러운 마음"이라고 보고하였다. 이 심상의 상징은 학생의 마음 안에서 투사되어 영향을 미치는 다양한 정보가 있을 가능성이 있음을 나타낼 수 있으며 이런 경우 학생을 개인적으로 만나서 더 상담을 진행할 수 있다. H 학생의 경우 심상 중에 만난 '좀비'의 출현은 내면의 그림자의 투사라 할 수 있는데 이 그림자는 학생에게 있어 두려움의 한 부분이다.

만다라mandala는 '근육질의 강한 멋있는 붉은 악마, 콘서트홀, 하얀 연기와 나무들이 일렬로 들어선 숲과 가로수길, 근육맨의 죽음과 예쁜 여자와의 만남, 수십 명의 좀비'를 그림으로 표현하였다. 이는 학생들의 솔직한 내면을 그림으로 표현한 것이다.

치료효과 3회기 세션에서 학생들은 산만하고 이탈하고 심하게 장난을 치기도 하였으나 음악 감상 시 대부분 집중하는 모습을 보였다. 그룹 GIM과정에 좀 더 적응하였으며 솔직하고 대담하게 자신의 내면에 대한 심상경험을 꺼내 놓았다. 학생 그룹은 세션 시간에 직접적인 불만, 짜증, 화, 분노, 공격적인 행동을 표출하지는 않았지만 심상을 통해 일상 속에 잠재되어있는 그들의 어려움들이 투사되어 나타났다. 학생들에 대한 무관심과 불안정한 가정환경, 학교생활, 친구관계, 학업 등에서 발생되는 어려움들은 서로 충돌하면서 분노를 유발하게 하는 부적절한 행동을 만들어내기에 이 세션 과정들을 통해 그들의 내면을 이해할 수 있다.

4회기

8명의 학생이 참석한 4회기 세션 시간은 학생들의 화, 분노 유발의 주 감정과 파생되는 행동의 다양한 문제를 확인하고 처리 및 조절(1)을 배우는 시간으로 진행되었다. 학생들은 부정적 마음과 관련된 버리고 싶은 마음과 그 마음을 대처할 수 있는 가지고 싶은 마음을 인식하고 성찰하는 시간을 가졌다.

이때 세 개의 음악이 사용되었으며 첫 번째 음악은 Secret Garden(White stones) #4(Moving)이다. 이 음악은 빠른 템포tempo로 이루어져 있으며 타악기의 반복되는 비트beat, 리듬이 내재되어 있어 첫 음악부터 학생들을 집중으로 이끌어 준다. violin 주제선율은 서둘러 마음의 여행을 떠나자고 권유하고 연결되는 두 번째 음악은 Brother-Mission OST로 Flute의 맑고 밝은 짧은 선율이 학생들의 산란한 마음mind과 정신psyche을 집중시키고 고양 상태로 이끌어 자신의 정서를 환기하도록 돕는다. 세 번째 음악은 Pachelbel의 Canon in D Major이며 Canon은 주제 멜로디melody와 화성이 반복 변주variation되는 형식으로 점점 확장하여 풍부한 음향을 제공한다. 또한 이 음악은 안전한 음악적 컨테이너container를 제공하여 학생들의 감정을 안정되게 마무리하고 아울러 정신psyche의 통합을 돕는다. 이 음악은 세션의 마지막 음악으로 적합하다.

A 학생	**pre-session:** 자신의 버리고 싶은 마음은 욕심과 같은 마음이고 가지고 싶은 마음은 인내하는 마음. 음악과 함께 이 두 마음을 경험하고 싶음. **post-session:** 음악을 들으면서 영화의 장면이 떠올랐음. 마음이 차분해졌으며 조용했음. 만다라는 신부가 피리를 부는 심상 표현.
B 학생	**pre-session:** 조용한 행동으로 활동에 집중하는 행동 관찰. 버리고 싶은 마음은 불안한 마음이고 자신이 가지고 싶은 마음은 여유로운 마음과 편안한 마음. **post-session:** 음악을 감상하면서 야자수가 있는 바닷가의 장면이 떠올랐으며 자신은 바닷가 야자수 밑에서 누워있었음. 편안한 느낌. 만다라는 푸른 바다와 야자수 밑에 누워서 자고 있는 자신을 표현함.
C 학생	결석

D 학생	**pre-session:** 버리고 싶은 마음은 다른 사람에게 상처 주는 마음과 남을 생각하지 않는 마음, 놀려는 마음 등이며 가지고 싶은 마음은 자유로운 마음, 남 생각하기, 공부하려는 마음. **post-session:** 음악을 들으니 마음이 시원했고 낙엽이 떨어지는 것 같았음. 음악을 들으며 떠오른 생각은 잊어버리고 싶은 건 잊어버려야 한다는 것. 만다라는 바람과 나무, 떨어지는 낙엽.
E 학생	**pre-session:** 버리고 싶은 마음은 남을 생각하지 않는 마음이고 가지고 싶은 마음은 남을 생각하는 마음. 음악을 들으면서 더 찾고 싶음. **post-session:** 자신이 어떤 극장에 들어가는 것 같았고 극장에 들어가니 합창단이 노래를 부르고 있었음. 느낌은 즐거웠고 이 마음을 계속 간직하고 싶음. 만다라는 노래를 부르는 합창단.
F 학생	**pre-session:** 버리고 싶은 마음은 나쁜 마음이며 가지고 싶은 마음은 착한 마음. 음악을 들으며 마음과 만나고 싶음. **post-session:** 많은 사람이 한마음으로 합창을 하는 장면을 보았으며 느낌은 좋았음. 만다라는 합창단과 지휘자의 그림.
G 학생	**pre-session:** 버리고 싶은 마음은 화(분노)가 나고 짜증 나는 마음이며 가지고 싶은 마음은 참을성이고 그것들은 마음에 담아야 함. **post-session:** 처음 곡을 들었을 때 인간의 인생이 떠올랐으며 두 번째 곡에서는 영화의 장면이 떠올라 밝은 느낌이 들었음. 세 번째 음악은 행복을 말하는 것 같고 이 경험들을 마음에 담고 싶음.
H 학생	결석
I 학생	**pre-session:** 버리고 싶은 마음은 동생 때리기, 화내고 놀리고 사고 치는 마음, 친구랑 놀고 싶은 마음이며 가지고 싶은 마음은 동생에게 착하게 대하는 마음. **post-session:** 절벽과 폭포의 장면이 떠올랐으며 느낌은 신비스럽고 시원함. 마음에 이 느낌을 간직하고 싶음. 만다라는 숲, 절벽, 폭포를 표현.

J 학생	**pre-session:** 버리고 싶은 마음은 싫고 짜증나고, 화가 나서 사고 치는 마음이며 가지고 싶은 마음은 '외금(외출금지)'을 풀고 싶은 마음. **post-session:** 음악 감상 시 눈을 뜬 상태에서 사탕을 먹고 있었으며 치료사의 지시를 따르지 않고 자신만의 행동을 지속함. 음악 종료 후 표현한 그림은 '김밥'이며 김밥이 먹고 싶다고 그림으로 표현.

분석 **pre-session:** 학생들은 세션 전 치료사와 일상의 이야기를 나눈 후 자신들의 마음에 대해 토의하는 시간을 가졌다. 학생들이 보고한 자신의 버리고 싶은 마음들은 '욕심을 내는 마음, 다른 사람에게 상처 주는 마음, 남을 생각하지 않는 마음, 놀려는 마음, 화(분노)가 나고 짜증 나는 나쁜 마음, 동생 때리기, 화내고 놀리고 사고 치는 마음, 싫은 마음, 짜증 나고 화가 나서 사고 치는 마음' 등이라고 보고하였으며 이에 반하여 자신들이 가지고 싶은 마음들은 '인내하는 마음, 여유로운 마음과 편안한 마음, 자유로운 마음, 남 생각하기, 공부하려는 마음, 착한 마음, 참을성, 동생에게 착하게 대하기, 친구랑 놀고 싶은 마음 버리기, '외금(외출금지)'을 풀고 싶은 마음' 등이 보고되었다. 학생들은 음악을 들으면서 '가지고 싶은 마음'을 더 찾아보고 싶다고 보고하고 '버리고 싶은 마음'에 대해 긍정적인 마음으로 변화되길 원하였다.

post-session: 음악 감상 후 학생들과 토의한 내용은 다음과 같다. A 학생은 음악을 들으면서 영화 같은 장면이 떠올랐고 마음이 차분해졌다. B 학생의 경우는 바닷가, 야자수 밑에서 누워있는 경험을 보고했으며 아주 편안했다. 또한 학생들은 "마음이 시원했고 낙엽이 떨어지는 것 같은 느낌", "잊어버리고 싶은 건 잊어버려야 한다!"라는 등의 통찰을 얻을 수 있었고 "어떤 극장에 들어가서 합창단의 노래를 듣는 그 경험과 즐거움", "많은 사람이 한마음으로 합창을 하는 좋은 느낌, 인간의 인생에 대한 성찰, 밝은 느낌, 행복함, 신비스럽고 시원한 느낌의 절벽과 폭포" 등의 심상경험을 보고하였으며 긍정적인 마음을 갖게 하는 이런 느낌들은 간직하고 싶다고 하였다.

J 학생의 경우는 음악 감상 시 눈을 뜬 상태에서 사탕을 먹고 있었으며 활동에 저항과 반항심을 표현하고 음악 종료 후 '김밥'이 먹고 싶다고 보고하였다. 그러나 대부분의 학생들은 자신이 경험한 심상을 통해 감정을 해소하고 통찰을 얻기도 하였다.

만다라mandala들은 '종교 사제가 피리를 부는 심상, 푸른 바다와 야자수 밑에 누워 있는 자신, 바람과 나무에서 떨어지는 낙엽, 합창단과 지휘자, 숲, 절벽과 폭포'에 대한 그림들이었으며 G 학생의 경우는 만다라에 대한 저항의 표현으로 세 곡 모두에서 느낀 경험을 그림으로 다 표현하기가 어려워 만다라를 그리지 못하였다고 보고하였으며 J 학생의 경우는 '김밥'이 먹고 싶어 김밥 만다라를 그렸다.

치료효과 4회기 세션에서 1~2명의 학생을 제외하곤 점진적으로 그룹 GIM활동에 적응된 모습을 나타냈다. 학교생활이나 가정에서 짜증과 분노, 공격적 행동이 보고된 학생들이었으나 수업 시간 동안 산만한 행동과 장난치는 행동이 감소하였으며 심화된 경험들을 통해 자신에 대한 이해가 도입되기 시작하였다.

5회기

10명의 학생이 참석한 5회기 세션 시간은 학생들 각자의 분노 유발 감정과 조절 및 처리방법에 대한 토의와 정신역동적 경험을 통해 관련 행동의 다양한 문제를 성찰하고 조절(2)을 배우는 시간으로 스트레스 인식 및 성찰, 이완하기 등의 경험 시간이 진행되었다.

음악은 Migration #2-Secret Garden #5 & #8을 사용하였다. 이 음악들은 공격적인 행동과 짜증을 해소하고 스트레스를 이완하도록 돕는 데 용이하다.

A 학생	**pre-session:** 분노, 화, 스트레스가 있을 때 웹툰을 보거나 친구랑 얘기하거나 게임을 하면서 감정을 조절함. **post-session:** 음악 감상 시 자신의 짜증 나는 상황이 떠올랐으며 스트레스는 학업이며 공부를 열심히 해야겠음. 만다라는 의외의 '신라면'을 그림으로 표현함.

B 학생	**pre-session:** 분노와 화의 조절을 위해 축구, 농구를 하거나 친구들과 수다를 떨고, PC방에 가고 샌드백을 침. **post-session:** 음악을 들으니 세 개의 장면이 지나갔는데 세 번째 가장 중요한 장면은 숲속에서 어떤 여자가 노래를 부르는 것을 보았으며 그 옆에서 자신이 노래를 듣고 있어 기분이 좋았고 스트레스가 풀림. 만다라는 검고 푸른 공간을 지나 숲에서 노래를 부르는 여자와 그 옆에 있는 자신의 심상을 그림으로 표현.
C 학생	**pre-session:** 분노와 화는 게임을 하거나, 참거나, 놀거나 책을 읽으며 잊어버림. **post-session:** 음악에서 느낀 감정은 자신의 마음에 무엇이 있는지 허무한 느낌. 자신의 스트레스의 근원은 공부이며 공부에서 오는 스트레스를 잘 조절해야 함. 만다라는 검은색의 빈 원(empty circle).
D 학생	**pre-session:** 분노, 화에 대한 자신의 조절 방법은 욕을 하거나, 참거나, 울다 지쳐 잠. 더 좋은 방법을 찾기. **post-session:** 음악 감상 시 바람이 부는 느낌이 들었으며 마음이 시원했고 자신 마음에 있는 스트레스도 바람과 함께 날아간 것 같았음. 만다라는 바람, 푸른 산을 그림으로 표현.
E 학생	**pre-session:** 분노와 화, 스트레스가 있을 때 참거나, 동생한테 화를 내거나, 노래를 감상함, 자신에게 맞는 다른 방법을 더 찾아보기. **post-session:** 음악이 들리면서 산과 도로가 보였으며 시원한 느낌, 깨끗한 도로와 푸른 산은 자신의 스트레스를 풀어주는 것! 만다라(mandala)는 초록색의 푸른 산과 잘 만들어진 도로를 표현.
F 학생	**pre-session:** 분노와 화, 스트레스가 있을 때 참거나 게임을 하는데 자신에게 맞는 다른 방법을 더 찾아보아야 할 것. **post-session:** 음악을 들으니 도시 안의 놀이터가 떠올랐고 놀이터에서 빛을 보면서 누워있었음. 편안한 느낌이 들었고 나의 감정과 스트레스 잘 관리하기.

G 학생	**pre-session:** 분노와 화, 스트레스가 있을 때 주먹을 쥐고 복식호흡을 하거나 벽 치기 등을 실시하여 자신을 조절하는 방법을 제시. 음악을 들으며 스트레스도 풀고 싶음. **post-session:** 처음 곡을 들었을 때 엄마가 아기를 안고 재우고 있는 장면이 떠올랐으며 아기가 잠을 자다가 한번 깬 것 같았고 두 번째 곡에서는 명상하기에 좋은 음악 같아서 대나무 숲이 떠올랐음. 세 번째 음악은 초원에서 새끼 사자 세 마리가 노는 것을 보았고 모든 경험을 마음에 담고 싶으나 세 곡에서 느낀 경험을 그림으로 다 표현하기가 어려워 만다라를 그리지 못함.
H 학생	**pre-session:** 자신의 분노, 화, 스트레스의 조절은 게임하거나 잠자기. **post-session:** 음악을 들으면서 쉬는 것 같았고 놀고 싶음. 화가 나는 기분과 스트레스를 잘 풀어야 할 것. 만다라는 빈 원(empty circle)으로 원 전체에 초록색을 칠함.
I 학생	**pre-session:** 자신만의 분노, 화, 스트레스 조절은 노래 듣기, 참기, 인형 때리기, 울기, 얘기하기. **post-session:** 음악을 들으니 소꿉친구가 떠올랐으며 옛날에 놀던 생각을 해서 기분이 좋았음. 만다라는 어린 시절 친구와 자신을 그림으로 표현.
J 학생	**pre-session:** 분노와 화가 있을 때 욕을 하거나, TV를 보거나, 컴퓨터를 하거나, 그냥 짜증을 내거나 참는다. 더 좋은 방법을 음악을 들으며 찾고 싶음. **post-session:** 음악을 들으면서 자신의 가장 큰 스트레스를 주는 원인인 '벌점 카드'가 떠올랐음, 마음속에서 '벌점 카드'를 불로 태워버리고 마음에서 없애버리는 경험을 함. 스트레스가 풀리고 좋았음. 만다라는 불에 타버린 '벌점 카드'.

분석 **pre-session:** 학생들은 사전 토의에서 분노, 화, 스트레스가 있을 때 자신만의 관리 방법을 소개하고 있다. 이는 '웹툰을 보거나 친구에게 얘기하기, 게임을 하면서 감정 조절하기, 분노와 화의 조절을 위해 축구, 농구를 하거나 친구들과 수다를 떨기, PC방에서 컴퓨터하기, 샌드백 치기, 게임을 하며 화가 나는 상황을 잊어버리거나 참기, 울기, 놀거나 책을 읽기, 그냥 짜증을 내거나, 인형 때리기, 욕하기' 등을 보고하였다. 음악을 감상하면서 자신들에게 잘 맞는 더 좋은 방법을 찾고 싶고 '동생한

테 화를 내거나, 노래를 듣거나 주먹을 쥐고 복식호흡을 하고 벽치기 등을 실시'하면 분노와 화를 발설하여 다른 사람이나 친구들을 폭행하거나 때리는 경우는 용납되지 않는 행동이라며 자신의 의견을 말하기도 하였다.

post-session: 세션 후 학생들은 음악 경험에 대한 아래의 내용들을 보고하였다. A 학생의 경우는 음악 감상 시 짜증 나는 상황이 떠올랐으나 자신의 스트레스는 학업이며 공부를 열심히 해야 한다는 통찰을 보고하였고 B 학생의 경우는 "숲속에서 노래를 부르는 여자"를 경험하였는데 그 옆에서 자신이 노래를 듣고 있어 기분이 좋았고 스트레스가 풀렸다고 하였다. 또한 다른 학생들의 경우는 자신의 마음에 무엇이 있는지 허무한 느낌이 들었으나 자신의 스트레스의 근원은 공부이며 공부에서 오는 스트레스를 잘 조절해야겠다고 하였다. "바람이 부는 느낌과 시원한 마음 그리고 마음에 있는 스트레스가 바람과 함께 날아간 경험, 음악과 함께 경험한 산과 도로의 시원한 느낌, 깨끗한 도로와 푸른 산, 도시 안의 놀이터에서 빛을 보면서 누워있는 나, 엄마가 아기를 안고 재우고 있는 장면, 좋은 음악 같아서 떠오른 대나무 숲, 초원에서 세 마리의 새끼 사자가 노는 장면, 스트레스 없이 잘 쉬는 느낌, 놀고 싶고 화가 나는 기분과 스트레스를 잘 풀어야 한다!"라는 통찰 등을 보고하였으며 옛날의 소꿉친구와 놀던 내면의 아이를 만나는 경험도 보고되었다. J 학생의 경우는 자신에게 가장 큰 스트레스를 주는 원인인 '벌점 카드'가 떠올랐고 그 '벌점 카드'를 마음속에서 불로 태워버리고 없애버리는 심상을 경험했는데 스트레스가 풀리고 좋았다고 보고하였다.

5회기 세션에서 그려진 학생들의 만다라mandala는 다음과 같다. A 학생은 의외로 신라면의 만다라를 그렸고 '숲에서 노래를 부르는 여자와의 만남, 초록색의 푸른 산, 잘 만들어진 도로, 바람 부는 푸른 산, 어린 시절의 소꿉친구와 어린 자신의 만남, 초록색으로 칠해진 빈 원empty circle, 불에 타버린 벌점 카드' 등을 그렸다. G 학생의 경우는 5회기 세션에서도 자신의 모든 경험을 표현하고 싶지만 세 곡에서 느낀 경험을 그림으로 다 표현하기가 어려워 만다라를 그리진 못했다.

치료효과 학생들은 pre-session에서 자신의 화, 분노, 스트레스에 대한 원인을 알아보고 자신만의 노하우knowhow와 관리법을 보고하였으며 이를 긍정적인 성찰의 경험으로 이끌어갔다. 또한 그들은 자신의 심상을 만다라에 표현하며 통찰의 과정을 경험하고 자신의 스트레스 상황을 해결하는 통합으로 나아갔다.

6회기

10명의 학생이 참여한 6회기의 수업은 분노의 감정과 공격적인 행동을 뒤로하고 긍정적인 생각 갖기 및 자신의 긍정 마음의 활성화를 돕는 세션으로 이어졌다. 세션 전 학생들은 긍정적인 생각이란 무엇이며 긍정적인 마음 상태를 어떻게 유지할 것인지에 대해 자신의 의견들을 토의하였다.

사용한 음악은 Secret Garden(White stones) #8-Saint seans(The swan)-Schuman(Dreaming)이며 지원적인 이 음악의 진행은 역동적인 학생들 마음의 이완을 돕고 특히 두 번째, 세 번째로 사용한 음악들은 학생들의 정신psyche에서 보호받는 내면아이의 경험을 촉진할 수 있는 순수성과 만나게 한다. 학생 그룹의 음악 경험 전, 후의 보고 내용은 다음과 같다.

A 학생	**pre-session:** 자신의 긍정적인 생각과 긍정적인 마음을 갖기 위한 성찰은 기쁨과 이해, 극복과 봉사, 자신의 통찰력과 남에 대한 관심. 음악을 들으며 더욱 긍정적인 마음과 만나고 싶음. **post-session:** 음악을 들으니 서부의 총잡이가 떠올랐으며 그 총잡이는 술집에서 다른 사람을 총으로 쏴 죽임. 그 느낌은 멋이 있었고 죽은 사람은 나쁜 죄를 지어서 죽은 것. 만다라는 총잡이가 어떤 이를 죽이는 심상을 그림으로 표현.
B 학생	**pre-session:** 자신의 긍정적인 생각은 '공부를 긍정적으로 하기, 나만 힘든 것이 아니다, 힘든 일이면 그만큼 이익이 있을 것! 내년에는 공부를 좀 더 열심히 할 것'이며 부모님께 효도하기. **post-session:** 음악을 듣다가 갑자기 내면에서 붉은 노을의 심상이 떠올랐으며 느낌은 아주 편안하고 따스한 긍정적인 느낌. 미래에 대해 중요한 경험. 그것은 자신이 미래에 잘 먹고 잘 살 것! 만다라는 노란 공간 중앙에 붉은 태양을 그림으로 표현.

C 학생	**pre-session:** 자신에 있어 긍정적인 생각이란? 잘 놀기, 게임하기, 공부가 힘들어도 미래를 위해 열심히 하기, 위기 잘 극복하기, 긍정적인 마인드 갖기. **post-session:** 사막을 보고 마음에서 황량한 느낌이 들었고 모래사막에 자신이 서 있는데 자신 앞에 다른 이가 서 있었고 그 사람과 자신은 좋은 관계 같았음. 음악이 진행되면서 후에 사막에 햇빛이 떠오르면서 마음이 밝아졌고 햇빛 덕분에 좋아졌음. 만다라는 모래사막 위에 자신과 자신 앞에 서 있는 다른 사람을 그림을 표현.
D 학생	**pre-session:** 자신의 긍정인 마음이란? 잘 놀기, 봉사하기, 내일을 위한 준비하기, 긍정적 생각하기, 어려움을 극복하기. **post-session:** 음악 감상 때 웅장하게 노래를 부르는 합창단이 떠올랐으며 그들의 노래를 들으면 편안한 마음이 들었음. 합창단의 많은 사람을 보면서 사람이 많이 모여있는 심상을 경험하니 멋있었음. 만다라는 노래를 부르는 합창단과 많은 사람을 그림으로 표현함.
E 학생	**pre-session:** 긍정적인 마음을 만들기 위해서는 봉사하기, 힘든 친구 도와주기, 잘 놀기, 효도하기, 공부 열심히 하기. **post-session:** 구름 한 점 없는 들판에 나무 한 그루가 서 있는 심상을 경험, 마음이 편안해져서 좋았음. 긍정적인 마음은 곧 편안함이다. 만다라는 초록색의 들판, 푸른 하늘, 한 그루의 튼튼한 큰 나무를 그림.
F 학생	**pre-session:** 자신은 긍정적인 생각이나 긍정적인 마음 만들기에 대한 생각이 부족함. 게임과 PC방 생각이 많음. 내년에 키 크기. 내년에 생을 즐겁게 살기. **post-session:** 음악을 들으니 느낌이 많이 편안했으며 자신은 우주의 별을 보면서 우주를 탐험했음. 또 다른 경험한 마음의 생각은 미래를 위해서 공부는 중간 수준 정도로 하기. 태권도와 특공 무술 등에 대한 기술을 연마하고 싶음. 만다라는 검은 하늘의 수많은 별을 보고 누워있는 자신을 그림으로 표현.
G 학생	**pre-session:** 긍정적인 마음 만들기는 잘 놀기, 피곤함을 잘 관리하고 자격증을 취득하기 위한 공부, 미래를 잘 준비하기. **post-session:** 음악 감상과 함께 창문이 보였으며 창문으로 들어오는 따뜻한 햇살을 느꼈고 자신은 햇빛을 받으면서 자고 있었음. 전반적으로 안정되고 따뜻한 느낌이 들어 좋았음. 만다라는 창으로 들어오는 노란색의 밝은 햇빛과 그것을 받고 있는 자신을 그림으로 표현.

H 학생	**pre-session:** 자신의 긍정적인 마음 만들기란? PC방, 놀기, 게임 머니, 만렙. **post-session:** 음악을 들으니 쉬는 것 같았고 느낌이 좋았음. 만다라는 검은색의 빈 원(empty circle)의 그림.
I 학생	**pre-session:** 자신의 긍정적인 마음이란? 항상 밝게, 웃기, 화나도 참기, 나만 힘든 것이 아니라는 생각, 잘 놀기, 노래 듣기, 뺑소니 안치기. **post-session:** 음악을 들으면서 기분 좋게 숲에 누워있었음. 먼저 자신의 마음이 편안해야 긍정적인 생각이 드는 것 같음. 자신의 기분을 좋게 하는 것이 중요하고 가장 중요한 심상은 나뭇잎을 타고 하늘을 날아다니는 장면. 만다라는 숲속에서 누워있는 자신을 그림.
J 학생	**pre-session:** 자신의 긍정적인 마음 만들기는 잘 놀기, 웃기, 짜증을 안 내도록 노력하기, 화나도 참기, 노래 듣기. **post-session:** 음악을 들으니 바람이 부는 것 같이 느껴졌으며 나뭇잎이 바람에 날아가는 것 같았고 시원한 기분이 들었음. 긍정적인 마음이란 이런 것! 만다라는 바람과 나뭇잎을 그림으로 표현.

분석 **pre-session:** 학생들의 긍정적인 생각을 활성화하는 성찰은 '기쁨과 이해, 극복과 봉사, 자신의 통찰력과 남에 대한 관심, 나만 힘든 것이 아니라는 생각, 힘든 일이면 그만큼 이익이 있다는 것, 효도하기, 잘 놀기, 힘들어도 미래를 위해 공부 열심히 하기, 위기 잘 극복하기, 긍정적인 마인드 갖기, 봉사하기, 내일을 위해 준비하기, 어려움을 극복하기, 힘든 친구 도와주기, 피곤함을 잘 관리하고 자격증을 위한 공부하기, 항상 밝게 웃기, 화나도 참기, 노래 듣기, 뺑소니 안 치기' 등이며 '게임과 PC방 생각이 많고 내년에 키 크기, 내년에 생을 즐겁게 살기, 게임 머니, 만렙' 등의 내용들도 발표하였다.

post-session: 보고된 심상경험들은 다음과 같다. A 학생의 경우는 서부의 총잡이가 다른 사람을 술집에서 총으로 살해하는 심상경험이다. 자신에게 있어 그 느낌은 멋이 있었고 죽은 사람은 나쁜 죄를 지어서 죽은 것 같다고 했다. 아마도 이 심상의 경험은 학생 자신의 내면에 처한 분노 감정과 힘든 갈등을 해소해야만 하는 정신psyc he 일부의 투사projection일 것이다. B 학생 자신은 내면에서 '붉은 노을'의 심상이 떠올랐으며 느낌은 아주 편안하고 따스한 긍정적인 느낌이며 자신이 "미래에 잘 먹고 잘 살 것!"이라고 했다. 또 다른 학생들은 음악-심상 과정이 진행되면서 "황량한 사막에 햇빛이 떠오르면서 마음이 밝아지고 합창단의 웅장한 노래와 편안함, 구름 한 점 없는 들판에 서 있는 나무 한 그루, 긍정적인 마음은 곧 편안함이라는 통찰, 우주의 별을 보는 우주 탐험, 태권도와 특공 무술 기술 연마. 창문으로 들어오는 따뜻한 햇살과 자고 있는 나, 햇빛을 통한 안정되고 따뜻한 느낌. 쉼, 기분 좋게 숲에 누워있음" 등의 심상들을 보고하였다.

특히 I 학생의 통찰 경험은 먼저 "자신의 마음이 편안해야 긍정적인 생각이 들 것이며 자신의 기분을 좋게 하는 것이 중요하다"라고 하였으며 '나뭇잎을 타고 하늘을 날아다니는 경험과 바람이 불어 나뭇잎이 바람에 날아가며 느껴지는 시원한 기분'은 긍정적인 경험이라고 보고하였다.

학생들의 만다라mandala는 위의 post session과 관련된 그림으로 '총잡이가 어떤 이를 죽이는 심상, 노란 공간 중앙에 붉은 태양, 모래사막 위에 자신과 자신 앞에 서 있는 다른 사람'을 표현하였으며 "노래를 부르는 합창단과 많은 사람, 초록색의 들판, 푸른 하늘, 한 그루의 튼튼한 큰 나무, 검은 하늘의 수많은 별을 보고 누워있는 자신, 창으로 들어오는 노란색의 밝은 햇빛과 빛을 몸 전체에 받고 있는 나, 숲속에서 누워 있는 나, 바람과 나뭇잎" 등을 그림으로 표현하였다.

치료효과 6회기 세션에서 학생들은 분노의 감정과 산만함, 이탈행동 등에서 변화하여 성숙하고 긍정적인 자신들의 태도를 나타내고 있으며 부정적인 에너지 상태를 스스로 긍정적 마음으로 이끌어 변화. 통찰 및 해결 방향을 제시하고 있다. H 학생의 경우는 지속적으로 활동에 집중하지 못하고 어려움을 나타내며 산만한 행동과 내적 경험의 부족으로 통찰이 이루어지지 못하고 있다. 이것은 학생의 인지적인 문제의 이유이기도 하며 학생의 만다라에는 빈 원empty circle을 주로 표현하고 있다.

7회기

7회기의 세션은 학교와 토의하여 계획된 마지막 세션으로 청소년기의 행복 만들기, 새 마음 갖기, 새 출발에 필요한 것은? 이라는 주제로 세션이 제공되었으며 10명의 학생은 주제를 토의하는 방식으로 동료들과 의견을 이어가면서 활동에 참여하였다.

사용한 음악들은 Robin hood overture-Great gate of kiev(Pictures at an exhibition #3-Mussorgsky)-White stone #12(Celebration)이다. 제공된 이 음악들은 전반적으로 학생들에게 내면의 힘을 끌어 올리고 긍정적인 에너지를 의식에 적용할 수 있는 음악들이라 할 수 있으며 학생들의 마지막 세션 주제와 관련하여 잘 맞는다.

A 학생	**pre-session:** 한 해를 돌아봄. 중학교에 들어와서 즐거웠으나 학업에 충실하지 못함. 앞으로 더 학업에 충실하고 전교 회장 선거 출마 예정. 시험을 잘 보고 싶음. **post-session:** 음악을 들으니 숲의 심상이 떠올랐으며 시원함을 느낌. 숲에서의 느낌과 시원한 마음을 가슴에 담고 싶음. 만다라는 많은 것을 담고 있는 '나무와 숲'.
B 학생	**pre-session:** 공부를 안 함. 부모님께 반항을 많이 해서 죄송한 마음. 그 일로 인해 많이 혼났음. 새해에는 부모님께 효도하고 사고도 안 치고 싶고 음악을 통해 좋은 것을 경험하고 싶음. **post-session:** 자신이 살아오면서 경험한 좋은 순간과 안 좋은 순간을 모두 심상으로 보았으며 그 과거의 장면들은 이미 다 지나간 일들이라서 전반적으로 편안함을 느낌. 앞으로 더 좋은 순간들을 만들어 갈 것이고 그래도 어려운 순간이 찾아오면 극복해야 할 것. 만다라는 자신의 지나간 과거 순간의 심상을 사진 필름에 담은 그림.
C 학생	**pre-session:** 중학교를 입학하는 것이 중요했으나 시험을 망침. 고모부가 돌아가심에 대한 상실감. 중학교 2학년 시기에는 잘 지내고 싶고 시험 걱정이 있음. **post-session:** 음악을 듣는 동안 자신은 숲에 가만히 서 있었으며 느낌은 활기찬 느낌이고 좋은 에너지를 받고 있었음. 만다라는 나무와 나무 사이에 서 있는 자신.

D 학생	**pre-session:** 남자, 돈, 시험 점수, 친구들 생각, 중학교 신입생 생활, 수학여행이 좋았으나, 친구 폭력에 가담, 커닝과 욕으로 벌점을 받음. 앞으로 선생님 말씀 잘 듣고 시험을 잘 보길 원함. 돈 아껴 쓰기. 친구 관리 잘하기. **post-session:** 음악을 들으니 따스한 느낌이 들었고 좋았으며 경험한 심상으로는 연약한 풀잎이 떠올랐음. 그 연약한 풀잎은 잘 자라는 것 같고 잘 키워야겠다. 축하받는 기분. 만다라는 푸른 여린 새싹.
E 학생	**pre-session:** 머리에는 학원, 시험, 잠, 조부의 장례식. 중간고사를 망침. 별빛 문학기행이 좋았음. 새해에는 공부를 잘하고 싶은 소망. **post-session:** 음악을 들으니 넓은 들판이 떠올랐으며 마음이 편했음. 앞으로도 넓은 들판처럼 살고 싶음. 만다라는 초록색의 들판, 푸른 하늘.
F 학생	**pre-session:** 한 해 동안 행복했으나 잘못을 많이 하여 혼났으며 게임에 대한 중독 상태. 새해에는 즐겁고, 행복하고 재미있는 한 해가 되기를 기대함. **post-session:** 음악을 들으니 느낌이 좋았으며 자신은 어딘가를 끊임없이 달리고 있었음. 그냥 끊임없이 달리며 좋은 기분이 들었고 스트레스도 풀리는 것 같고 힘이 생김. 만다라는 검은 하늘의 수많은 별을 보고 누워있는 자기 자신.
G 학생	**pre-session:** 즐거운 한 해였고 새해에도 즐거울 것. 특히 내년에는 아르바이트를 해서 돈을 더 벌고 싶고 자격증 공부를 해서 자격증을 따고 싶음. **post-session:** 자신을 바라보는 무의식적 경험을 했는데 아주 어두운 곳에 자신이 무언가 잘못한 것처럼 앉아 있는 모습을 관찰. 만다라는 어두운 곳에 앉아있는 자기 자신.
H 학생	**pre-session:** 올해는 숙제를 하지 못해서 혼났고 놀았음. 벌점을 받았고 새해에도 학원을 가서 공부를 하고 싶음. **post-session:** 음악을 들으면 편안함. 무엇이 떠오르는지 자신은 모르겠음. 만다라는 검은색의 빈 원의 만다라.
I 학생	**pre-session:** 자신의 마지막 해방을 상상함. 시험을 망치고 징계받고. 수학여행과 친구를 사랑한 나의 감정. 앞으로는 모범생으로 지내고 싶고 시험도 잘 보고 사고 치지 말며 고등학교 1학년을 바라보고 있어 의미가 있음. **post-session:** 음악을 들으니 옛날 일이 생각났으며 옛날 동네를 보니 기분이 묘했음. 만다라는 과거 자신이 살던 동네의 심상을 그림.

J 학생	**pre-session:** 자신의 머릿속에는 3학년 학교생활과 고등학교에 대한 생각. 욕을 한 행동 때문에 사회봉사 함. 조부의 사망으로 우울함. 내년에는 공부를 잘하고 사고를 치지 않겠다 싶음. **post-session:** 음악 감상 시 핸드폰 장난을 했으며 치료사의 짧은 중재에 저항 행동과 활동에 집중하지 못함. 햄버거가 먹고 싶음. 만다라는 ○○ 햄버거 상표.

분석 **pre-session:** 학생들은 지난 한 해를 성찰하고 새해에 대한 각오를 토의하였다. 학업에 충실하지 못해 아쉬움이 남지만 '학업에 전념하고 싶은 마음, 부모님께 반항하여 죄송한 마음, 가족 죽음에 대한 애도와 이별, 친구 폭력에 가담한 행동, 시험커닝, 욕설 그리고 벌점을 받은 일에 대한 후회' 등을 보고하였으며 이에 대한 대책으로 "커닝 안 하기, 돈 아껴 쓰기, 친구 관리 잘하기, 즐겁고, 행복한 한 해 보내기, 자격증 따기, 모범생으로 지내기, 시험도 잘 보기, 사고 치지 말기, 사회봉사" 등의 의견을 나누었다.

post-session: 7회기 마지막 그룹 GIM 활동 후 학생들의 심상경험은 "숲에서 느낌과 시원한 마음을 가슴에 담는 것, 그동안의 좋은 순간, 안 좋은 순간 모두를 경험, 이미 다 지나간 일들이라서 전반적으로 편안함을 느낌, 앞으로 더 좋은 순간들을 만들어 갈 것! 그래도 어려운 순간이 찾아오면 극복해야 할 것!" 등의 통찰을 보고하였다.

C 학생의 경우는 "자신만의 숲속에 가만히 서 있었으며 느낌은 활기찬 느낌이고 좋은 에너지를 받는 체험"을 보고했고 "따스한 느낌과 잘 자라는 연약한 풀잎 잘 키우기, 축하받는 기분, "나도 앞으로 넓은 들판처럼 살아야겠다!"라는 긍정적 변화"를 보고하였다.

F 학생 또한 정신역동 경험으로 음악 감상 후 좋은 느낌을 받았고 자신이 그냥 끊임없이 달리며 스트레스가 감소되고 힘이 생기는 긍정적인 경험을 보고하였고 이에 반하여 G 학생의 경우는 아주 어두운 곳에서 자신이 무언가 잘못한 것처럼 앉아 있는 자신 모습과 마주하는 심상경험을 보고했으며 I 학생은 음악을 통해 과거로 돌아가서 옛날 동네를 보는 재경험을 하였는데 그곳을 잘 살펴보니 기묘한 기분이 들었다고 했다(개인적 도움을 제공받을 수 있는 경우 J의 어린 시절에 대해 개인적인 토의가 필요할 수 있다).

다른 경우는 7회기의 마지막 세션에서도 활동에 몰입하지 못하는 경우인데 "음악을 들으며 편안했으나 무엇이 떠오르는 자신은 모르겠고 ○○햄버거가 먹고 싶다"라고 했다. 핸드폰 장난이 심하여 치료사가 짧은 중재를 시도하자 저항하기도 했다.

심상경험에 대한 학생들의 만다라mandala는 "나무와 숲, 지나간 과거 순간의 장면을 사진 필름에 담은 그림, 나무와 나무 사이에 서 있는 자신, 푸른 여린 새싹, 초록색의 들판, 검은 하늘의 수많은 별 그리고 별을 보며 누워있는 자신, 과거 자신이 살던 동네의 심상, 어두운 곳에 앉아있는 나. 검은색의 빈 원empty circle, 햄버거" 등이다.

치료효과 학교의 연말 계획으로 인해 분노장애로 의심되는 10명의 학생들의 세션은 7회기로 마감되었다. 가족관계의 문제, 가정의 어려운 상황, 학업 스트레스, 또래 집단의 역동, 정체성을 찾지 못한 자기 자신에 대한 화와 분노는 마음속에 깊게 자리한 내면의 상처로 남아있거나 공격적인 행동을 가져오기도 한다. 몇몇 학생이 예외가 있었으나 전반적인 학생들은 자신의 긍정적 마음을 활성화하는 데 자신의 노력을 아끼지 않았다. 긍정적인 의식과 긍정적인 심리상태, 좋은 에너지의 활성화, 분노의 감정에서 정신역동을 통한 정서적 환기 등에 변화가 이루어졌으며 청소년 시기의 학생들은 자신만의 의식의 통찰과 통합을 경험하였다.

결론

그룹 GIM에서의 청소년들의 분노유발확인과 분노처리의 과정은 개인 GIM세션의 접근 방법과는 매우 상이하다. 학생들의 분노 감정은 각자마다의 다양한 개인감정들과 연결되어 있고 이는 '학업의 어려움, 인정받지 못함, 또래 집단의 문제와 상실감, 환경으로부터 기인된 우울감과 낮은 자존감' 등이 주 감정에 영향을 미치고 있다. 이에 따라 발생되는 문제행동들은 이탈행동을 만들어 내고 '자신 학업의 미성취, 학교의 제재와 벌점'으로 이어져 또 다른 분노의 유발 감정으로 이어진다. 그러나 학생들은 분노 감정은 조절을 해야 하며 분노로 인해 타인에게 폭력과 폭행을 행사하는 경우 엄청난 처벌로 이어진다는 것을 인지하고 있었으며 자제해야만 하는 행동이라는 것도 알고 있었다.

그룹 GIM세팅 환경에서의 학생들은 음악-심상 과정과 함께 자신의 감정을 직접적으로 발산, 표출하기보다는 그룹 GIM에서의 진행방식과 안전한 세팅구조 속에서 자신들의 주 호소인 분노의 감정에 대해서 토의하고 이를 객관화해나가는 시간을 가졌으며 음악을 통해 경험된 다양한 이미지들은 정서적 치유를 제공했고 의식의 변화를 이끌었다. 정서적 치유와 의식의 변화의 경험은 6회기의 세션에서 분노의 감정과 공격적인 행동을 뒤로하고 긍정적인 생각과 긍정마음의 활성화를 돕는 전환적 세션으로 이어지는데 이때의 심상으로는 '황량한 사막에 떠오르는 햇빛, 마음이 밝아짐, 합창단의 웅장한 노래와 편안한 마음, 들판의 한 그루의 나무와 편안한 마음, 우주의 별과 우주 탐험, 태권도와 특공 무술연마, 창문으로 들어오는 따뜻한 햇살과 안정된 느낌, 쉼, 기분 좋은 숲, 먼저 자신의 마음이 편안해야 긍정적인 생각이 들 것이라는 통찰, 자신의 기분을 좋게 하는 것에 대한 통찰, 바람을 타고 하늘로 날아가는 나뭇잎과 시원한 느낌' 등으로 이어졌고 학생들은 긍정적인 마음 상태를 어떻게 유지할 것인지에 대해 자신의 의견들을 토의하기도 했다.

7회기 세션에서 '행복 만들기, 새 마음 갖기, 새 출발에 필요한 것은?'이라는 주제로 이어진 토의와 세션은 '숲에서 느낌과 시원한 마음, 이미 다 지나간 일들에 대한 통찰, 앞으로 더 좋은 순간들을 만들어 갈 것, 숲에서의 활기찬 느낌, 좋은 에너지, 잘 자라는 연약한 풀잎 잘 키우기, 축하받는 기분, 나도 앞으로 넓은 들판처럼 살아야겠다!, 달리는 경험과 스트레스 해소, 힘이 생김' 등을 보고하였다. 이에 반하여 '나쁜 사람을 살해하는 서부의 사나이가 등장하고 무언가 잘못한 것처럼 앉아 있는 자신의 모습'을 마주하기도 했다. 또한 이에 반하여 음악-심상 과정이 정서적으로 편안했으나 무엇이 떠오르는지 자신은 모르겠고 활동에 몰입하지 못하는 경우도 발생하였다.

이와 같이 중학생 10명으로 이루어진 그룹 GIM세션의 진행은 각각의 학생에 대한 치료사의 개입과 중재가 제공되지 않기 때문에 반드시 어려움은 발생된다. 이런 경우는 학교와의 합의가 필요한 부분이며 학교에서는 교육부의 방침에 따라 심리검사를 의무화하고 학생들에게 양질의 서비스를 제공하기 위해서 심혈을 더 기울일 필요가 있다. 본 사례연구 또한 학교의 시스템과 학기 마감 일정으로 인해 세션이 7회기 때 마무리되었으나 학생들은 6, 7회기의 세션에서 자신의 의식을 변화시키는 중요한 경험을 나타냈고 이것은 통찰로 이어지고 있다. 치료사의 개인적 의견으로는 7회기의 길지 않은 그룹 GIM세션 경험이 그들에게 무의식을 의식화하고 자신을 깨어있게 하는 경험이며 자신의 진정한 모습을 발전시켜 나가게 하는 하나의 바탕이 되어주었다는 것을 의심치 않는다.

용어 설명

라포(rapport) 형성: 상담자와 내담자가 친근함 및 신뢰감 형성을 기초로 서로 긍정적인 관계를 형성하는 것.

만렙: 온라인 게임에서 사용하는 캐릭터(character)의 레벨이 최고점에 도달하는 상황을 이르는 말.

섹스텟(sextet)연주: 음악의 육중창 또는 육중주을 이르는 말.

씨퀀스(sequence): 음악에서 음들이 순서를 가지고 연속적으로 연달아 반복적으로 나타나는 것.

위클래스(wee class): 위(wee)는 학교, 교육청, 지역사회가 연계하여 학생들의 건강하고 즐거운 학교생활을 지원하는 다중의 통합지원 서비스망을 지칭함.

트랜스 음악(trance music): 1990년대에 발전한 전자댄스 음악의 한 스타일.

참고문헌

권혜진(1995). 청소년 분노현상과 근거 이론적 접근, 이화여자대학교 박사학위 논문.

김경희(2016). 분노 관리론. 서울: 교문사.

김청자(1993). 공격유발요인과 판단에 관한 연구. 성신여자대학교 박사학위논문.

이도연(2021). Korean Association for Music and Imagery 제 18차 정기학술대회, GIM 치료로 재경험된 조울증 여성의 화(Anger)에 대한 통찰. 5-17.

정현주(2006). 음악치료 기법과 모델. 서울: 학지사.

Bonny. H. (2002). Music and Consciousness: The Evolution of Guided Imagery and Music Gilsum. NH: Barcelona Publishers.

Bonny. H. L., & Salvary, L. (1990). Music & your mind. Barrytown, NY: Station Hill Press.

Feindler, E. L. (1989). Adolescent anger control: Review and critique. In Hersen. M. Eisler. R.M.,& Miller. P. M. (Ed) Progressing behavior modification. Newbury Park, CA: Sage. (강신덕, 1995에서 재인용).

Frijda, N. H (1986). The Emotions. Cambrdige University Press.

Kassinove, H., & Tafrate, R. C. (2002). 분노 관리하기: 치료자를 위한 완벽한 치료 가이드북. 채규만, 김민녀, 위지희 공역(2011). 서울: 학지사.

Larson. J. D. (1992). Anger and aggression management technique through the think first curriculum. Journal of Offender Rehabilitation. 18(1/2). 101-117.

Lzard, C. E. (1991). The face of emotion. New York: Appleton-Century-crofts.

Novaco, R. W. (1979). The cogniyive regulation of anger and stress. In P. C. Kendall & S. D. hollen(ed.) Cognitive-behavioral interventions: Theory, research, and procedures. New York: Academic Press.

Rothenberg, A. (1971). On Anger. American Journal of Psychiatry. 128:4. October. 454-460.

Sharkin, B. S. (1988). The measurement and treatment of client anger in counseling. Journal of Counseling and Development. april. 66. 361-365.

Summer. L. (1981). Guided imagery and music with the elderly. Music therapy, 1(1), 39-42.

그룹 GIM | 성인 | 우울

17

우울감 감소를 위한 그룹 GIM : 지역 자활 센터의 성인 그룹

김소진

도입

본 연구를 위한 그룹 GIM은 인천 ○○지역자활센터 내 참여자를 대상으로 정신건강과 정신질환에 대한 인식개선 및 정보제공, 전문상담 서비스 제공, 정신질환 위험군 대상자의 심신의 안정과 정신건강 증진을 위한 일환으로 진행되었으며 그룹 GIM을 통해 우울감 감소, 스트레스 해소, 긍정적 에너지의 활성화, 가정과 사회 구성원으로서의 재통합 기회가 제공되었다.

1. 그룹 GIM 참여대상 선정 및 사례연구 대상자

2010년 신규참여자 중 우울증 자가진단[BDI] 점수가 14점 이상으로 상담 · 치료 관리가 필요한 우울감을 동반한 성인 남녀 7명 구성되었으며 이중 참여율이 높은 4명이 본 사례연구 대상자로 선정되었다.

2. 진행방법

준비단계는 1회기의 진행으로 정신건강에 대한 강의와 그룹 GIM오리엔테이션, 개인 상담 및 KDSKorean depression Scale 사전(2010년 9월 17일) 검사가 실시되었으며 세션은 총 10회기(2010년 9월 20일~12월 14일)로 진행되었다. 사후검사는 모든 세션이 종료된 2010년 12월 21일에 실시되었다.

세션의 형식은 Bonny의 그룹 GIM형식으로 두 시간의 진행으로 이루어졌으며 통합 과정에서는 토의와 만다라mandala 그리기가 포함되었다. 세션에 앞서 이루어진 개인 상담은 내담자들의 히스토리history와 현재의 상황, 심리진단 결과의 확인으로 치료에 대한 목표 설정에 반영되었고 그룹 GIM의 진행에 대해 내담자와 논의하였다.

3. 그룹 GIM Paradigm

회기	주제	진행 내용
1회기	라포(rapport) 형성 및 그룹 GIM 첫 여정	라포 형성/GIM심상음악치료의 새로운 경험
2회기	자아인식과 자신의 감정 확인 및 표출(evoke)	라포 형성/자아인식과 자신의 감정 확인 및 감정 표출 1
3회기		자아인식과 자신의 감정 확인 및 감정 표출 2
4회기	이슈(issue) 탐색기	다양한 이슈 탐색 및 창조적 해결 (1)
5회기		다양한 이슈 탐색 및 창조적 해결 (2)
6회기		다양한 이슈 탐색 및 창조적 해결 (3)
7회기	변화 · 변형(transformation)의 시기	
8회기		
9회기	긍정적 에너지의 활성화(통찰 및 통합)의 시기	
10회기		

그룹 GIM대상자들 정보

본 사례연구의 대상자들은 OO 지역의 자활 센터를 이용하는 40세 이상의 성인 남녀 7명(남자 2명/여자 5명) 중 참여율이 높은 4명의 여성이 선정되어 진행되었다. 그룹 GIM대상자들은 사별, 별거 혹은 이혼, 기초생활 수급 상태 등의 어려움을 겪고 있는 사람들이었으며 심리적인 문제로는 슬픔, 좌절, 조증 및 우울, 상실감, 상처, 무기력 등을 보고하였다. 본 사례연구 대상자들은 모두 40대로 S(47세, 여성), K(42세, 여성), E(45세, 여성), Y(48세, 여성)이다.

그룹 GIM음악의 사용

그룹 GIM에서 적용된 음악들은 그룹으로 진행되는 세션에서 안전하게 자신의 문제를 보다 잘 경험하고 통찰을 획득할 수 있도록 그룹의 치료목적에 적합한 음악을 사용하였고 음악은 주로 현대음악contemporary music이 사용되었다. 음악의 길이는 그룹 전체의 안전한 경험을 위하여 15분이 넘지 않는 선에서 진행되었고 그룹 내담자들의 특성을 고려하여 구조가 복잡하지 않고 무의식적 경험이 위험한 상황에 노출되지 않도록 지원적 음악의 선정을 중요시하였다. 음악은 클라이언트들의 집중을 돕고 진행과 구조도 기승전결 형태로 '도입 및 전개-발전-해결'을 가지는 음악적 구조였다. 그룹 GIM에서의 이러한 음악적 적용은 그룹에서의 목적과 개인의 다양한 경험들을 긍정적인 귀결로 이끌어낼 수 있다. 다음에 소개되는 음악프로그램들은 그룹 GIM에서 상황에 따라 편집되어 적용되었다. (사용한 음악의 예: Bittersweet program, Life Blood program, Pure Potential, Trust of GOD and Self, Letting go, Forgiveness of self and Others, Transformation-Living from the christ etc.)

치료 과정

1. S의 사례

1회기 세션: 라포(rapport) 형성 및 GIM심상음악치료의 첫 여정

우울함, 슬픔 감정에서 나비, 꽃, 바람의 느낌으로 S는 **첫 세션**에서 기분이 나쁘지 않은 감정 상태라고 보고하였으며 GIM심리치료를 처음 접해 무엇을 하는 것인지 알고 싶고 우선 경험을 해봐야 할 것 같다고 하였으나 induction 시작 전에 심하게 우는 행동을 보이며 음악-심상경험 전 1회 자리를 이탈하였다. 음악이 시작되자 자리에 돌아와 세션에 참여하였는데 세션 중에도 심하게 우는 행동을 보였다. 세션 후에는 우는 행동이 소거되었고 음악 감상 시 '나비, 꽃, 바람의 느낌'에 대한 심상경험을 보고하였으며 자신이 과거에서 4번의 전신마취와 출산 경험의 고통스러운 기억이 떠올라서 우울하였다고 보고했다. 음악 감상 후, 토의 시간에는 몸과 마음이 훨씬 가벼워졌다고 하였으며 만다라mandala는 봄 동산과 나비가 날아다니는 심상을 표현하였다.

2, 3회기 세션: 자아인식과 자신의 감정 확인 및 감정 표출(evoke)

불안하고 우울한 감정에서 편안한 쉬는 시간의 경험으로 S는 **2회기 세션**에서 무언가 계속적으로 마음이 불안하다고 보고하였으며 자신은 할 일도 있고 아이들도 잘 지내고 있음에도 불구하고 지속적으로 불안하다고 보고하였다. 감정 카드는 '불안함'을 선택하였고 자기 자신의 마음에게 이유를 묻고 싶다고 보고하였다. 세션 중과 후에 우는 행동을 보였으나 점차 울음이 소거되며 감상 시 눈물이 나왔지만 편안하게 쉬는 시간을 가질 수 있었다고 보고하였다.

가족에 대한 사랑, 가족과 함께 불안함을 극복 **3회기 세션**에서 S는 중요한 심상을 보았는데 가족과 함께 사랑을 모아 불안함을 극복하는 장면이 떠올랐으며 이 심상은 자신의 불안함을 제거해주는 중요한 포인트라고 보고하였다. 만다라mandala는 부드러운 색을 사용하여 멜로디와 '하트'를 중심으로 가족이 일치되는 장면을 표현하였다.

4, 5, 6회기 세션: 다양한 이슈(issue) 탐색 및 창조적 해결

4~6회기를 걸치면서 자신의 문제에 앞서 불안한 마음이 여전히 남아있고 마음이 힘들고 기운이 없지만 극복될 수 있으면 좋겠다고 하였다.

불안감의 감소와 burnout에서의 회복, 음악과 동작으로 피로를 씻고 에너지가 충전됨 **4회기 세션**에서 음악 감상 시 내담자들이 원한다면 동작을 병행해도 된다는 치료사의 말에 S는 자리에서 조용히 일어나 눈을 감고 몸을 음악에 맡기며 움직이기 시작하였고 세션 후 '음악과 동작'을 통해 음악이 자신을 통과하고 함께하는 것을 느꼈으며 잔잔했고 편안했으며 피로가 씻은 듯했고 에너지가 충전되었음을 보고하였다. '한 주 동안도 이렇게 지내야겠다'라고 보고하며 만다라mandala는 웃는 자신의 얼굴을 그림으로 표현하였다.

새로운 마음으로의 적응 · 변화 **5회기 세션**에서 힘든 일상을 좀 더 나은 마음의 상태로 적응, 극복해나가면서 일주일을 보냈으며 음악 감상과 함께 마음의 새로운 변화를 경험했음을 보고하였다.

삶, 미움, 사랑 세 가지 마음에 대한 관리 **6회기 세션** 때는 음악을 들으니 S의 마음속에 3가지의 마음이 공존함을 알았고 그것은 삶, 미움, 사랑이라 하였으며 이것을 잘 관리하고 싶다고 하였다. 만다라mandala 자신의 마음속 상황을 붉은색으로 표현하였다.

7, 8회기 세션: 변화(transformation)의 시기

삶의 어려움에서 걱정 내려놓고 "Yes, Ok!"로 **7회기 세션**에서 일상을 점점 잘 지내려 노력하고 있으며 삶의 어려움이 무엇인지 통찰력을 얻고 싶고 삶의 어려움과 해결은 시간이 필요하고 주기가 있으며 잘 극복하고 싶다고 하였다. 음악 감상 시간에 음악과 함께 편안하게 쉼터에서 쉬는 것 같은 느낌이 들었으며 "편안한 마음으로 모든 것을 바라보고 걱정 없이 흘려보내며 지내자!"라는 통찰을 얻었다고 했다. 또한 S는 그녀는 자신의 내면에서 "Yes, OK!!"를 크게 소리쳤다고 하였다.

고된 인생에서 마음으로부터 찾은 통찰(자신은 행복한 여자) **8회기 세션**에서 S 자신은 지침이 되는 '시'를 선택할 수 있는 세션에서 '인생'이라는 시를 선택하였고 인생은 고된 삶이지만 마음으로 어제도 행복했다고 느끼면… 오늘도 행복하다! 고 느끼고 '살아 숨을 쉬고 있다는 것만으로도 행복하다 믿으며 내일도 행복할 것이라 믿는다!' 하였다. 후회 없는 오늘이 있으니 최선을 다하고 싶고… 고로 '자신은 행복한 여자!'라고 보고하였다.

9, 10회기 세션: 긍정적 에너지의 활성화(통찰, 통합)의 시기

시행착오는 오히려 자신에게 '깨달음'을 주는 것, '인생 시간표' 관리 **9회기 세션**에서는 바쁜 일상 속에서 잘 지내고 있으며 불안함이 줄고 더 노력하고 있다고 보고하였다. 자신은 효율적인 시간을 만들어 자신의 인생을 잘 계획하고 싶고 시행착오는 오히려 자신에게 '깨달음'을 준다고 보고하고 시행착오는 미소로 남기고… 다시 '인생 시간표' 관리를 잘하고 싶다고 하였다.

가족의 사랑, 건강, 미소, 용기, 소중한 시간, 새해의 '해피(happy day)' **10회기 세션**을 통해 S는 요즘 잘 지내고 있으며 마음이 잘 조절되는 것 같고 어려운 일이 있으면 또 이겨내야 한다는 통찰을 보고하였다. 2010년 1년 동안은 365일이 성숙, 진통, 인내의 날들이었으며 더 나은 삶을 살고 싶다고 보고하였다. 음악을 들으며 어려움과 고통을 잊게 하는 가족의 사랑이 떠올랐으며 건강, 미소, 용기, 소중한 시간, 그리고 새해의 'happy day'가 떠올랐고 더 잘 지내고 싶고 긍정적인 마음의 변화transformation를 경험했으며 그것은 자신의 값진 통찰이라고 보고하였다.

2. K의 사례

1회기 세션: 라포(rapport) 형성 및 GIM심상음악치료의 첫 여정

힘을 내서 무엇이든지 할 수 있다. 홀로서기 **1회기 세션**에서 K는 조금은 퉁명스러운 말씨와 반항적인 태도로 대화를 시도하였고 많은 말을 하지 않았으며 GIM심리치료가 자신에게 어떻게 전해지는지 경험하고 싶다고 보고하였다. 음악-심상 과정에서 심하게 우는 행동을 보였고 '넓은 세상에서 다른 이들과 어울리고 싶지만 어울리지 못하고 혼자 있는' 자신을 발견하였으며 음악이 더 진행되면서 음악의 끝부분에서는 "다시 힘을 내서 자신은 무엇이든지 할 수 있다!"라고 외칠 수 있었다고 보고하였다. 만다라mandala는 '홀로서기와 세상과 단절된 자신'의 심상경험을 그림으로 표현하였다.

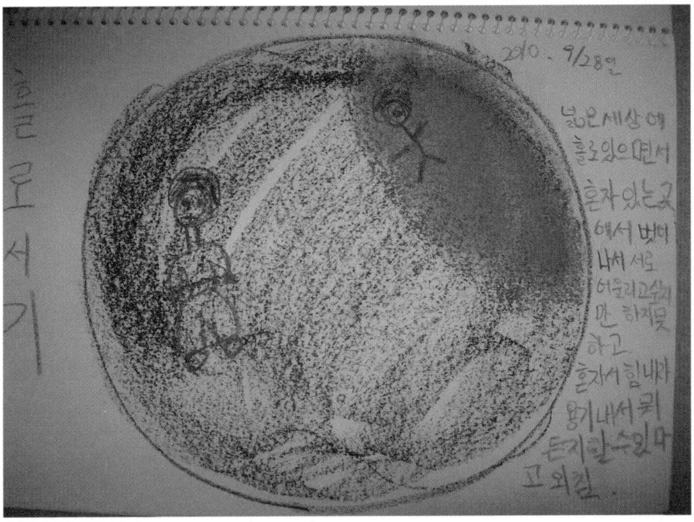

[그림 54] 1회기의 만다라: 홀로서기와 세상과 단절된 자신

2, 3회기 세션: 자아인식과 자신의 감정 확인 및 감정 표출(evoke)

단소 소리에 맞추어 힘드실 것 같은데 계속 기쁜 표정으로 춤을 추시는군요… **2회기 세션**에서 K 자신은 "모든 늘 잘하고 싶은데 잘되지 않으며 약을 복용하면 괜찮다가도 다시 힘들어지고 마음이 잘 조절되지 않으며 마음이 힘들고 오락가락하여 잘하려 하나 잘되지 않는다!"라고 보고하였다. 음악 감상 시 우는 행동을 보이고 점차 음악이 진행되면서 소거되는 모습을 보였다. post-session에서 K는 "단소 소리에 맞추어 힘드실 것 같은데 계속 기쁜 표정으로 춤을 추시는군요"라는 그림과 '행복한 집'을 표현하였으나 "여기에서 중요한 것은 행복한 집을 만들기 위해서는 제거되어야만 하는 사람들이 있다!"라고 보고하였다. 만다라mandala는 '제거된 사람'들을 그림으로 표현하며 자신의 내면의 심리적 그림자와 어려움을 드러내고 있었다.

무기력한 자신 **3회기 세션**에서 K 자신은 몸과 마음에 에너지가 가득 찬 것 같아 무엇인가 하고 싶은데 결국 힘이 나질 않는다고 하였으며 만다라mandala에서는 햇빛이 가득한 날 집에서 누워있는 자신의 무기력한 모습을 그림으로 남겼다.

4, 5, 6회기 세션(문제탐색기): 다양한 이슈(issue) 탐색 및 창조적 해결

넓은 바다로 벗어나고 싶다. 아직은 아쉬운 시간 K는 **4회기 세션** 경험에서 잘 살아야 하는데 잘 되지 않아 못 사는 것 같고 약을 먹으면 기분이 조금은 좋아지는 것 같다가 다시 지치고 우울하다고 보고하였다. 음악을 들으며 동작이 하고 싶었고 털어내는 신체 표현을 하며 필요 없는 것들을 다 떨어버리고 싶었지만 잘 되지 않았으며 지나간 세월이 너무 화가 났고 평온하고 싶은데 너무 힘들다고 보고하였다. post-session에서 K는 넓은 바다로 벗어나고 싶지만 나가지 못했고 '아직은 아쉬운 시간'이었다고 보고하였다.

동굴 같은 바위 위에 박쥐처럼 거꾸로 매달려 있는 자신 **5회기 세션**에서 그녀는 늘 걱정이 많고 무엇이든 일상생활을 잘하려 하는데 "여전히 잘되지 않는다"라고 보고하였으며 음악 감상 시간에 자신은 힘든 심상을 보았는데 그것은 "혼자 스스로 심하게 가파른 길을 올라가는데, 너무 힘들어서 동굴 같은 바위 위에 박쥐처럼 거꾸로 매달려있었다"라고 보고하였다. K는 '현재 자신의 어려운 상황을 자신이 확인한 것 같다'고 하였으며 마음이 잘 조절되지 않지만 노력해 보겠다고 하였다. 5회기의 만다라mandala는 동굴 바위에 거꾸로 매달려 있는 자기 자신을 그렸다고 하였다.

마음을 다스리기, 최선을 다하기, 힘내기, 불면증 감소 **6회기 세션**에서 자신의 문제는 '불만과 불편한 마음'이라고 보고하고 현재도 불만이 많으나 그동안의 경험을 통해 조금 좋아진 것 같다고 표현하였으며 "음악을 들으며 마음을 다스리고 싶다"라고 하였다. 음악 감상 세션에서 3개의 문장이 떠올랐으며 그것은 '최선을 다하자', '힘내자', '정말 내가 하고 싶은 일을 꼭 성공시키고 싶다'라고 표현하고 자신의 각오를 글로 남겼다. K는 또한 자신의 '불면증 감소'에 대해 보고하였는데, K는 평소에 화를 많이 내는 습관을 가지고 있어 불면증이 있고 조금씩 화를 참아나가야겠다는 마음의 성찰을 했으며, 며칠 전부터 무슨 일이 일어난 것인지 지속적으로 불면증이 사라진

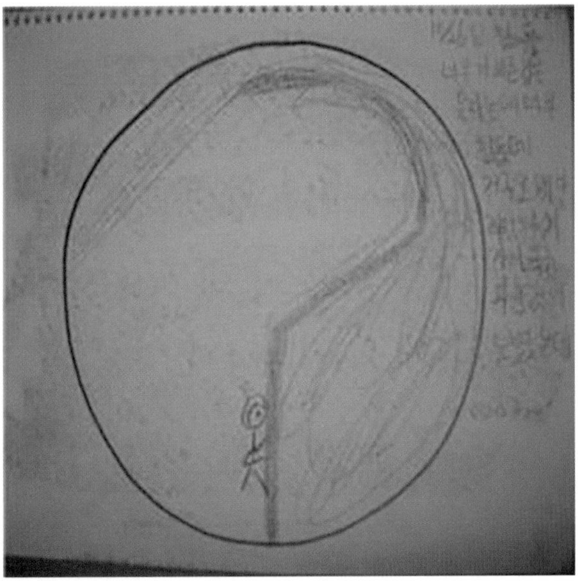

[그림 55] 5회기의 만다라: 동굴 같은 바위 위에 박쥐처럼 거꾸로 매달려 있는 K 자신

듯 잠을 깊게 잘 수 있었고 일주일을 잘 보냈다고 보고하였다.

7, 8회기 세션: 변화(transformation)의 시기

음악과 동작을 통해 불안과 화를 털어내는 기분과 부정적 감정의 분출 **7회기 세션**에서 K는 자신의 마음이 좋아져야 하고 그렇게 되어야만 하는데, 왔다 갔다 하는 마음이 든다고 하였다. "음악이 진행되자 움직이고 싶었고 일어나서 몸을 흔들며 강하게 무언가 털어내고 싶었으며 음악과 동작을 통해 자신의 몸과 마음에 붙어있는 이상한 것들을 털어내는 경험 할 수 있었다"라고 하였다. 그것은 '불만과 화' 같은 자신의 부정적 감정이었고 그것을 몸으로 표현하면서 마음으로 폭발하는 것 같다고 보고하였다. K 자신은 이와 관련하여 두 가지의 감정이 들었는데 하나는 '털어내는 기분'이었고 다른 하나는 "자신에 괴로움을 주는 사람들을 묻어버리고 싶다"라는 부정적 감정이 분출되었다고 보고하였다.

노력하기, 햇빛 에너지 **8회기 세션**에서는 마음이 많이 편안해졌고 일주일을 잘 지냈으며 더 노력해야 할 부분은 노력해야 한다고 하였다. 음악을 들으며 떠오른 통찰은 '하늘에서 항상 해를 받을 수는 없지만, 자신은 늘 햇빛을 가득 받고 싶고 햇빛 에너지를 통해 좋아지고 싶다'고 이야기하였다. 만다라mandala는 햇빛을 표현하였다.

9, 10회기 세션: 긍정적 에너지의 활성화(통찰, 통합)의 시기

마음의 무게 내려놓기 **9회기 세션**에서 K는 마음이 많이 편안해졌으며 아직도 조금은 마음이 흔들리지만 더 잘 지내고 싶고 자신이 선택한 '은둔'이라는 단어와 관련하여 마음속의 많은 내용을 성찰할 수 있었다고 보고하였다. 음악을 들으며 자신은 많은 것을 잡으려 했고 필요 이상 가지려 했으며 심하게 걱정하였고 이제는 마음의 무게를 내려놓고 쉬고 싶다고 하였다. 음악을 들으니 바다와 모래밭이 보이고 자신은 푸른 잔디에 누워있는 심상을 경험했으며 물이 찰랑찰랑 소리를 내는 것을 들었고 마음이 아주 편안했으며 하루하루를 편안하게 보내야겠다고 보고하였다.

편안함, 지혜로운 자, 나를 도와주는 사람과 매개체들 **10회기 세션**에서는 더 많이 편안해졌으며 자신이 선택하고 싶은 단어는 '지혜'였고 음악을 들으며 머릿속에서 '지혜로운 자'에 대한 직감을 경험하였다고 하였다. 늘 복잡한 자신의 머릿속에서 그리고 생활 속에서 어려움을 푸는 것은 자기 자신 혼자지만 결국 도와주는 사람들이 매개체로 작용하여 자신이 잘 지내는 것 같다고 이야기하였다. 만다라mandala는 '도와주는 사람과 매개체들'이라는 심상을 그림으로 표현하고 관계를 확장하는 의식의 확장을 보이며 자신을 넘어 타인을 생각하는 마음을 통찰, 통합해 나갔다.

3. E의 사례

1회기 세션: 라포(rapport) 형성 및 GIM심상음악치료의 첫 여정

불면증에서 몸과 마음의 차분함을 경험, 어린 시절 아버지가 주신 자전거 선물 **1회기 세션**에서 E는 늘 일상이 피곤하고 잠을 잘 자지 못하고 불면증이 있어 음악을 들으면서 몸과 마음이 편안해지고 싶고 새로운 것을 경험해 보고 싶고 하였는데, post-session

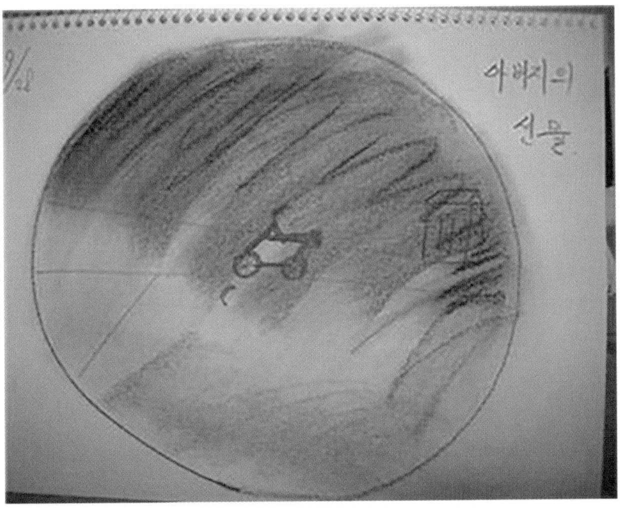

[그림 56] 1회기 만다라: 어린 자신과 아버지의 자전거 선물

에서 음악을 들으니 마음이 차분해졌으며 어린 자신의 모습inner child이 떠올랐고 ‘아버지의 선물(자전거)’을 받고 기뻐하는 과거의 재경험을 했다고 보고하였다. 만다라mandala는 선물을 받은 자전거를 그림으로 표현하였다.

2, 3회기 세션: 자아인식과 자신의 감정 확인 및 감정 표출(evoke)

피곤함과 불면증의 짜증 나는 감정에서 쉼으로 **2회기 세션**에서 E는 항상 몸이 피곤하고 일상이 바쁘지만 불면증이 잦아 감정에 짜증이 많고 자녀에게 큰소리를 치는 경우가 많아 음악을 들으며 쉬고 싶어 했다. 심상은 떠오르는 것이 없으나 쉬는 것 같고 편안한 마음이라고 보고하였다.

깊은 수면을 취한 느낌과 차분한 마음 **3회기 세션**에서 E 자신은 여전히 음악을 들으며 떠오르는 것은 없으나 마음이 차분하고 편안했으며 음악을 들으며 꿈을 꾸는 것 같았고 구름 같은 이불에서 푹 자는 느낌이 든다고 보고하였다. 만다라mandala는 푸른색 구름, 별을 그림으로 표현하였다.

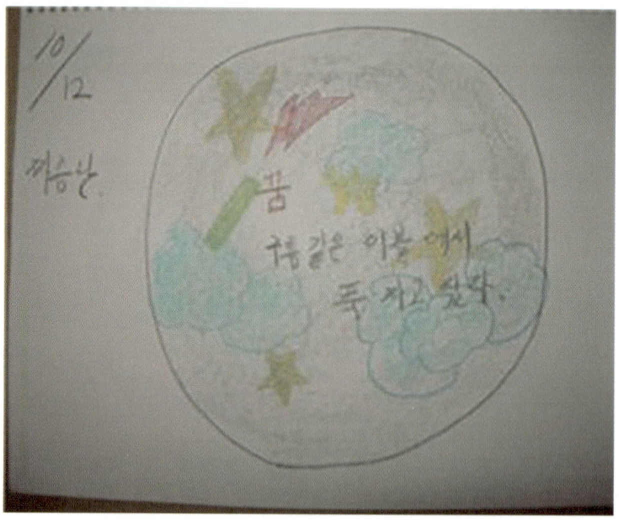

[그림 57] 3회기 만다라: 구름 같은 이불에서 자는 느낌

4, 5, 6회기 세션(문제탐색기): 자신의 다양한 이슈(issue) 탐색 및 창조적 해결

불면증과 지루한 마음, 음악과 동작을 통해 '모닥불'에 자신 생활의 모든 문제를 던져버리고 태워버림, 홀가분한 마음 **4회기 세션**에서는 불면증이 힘들고 자신의 동일한 생활 반복을 지루하다고 이야기하고 그저 음악과 함께 쉬고 싶다고 하였다. 음악을 들으며 몸이 원한다면 동작을 해도 좋다는 치료사의 말에 일어서고 싶었고 서서히 눈을 감고 음악과 함께 몸을 움직이니 '모닥불'이 떠올랐으며 그 '모닥불'에 자신 생활의 모든 문제를 던져버리고 태워버리는 심상을 경험하였다고 보고하였다. 몸이 뻐근한 느낌이 들었으나 마음이 홀가분하였고 편안하다고 이야기하였다. 만다라mandala는 '붉은 색의 타오르는 모닥불'을 그림으로 표현하였다.

[그림 58] 4회기 만다라: '모닥불'에 모든 문제를 던져 태워버림

불면증 감소, 조금씩 화를 참아나가야겠다는 마음의 성찰 **5회기 세션**에서는 4회기 세션 이후에 불면증이 사라진 듯 일상에서 잠을 깊게 잤으며 일주일이 즐거웠다고 보고하였다. 좀 더 마음과 몸에 변화를 느끼고 자신을 탐험하고 싶었고 GIM세션 시간에

있어 중요한 것은 음악을 들으며 자신의 문제를 통찰할 수 있었다고 했다. E 자신은 평소에 화를 많이 내는 습관을 가지고 있었으며 조금씩 화를 참아나가야겠다는 마음의 성찰을 했다고 보고하였다.

불면증 감소와 개인적 통찰 경험, 가족들 모두 편안하길 기도함 **6회기 세션**에서는 GIM심상음악치료 이후에 무슨 일이 일어난 것인지 지속적으로 불면증이 사라진 듯 잠을 깊게 잤으며 일주일을 잘 보냈고 음악 감상 시간에 많은 개인적 통찰을 할 수 있었다고 했다. 먼저 E는 아이들이 행복하고 건강하길 바라며 아빠가 없어 아이들의 양육은 자신의 책임이라고 말하고 평온함을 원하며 이사를 해서 가족들 모두 편안하길 마음 깊이 기도했다고 보고하였다.

7, 8회기 세션: 변화(transformation)의 시기

불면증 감소, 신체통증과 마음의 연결 **7회기 세션**에서 E는 불면증이 많이 줄어들고 일주일을 잘 지냈으며 늘 아이들에게 짜증을 많이 냈었으나 짜증이 조금 줄어든 것 같다고 보고하였다. 음악-심상 과정 중 신체적 통증이 느껴졌는데 아프지 않았던 어깨가 빠지는 듯이 아팠고 돌덩이가 어깨에 있는 것 같았으나 깊은 호흡과 함께 음악을 깊게 집중해서 들으며 쉬자 편안해졌고 통증이 풀리는 것을 느낄 수 있었다고 했다. E는 이유는 알 수 없으나 자신 몸의 신체통증이 마음과 연관된 것 같다고 이야기하였다.

불면증 감소, 심란한 마음의 감소, 긍정적 지식 **8회기 세션**에서는 일도 열심히 하고 불면증이 줄어들어 잘 지내며 일주일을 보냈으나 무언가 마음은 심란하고 자신의 마음과 만나고 싶다고 보고하였다. 자신은 통찰력을 얻기 위해 '지식'이라는 시를 선택했으며 자신이 선택한 시를 읽고 음악을 듣자 심란한 마음이 가라앉았음을 보고하였다. E는 지식을 쌓는 것은 중요한데 '긍정적 지식'은 서로를 다독일 수 있는 힘이 되고 서로를 이해할 수 있도록 도우며 그로 인해 더 큰 개인 능력이 생길 것이라 이야기하고 그 능력을 키우고 싶은 마음을 통찰하였다.

9, 10회기 세션: 긍정적 에너지의 활성화(통찰, 통합)의 시기

불면증의 감소, 지혜로운 해결, 부드러운 엄마 되기, 솜사탕 같은 사람 **9회기 세션**에서 오랫동안 힘들었던 불면증이 4회기 세션 이후로 지속적으로 줄어들고 잘 지냈으며 일을 열심히 하였으나 새로운 심리적 갈등은 일터에서 양보하지 않는 상사와의 어려움으로 피곤하다고 보고하고 이를 지혜롭게 극복하고 해결하고 싶다고 했다. E 자신은 낱말 카드에서 '부드러움'을 선택했으며 자신은 항상 급한 성격이고 아이들에게 화를 잘 내고 소리 지르는 행동이 있어 고치고 싶다고 했다. 또한 자신의 마음에서 작은 가시를 뽑아내고 사랑하는 아이들에게 부드러운 엄마가 되고 솜사탕 같은 사람이 되고 싶다고 표현하였다.

부드러운 행동 수행, 건강과 축복 **10회기 세션**은 부드러운 행동을 수행하고 있으며 노력 중이라고 보고하고 자신이 중요하게 생각하는 것은 '건강'이며 자신이 건강해야 먼저 아이들을 잘 보살필 수 있고 잘 살 수 있다고 표현하였다. E는 일 년 동안 우울한 마음이 있었으나 2010년을 열심히 살아왔으며 마음을 잡고 아이들과 더 건강하게 잘 살고 싶다 했다. 1년을 잘 살아 온 것도 축복이라는 통찰을 얻었으며 내년에는 일을 더 열심히 해야겠다는 각오를 다짐하였다. 만다라mandala는 아이들과 겨울 여행을 떠나는 장면을 그림으로 표현하였다.

4. Y의 사례

1회기 세션: 라포(rapport) 형성 및 GIM심상음악치료의 첫 여정

빛과 어두움 **1회기 세션**에서 Y는 표정 없는 얼굴로 자신의 마음의 상태를 잘 표현하지 않았으며 그냥 음악을 듣겠다고 하였다. 음악을 들으니 자신은 혼자서 빛을 따라 오르는 느낌이 들었으며 무한한 기분이 들었다고 보고하였다. 빛과 어두움을 만다라mandala로 표현하였다.

2, 3회기 세션: 자아인식과 자신의 감정 확인 및 감정 표출(evoke)

슬픈 감정, 가슴 아픈 무의식 **2회기 세션**에서 Y는 무표정한 얼굴로 자신의 마음 상태를 잘 표현하지 않으며 그냥 그렇다고 표현하였다(Y는 5개월 전 남편과 사별을 하였다). 자신의 고민이나 어려움에 대해 방어하는 모습이 관찰되며 일주일, 이주일 시간이 흐르는 대로 그냥 지냈다 하였고 현재 Y는 '가슴 아픈', '슬픈' 감정을 토로하였다. 음악을 들으면서도 마음이 슬프고 불편함을 지속적으로 느꼈으며 만다라mandala는 자신의 가슴 아픈 '무의식'이라 하며 어두운 색을 사용하여 자신의 마음을 어두운 색으로 표현하였다.

모든 것의 해결을 위해 시간이 필요함 **3회기 세션**에서는 음악을 들으며 가슴이 울컥울컥했으며 화려한 침대에 혼자 앉아있는 심상이 떠올랐는데 모든 것의 해결을 위해서는 시간이 흘려야 한다는 통찰을 보고하였다.

4, 5, 6회기 세션(문제탐색기): 자신의 다양한 이슈(issue) 탐색 및 창조적 해결

음악과 동작을 통한 개운한 느낌 **4회기 세션**에서 일로 피곤하였으며 그냥 그대로 지냈다고 보고하고 음악을 들으니 몸이 뻐근했지만 원하는 만큼만 조금씩 음악에 따라 동작을 하며 움직여서인지 개운한 느낌이 들었다 했다.

아이들 걱정, 자신의 어려움을 마음속의 우울에서 건져 올림 **5회기 세션**에서 그냥 그렇게 별일 없이 일주일을 보냈고 자신의 걱정과 문제는 어린 아이들이라고 하였다. 음악을 들으니 우물이 떠올랐으며 Y는 자신이 우물에서 보라색 실을 열심히 끌어올리는 경험을 했는데 그 경험에 너무 놀랐고 의아했으며 자신의 어려움을 마음속 우물에서 건져 올리는 것 같았다고 보고하였다.

체조하는 느낌, 에너지가 생기도록 노력함 **6회기 세션**에서는 늘 똑같은 생활을 하며 지냈으며 말은 많이 하고 싶지 않다고 하였다. 음악 감상을 하면서 자신이 혼자서 마음으로 '체조'를 하는 느낌이 들었으며 체조를 통해 자신에게는 '에너지'가 필요하다고 느끼고 이것이 생기도록 노력했다고 했다.

7, 8회기 세션: 변화 · 변형(transformation)의 시기

과거의 어린 시절 재경험, 편안한 시간들 **7회기 세션**에서 Y는 일주일을 잘 보냈다고 이야기하고 아이가 사춘기라서 다루기가 어렵고 좋은 엄마가 되고 싶은데, 아이들 양육이 걱정이라 했다. 음악을 통해 과거로 돌아가 어린 시절을 재경험했으며 갯벌 바닷가에서 친구들과 갯지렁이 구멍을 찾으며 놀던 기억이 떠올랐고 그 시간들은 걱정 없던 편안한 시간들이라고 보고하였다. 만다라mandala 제목은 '갯벌 바닷가'에서이다.

아이들에 대한 걱정, 자녀를 위한 기도 **8회기 세션**에서는 여전히 아이들 걱정이 많으며 책임이 있다고 했다. 자신은 '자녀에 대한 기도'의 시를 선택하였고 음악을 들으면서 더 깊은 통찰을 했는데, 아이가 사춘기 시기라 두렵지만 아이를 인정하고 받아들이고 자녀를 위해 기도할 수 있었고 앞으로도 늘 기도할 수 있다고 보고하였다.

9, 10회기 세션: 긍정적 에너지의 활성화(통찰, 통합)의 시기

책임 다하기, 자신의 의지에 대한 통찰 **9회기 세션**에서 Y는 많은 성찰 중에서 떠오르는 것들은 돈, 여유로운 가정, 시간 등이었지만 그중 자신의 아이들을 선택하였으며 아이들이 잘 자랄 수 있도록 책임을 다할 것이라는 자신의 의지를 토로하였다.

'건강'과 '희망', 세상은 살아볼 만한 곳!, 큰 넓은 아량으로 사람들 감싸기! **10회기 세션**은 일터에서 상사와 어려운 일이 있어 복잡하지만 마음은 점점 안정이 되어가고 있어 그냥 잘 지내고 있다고 보고하였다. 자신이 선택한 필요 단어는 '건강'이며 Y는 자신의 남매를 무한적인 책임으로 돌봐야 하기 때문에 건강해져야 한다는 통찰을 가졌다고 보고했다. 또한 2010년은 어려운 일이 있어 복잡했고 너무 큰 일이 있어서 말로 다 표현할 수 없지만 어려움 극복에는 시간이 더 필요하겠다고 하였다. 음악을 들으며 5개월 전에 사별한 남편 생각에 많은 눈물이 났으나 음악이 진행되면서 일터 사람들이 떠올랐으며 사람들이 한 팀이 되어 어울리는 장면을 심상으로 보았을 때 그들이 이해되고 갈등이 풀린다고 보고하였다. 점점 '희망이 있다'는 느낌이 들고 '세상은 살아볼 만한 곳이구나' 하는 생각이 든다고 하였다. Y는 진실과 진솔한 마음으로 사람들에 대해 양해하고 더 큰 넓은 아량으로 감싸고 싶다고 보고하였다.

KDS 검사 결과

KDSKorean depression scale 사전 검사가 2010년 9월 17일에 실시되었고 위의 사례연구의 보고와 같이 그룹 GIM세션은 총 10회기(2010년 9월 20일~12월 14일)로 진행되었다. 10회기의 세션 종료 후, 사후검사가 2010년 12월 21일에 실시되었으며 본 검사는 T점수 65점을 절단점으로 하며 T점수가 65점 이상이면 우울증을 보이는 사람, 65점 미만이면 우울증을 보이지 않는 사람으로 분류한다.

1. S의 KDS 검사 결과

	사전 검사		사후 검사	
	원점수 합계	T점수	원점수 합계	T점수
미래에 대한 부정적인 생각	10	61	4	42
자신에 대한 부정적인 생각	8	54	4	41
걱정과 초조	7	51	5	45
우울 기분	7	49	5	44
신체화 증상	5	43	7	48
의욕 상실	7	47	7	47
총점	**44**	**51**	**32**	**43**

S는 사전 검사에서 우울감이 크게 나타나지는 않았지만 KDS 사전 · 사후 검사 비교에서 원점수 합계 총점이 44점에서 32점으로, T점수가 51에서 43점으로 하향 조절되었으며 사후 검사를 통해 원점수의 편차가 12점, T점수의 편차가 8점으로 하향 조절된 것으로 나타나 우울감이 감소되었음을 나타낸다.

2. K의 KDS 점수 결과

	사전 검사		사후 검사	
	원점수 합계	T점수	원점수 합계	T점수
미래에 대한 부정적인 생각	10	66	6	52
자신에 대한 부정적인 생각	12	71	8	57
걱정과 초조	18	84	14	73
우울 기분	15	73	12	64
신체화 증상	16	62	15	61
의욕 상실	11	60	11	60
총점	**82**	**77**	**66**	**67**

K는 사전 검사에서 우울증으로 진단되었으며 사후 검사에서 우울증을 크게 벗어난 것은 아니지만 KDS 사전 · 사후 검사 비교에서 원점 수 합계 총점이 82점에서 66점으로, T점수가 77에서 67점으로 하향 조절되었고 원점수의 편차가 16점, T점수의 편차가 10점으로 하향 조절된 것으로 나타나 우울감 감소를 보였다.

3. E의 KDS 점수 결과

	사전 검사		사후 검사	
	원점수 합계	T점수	원점수 합계	T점수
미래에 대한 부정적인 생각	12	69	9	59
자신에 대한 부정적인 생각	9	58	10	62
걱정과 초조	12	66	9	57

우울 기분	17	78	10	57
신체화 증상	10	56	9	54
의욕 상실	10	57	9	54
총점	**70**	**67**	**56**	**58**

E는 사전 검사에서 우울증으로 진단되었으나. 그룹 GIM 세션을 제공받은 후 KDS 사전 · 사후 검사 비교에서 원점수 합계 총점이 70점에서 56점으로, T점수가 67에서 58점으로 하향 조절되어 우울증의 감정이 조절된 결과를 보였다. 사전 · 사후 검사 원점수의 편차가 14점, T점수의 편차가 9점으로 하향 조절된 것으로 나타나 우울감이 감소됨을 나타낸다.

4. Y의 KDS 점수 결과

	사전 검사		사후 검사	
	원점수 합계	T점수	원점수 합계	T점수
미래에 대한 부정적인 생각	18	88	14	75
자신에 대한 부정적인 생각	15	78	14	75
걱정과 초조	17	81	9	57
우울 기분	17	78	16	75
신체화 증상	18	77	16	72
의욕 상실	17	79	12	63
총점	**102**	**87**	**81**	**74**

Y는 남편과 5개월 전 사별한 경험이 있어 KDS 사전 · 사후 검사 모두 우울증으로 진단되었으나 사전 · 사후 검사 비교에서 원점수 합계 총점이 102점에서 81점으로, T점수가 87에서 74점으로 하향 조절되었음을 나타냈다. 결국 원점수 합계 총점의 편차가 21점, T점수의 편차가 13점으로 크게 하향 조절된 것으로 나타나 결과적으로 우울감 감소에 그룹 GIM 경험이 도움이 되었음을 알 수 있다.

결론

대상자들은 총 10회기 동안 진행된 그룹 GIM세션을 통해 중년기를 보내는 삶의 문제와 어려움, 자신의 감정(슬픔, 우울, 불안, 짜증, 걱정) 등과 만났고 감정 표출과 자아 인식, 창조적 문제 해결, 통찰과 통합의 기회를 경험하게 되었다. 특히 음악-심상 과정 시간에 내담자의 선택에 따라 음악과 동작을 병행할 수 있는 기회를 제공하였으며 이에 대해 내담자들은 우울한 감정에서 정서적 치유와 불면증 감소의 결과를 보고하였다. 나아가서는 내담자들이 삶의 다양한 문제와 현실을 직시하고 긍정적인 시각에서 해결과 통찰의 계기를 갖게 되었으며 그들은 새로운 힘과 에너지를 충전하고 창조적 내관형성, 내면의 통합 과정을 경험하게 되었다.

1. 그룹 GIM에서의 음악과 동작

본 치료사는 치료가 진행되는 가운데 4회기 세션에서 내담자들의 우는 행동과 침통하거나 우울한 표정 그리고 신체적 통증을 호소하는 것을 관찰할 수 있었고 또한 그들의 상태를 보고 받았다.

S의 경우는 특히 4회기 세션에서 음악-심상 과정에서 내담자들이 원한다면 동작을 병행해도 된다는 치료사의 말에 자리에서 일어나 눈을 감고 몸을 음악에 맡기며 움직이기 시작하였고 세션 후 '음악과 동작'을 통해 음악이 자신의 몸과 마음을 통과하고 함께하는 것을 느꼈으며 잔잔함과 편안한 마음이 느껴졌고 피로가 씻은 듯했고 에너지가 충전되었음을 보고하였다.

K의 경우는 7회기 세션에서 자신의 마음이 좋아져야 하고 그렇게 되어야만 하는데, 감정이 왔다 갔다 한다고 하였다. 음악이 진행되면서 K는 움직이고 싶었고 일어나서 몸으로 강하게 무언가 털어내고 싶었으며 음악과 동작을 통해 자신의 몸과 마음에 붙어있는 이상한 것들을 털어내는 경험 할 수 있었다고 보고하였다. 그것은 '불만과 화' 같은 자신의 부정적 감정이었고 그것을 몸으로 표현하면서 마음으로 폭발하는 것 같다고 하였다. K의 두 가지 감정 중 하나는 '털어내는 기분'이었고 다른 하나는

'자신에게 괴로움을 주는 사람들을 모두 묻어버리고 싶은 부정적 감정'이 분출되었다고 보고하였다.

E의 경우는 4회기 세션에서 음악에 따라 몸이 원한다면 동작을 해도 좋다는 치료사의 제시에 서서히 눈을 감고 음악과 함께 몸을 움직이니 '모닥불'이 떠올랐으며 그 '모닥불'에 자신 생활의 모든 문제를 던져버리고 태워버리는 심상을 보았다고 보고하였다.

Y의 경우는 4회기 세션에서 일로 피곤하였고 몸이 뻐근했지만 음악에 따라 원하는 만큼 조금씩 움직이며 동작을 시행하던 중, 신체 전반에 개운한 느낌이 들었고 6회기 세션에서는 음악을 들으면서 자신이 '체조'를 하는 느낌이며 체조를 통해 자신에게는 '에너지'가 필요하다는 것을 느끼고 에너지를 생기도록 노력했다고 보고했다.

이와 같이 그룹 GIM에서 음악과 함께 제안된 동작은 내담자들에게 어떤 의미가 있는지 살펴볼 수 있다. 내담자들은 우울감이라는 정서적 고통 속에 있지만 그들은 인생의 진행 과정 속에서 각자마다 자신의 트라우마 상황에 노출되어있기도 했다. 남편의 죽음, 힘든 이혼 상황, 시댁 식구들의 학대와 버림받은 느낌, 세상에서 홀로 아이들을 양육해야만 하는 어려움과 의무감 등이 그들을 괴롭혔다. A. Levine(2016)은 트라우마 치료 시 해석하거나 분석하거나 설명하지 않고 몸의 반응을 그대로를 알아차리고 반응하는 것은 우선시하였다. 즉 내담자들이 겪고 있는 트라우마는 몸, 신경계에 존재하고, 몸의 감각이 트라우마를 치유하는 것으로 게슈탈트 치료에서는 신체감각 자각의 중요성을 언급한다. 그것은 내담자들이 자신을 보호하려고 스스로를 내적 경험으로부터 자신을 분리시키는 것이 트라우마의 역동이기 때문이다.

김정규(2009)에 의하면 치료에서 가장 먼저 해야 할 일은 내담자가 자신의 욕구와 감정을 자각하고 표현하도록 도와주는 일이 우선시 되는 것이며 욕구나 감정은 비교적 쉽게 차단하거나 회피할 수 있지만 신체감각은 그렇지 않기 때문에, 신체감각을 자각하는 것은 욕구나 감정을 알아차리는 데 도움을 줄 뿐만 아니라 신체감각에 집중함으로써 체험을 더 깊게 할 수도 있다고 하였다. 즉 신체감각은 욕구나 감정보다 이전 단계로 욕구나 감정을 체험하는 데 필요한 생리적 기초를 이루고 있다고 보는 것이다.

2. 감정 표출과 변화

내담자들은 첫 세션을 비롯해 세션 진행 과정에서 전반적으로 우는 모습들이 관찰되었다. S 또한 진행 과정에서 심하게 우는 행동을 보였으나 세션 후에는 우는 행동이 소거되고 '나비, 꽃, 바람의 느낌'에 대한 심상경험으로 이어진다.

K의 경우도 우울하며 약을 복용하고 있다. 초기 세션에서 지속적으로 우는 행동을 보였으나 7회기 세션에서 자신의 감정이 왔다 갔다 하는 마음이라고 하였으며, 이것은 '불만과 화' 같은 자신의 부정적 감정이었고 그것은 음악을 통해 몸을 움직여 표현하면서 마음으로 폭발하는 것 같았고 '털어내는 기분'이었으며 동시에 자신을 괴롭히는 사람들에 대한 부정적 감정 또한 분출되었다고 했다. 이와 같이 음악은 내담자들의 감정과 정서를 표현하게 돕고 분출을 도우며 자신의 감정에 대해 통찰의 기회를 제공하고 나아가서는 치유를 이끌어 감정과 정서의 긍정적인 변화transformation를 이끌어 준다.

E의 경우는 항상 몸이 피곤하고 일상이 바빠서 짜증이 나고 자녀에게 큰소리를 치는 경우가 많았지만 그녀는 음악과 함께 쉴 수 있었고 편안한 마음을 보고하였다. 즉 음악과 함께하는 경험을 통해 일상과 삶 속에서 자신이 조금씩 화를 참아나가는 마음이 성찰되었으며 8회 세션에서는 마음이 많이 편안해졌고 일주일을 잘 지냈으며 "더 노력하고 있다!"라고 보고하였다.

3. 불면증 감소

K의 경우 6회기 세션에서 자신의 '불면증 감소'에 대해 보고하였는데 K는 평소에 화를 많이 내는 습관을 가지고 있어 조금씩 화를 참아나가야겠다는 마음의 성찰을 했으며, 5회기 세션 이후부터 무슨 일이 일어난 것인지 지속적으로 불면증이 사라진 듯 잠을 깊게 잤으며 일주일을 잘 보낼 수 있었다고 보고하였다. 아이들이 행복하고 건강하길 바라며 마음이 편해졌고 그 이후, 불면증이 사라진 듯하고 일상에서 조금씩 화의 감정을 참아나가는 자신을 발견하였다.

'불면증'을 호소하는 내담자 E는 세션이 진행되면서 4회기 세션 이후부터 불면증이 많이 줄어들었음을 보고하였다. 특히 3회기 세션의 음악-심상 시간에 수면을 취한 느낌을 가질 수 있었으며, 그 이후 5회기 세션부터 9회기 세션에 걸쳐 불면증이 사라진 듯 일상에서 잠을 깊게 잘 수 있었으며 일주일이 즐거웠다고 보고하였다. 늘 아이들에게 짜증도 많이 냈었으나 짜증이 조금씩 줄어들었고 음악-심상 과정 중, 아프지 않았던 어깨가 돌덩이가 있는 것처럼 빠지듯이 아팠으나, 깊은 호흡과 함께 몸과 마음을 이완하며 음악에 깊게 집중하자 편안해졌고 통증이 풀리는 것을 느낄 수 있다고 했다. 그녀는 이유는 알 수 없으나 자신 몸의 신체통증이 마음과 연관된 것 같고 '불면증'과도 연결될 수 있다고 하였다.

4. 통찰, 통합

내담자들은 중년의 여성들로서 자신의 마음을 통찰하고 그것을 일상생활과 자신의 삶에 잘 적용하는 능력을 가지고 있었다. S의 경우는 5회기 세션에서 힘든 일상을 좀 더 나은 마음의 상태로 적응, 극복해나가면서 마음의 새로운 변화가 시작되고 있음을 보고하였다. 이 마음은 6회기 세션에도 이어지면서 마음속에 삶, 미움, 사랑의 세 가지 마음이 공존하고 있음을 인식하고 그녀는 보이지 않는 그 마음들에 대해 잘 관리해야 한다는 통찰을 갖게 된다. 8회기 세션 경험 또한 인생은 고된 삶이지만 마음으로 행복하며 내일도 최선을 다하기, 자신은 행복한 여자, 늘 불안하고 우울한 부정적 감정은 편안하게 쉬는 시간의 경험으로 변화하며 가족 사랑에 대한 통합으로 자신을 이끌어 갔다.

K는 동굴 바위에 거꾸로 매달려 있는 자기 자신을 만나는 경험처럼 자신의 어려운 상황을 확인했으나 "마음을 다스려 최선을 다하기, 힘내기, 하고 싶은 일을 꼭 성공시키기" 등의 자신의 통찰과 각오를 남겼다. 나아가서는 자신에게 힘을 주는 햇빛 에너지, 마음의 무게 내려놓기, '지혜로운 자'에 대한 통찰을 얻었다.

E는 일하고 것과 지식을 쌓는 것은 중요해서 '긍정적 지식'이라는 마음의 통찰을 얻을 수 있었고 서로를 힘을 모으고 이해를 하면 더 큰 개인 능력이 생길 것이고 그

큰 능력을 키우고 싶다는 통찰을 보고하였다. 10회기 세션에서는 일상에서 자신은 부드러운 행동을 수행하고 있고 1년이라는 기간 동안 우울한 마음이 있었으나 지난 날들을 잘 살아 온 것도 축복이라며 어려운 시기들을 긍정적으로 통합하고 있다.

Y는 5개월 전에 사별한 남편 생각에 많은 눈물이 났으나 음악 안에서의 심상경험을 통해 점점 희망을 발견하고 '세상은 살아볼 만한 것'이라는 통찰을 얻었다고 보고했다. 또한 그녀는 어려운 상황에서도 진실과 진솔한 마음으로 사람들을 대하고 양해하며 더 큰 넓은 아량으로 감싸고 살아가기를 원하였고 혼자 아이를 키우게 되었지만 아이를 인정하고 받아들이고 늘 기도하는 엄마가 되고 싶다며 자신의 삶을 통합하는 모습을 보여주었다.

용어 설명

결손가정: 부모의 한쪽 또는 양쪽이 사망하거나 이혼하거나 따로 살아서 미성년인 자녀를 제대로 돌보지 못하는 가정.

기초생활수급자: 소득 인정액이 중위소득 30~50% 이하로 최저 생계비에 못 미치는 사람.

내관형성: 마음을 고요히 하여 내심을 관찰하는 것이며 자신의 심리상태나 정신의 움직임을 내면적으로 관찰하는 것.

라포 형성(rapport building): 상담자와 내담자가 친근감 및 신뢰감 형성을 기초로 서로 긍정적인 관계를 형성하는 것.

번아웃(burnout): 1970년대 미국의 정신분석의사 헤르베르트 프로이데베르거(Herbert Freudenberger)가 처음 사용한 용어이다. '탈진 증후군'으로 불리기도 한다(위키백과, 번아웃증후군). 세계보건기구(World Health Organization, WHO)에 의하면, 번아웃 증후군은 만성적 업무 스트레스에서 유래한 것으로, 에너지 고갈 혹은 번아웃의 느낌, 일에 대한 심리적 거리가 생기거나 일에 대한 부정적 생각(Negativism) 혹은 냉소(Cynicism), 직무 효능 감소 등을 특성으로 하는 증상이 동반된다. 번아웃은 건강에 영향을 끼치고 있지만, 세계보건기구에서 번아웃 자체를 의학 증상이나 정신질환으로 분류하지는 않는다.

자아인식(self-awareness): 자신을 더 잘 이해하고 자신의 강점과 약점을 인식하는 것.

조증(mania): 양극성 기분장애 중 하나. 기분이 비정상적으로 고양되어 충동적이고 폭력적인 행동이나 논리적 비약 등이 나타나 정신병적 상태를 나타내는 것.

통합(integration): 여러 요소들이 조직되어 하나의 전체를 이룸. 또는 그런 일.

통찰(insight): 자신이 처한 상황 또는 자기 문제의 본질을 이해하는 능력이나 행위.

참고문헌

김소진(2011). 지역자활센터 성인의 우울감 감소를 위한 그룹 GIM, 전국음악치료사협회: 유도된 심상과 음악(GIM), 13-21.

김정규(2009). 게슈탈트 심리치료. 서울: 학지사.

Bonny, H. L. (1978). Facilitating guided imagery and music sessions. GIM Monograph #1 Bal timore, Maryland.

Bonny, H. L. (2022). Music and consciousness: The Evolution of Guided imagery and Music Gilsum. NH: Barceloba Publishers.

Bruscia, K. E. (2012). GIM심상음악치료 사례연구. 김경혜, 정은주 공역(2018). 서울: 하나의학사.

Bruscia, K. E., & Grocke, D. E. (2002). Guided Imagery and Music: The Bonny Method and Beyond. Gilsum, NH Barcelona.

Frick. R., & Bogart. L. (1982). Transference and countertransference in group therapy with Vietnam veterans. Bulletin of the Menninger Clinic. 46 (5). 429-444.

Gilligan. S. G., and Kennedy. C. E. (in press). Solutions and resolutions: Ericksonian hypnoth erapy with incest survivor group. Journal of Strategic and Systemic Therapy.

Levine, P. A. (1997). 내 안의 트라우마 치유하기. 양희아 역(2016). 서울: 소울메이트.

Marafiote. R. (1980). Behavioral group treatment of Vietnam veterans. In T. Williams(Ed.). Post-traumatic stress disorders of the Vietnam. Cincinnati. OH: Disabled American Veter ans.

Rogers, N. (1993). 인간중심 표현예술치료. 이정명, 전미향, 전태옥 공역(2007). 서울: 시그마프레스.

Stokes, S. J., & Carol B. (1997). The Art of Guiding. Mid-Atlantic Institute.

Summer, L. (2002). Group Music and imagery therapy: An emergent music therapy. in. k. Br uscia & D. Grocke (Eds.). Guided imagery and Music: The Bonny Method and Beyond. Gi lsum. NH:Barceiona Publishers.

Summer, L. (2002). Music Consciousness: The Evolution of Guided Imagery and Music Helen Lindquist Bonny.

Wolberg. L. R. (1997). The Technique of Psychotherapy (Third Edition. Part Ⅰ). New York Gr une & Stratton.

지은이

김소진

이화여자대학교 음악대학 작곡학과 졸업
숙명여자대학교 음악치료대학원 석사
아름다운음악치료연구소(GIM전문) 대표
GIM Primary Trainer
미국AMI(음악과심상협회) Fellow
GIM한국심상음악치료협회 정회원
한국음악치료학회 임상음악전문가 1급
전) 덕성여자대학교 강사
전) 인천가톨릭대학교 강사

김명신

숙명여자대학교 음악치료대학원 석사
숙명여자대학교 음악대학 박사 수료
서울특별시 어린이병원 음악치료사(예술센터 총괄팀장)
숙명여자대학교 음악치료대학원 임상강사
미국AMI(음악과심상협회) Fellow
GIM Associate Trainer
GIM한국심상음악치료협회 정회원
한국음악치료학회 임상음악전문가 1급

김성희

고려대학교 생명공학부 식물보호학과 졸업
숙명여자대학교 음악치료대학원 박사 수료
국제뇌교육종합대학원대학교 상담심리학 박사 수료
숙명여자대학교 음악치료대학원 임상실습 슈퍼바이저
김성희음악치료연구소 대표
미국AMI(음악과심상협회) Fellow
GIM한국심상음악치료협회 정회원
한국음악치료학회 임상음악전문가 1급
전국음악치료사협회 자격위원
브레인트레이너 교육전문강사

남궁지숙
숙명여자대학교 음악치료대학원 박사
European Graduate School 표현예술치료전공 박사 과정
숙명여자대학교 음악치료대학원 임상실습 슈퍼바이저
서울사이버대학교 음악치료학과 겸임교수
미국AMI(음악과심상협회) Fellow
GIM한국심상음악치료협회 정회원
한국음악치료협회 임상음악전문가 1급

박정은
숙명여자대학교 음악치료대학원 석사
숙명여자대학교 음악치료대학원 박사 수료
대구 그라시아 음악치료센터 원장
숙명여자대학교 음악치료대학원 임상실습 슈퍼바이저
미국AMI(음악과심상협회) Fellow
GIM한국심상음악치료협회 정회원
한국음악치료학회 임상음악전문가 1급

손훈희
숙명여자대학교 음악치료대학원 석사
다니엘치료센터 음악치료사
관악자립센터 음악치료사
미국AMI(음악과심상협회) Fellow
GIM한국심상음악치료협회 정회원
한국음악치료학회 임상음악전문가 1급

양윤정
한양대학교 음악대학 피아노학과 졸업
숙명여자대학교 음악치료대학원 석사
삼성노블카운티 너싱홈 음악치료사
YWCA은학의집 음악치료사
마음자리 음악심리상담클리닉 센터장
미국AMI(음악과심상협회) Fellow
GIM한국심상음악치료협회 정회원
한국음악치료학회 임상음악전문가 1급

이도연
덕성여자대학교 독어독문학과 졸업
숙명여자대학교 음악치료대학원 석사
한빛맹학교 음악치료사
태화기독교 사회복지관 음악치료사
미국AMI(음악과심상협회) Fellow
GIM한국심상음악치료협회 정회원
한국음악치료학회 임상음악전문가 1급

이수진
동덕여자대학교 음악학부 졸업
숙명여자대학교 음악치료대학원 석사
미국AMI(음악과심상협회) Fellow
GIM한국심상음악치료협회 정회원
한국음악치료학회 임상음악전문가 1급
한국산업인력공단 임상심리사 2급
성악심리치료사[AVPT]

정은주
이화여자대학교 신문방송학과 졸업
숙명여자대학교 음악대학 박사 수료
WMU월드미션대학교 기독상담학과, 코칭 석사 주임교수
GIM마음코칭센터 원장
한국기독교코칭학회 기획이사
미국AMI(음악과심상협회) Fellow
GIM한국심상음악치료협회 정회원

GIM심상음악치료

초판 1쇄 인쇄 2025년 4월 2일
초판 1쇄 발행 2025년 4월 9일

지은이 | 김소진, 김명신, 김성희, 남궁지숙, 박정은,
손훈희, 양윤정, 이도연, 이수진, 정은주
펴낸이 | 소정영

펴낸곳 | 도서출판 하나의학사
출판신고 | 1988년 4월 1일 제2022-000082호

주소 | 서울특별시 송파구 동남로 159, 302호(한흥빌딩)
전화 | 02-730-2555, 2556 **팩스** | 02-730-2557
이메일 | hanampc1@naver.com
홈페이지 | www.hanampc.co.kr

ISBN 979-11-91658-56-9 93180